여러분의 합격을 응원하는
해커스공무원의 특

KB136493

FREE 공무원 국어 **특강**

해커스공무원(gosi.Hackers.com) 접속 후 로그인 ▶ 상단의 [무료강좌] 클릭 ▶ [교재 무료특강] 클릭

해커스공무원 온라인 단과강의 **20% 할인쿠폰**

56FFFA4EEB39DN8F

해커스공무원(gosi.Hackers.com) 접속 후 로그인 ▶ 상단의 [나의 강의실] 클릭 ▶
좌측의 [쿠폰등록] 클릭 ▶ 위 쿠폰번호 입력 후 이용

* 등록 후 7일간 사용 가능(ID당 1회에 한해 등록 가능)

합격예측 **온라인 모의고사 응시권 + 해설강의 수강권**

9249B775264945F2

해커스공무원(gosi.Hackers.com) 접속 후 로그인 ▶ 상단의 [나의 강의실] 클릭 ▶
좌측의 [쿠폰등록] 클릭 ▶ 위 쿠폰번호 입력 후 이용

* ID당 1회에 한해 등록 가능

해커스 매일국어 **어플 이용권**

MHYEYYPUYB8VH89M

구글 플레이스토어/애플 앱스토어에서 [해커스 매일국어] 검색 ▶
어플 다운로드 ▶ 어플 이용 시 노출되는 쿠폰 입력란 클릭 ▶ 쿠폰번호 입력 후 이용

▲ 매일국어 어플 바로가기

* 등록 후 30일간 사용 가능

* 해당 자료는 [해커스공무원 국어 기본서] 교재 내용으로 제공되는 자료로, 공무원 시험 대비에 도움이 되는 유용한 자료입니다.

쿠폰 이용 관련 문의 **1588-4055**

단기 합격을 위한 해커스공무원 커리큘럼

입문

탄탄한 기본기와 핵심 개념 완성!

누구나 이해하기 쉬운 개념 설명과 풍부한 예시로 부담없이 쌩기초 다지기

TIP 베이스가 있다면 **기본 단계**부터!

▼

기본+심화

필수 개념 학습으로 이론 완성!

반드시 알아야 할 기본 개념과 문제풀이 전략을 학습하고
심화 개념 학습으로 고득점을 위한 응용력 다지기

▼

기출+예상 문제풀이

문제풀이로 집중 학습하고 실력 업그레이드!

기출문제의 유형과 출제 의도를 이해하고 최신 출제 경향을 반영한
예상문제를 풀어보며 본인의 취약영역을 파악 및 보완하기

▼

동형문제풀이

동형모의고사로 실전력 강화!

실제 시험과 같은 형태의 실전모의고사를 풀어보며 실전감각 극대화

▼

최종 마무리

시험 직전 실전 시뮬레이션!

각 과목별 시험에 출제되는 내용들을 최종 점검하며 실전 완성

▼

PASS

* 커리큘럼 및 세부 일정은 상이할 수 있으며,
자세한 사항은 해커스공무원 사이트에서 확인하세요.

단계별 교재 확인 및
수강신청은 여기서!

gosi.Hackers.com

해커스공무원

혜원국어

적중 여신의

필수적 문학

답이 보이는
『해커스공무원 혜원국어 적중 여신의 필수적 문학』

내일이 시험이라고 해도 바로 적용할 수 있는 '수학 만능 공식'을 알고 있다면, 수학 문제에 대한 두려움은 사라질 것이다. 최근 공무원 국어 출제 경향에 따르면 비문학(독해)이 시험 현장에서 시간을 많이 필요로 하는 만큼, 문학 관련 문제를 해결하는 데 있어서는 시간을 최대한 줄이면서 정답을 빠르게 찾아내야 하는 '문학 공식'이 필수적이다. 여기 정답이 바로 보이는 『해커스공무원 혜원국어 적중 여신의 필수적 문학』과 함께라면 '문학 공식'을 단기에, 확실하게 체화할 수 있을 것이다.

『해커스공무원 혜원국어 적중 여신의 필수적 문학』은 아래의 방법으로 공부하면 가장 효과적으로 학습할 수 있다.

1. **처음 공부하는 수험생이라면**
   매일 1강(1day)을 2회독(3주 완성)하는 것을 목표로 하는 것을 추천한다.

2. **문학과 친하지 않다면**
   1강씩 2회독하여 3주간 전체 회독(20강)을 마무리한 후에 같은 작업을 두 번 더 반복하는 것을 추천한다. 그리고 한 달 정도 간격을 두고 한 번 더 반복하면 훨씬 효과적이다.

3. **문학과 친하다면**
   매일 1강을 2회독하여 3주간 전체 회독(20강)을 마무리한 후에 같은 작업을 한 번 더 반복하는 것을 추천한다. 그리고 한 달 정도 간격을 두고 한 번 더 반복하면 훨씬 효과적이다.

4. **단계별 학습법을 이용한다면 학습 효과를 최대화할 수 있다.**
   1단계 먼저 '핵심 개념' 마스터하기
   2단계 책의 구성 순서를 따라 차례대로 문제 풀기
   3단계 채점하기
   4단계 상세한 해설을 통해 정답 선지뿐만 아니라 오답 선지도 반드시 확인하고, 틀린 문제의 경우에는 모든 선지에 대해서 확실히 확인하고 넘어가기
   5단계 이해가 되지 않는 부분은 ★ 표시를 해 두었다가 주말에 반드시 다시 확인하기
   6단계 1~5단계를 다시 실천하되, 시간을 측정하여 기록하기
   7단계 1~5단계를 다시 실천하되, 6단계보다 시간을 앞당기도록 최대한 노력하기

답이 보이는 『해커스공무원 혜원국어 적중 여신의 필수적 문학』을 통해 문학의 압도적 정복은 물론, 공무원 합격의 압도적 지름길로 예비 합격생 여러분 모두를 초대한다. 겨울이 지나 반드시 봄이 오듯이, 여러분 앞에 반드시 맞이하게 될 '합격'을 강력히 기대한다.

2024년 7월
고혜원

목차

이 책의 구성과 활용법

① 필수 이론과 작품으로 문학 20일 완성!

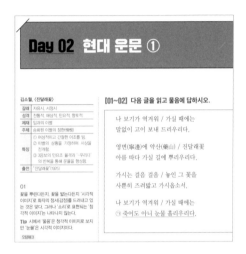

공무원 국어 시험 대비에 필요한 핵심 개념, 필수 작품, 실전 문제 풀이를 총 20개의 Day로 구성하여 수록하였습니다.

매일 1개의 Day를 학습하다보면 저절로 문제풀이 기술이 체화되어 20일만에 문학 실력을 완성할 수 있습니다.

② 〈핵심 개념〉과 〈확인 문제〉를 통해 문학 핵심 이론 완전 정복!

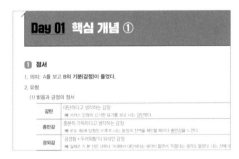

핵심 개념

문학 문제풀이에 반드시 필요한 중요 기본 이론을 엄선하여 수록하였습니다. 본격적인 문제풀이 전에, 문학 이론을 학습해 보며 핵심 내용을 정리한다면 보다 효과적인 문제풀이 학습이 될 것입니다.

확인 문제

이론 학습 후 바로 풀어보는 확인 문제를 통해 학습한 이론을 점검할 수 있습니다. 이론을 간단한 OX 문제에 바로 적용해 볼 수 있어 학습한 이론을 자연스럽게 익힐 수 있습니다.

③ 실전 문제를 풀어보며 문제풀이 감각 키우기!

필수 문학 작품으로 구성된 실전 문제를 추가로 더 풀어보면서 문제풀이 감각을 높일 수 있습니다.

④ 선생님의 팁까지 담은 알찬 해설로 고득점 달성!

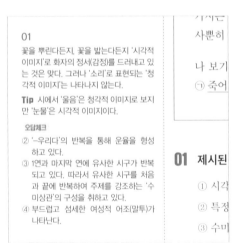

교재에 수록된 모든 문제에 상세한 해설을 제공합니다. 보조단에서 해설을 바로 확인할 수 있어 효율적인 학습이 가능합니다.

정답인 이유를 확인할 뿐만 아니라, [오답체크]를 통해 정답이 아닌 선지에 대한 꼼꼼한 분석까지 함께 수록하여 부족함 없이 학습할 수 있습니다.

또한 문제풀이에 대한 선생님의 학습 비법을 [Tip] 요소로 수록하여, 문제풀이 스킬을 극대화할 수 있습니다.

PART 1

1 정서

1. **의미:** A를 보고 **B의 기분(감정)이 들었다.**

2. 유형

(1) 밝음과 긍정의 정서

감탄	대단하다고 생각하는 감정 예 서커스 단원의 신기한 묘기를 보고 나는 감탄했다.
충만감	충분히 가득하다고 생각하는 감정 예 로또 1등에 당첨된 이후로 나는 통장의 잔액을 확인할 때마다 충만감을 느낀다.
경외감	'공경함 + 두려워함'이 뒤섞인 감정 예 실제로 가 본 산은 너무나 거대해서 대단하다는 생각이 들면서, 두렵다는 생각도 들었다. 나는 산에 대해 경외감을 느꼈다.
경이로움	놀랍고 신기하다고 생각하는 감정 예 연속해서 10점을 쏘는 양궁 선수의 실력이 참 경이로웠다.
자족감	스스로 만족한다고 생각하는 감정 예 목표했던 공부를 모두 끝내고 잠자리에 누우면 자족감을 느낀다.
친근감	사이나 거리가 가깝다고 생각하는 감정 예 나는 철수를 오늘 처음 봤는데도 낯설지 않고 친근감이 느껴졌다.

(2) 어둠과 부정의 정서

한(恨)	'원망스러움 + 억울함 + 안타까움 + 슬픔'이 뒤섞인 감정 예 부모님이 살아 계실 때 잘해 드리지 못한 것이 천추의 한이 됩니다.
고달픔	처지가 좋지 못해 몹시 힘들 때 드는 감정 예 백만 원도 안 되는 월급으로 서울에서 살아가자니 하루하루가 매우 고달프다.
무력감	스스로 어떤 일을 할 수 있는 힘이 없음을 알았을 때, '허탈함 + 맥 빠짐'의 감정 예 하는 일마다 제대로 안 되자 그는 무력감에 빠졌다.
무료함	심심하고 지루한 감정 예 모처럼 휴일이지만 나는 아무것도 할 일이 없어서 텔레비전만을 보며 무료함을 달랬다.
상실감	무언가를 잃어버린 후의 느낌이나 감정 예 주식으로 돈을 모두 잃은 상실감에 매일 술을 마셨다.
무상감	모든 것이 덧없다(쓸모없다)는 느낌. 영원한 것(영원히 변하지 않는 것)은 없다는 감정 예 건강하던 철수가 갑자기 죽다니, 나는 사람 목숨에 대해 무상감을 느꼈다.
회한(悔恨)	'뉘우침(후회) + 한탄함'의 감정 예 고생만 하시다 돌아가신 어머니를 생각하면 가슴이 미어지는 것 같은 회한으로 눈물이 흐른다.

01 사랑하는 임과 이별한 화자는 '상실감'을 느낄 것이다. ☐ O | X

01
'이별'은 사랑하는 사람을 '잃는 것'이기 때문에 화자는 '상실감'을 느낄 수 있다.

02 한 해 한 해 시간이 갈수록 인생이 사는 것이 재미있는 화자는 '무상감'을 느낄 것이다. ☐ O | X

02
'무상감'은 모든 것이 덧없고, 쓸모없다고 느끼는 정서이다. 따라서 매해가 새롭고 재미있다고 느끼는 화자에게는 어울리지 않는 정서이다.

03 자신을 떠나버린 옛 연인에 대한 분노가 있는 화자는 '회한'의 정서일 것이다. ☐ O | X

03
'회한'은 '뉘우침＋한탄함'이므로, 옛 연인에 대한 '분노(화가 남. 성을 냄.)'로 가득한 화자에게는 어울리지 않는 정서이다.

04 자연 속에 묻혀 사는 자신의 처지를 만족하는 화자는 '자족감'을 느낄 것이다. ☐ O | X

04
'자족감'은 스스로 만족하는 감정이다. 따라서 화자 스스로가 자연에 묻혀 사는 것을 만족한다면, 자족감을 느낄 것이다.

[정답]
01 O 02 × 03 × 04 O

05

제시된 시조는 벼슬을 그만두고 귀향한 작가(이현보)가 고향 산천을 바라보는 감회를 노래한 작품이다. 허약해진 노년의 무력함을 표현한 작품은 아니다.

현대어 풀이

(오랜만에 고향에 돌아와) 농암에 올라서 보니 이 늙은이의 눈이 오히려 더 밝게 보이는구나.

사람들이 하는 일은 변하지만, 산천이야 변하겠는가?

바위 앞의 이름 모를 물과 언덕이 어제 본 듯이 변함이 없구나.

05 다음의 화자는 허약해진 노년의 무력함을 표현하고 있다.

2021 국가직 9급

> 농암(籠巖)에 올라보니 노안(老眼)이 유명(猶明)이로다
>
> 인사(人事)이 변훈 들 산천이쫀 가샐가
>
> 암전(巖前)에 모수 모구(某水 某丘)이 어제 본 듯 ᄒ예라

O | X

06

화자인 '나그네'에게서 자조(自嘲: 자기를 비웃음)나 한탄(한 + 탄식)의 정서는 전혀 확인할 수 없다.

06 나그네의 정서에서 자조나 한탄이 보이지 않는다.

2021 경찰 1차

> 네 다리 소반*에 죽 한 그릇
>
> 하늘빛과 구름 그림자가 함께 떠도네
>
> 주인장 면목 없다 말하지 마오.
>
> 나는 물에 거꾸로 비친 청산이 좋다오.
>
> ───────
> * 소반: 자그마한 밥상

O | X

07

"날러는 어찌 살라 하고 / 버리고 가시리잇고 나난"에서 떠난 임에 대한 원망(불평과 미움)의 정서를 표현하고 있다.

현대어 풀이

가시렵니까? 가시렵니까?
(나를) 버리고 가시렵니까?
나는 어찌 살라 하고
(나를) 버리고 가시렵니까?
불잡아 둘 일이지마는
서운하면 아니 오실까 두렵습니다.
서러운 임을 보내 드리오니
가시자마자 곧 (떠날 때와 같이) 돌아서서 오소서.

07 남녀 간의 사랑과 원망의 정서를 표현하고 있다.

2020 국회직 9급

> 가시리 가시리잇고 나난 / 버리고 가시리잇고 나난 / 위 증즐가 태평성대
>
> 날러는 어찌 살라 하고 / 버리고 가시리잇고 나난 / 위 증즐가 태평성대
>
> 잡사와 두어리마나는 / 선하면 아니 올세라 / 위 증즐가 태평성대
>
> 설온 님 보내옵나니 나난 / 가시는 듯 돌아 오소서 나난 / 위 증즐가 태평성대
>
> – 작자 미상, 〈가시리〉

O | X

[정답]

05 ×   06 ○   07 ○

08 ㉠은 시적 화자가 지닌 분노의 정서를 대변한다.

산(山)새도 오리나무
위에서 운다
산새는 왜 우노, 시메산골
영(嶺) 넘어가려고 그래서 울지

눈은 내리네, 와서 덮이네
오늘도 하룻길은
칠팔십 리(七八十里)
돌아서서 육십 리는 가기도 했소

불귀(不歸), 불귀, 다시 불귀
삼수갑산에 다시 불귀
사나이 속이라 잊으련만
십오 년 정분을 못 잊겠네

산에는 오는 눈, 들에는 녹는 눈
산새도 오리나무
㉠ 위에서 운다
삼수갑산 가는 길은 고개의 길

– 김소월, 〈산〉

O | X

08

㉠에서 화자의 '분노'의 정서는 확인할 수 없다. 서술어 '운다'를 통해 '슬픔'의 정서가 나타나 있다.

PART 1

해커스공무원 혜원국어 적중 요신의 필수적 문학

[정답]

08 ×

09

'무료함'의 정서는 나타난다. 그러나 공간의 이동이 없다. 제시된 지문에서 서술자는 줄곧 '풀밭의 소 곁'에 있다.

09 공간의 이동을 통해 글쓴이의 무료함을 표현하고 있다.

암소의 뿔은 수소의 그것보다도 한층 더 겸허하다. 이 애상적인 뿔이 나를 받을 리 없으니 나는 마음 놓고 그 곁 풀밭에 가 누워도 좋다. 나는 누워서 우선 소를 본다.

소는 잠시 반추를 그치고 나를 응시한다.

'이 사람의 얼굴이 왜 이리 창백하냐. 아마 병인인가 보다. 내 생명에 위해를 가하려는 거나 아닌지 나는 조심해야 되지.'

이렇게 소는 속으로 나를 심리하였으리라. 그러나 오 분 후에는 소는 다시 반추를 계속하였다. 소보다도 내가 마음을 놓는다.

소는 식욕의 즐거움조차를 냉대할 수 있는 지상 최대의 권태자다. 얼마나 권태에 지질렸길래 이미 위에 들어간 식물을 다시 게워 그 시큼털털한 반소화물의 미각을 역설적으로 향락하는 체해 보임이리오?

소의 체구가 크면 클수록 그의 권태도 크고 슬프다. 나는 소 앞에 누워 내 세균 같이 사소한 고독을 겸손하면서 나도 사색의 반추는 가능할는지 불가능할는지 몰래 좀 생각해 본다.

– 이상, 〈권태〉

◯ | ✕

아아! 누님이 시집가던 날 새벽에 얼굴을 단장하던 일이 마치 엊그제 같다. 그때 나는 막 여덟 살이었는데, 발랑 드러누워 발버둥을 치다가 새신랑의 말을 흉내 내 더듬거리며 점잖은 어투로 말을 하니, 누님은 그 말에 부끄러워하다 그만 빗을 내 이마에 떨어뜨렸다. 나는 골이 나 울면서 분에다 먹을 섞고 침을 발라 거울을 더럽혔다. 그러자 누님은 옥으로 만든 자그만 오리 모양의 노리개와 금으로 만든 벌 모양의 노리개를 꺼내 나에게 주면서 울음을 그치라고 하였다. 지금부터 스물여덟 해 전의 일이다.

강가에 말을 세우고 멀리 바라보니 붉은 명정(銘旌)*이 펄럭이고 배 그림자는 아득히 흘러가는데, 강굽이에 이르자 그만 나무에 가려 다시는 보이지 않았다. 그때 문득 강 너머 멀리 보이는 산은 검푸른 빛이 마치 누님이 시집가는 날 쪽 찐 머리 같았고, 강물 빛은 당시의 거울 같았으며, 새벽달은 누님의 눈썹 같았다. 그 옛날 누님이 빗을 떨어뜨리던 걸 생각하니, 유독 어릴 적 일이 생생히 떠오른다.

– 박지원, 〈큰누님 박씨 묘지명〉

* 명정(銘旌): 죽은 사람의 관직과 성씨 따위를 적은 깃발

O | X

10

생전의 누님에 관한 일화와, 장지로 떠나는 누님의 영구(관)를 강 언덕에서 전송하는 장면으로 누이를 잃은 '상실감'을 드러내고 있다.

Tip 문학 문제는 '제목'이 문제를 푸는 중요한 단서가 되므로 반드시 제일 먼저 확인한다. 제목 '묘지명'에서 '큰누님 박씨'의 죽음을 알 수 있다. 제시된 작품은 연암이 어릴 때부터 어머니처럼 따르던 큰 누이를 떠나보내며 쓴 묘지명과 시이다.

PART 1

해커스공무원 혜원국어 작품 요신의 필수적 문학

[정답]
10 O

② 태도

1. 의미: A를 B의 입장(자세, 마음가짐)으로 바라봤다.

2. 종류

적극적 태도	'긍정적 + 능동적 + 직접적'으로 하려는 태도 예 그의 마음을 얻기 위해 나는 적극적인 태도를 취했다.
소극적 태도	뭔가를 하려고 할 때 적극적이지 않은 태도 예 나는 그의 마음을 얻고는 싶지만, 아무것도 하지 않고 있다. 그걸 보고 친구가 나에게 소극적 태도를 취하면 안 된다고 조언해 줬다.
낙관적 태도	앞으로 잘될 것이라고 여기는 태도 예 감독은 우리나라가 결국에는 우승할 거라는 낙관적 태도로 인터뷰를 했다.
비관적 태도	앞으로 잘 안 될 것이라고 여기는 태도 예 철수는 말끝마다 "난 망했어." 하고 말을 하는 것을 보니, 비관적 태도를 지닌 인물인 것 같아.
회의적 태도	'의심 + 불신'의 태도 예 친구는 내가 과연 시험에 합격할 수 있을까 하면서 회의적인 태도를 가졌지만, 나는 끝내 시험에 합격했다.
비판적 태도	잘못된 점을 지적하는 태도 예 무언가에 대해 항상 비판적인 태도를 지닌 사람을 '모두까기 인형'이라고 부르더라.
냉소적 태도	차갑게 비웃는 태도 예 영희는 실연을 당한 후 사랑에 대해 냉소적인 태도를 취했다.
자조적 태도	스스로를 비웃는 태도 예 사업에 실패한 후로 철수는 "나 같은 놈이 무슨 사업이람?" 하면서 자조적인 태도로 힘없이 말했다.
성찰적 태도	반성하는 태도 예 나는 잠자리에 들기 전에 성찰적 태도로 내 하루가 어땠는지를 되돌아보곤 한다.
순응적 태도	그대로 따르려는 태도 예 내 동생은 대학원생인데, 교수의 말에 대해 순응적인 태도를 지니고 있다.
체념적 태도	단념하는(마음을 접는) 태도 예 어차피 이루어질 수 없는 사랑이라면 헤어지는 게 낫다. 그러니 그와의 사랑에 대해서는 하루라도 빨리 체념적 태도를 취하는 편이 낫다.
도피적 태도	벗어나려는(도망가려는) 태도 예 현실이 너무 괴로워 현실에서 벗어나려는 도피적 태도를 취하다.
자연 친화적 태도	자연을 '좋아함 + 즐김 + 가까이함'의 태도 예 TV프로그램 〈나는 자연인이다〉에 나오는 사람들은 하나같이 자연 친화적인 태도를 지녔다.
관조적 태도	1. 한 발짝 물러서서 찬찬히 살피는 태도, 집착(욕심, 욕망)의 반대 　예 관조적 태도로 찬찬히 삶의 의미를 살피다. 2. 수수방관(간섭하지 않고 그대로 버려둠)의 태도 　예 이 사건이 나의 일이 아니라고 관조적 태도만 취하는 것은 바람직하지 않다.
달관적 태도	근심과 걱정에 얽매이지 않고 초월한 태도('관조적 태도'와 통하는 면이 있음.) 예 천상병의 〈귀천〉의 화자는 죽음을 긍정적으로 인식하고 있는 것을 볼 때, 삶에 대해 달관적 태도를 지녔다고 볼 수 있다.
방관적 태도	관여는 하지 않고 한 발 물러서서 보기만 하는 태도(부정적인 면이 강함.) 예 미국은 일본과 한국의 관계에 대해서 직접 개입하지 않고 방관적 태도를 일삼고 있다.

세속적 태도	'속세(현실)'의 것을 따르려는 태도
	* '속세(현실)'의 것으로는 '부, 명예'가 대표적이다.
	예 그는 스님이지만 부귀와 명예를 중요시하는 것을 보니 세속적 태도를 지닌 인물이구나.
탈속적 태도	'속세(현실)'의 것에서 벗어나려는 태도
	예 부귀와 명예를 버리고 자연 속에 묻혀 살고 싶어 하는 그는 탈속적 태도를 지녔다.
우호적 태도	좋게 평가하거나 좋게 생각하는 태도
	예 내가 그와 동향이라고 하니, 그는 나를 우호적인 태도로 대했다.
예찬적 태도	긍정적으로 칭찬하거나 찬양하는 태도
	예 화자는 세월이 지나도 변함없는 자연을 예찬적 태도로 노래했다.
의지적 태도	'~해야겠다', '~하리라'의 태도
	예 반드시 시험이 합격하겠다는 동생의 의지적 태도에 나는 감탄했다.
이중적 태도	겉과 속이 다른, 이중 인격적 태도
	예 정치인 중에는 겉으로는 시민을 위한다고 하지만, 실제는 자기의 이익만 챙기려는 이중적 태도를 지닌 사람도 있다.
풍자적 태도	'비판 + 비웃음'의 태도
	예 채만식의 소설 중에는 친일파에 대해 풍자적인 태도를 취하는 것이 많다.
해학적 태도	우스운 말과 행동으로 웃기려는 태도
	예 민속극에서 언어유희라든지, 우스꽝스러운 표현으로 대상에 대한 해학적 태도를 드러낸다.
	* '풍자(적)' + '해학(적)' = '골계(적)'
안빈낙도의 태도	가난한 생활을 하면서도 편안한 마음으로 도를 즐겨 지키는 태도
	예 저는 물욕을 버리고 안빈낙도하려는 뜻을 가지고 있을 뿐입니다.
	* 안빈낙도(安貧樂道: 편안할 안, 가난할 빈, 즐길 낙, 도 도)

01

윤선도의 〈만흥〉의 일부로, 화자의 안빈낙도하는 삶의 자세가 드러난다.

현대어 풀이

보리밥과 풋나물을 알맞게 먹은 후에
바위 끝 물가에서 실컷 노니노라.
그 밖의 다른 일이야 부러워할 줄이 있으랴.

01 화자는 安貧樂道의 태도를 지니고 있다.

2024 서울시 9급(2월)

> 보리밥 풋ᄂᆞ물을 알마초 머근 후(後)에
> 바룃긋 믉ᄀᆞ의 슬ᄏᆞ지 노니노라
> 그 나믄 녀나믄 일이야 부룰 줄이 이시랴

O | X

02

'회의적 태도'는 '의심＋불신'의 태도이므로 '과연 그게 될까?' 하는 태도로 볼 수 있다.

02 '과연 그게 될까?' 하는 태도는 '회의적 태도'이다.

O | X

03

'비관적 태도'는 미래에 대해 부정적으로 전망하는 사람에게 어울린다.

03 미래에 대해 긍정적으로 전망하는 사람은 '비관적 태도'를 지녔을 것이다.

O | X

04

'자조적 태도'는 자기 자신을 비웃을 때에만 쓸 수 있는 말이다.

04 화자가 다른 대상에 대해 비웃는 태도를 지녔을 경우 '자조적 태도'를 지녔다고 말할 수 있다.

O | X

05

제시된 시조는 봄날 밤에 느끼는 애상적인 정서를 노래한 작품이다. 그러나 자연 친화적(자연과 함께하겠다)인 태도는 나타나지 않는다.

현대어 풀이

하얀 배꽃에 달이 환하게 비치고 은하수는 삼경(23시~01시, 깊은 밤)을 알리는 때에,
배나무 한 가지에 어려 있는 봄날의 정서를 소쩍새가 알고서 우는 것이랴마는
정이 많은 것도 병인 듯싶어 잠을 이루지 못하노라.

05 화자는 자연 친화적 태도를 드러내고 있다.

2021 소방

> 이화(梨花)에 월백(月白)ᄒ고 은한(銀漢)이 삼경(三更)인 제
> 일지춘심(一枝春心)을 자규(子規) ㅣ 야 아랴마ᄂᆞ
> 다정(多情)도 병(病)인 냥ᄒ여 ᄌᆞᆷ 못 드러 ᄒ노라
>
> － 이조년

O | X

[정답]

01 ○ 02 ○ 03 × 04 × 05 ×

06 ㉠에는 세상에 대한 냉소적 태도가 드러나 있다. 2019 서울시 7급

> 영화가 시작하기 전에 우리는
> 일제히 일어나 애국가를 경청한다
> 삼천리 화려 강산의
> 을숙도에서 일정한 군(群)을 이루며
> 갈대숲을 이륙하는 흰 새 떼들이
> 자기들끼리 ㉠ 끼룩거리면서
> 자기들끼리 낄낄대면서
> 일렬 이열 삼열 횡대로 자기들의 세상을
> 이 세상에서 떼어 메고
> 이 세상 밖 어디론가 날아간다
>
>   – 황지우, 〈새들도 세상을 뜨는구나〉

O | X

06

자유롭게 비상하는 새들의 모습을 '끼룩거리면서'라고 표현한 것은 애국가가 울려 퍼질 때의 아름답고 평화로운 정경에 대한 '비판적' 역할을 하고 있다. 따라서 ㉠에는 이러한 '애국가'가 요구하는 '현실 순응'에 대한 냉소적(차갑게 비웃는) 태도가 드러나 있다고 볼 수 있다.

07 화자는 '공주처럼' 나약한 나비의 의지 부족과 방관적 태도를 비판한다. 2017 국가직 9급

> 아무도 그에게 수심(水深)을 일러준 일이 없기에
> 흰나비는 도무지 바다가 무섭지 않다.
>
> 청(靑)무우밭인가 해서 내려갔다가는
> 어린 날개가 물결에 절어서
> 공주처럼 지쳐서 돌아온다.
>
> 삼월(三月)달 바다가 꽃이 피지 않아서 서글픈
> 나비 허리에 새파란 초생달이 시리다.
>
>   – 김기림, 〈바다와 나비〉

O | X

07

'흰나비'를 '공주'에 빗댄 것은 나비의 의지 부족과 방관적(어떤 일에 직접 관여하지 않고 곁에서 구경하듯 보고 있는) 태도를 비판하기 위해서가 아니라, 현실 세계의 어려움을 모르는 순진하고 연약한 흰나비의 모습을 드러내기 위해서이다.

[정답]

06 ○　07 ×

08

'죽음'을 '이 세상 소풍 끝내는 날'로 인식한다는 점에서 '달관(집착하지 않는, 욕심부리지 않는)의 태도'를 확인할 수 있다.

08 죽음에 대해 '달관의 태도'를 보여 주고 있다.

나 하늘로 돌아가리라.
새벽빛 와 닿으면 스러지는
이슬 더불어 손에 손을 잡고,

나 하늘로 돌아가리라.
노을빛 함께 단 둘이서
기슭에서 놀다가 구름 손짓하면은,

나 하늘로 돌아가리라.
아름다운 이 세상 소풍 끝내는 날,
가서, 아름다웠더라고 말하리라…….

– 천상병, 〈귀천〉

○ | ✕

09

화자는 온갖 역경, 더러움을 이겨내면서 결국에는 오는 '봄'에 대해 '너, 먼 데서 이기고 돌아온 사람아.'라고 하며 예찬적(매우 좋게 여기거나 칭찬하는) 태도를 취하고 있다.

09 시적 대상에 대해서 예찬하는 태도를 보이고 있다.

기다리지 않아도 오고
기다림마저 잃었을 때에도 너는 온다.
어디 뻘밭 구석이거나
썩은 물웅덩이 같은 데를 기웃거리다가
한눈 좀 팔고, 싸움도 한판 하고,
지쳐 나자빠져 있다가
다급한 사연 들고 달려간 바람이
흔들어 깨우면
눈 비비며 너는 더디게 온다.
더디게 더디게 마침내 올 것이 온다.
너를 보면 눈부셔
일어나 맞이할 수가 없다.
입을 열어 외치지만 소리는 굳어
나는 아무것도 미리 알릴 수가 없다.
가까스로 두 팔을 벌려 껴안아 보는
너, 먼 데서 이기고 돌아온 사람아.

– 이성부, 〈봄〉

[정답]

08 ○   09 ○

○ | ✕

10 인도교 위를 지나는 사람들의 어리석음을 비판적으로 바라보고 있다. 2024 지방직 9급

> 인도교와 거의 평행선을 지어 사람들의 발자국이 줄을 지어 얼음 위를 거멓게 색칠하였다. 인도교가 어엿하게 있음에도 불구하고 그들은 왜 얼음 위를 걸어가지 않으면 안 되었었나? 그들은 그만큼 그들의 길을 단축하지 않으면 안 되도록 무슨 크나큰 일이 있었던 것일까?……
>
> 나는 그들의 고무신을 통하여, 짚신을 통하여, 그들의 발바닥이 감촉하였을, 너무나 차디찬 얼음장을 생각하고, 저 모르게 부르르 몸서리치지 않을 수 없었다.
>
> 가방을 둘러멘 보통학교 생도가 얼음 위를 지났다. 팔짱 낀 사나이가 동저고리 바람으로 뒤를 따랐다. 빵장수가 통을 둘러메고 또 뒤를 이었다. 조바위 쓴 아낙네, 감투 쓴 노인……. 그들의 수효는 분명히 인도교 위를 지나는 사람보다 많았다.
>
> 강바람은 거의 끊임없이 불어왔다. 그 사나운 바람은 얼음 위를 지나는 사람들의 목을 움츠리게 하였다. 목을 한껏 움츠리고 강 위를 지나는 그들의 모양은 이곳 풍경을 좀 더 삭막하게 하여 놓았다. 나는 그것에 나의 마지막 걸어갈 길을 너무나 확실히 보고, 그리고 저 모르게 악연*하였다……
>
> — 박태원, 〈피로〉
>
> ─────────
> * 악연하다: 몹시 놀라 정신이 아찔하다.

O | X

10

서술자는 '얼음 위'를 걸어가는 사람들을 바라보고 있다. 그들이 '얼음 위'를 걸어가는 이유가 뭘까 하고 궁금하게 생각하고 있는 내용은 확인할 수 있지만, '인도교 위'를 지나는 사람들에 대해 어떻게 생각하는지는 확인할 수 없다.

---

11 점순이의 이중적인 태도가 드러난다. 2015 경찰 2차

> 장모님과 점순이가 헐레벌떡하고 단숨에 뛰어나왔다. 나의 생각에 장모님은 제 남편이니까 역성을 할는지도 모른다. 그러나 점순이는 내 편을 들어서 속으로 고수해서 하겠지……. 대체 이게 웬 속인지(지금까지도 난 영문을 모른다.) 아버질 혼내 주기는 제가 내래 놓고 이제 와서는 달겨들며
>
> "에그머니! 이 망할 게 아버지 죽이네!" 하고 내 귀를 뒤로 잡아당기며 마냥 우는 것이 아니냐. 그만 여기에 기운이 탁 꺾이어 나는 얼빠진 등신이 되고 말았다.
>
> 장모님도 덤벼들어 한쪽 귀마저 뒤로 잡아채면서 또 우는 것이다.
>
> — 김유정, 〈봄·봄〉

O | X

11

"아버질 혼내 주기는 제가 내래 놓고 이제 와서는 달겨들며"를 볼 때, 나와 장인어른의 싸움을 부추긴 건 점순이지만, 정작 싸움이 일어나니까 점순이는 아버지 편을 들고 있음을 알 수 있다. 이 부분에서 점순이의 이중적(두 가지 면을 동시에 지니는) 태도가 확인된다.

[정답]

10 × 11 ○

❸ 어조

1. 의미: A에 대한 **화자나 서술자의 말투**

2. 종류

남성적 어조	강인하고, 직설적이고, 단정적이고 의지적인 말투 예 • 내 죽으면 한 개 바위가 되리라. • 차라리 봄도 꽃 피진 말아라! ★ '이육사'의 시라면 90%는 남성적 어조
여성적 어조	부드럽고, 섬세한 말투 예 • 나 보기가 역겨워 / 가실 때에는 / 말없이 고이 보내 드리우리다. • 님은 갔습니다. 아아, 사랑하는 나의 님은 갔습니다. ★ '김소월'의 시, '정철'의 가사라면 90%는 여성적 어조 ★ 주로 '경어체(상대에 대하여 공경의 뜻을 나타내는 문체)'가 나오면 '여성적 어조'로 봄
직설적 어조	빙빙 돌리지 않고 말하고자 하는 바를 그대로 말하는 듯한 말투 예 • 그날이 오면 그날이 오면은 ~ / 두 개골은 깨어져 산산조각이 나도 기뻐서 죽사오매 오히려 무슨 한이 남으오리까.
친근한 어조	친하고 익숙한 듯한 말투 예 • 강냉이가 익걸랑 / 함께 와 자셔도 좋소. • 숲에 가 보니 나무들은 / 제가끔 서 있더군 / 제가끔 서 있어도 나무들은 / 숲이었어
고백적 어조	마음속 생각이나 비밀을 숨김없이 말하는 듯한 말투 예 • 잃어버렸습니다 / 무얼 어디다 잃었는지 몰라 / 두 손이 주머니를 더듬어 / 길에 나아갑니다. • 애비는 종이었다. 밤이 깊어도 오지 않았다. ★ '윤동주'의 시라면 90%가 '고백적＋성찰적'
독백적 어조	조용히 혼잣말을 하는 듯한 말투 예 • 겨울 바다에 가 보았지 / 미지(未知)의 새 / 보고 싶던 새들은 죽고 없었네 • 나 하늘로 돌아가리라. / 아름다운 이 세상 소풍 끝내는 날, / 가서, 아름다웠더라고 말하리라…….
대화적 어조	청자에게 말을 건네는 듯한 말투 예 • 안녕히 계세요. / 도련님. • 내가 먹인 암소는 몇 번이고 새끼를 쳤는데 / 그대 짠 베는 몇 필이나 쌓였는가? 주의 '대화'가 있는 것과 '대화체(대화적 어조)'는 다르다!
애상적 어조	슬퍼하거나 가슴 아파하는 듯한 말투 예 누나라고 불러 보랴 / 오오 불설워 / 시새움에 몸이 죽은 우리 누나는 / 죽어서 접동새가 되었습니다.
영탄적 어조	감정(기쁨, 슬픔, 한탄, 놀라움 등)을 강하게 드러내는 듯한 말투 예 • 아아, 님은 갔지마는 나는 님을 보내지 아니하였습니다. • 옹송그리고 살아난 양이 / 아아 꿈같기에 설어라. ★ '아아'와 같은 감탄사나 부르는 말이 나오면 90%는 영탄적 어조
절망적 어조	희망을 잃어버린 듯한 말투 예 • 서(西)로 가는 달 같이는 / 나는 아무래도 갈 수가 없다. • 각각 자기 자리에 앉는다. / 주저앉는다.
냉소적 어조	차갑게 비웃는 듯한 말투 예 • 우리도 우리들끼리 / 낄낄대면서 / 깔쭉대면서 • 북어들이 커다랗게 입을 벌리고 / 거봐, 너도 북어지 너도 북어지 너도 북어지 / 귀가 먹먹하도록 부르짖고 있었다.

비판적 어조	잘못된 점을 지적하는 듯한 말투 예 • 오 이 불길한 고요— / 생명의 황금 고리가 끊어졌느니…… • 이제 이 땅은 썩어만 가고 있는 것이 아니다. / 이제 이 지구는 죽어만 가고 있는 것이 아니다. 　내 땅 내 나라, 아니 온 세계가 이제 / 단숨에 흔적도 없이 날아가 버릴 / 마침내 그 벼랑에까지 와 서 있다.
풍자적 어조	비웃고 공격하는 듯한 말투 예 댁(宅)들에 동난지이 사오. 저 장사야 네 황화 그 무엇이라 웨는다 사자. 외골내육(外骨內肉) 양목(兩目)이 상천(上天) 전행(前行) 후행(後行) 소(小)아리 팔족(八足) 대(大)아리 이족(二足) 청장(淸醬) 아스슥하는 동난지이 사오. 장사야 하 거북이 웨지 말고 게젓이라 하렴은.
명령적 어조	시키는 듯한 말투 예 • 껍데기는 가라. / 사월도 알맹이만 남고 / 껍데기는 가라. • 일년지계(一年之計) 재춘(在春)ᄒ니 범사(凡事)를 미리 ᄒ라.
설득적 어조	설득을 하려는 듯한 말투 예 이런들 엇더ᄒ며 저런들 엇더하료 만수산(萬壽山) 드렁츩이 얼거진들 엇더ᄒ리 우리도 이ᄀᆺ치 얼거져 백 년(百年)ᄭᆞ지 누리리라

해커스공무원 해원국어 적중 요신의 필수적 문학

01
직설적이고, 강인하고, 의지적인 말투는 '남성적 어조'이다.

01 직설적이고, 강인하고, 의지적인 말투라면 여성적 어조이다. ☐ O | X

02
애상적 어조는 슬프고 안타까운 이야기에 어울리는 어조이다.

02 행복하고 생명감이 느껴지는 내용이라면 '애상적 어조'로 전달하는 게 효과적일 것이다. ☐ O | X

03
꼭 '대화'가 아니더라도, 말을 건네는 듯한 말투도 넓은 범주에서 '대화적 어조'로 본다.

03 상대방에게 말을 건네는 듯한 말투는 '대화적 어조'이다. ☐ O | X

04
'밤들', '안개들', '촛불들', '흰 종이들', '눈물들', '열망들'을 호명하며 이별의 안타까운 심정을 표현하고 있다.

04 영탄형 어조를 활용해 이별에 따른 정서를 부각하고 있다. 2023 지방직 9급

> 사랑을 잃고 나는 쓰네
>
> 잘 있거라, 짧았던 밤들아
> 창밖을 떠돌던 겨울 안개들아
> 아무것도 모르던 촛불들아, 잘 있거라
> 공포를 기다리던 흰 종이들아
> 망설임을 대신하던 눈물들아
> 잘 있거라, 더 이상 내 것이 아닌 열망들아
>
> 장님처럼 나 이제 더듬거리며 문을 잠그네
> 가엾은 내 사랑 빈집에 갇혔네
>
> — 기형도, 〈빈집〉

☐ O | X

[정답]

01 × 02 × 03 ○ 04 ○

05 **희망과 신념을 드러내는 단정적 어조로 표현하고 있다.**

2022 국가직 9급

> 봄은
> 남해에서도 북녘에서도
> 오지 않는다.
>
> 너그럽고
> 빛나는
> 봄의 그 눈짓은,
> 제주에서 두만까지
> 우리가 디딘
> 아름다운 논밭에서 움튼다.
>
> 겨울은,
> 바다와 대륙 밖에서
> 그 매운 눈보라 몰고 왔지만
> 이제 올
> 너그러운 봄은, 삼천리 마을마다
> 우리들 가슴속에서
> 움트리라.
>
> 움터서,
> 강산을 덮은 그 미움의 쇠붙이들
> 눈 녹이듯 흐물흐물
> 녹여버리겠지.
>
> — 신동엽, 〈봄은〉

O | X

05

화자는 '통일'에 대한 희망과 반드시 그 날이 올 것이라는 신념을 단정적인 어조로 드러내고 있다.

[정답]

05 ○

06

중장의 '하 어척 업서셔 늣기다가 그리 되게'에서 냉소적(무관심하거나 쌀쌀한 태도로 비웃는) 어조가 드러난다.

현대어 풀이

하하 허허 하고 있다고 해서 내 웃음이 정말 웃음인가.

하도 어처구니없어서 (흐)느끼다가 그리 웃네.

사람들이여 웃지들 말구려 아귀가 찢어질지 모르네.

07

'~하라'라는 명령형을 반복 사용함으로써 직설적인 어조로 '안개, 국경, 탑, 어용학의 울타리'에 대하여 부정적으로 인식하고 있음을 전달하고 있다.

06 냉소적 어조가 쓰였다.

> 하하 허허 흔들 내 우움이 졍 우움가
> 하 어쳑 업서셔 늣기다가 그리 되게
> 벗님ᄂᆞᆯ 웃디들 말구려 아귀 ᄣᅴ여디리라
>
> – 권섭

O | X

07 직설적인 어조로써 메시지를 전달하고 있다.

> 가리워진 안개를 걷게 하라.
> 국경이며 탑이며 어용학(御用學)의 울타리며
> 죽 가래 밀어 바다로 몰아 넣라.
> 하여 하늘을 흐르는 날새처럼
> 한 세상 한 바람 한 햇빛 속에,
> 만 가지와 만 노래를 한 가지로 흐르게 하라.
> 보다 큰 집단은 보다 큰 체계를 건축하고,
> 보다 큰 체계는 보다 큰 악을 양조(釀造)한다.
> 조직은 형식을 강요하고
> 형식은 위조품을 모집한다.
> 하여, 전통은 궁궐안의 상전이 되고
> 조작된 권위는 주위를 침식한다.
> 국경이며 탑이며 일만년 울타리며
> 죽 가래 밀어 바다로 몰아 넣라.
>
> – 신동엽, 〈이야기하는 쟁기꾼의 대지〉

O | X

[정답]

06 ○   07 ○

08 독백적인 어조로 담담하게 진술하고 있다.

2016 국가직 7급

> 나 하늘로 돌아가리라.
> 새벽빛 와 닿으면 스러지는
> 이슬 더불어 손에 손을 잡고,
>
> 나 하늘로 돌아가리라.
> 노을빛 함께 단 둘이서
> 기슭에서 놀다가 구름 손짓하면은,
>
> 나 하늘로 돌아가리라.
> 아름다운 이 세상 소풍 끝내는 날,
> 가서, 아름다웠더라고 말하리라…….
>
> — 천상병, 〈귀천〉

O | X

08

다른 사람과 대화하는 형식의 '대화체'가 아닌 스스로에게 말하는 형식이므로 '독백적인 어조'가 맞다. 또한 '죽음'의 상황 앞에서 '(하늘에서 왔으니 다시) 하늘로 돌아가리라'라고 담담하게 순응하는 말투로 진술하고 있다.

09 대상에게 친근한 어조로 말하듯이 표현하고 있다.

2012 법원직 9급

> 지상에는 / 아홉 켤레의 신발. / 아니 현관에는 아니 들깐에는
> 아니 어느 시인의 가정에는
> 알전등이 켜질 무렵을
> 문수(文數)가 다른 아홉 켤레의 신발을.
>
> 내 신발은 / 십구 문 반(十九文半).
> 눈과 얼음의 길을 걸어, / 그들 옆에 벗으면
> 육 문 삼(六文三)의 코가 납작한 / 귀염둥아 귀염둥아 / 우리 막내둥아.
> 미소하는 / 내 얼굴을 보아라.
> 얼음과 눈으로 벽(壁)을 짜올린 / 여기는
> 지상. / 연민한 삶의 길이여. / 내 신발은 십구 문 반(十九文半).
>
> 아랫목에 모인 / 아홉 마리의 강아지야 / 강아지 같은 것들아
> 굴욕과 굶주림과 추운 길을 걸어 / 내가 왔다.
> 아버지가 왔다. / 아니 십구 문 반(十九文半)의 신발이 왔다.
> 아니 시상에는 아버지라는 어설픈 것이 / 존재한다.
> 미소하는 / 내 얼굴을 보아라.
>
> — 박목월, 〈가정〉

O | X

09

'우리 막내둥아', '강아지 같은 것들아'에서 친근한 어조가 나타난다.

[정답]

08 O   09 O

10

'좋은가 봐요.', '사랑도 멀어진다고 하여요.',
'사랑이 아니고 무엇이어요.'처럼 전체적으로
경어체를 사용하고 있다. 이를 볼 때, 여성적
어조가 드러난다고 볼 수 있다.

10 여성적 어조가 드러난다.

즐겁고 아름다운 일은 양이 많을수록 좋은 것입니다.

그런데 당신의 사랑은 양이 적을수록 좋은가 봐요.

당신의 사랑은 당신과 나와 두 사람의 사이에 있는 것입니다.

사랑의 양을 알려면, 당신과 나의 거리를 측량할 수밖에 없습니다.

그래서 당신과 나의 거리가 멀면 사랑의 양이 많고, 거리가 가까우면 사랑의
양이 적을 것입니다.

그런데 적은 사랑은 나를 웃기더니 많은 사랑은 나를 울립니다.

뉘라서 사람이 멀어지면, 사랑도 멀어진다고 하여요.

당신이 가신 뒤로 사랑이 멀어졌으면, 날마다 날마다 나를 울리는 것은 사랑
이 아니고 무엇이어요.

– 한용운, 〈사랑의 측량〉

○ | ✕

[정답]

10 ○

4 분위기

1. **의미:** 작품에 전체적으로 **깔려 있는 느낌** → mood

2. **종류**

정적인 분위기	고요하고 움직임이 없는 느낌을 주는 분위기 ★ 단순히 사물을 나열한다거나, 변화나 움직임이 거의 느껴지지 않는 분위기
동적인 분위기	힘차고 활발하고 역동적인 느낌을 주는 분위기 ★ 생기, 변화, 활동, 움직임이 느껴지는 분위기로, '꽃이 피는 것', '새가 날아다니는 것'처럼 움직임이 느껴지는 것도 동적인 분위기에 속한다.
환상적 분위기	비현실적이고 신비로운 분위기 ★ 현실과 동떨어진, 동화 속에 있는 듯한, 꿈속에 있는 듯한 분위기
향토적 분위기	고향이나 시골의 정취가 느껴지는 분위기 ★ '농촌'이 나오면 90%는 향토적 분위기
토속적 분위기	그 지방, 특히 시골의 정취가 느껴지는 분위기 ★ '농촌 + 지역 사투리'가 나오면 90%는 토속적 분위기
목가적 분위기	농촌처럼 소박하고 평화로운 분위기 ★ '향토적 분위기', '토속적 분위기'와 비슷하지만 차이가 있다면 '목가적 분위기'는 '평화로움'이 핵심!
애상적 분위기	슬프거나 가슴 아픈 느낌을 주는 분위기 ★ 시대적 배경이라든지 화자나 서술자, 등장인물의 처지에 대한 '슬픔 + 안타까움'이 깔려 있다면 애상적 분위기
숭고한 분위기	품위나 수준이 높고 훌륭한 분위기 ★ '이상적이고 훌륭한 이야기'를 한다면 숭고한 분위기, '조국, 신, 위대한 것' 등을 표현할 때 나타난다.
경건한 분위기	엄숙한 분위기 ★ 몸가짐이나 말을 함부로 해서는 안 될 것 같은 분위기로, 간절한 마음으로 '기도하는 상황'이 이에 속한다. 주로 '경어체'가 쓰인다.
회상의 분위기	옛일을 생각하고 추억하는 분위기 ★ 과거를 회상하는 내용이 주를 이루기 때문에 주로 '과거 시제'로 표현된다.
이국적 분위기	자기 나라 같지 않고 외국 같은 분위기 ★ 주로 외국어나 외래어가 함께 나온다.
황량한 분위기	'황폐함 + 쓸쓸함'의 분위기 ★ 주로 계절적으로 '가을'과 관련이 깊다.

01
'고향', '들길', '아지랑이' 등 향토적 소재를 활용하여 공간 풍경을 묘사하고 있다.

01 향토적 분위기의 소재를 활용하여 공간 풍경을 묘사하고 있다. 2024 국가직 9급

> 머리가 마늘쪽같이 생긴 고향의 소녀와
> 한여름을 알몸으로 사는 고향의 소년과
> 같이 낯이 설어도 사랑스러운 들길이 있다
>
> 그 길에 아지랑이가 피듯 태양이 타듯
> 제비가 날듯 길을 따라 물이 흐르듯 그렇게
> 그렇게
>
> 천연히
>
> 울타리 밖에도 화초를 심는 마을이 있다
> 오래오래 잔광이 부신 마을이 있다
> 밤이면 더 많이 별이 뜨는 마을이 있다
>
> — 박용래, 〈울타리 밖〉

O | X

02
망국의 안타까움과 쓸쓸함을 노래하는 상황에는 환상적 분위기보다는 '애상적(슬프거나 가슴 아픈) 분위기'가 깔려 있다고 해야 자연스럽다.

02 망한 고려의 옛 성터를 보면서 느끼는 안타까움과 쓸쓸함을 노래한 이색의 <부벽루>에는 환상적 분위기가 깔려 있다.

O | X

03
'목가적'의 핵심은 '평화로움'이기 때문에 적절한 설명이다.

03 농촌에서의 소박하고 평화로운 삶을 노래한 작품이라면 목가적 분위기가 깔려 있을 것이다.

O | X

[정답]
01 ○ 02 × 03 ○

04 과거 시제로 회상적 분위기를 표현했다.

2020 지방직 9급

> 네 집에서 그 샘으로 가는 길은 한 길이었습니다. 그래서 새벽이면 물 길러 가는 인기척을 들을 수 있었지요. 서로 짠 일도 아닌데 새벽 제일 맑게 고인 물은 네 집이 돌아가며 길어 먹었지요. 순번이 된 집에서 물 길어 간 후에야 똬리 끈 입에 물고 삽짝 들어서시는 어머니나 물지게 진 아버지 모습을 볼 수 있었지요. 집안에 일이 있으면 그 순번이 자연스럽게 양보되기도 했었구요. 넉넉하지 못한 물로 사람들 마음을 넉넉하게 만들던 그 샘가 미나리꽝에서는 미나리가 푸르고 앙금 내리는 감자는 잘도 썩어 구린내 혹 풍겼지요.
>
> — 함민복, 〈그 샘〉

O | X

05 접동새 울음소리를 나타내는 시어를 사용해 애상적 분위기를 형성한다.

> 접동
> 접동
> 아우래비 접동
>
> 진두강 가람 가에 살던 누나는
> 진두강 앞마을에 / 와서 웁니다.
>
> 옛날, 우리나라 / 먼 뒤쪽의
> 진두강 가람 가에 살던 누나는 / 의붓어미 시샘에 죽었습니다.
>
> 누나라고 불러 보랴 / 오오 불설워
> 시새움에 몸이 죽은 우리 누나는 / 죽어서 접동새가 되었습니다.
>
> 아홉이나 남아 되던 오랩동생을
> 죽어서도 못 잊어 차마 못 잊어
> 야삼경(夜三更) 남 다 자는 밤이 깊으면
> 이 산 저 산 옮아가며 슬피 웁니다.
>
> — 김소월, 〈접동새〉

O | X

04

'길이었습니다.', '들을 수 있었지요.' 등 과거 시제로 유년 시절을 회상하는 분위기를 형상화하고 있다.

05

1연에서 접동새의 슬픈 울음소리를 형상화함으로써 의붓어미 시샘에 죽은 누나에 대한 애상적 분위기를 형성하고 있다.

[정답]

04 ○   05 ○

06 토속적이고 경건한 분위기를 조성하고 있다.

바람도 없는 공중에 수직의 파문을 내이며, 고요히 떨어지는 오동잎은 누구의 발자취입니까.

지리한 장마 끝에 서풍에 몰려가는 무서운 검은 구름의 터진 틈으로, 언뜻언뜻 보이는 푸른 하늘은 누구의 얼굴입니까.

꽃도 없는 깊은 나무에 푸른 이끼를 거쳐서, 옛 탑 위의 고요한 하늘을 스치는 알 수 없는 향기는 누구의 입김입니까.

근원은 알지도 못할 곳에서 나서, 돌부리를 울리고 가늘게 흐르는 작은 시내는 굽이굽이 누구의 노래입니까.

연꽃 같은 발꿈치로 가이없는 바다를 밟고, 옥 같은 손으로 끝없는 하늘을 만지면서, 떨어지는 날을 곱게 단장하는 저녁놀은 누구의 시(詩)입니까.

타고 남은 재가 다시 기름이 됩니다. 그칠 줄 모르고 타는 나의 가슴은 누구의 밤을 지키는 약한 등불입니까.

– 한용운, 〈알 수 없어요〉

O | X

07 평화롭고 향토적인 분위기가 나타난다.

넓은 벌 동쪽 끝으로
옛이야기 지줄대는 실개천이 휘돌아 나가고,
얼룩백이 황소가
해설피 금빛 게으른 울음을 우는 곳,
— 그곳이 차마 꿈엔들 잊힐 리야.

– 정지용, 〈향수〉

O | X

08 환상적 분위기와는 거리가 먼 작품이다.

머언 산 청운사(靑雲寺)
낡은 기와집

산은 자하산(紫霞山)
봄눈 녹으면,

느릅나무
속잎 피어 가는 열두 굽이를

청노루
맑은 눈에

도는
구름

ㅡ 박목월, 〈청노루〉

O | X

09 이국적이고 환상적인 분위기를 형성하고 있다.

가난한 내가 / 아름다운 나타샤를 사랑해서 / 오늘밤은 푹푹 눈이 나린다

나타샤를 사랑은 하고 / 눈은 푹푹 날리고
나는 혼자 쓸쓸히 앉아 소주(燒酒)를 마신다 / 소주를 마시며 생각한다
나타샤와 나는 / 눈이 푹푹 쌓이는 밤 흰 당나귀 타고
산골로 가자 출출이 우는 깊은 산골로 가 마가리에 살자

눈은 푹푹 나리고 / 나는 나타샤를 생각하고 / 나타샤가 아니 올 리 없다
언제 벌써 내 속에 고조곤히 와 이야기한다
산골로 가는 것은 세상한테 지는 것이 아니다
세상 같은 건 더러워 버리는 것이다

눈은 푹푹 나리고 / 아름다운 나타샤는 나를 사랑하고
어데서 흰 당나귀도 오늘 밤이 좋아서 응앙응앙 울 것이다

ㅡ 백석, 〈나와 나타샤와 흰 당나귀〉

O | X

PART 1

해커스공무원 해원국어 적중 요신의 필수적 문학

08
'자주색의 자하산'은 실제 현실이 아니라 작가의 상상력에 의해 설정된 공간으로 볼 수 있다. 따라서 사람이 등장하지 않는 풍경, 자줏빛의 자하산 등은 모두 일상적 현실과 거리가 먼 이상적, 탈속적(속세를 벗어난) 공간이며 이 모든 것이 환상적(현실과 거리가 먼) 분위기를 자아내는 작품이다.

09
'나타샤'라는 화자가 사랑하는 여인의 이름을 통해 이국적(자기 나라가 아닌 다른 나라의 특징적인)인 분위기를, 눈 오는 밤 나귀를 타고 산골로 가는 상상을 통해 환상적 분위기를 형성하고 있다.

[정답]
08 ×   09 O

10

'봄날'이 아닌 '가을날'의 황량한(황폐하고 쓸쓸한) 분위기를 드러내고 있다. 제목에도 '추일(秋日: 가을날)'이 들어간다.

10 봄날의 황량한 분위기를 드러내고 있다.

낙엽은 폴–란드 망명 정부의 지폐

포화(砲火)에 이즈러진

도룬 시의 가을 하늘을 생각케 한다.

길은 한 줄기 구겨진 넥타이처럼 풀어져

일광(日光)의 폭포 속으로 사라지고

조그만 담배 연기를 내어뿜으며

새로 두 시의 급행차가 들을 달린다.

포플라 나무의 근골(筋骨) 사이로

공장의 지붕은 흰 이빨을 드러내인 채

한 가닥 꾸부러진 철책(鐵柵)이 바람에 나부끼고

그 위에 세로팡지로 만든 구름이 하나.

자욱–한 풀벌레 소리 발길로 차며

호올로 황량(荒凉)한 생각 버릴 곳 없어

허공에 띄우는 돌팔매 하나.

기울어진 풍경의 장막(帳幕) 저쪽에

고독한 반원(半圓)을 긋고 잠기어 간다.

– 김광균, 〈추일 서정(秋日抒情)〉

O | X

5 이미지

1. 의미: 마음속에 떠오르는 그림 → **이미지** ≒ **심상** ≒ **감각**

2. 유형

(1) 감각적 이미지

시각적 이미지	**눈**의 감각에 의해 환기되는 이미지 ★ 모양, 색깔, 동작처럼 움직임이 눈으로 감지되는 감각을 글로 표현한 경우 예 • 굴뚝에서 연기가 모락모락 피어나는 모습 • 강물이 빛을 받아 반짝거리는 모습
청각적 이미지	**귀**의 감각에 의해 환기되는 이미지 ★ 소리를 글로 표현한 경우 예 • 유리잔이 바닥에 떨어져 쨍그랑거리는 소리 • 어디선가 들려오는 아이들의 웃음소리
후각적 이미지	**코**의 감각에 의해 환기되는 이미지 ★ 냄새나 향기처럼 코로 감지되는 감각을 글로 표현한 경우 예 • 저녁이 되면 집집마다 밥 짓는 냄새가 난다. • 장미에 코를 갖다 대니 향긋한 향이 난다.
미각적 이미지	**혀**의 감각에 의해 환기되는 이미지 ★ '달다, 쓰다, 맵다'처럼 맛으로 느껴지는 감각을 글로 표현한 경우 예 • 입안에 넣은 사탕이 달다. • 보약은 몸에는 좋지만 입에는 쓰다.
촉각적 이미지	**피부**의 감각에 의해 환기되는 이미지 ★ 온도, 감촉처럼 피부로 느껴지는 감각을 글로 표현한 경우 예 • 그의 손은 몹시 차가웠다. • 어머니의 품속은 참으로 부드러웠다.
복합적 이미지	감각의 나열 ★ 두 가지 이상의 **감각을 단순히 나열**하여 표현한 경우(A + B) 예 • 향긋하고 달콤한 커피 (냄새 + 맛 → 후각적 이미지 + 미각적 이미지) • 새가 짹짹거리다가 푸른 나무 위에 앉았다. (소리 + 색깔 → 청각적 이미지 + 시각적 이미지)
공감각적 이미지	하나의 감각을 다른 감각으로 옮겨서 표현한 이미지 ★ **감각의 전이**가 나타난 것으로 'A(실제로 존재하는 감각)의 B(존재하지 않는 감각)화'로 표현한다. 청각적 이미지인 '소리'를 코로 맡을 수 있는 냄새처럼 후각적 이미지로 표현하는 경우, '청각의 후각화'이다. 예 나는 향기로운 님의 말소리에 귀먹고 ('말소리(청각)'를 '향기롭다(후각)'로 표현함. → 청각의 후각화) 시각적인 이미지를 귀로 소리가 들리는 것처럼 표현하는 경우 '시각의 청각화'이다. 예 금으로 타는 태양의 즐거운 울림 ('태양(시각)'을 '울리다(소리)'로 표현함. → 시각의 청각화)

(2) 기타 이미지

계절적 이미지	봄, 여름, 가을, 겨울 같은 계절을 떠올리게 하는 이미지 예 이화우(梨花雨) 흩뿌릴 제 울며 잡고 이별한 임 추풍(秋風) 낙엽에 저도 날 생각하는가 천리(千里)에 외로운 꿈만 오락가락 하노매라 (이화우 → 봄, 추풍 → 가을)
역동적 이미지	활기차고 움직이는 느낌을 떠올리게 하는 이미지 예 모든 산맥들이 / 바다를 연모(戀慕)해 휘달릴 때도
정적 이미지	고요하고 움직임이 없는 느낌을 떠올리게 하는 이미지 예 다람쥐도 좇지 않고 멧새도 울지 않아
상승의 이미지	위로 올라가는 느낌을 주는 이미지 → happy 예 두껍고 단단한 / 아스팔트 각질을 비집고 / 솟아오르는 / 새싹의 촉을 본다.
하강의 이미지	아래로 내려가는 느낌을 주는 이미지 → sad 예 폭포는 곧은 절벽을 무서운 기색도 없이 떨어진다.
밝음의 이미지	밝고 환한 느낌을 주는 이미지 → 긍정적 예 등불을 밝혀 어둠을 조금 내몰고
어둠의 이미지	어둡고 우중충한 느낌을 주는 이미지 → 부정적 예 등불을 밝혀 어둠을 조금 내몰고
생성의 이미지	무언가가 새롭게 생겨나는 듯한 느낌을 주는 이미지 예 어둠은 새를 낳고, 돌을 / 낳고, 꽃을 낳는다.
소멸의 이미지	무언가가 사라지는 듯한 느낌을 주는 이미지 예 산에는 꽃 지네. / 꽃 지네.

01 '차갑다'는 피부로 느끼는 감각이기 때문에, 시각적 이미지이다. ◯ | ✕

01
'차갑다'는 촉각적(피부) 심상이다.

02 '낙엽'은 가을을, '개나리'는 봄을 떠올리게 하는 계절적 이미지이다. ◯ | ✕

02
'낙엽'은 가을을, '개나리'는 봄을 연상하게 하기 때문에, 그 계절을 생각나게 하는 계절적 이미지에 해당한다.

03 '사과는 빨갛고 달콤하다.'는 공감각적 이미지로 사과를 표현한 것이다. ◯ | ✕

03
'빨갛다'라는 시각적(눈) 이미지와 '달콤하다'라는 미각적(혀) 이미지를 단순 나열한 것일 뿐이기 때문에, 공감각적 이미지가 아니라 '복합 감각(복합적) 이미지'에 해당한다.

04 청각적 이미지와 시각적 이미지를 활용하여 시상을 전개하고 있다. 2023 국가직 9급

04
1연에서는 청각적 이미지를, 2연에서는 시각적 이미지를 활용하여 시상을 전개하고 있다.

막바지 뙤약볕 속
한창 매미 울음은
한여름 무더위를 그 절정까지 올려놓고는
이렇게 다시 조용할 수 있는가.
지금은 아무 기척도 없이
정적의 소리인 듯 쟁쟁쟁
천지(天地)가 하는 별의별
희한한 그늘의 소리에
멍청히 빨려 들게 하구나.

사랑도 어쩌면
그와 같은 것인가.
소나기처럼 숨이 차게
정수리부터 목물로 들이붓더니
얼마 후에는
그것이 아무 일도 없었던 양
맑은 구름만 눈이 부시게
하늘 위에 펼치기만 하노니.

— 박재삼, 〈매미 울음 끝에〉

◯ | ✕

[정답]
01 ✕ 02 ◯ 03 ✕ 04 ◯

청각적 이미지인 '울음소리'를, 왔다가 되돌
아가고, 부딪쳤다가 떨어지는 시각적 이미
지로 표현하고 있다. 따라서 공감각적 이미
지(청각의 시각화)를 확인할 수 있다.

05 공감각적 이미지가 쓰였다.

> 그 울음소리들은 수없이 나에게 왔다가
> 너무 단단한 벽에 놀라 되돌아갔을 것이다
> 하루살이들처럼 전등에 부딪쳤다가
> 바닥에 새카맣게 떨어졌을 것이다
>
> — 김기택, 〈풀벌레들의 작은 귀를 생각함〉

O | X

2연 "달은 과일보다 향그럽다."에서 공감
각적 심상(시각의 후각화)을 통해 고요하고
향기로운 달빛의 이미지를 표현하고 있다.

06 공감각적 심상을 통해 달빛의 이미지를 표현하고 있다.

2024 국회직 8급

> 순이(順伊) 벌레 우는 고풍(古風)한 뜰에
> 달빛이 밀물처럼 밀려 왔구나.
>
> 달은 나의 뜰에 고요히 앉아 있다.
> 달은 과일보다 향그럽다.
>
> 동해(東海)바다 물처럼
> 푸른
> 가을
> 밤
>
> 포도는 달빛이 스며 고웁다.
> 포도는 달빛을 머금고 익는다.
>
> 순이 포도 넝쿨 밑에 어린 잎새들이
> 달빛에 젖어 호젓하구나.
>
> — 장만영, 〈달 · 포도(葡萄) · 잎사귀〉

O | X

[정답]
05 O   06 O

07 ㉠에서 공감각적 이미지를 활용해 슬픔의 정서를 강조하고 있다.

2020 국가직 7급

> 여승은 합장하고 절을 했다
> 가지취의 내음새가 났다
> 쓸쓸한 낯이 옛날같이 늙었다
> 나는 불경(佛經)처럼 서러워졌다
>
> 평안도의 어늬 산 깊은 금점판
> 나는 파리한 여인에게서 옥수수를 샀다
> 여인은 나어린 딸아이를 때리며 ㉠ 가을밤같이 차게 울었다
>
> 섶벌같이 나아간 지아비 기다려 십년이 갔다
> 지아비는 돌아오지 않고
> 어린 딸은 도라지꽃이 좋아 돌무덤으로 갔다
>
> 산꿩도 설게 울은 슬픈 날이 있었다
> 산절의 마당귀에 여인의 머리오리가 눈물방울과 같이 떨어진 날이 있었다
>
> – 백석, 〈여승〉

O | X

07

"가을밤같이 차게 울었다"에서 청각(울었다)을 촉각화(차게)한 공감각적 표현이 나타난다.

Tip '시'에 등장한 '울음'은 '청각'으로 간주한다.

[정답]
07 O

08

두 작품 모두 다양한 감각적 심상을 통해 화자의 정서를 드러내고 있다.
다만, 감각의 전이가 나타난 '공감각적 심상'은 (나) 〈향수〉에서만 확인할 수 있다.

.

08 (가)와 달리 (나)는 다양한 감각적 심상을 통해 화자의 정서를 드러내고 있다.

2022 법원직 9급

(가) 고향에 고향에 돌아와도 / 그리던 고향은 아니러뇨. //

산꿩이 알을 품고 / 뻐꾸기 제철에 울건만, //

마음은 제 고향 지니지 않고 / 머언 항구(港口)로 떠도는 구름. //

오늘도 뫼 끝에 홀로 오르니 / 흰 점 꽃이 인정스레 웃고, //

어린 시절에 불던 풀피리 소리 아니 나고

메마른 입술에 쓰디쓰다. //

고향에 고향에 돌아와도 / 그리던 하늘만이 높푸르구나.

– 정지용, 〈고향〉

(나) 넓은 벌 동쪽 끝으로 / 옛이야기 지줄대는 실개천이 휘돌아 나가고,

얼룩백이 황소가 / 해설피 금빛 게으른 울음을 우는 곳,

　

　－그곳이 차마 꿈엔들 잊힐 리야.

　

질화로에 재가 식어지면 / 비인 밭에 밤바람 소리 말을 달리고

엷은 졸음에 겨운 늙으신 아버지가 / 짚베개를 돋아 고이시는 곳,

　

　－그곳이 차마 꿈엔들 잊힐 리야.

　

흙에서 자란 내 마음 / 파아란 하늘빛이 그리워

함부로 쏜 화살을 찾으려 / 풀섶 이슬에 함초롬 휘적시던 곳,

　

　－그곳이 차마 꿈엔들 잊힐 리야.

　

전설(傳說) 바다에 춤추는 밤물결 같은 / 검은 귀밑머리 날리는 어린 누이와

아무렇지도 않고 예쁠 것도 없는 / 사철 발 벗은 아내가

따가운 햇살을 등에 지고 이삭 줍던 곳,

　

　－그곳이 차마 꿈엔들 잊힐 리야.

　

하늘에는 성근 별 / 알 수도 없는 모래성으로 발을 옮기고,

서리 까마귀 우지짖고 지나가는 초라한 지붕,

흐릿한 불빛에 돌아앉아 도란도란거리는 곳,

　

　－그곳이 차마 꿈엔들 잊힐 리야.

– 정지용, 〈향수〉

〇 | X

09 공감각적 이미지로 이웃 간의 배려를 표현했다.

2020 지방직 9급

> 　　네 집에서 그 샘으로 가는 길은 한 길이었습니다. 그래서 새벽이면 물 길러 가는 인기척을 들을 수 있었지요. 서로 짠 일도 아닌데 새벽 제일 맑게 고인 물은 네 집이 돌아가며 길어 먹었지요. 순번이 된 집에서 물 길어 간 후에야 똬리 끈 입에 물고 삽짝 들어서시는 어머니나 물지게 진 아버지 모습을 볼 수 있었지요. 집안에 일이 있으면 그 순번이 자연스럽게 양보되기도 했었구요. 넉넉하지 못한 물로 사람들 마음을 넉넉하게 만들던 그 샘가 미나리꽝에서는 미나리가 푸르고 앙금 내리는 감자는 잘도 썩어 구린내 훅 풍겼지요.
> 　　　　　　　　　　　　　　　　　　　　　　　－ 함민복, 〈그 샘〉

O | X

09
제시된 작품의 내용을 볼 때, 이웃 간의 배려(서로 짠 일도 ~ 돌아가며 길어 먹었지요.)는 나타난다. 그러나 '공감각적 이미지'는 나타나지 않는다.

10 ㉠은 '하강'의 의미로 쓰이고 있다.

2017 국회직 8급

> 　㉠ 붉은 해는 서산 마루에 걸리었다 / 사슴의 무리도 슬피 운다
> 　떨어져 나가 앉은 산 위에서 / 나는 그대의 이름을 부르노라
> 　　　　　　　　　　　　　　　　　　－ 김소월, 〈초혼〉

O | X

10
서산에 걸린 '붉은 해'는 '서산 마루에 걸려' 해가 지는 '일몰 상황'을 보여주는 자연적 배경으로, 하강적 이미지를 형성하는 시어로 기능한다.

11 ㉠은 '생성'의 이미지로 쓰이고 있다.

2017 국회직 8급

> 　산이 날 에워싸고 / 씨나 뿌리며 살아라 한다 / 밭이나 갈며 살아라 한다
>
> 　어느 짧은 山자락에 집을 모아 / 아들 낳고 딸을 낳고
> 　흙담 안팎에 호박 심고 / 들찔레처럼 살아라 한다
> 　쑥대밭처럼 살아라 한다
>
> 　산이 날 에워싸고 / ㉠ 그믐달처럼 사위어지는 목숨
> 　그믐달처럼 살아라 한다 / 그믐달처럼 살아라 한다

O | X

11
일반적으로 '그믐달'은 꽉 찬 보름달이 서서히 형체가 사라진다는 점에서 '소멸', '죽음'의 이미지를 가진 시어로 활용되는 경우가 많다. 제시된 시는 박목월의 〈산이 날 에워싸고〉로, 3연의 "사위어지는(불이 사그러져서 재가 되는) 목숨"이라는 표현을 통해 이러한 시적 이미지가 쓰였음을 확인할 수 있다. 따라서 ㉠은 '생성'이 아닌 '소멸'의 이미지로 쓰이고 있다.

[정답]

09 ×　10 ○　11 ×

PART 1

해커스공무원 해원국어 적중 요소의 필수적 문학

김소월, 〈진달래꽃〉

갈래	자유시, 서정시
성격	전통적, 애상적, 민요적, 향토적
제재	임과의 이별
주제	승화된 이별의 정한(情恨)
특징	① 여성적이고 간절한 어조를 띰. ② 이별의 상황을 가정하여 시상을 전개함. ③ 3음보의 민요조 율격과 '–우리다'의 반복을 통해 운율을 형성함.
출전	"진달래꽃"(1925)

01
꽃을 뿌린다든지, 꽃을 밟는다든지 '시각적 이미지'로 화자의 정서(감정)를 드러내고 있는 것은 맞다. 그러나 '소리'로 표현되는 '청각적 이미지'는 나타나지 않는다.

Tip 시에서 '울음'은 청각적 이미지로 보지만 '눈물'은 시각적 이미지이다.

오답체크
② '–우리다'의 반복을 통해 운율을 형성하고 있다.
③ 1연과 마지막 연에 유사한 시구가 반복되고 있다. 따라서 유사한 시구를 처음과 끝에 반복하여 주제를 강조하는 '수미상관'의 구성을 취하고 있다.
④ 부드럽고 섬세한 여성적 어조(말투)가 나타난다.

02
㉠에 사용된 표현 방법은 '반어법'과 '도치법'이다.
화자가 하고 싶은 말은 임이 나를 떠나면 나는 슬플 거라는 것이다. 그러나 절대 울지 않겠다고 속마음과 다르게 표현하고 있다는 점에서, 혹은 이미 울고 있으면서 울지 않겠다고 말한다는 점에서 '반어법'이 쓰였다. '눈물을 안 흘리겠다.'가 아니라 '아니 눈물을 흘리겠다.'라고 표현하고 있다. 의미를 강조하기 위해서 어순을 바꿨다는 점에서 '도치법'이 쓰였다.

오답체크
㉠에 내용이나 형식이 비슷한 어구를 짝지어서 배치하는 방법인 '대구법'은 쓰이지 않았다.

[정답]
01 ①　02 ②

[01~02] 다음 글을 읽고 물음에 답하시오.

> 나 보기가 역겨워 / 가실 때에는
> 말없이 고이 보내 드리우리다.
>
> 영변(寧邊)에 약산(藥山) / 진달래꽃
> 아름 따다 가실 길에 뿌리우리다.
>
> 가시는 걸음 걸음 / 놓인 그 꽃을
> 사뿐히 즈려밟고 가시옵소서.
>
> 나 보기가 역겨워 / 가실 때에는
> ㉠ 죽어도 아니 눈물 흘리우리다.
>
> — 김소월, 〈진달래꽃〉

01 제시된 작품에 대한 감상으로 적절하지 않은 것은?

① 시각적 이미지와 청각적 이미지로 화자의 정서를 드러내고 있다.
② 특정 어미를 반복하여 운율을 형성하고 있다.
③ 수미상관의 구성을 취하고 있다.
④ 여성적인 어조가 나타난다.

02 ㉠에 사용된 표현 방법으로만 묶인 것은?

① 반어법, 대구법
② 반어법, 도치법
③ 반어법, 역설법
④ 역설법, 도치법

[03~04] 다음 글을 읽고 물음에 답하시오.

> 접동 / 접동 / 아우래비 접동
>
> 진두강 가람 가에 살던 누나는 / 진두강 앞마을에 / 와서 웁니다.
>
> 옛날, 우리나라 / 먼 뒤쪽의
> 진두강 가람 가에 살던 누나는 / 의붓어미 시샘에 죽었습니다.
>
> 누나라고 불러 보랴 / 오오 불설워
> ㉠ 시새움에 몸이 죽은 우리 누나는 / 죽어서 접동새가 되었습니다.
>
> 아홉이나 남아 되던 오랩동생을 / 죽어서도 못 잊어 차마 못 잊어
> 야삼경(夜三更) 남 다 자는 밤이 깊으면 / 이 산 저 산 옮아가며 슬피 웁니다.
>
>   – 김소월, 〈접동새〉

김소월, 〈접동새〉	
갈래	자유시, 서정시
성격	전통적, 애상적, 민요적, 향토적
제재	접동새 설화(서북 지방)
주제	죽어서도 잊지 못하는 혈육의 정한(情恨)
특징	① 3음보의 민요조 운율을 사용함. ② 서북 지방의 전설을 제재로 활용함. ③ 의성어를 통해 애상적 분위기를 형성함.
출전	"배재"(1923)

03 제시된 작품에 대한 설명으로 가장 적절한 것은?

① 화자는 죽은 누나이다.

② 대상에 대한 예찬적 태도가 드러난다.

③ 향토적이고 목가적인 분위기가 주를 이룬다.

④ 화자는 자신의 정서를 직접적으로 표출하고 있다.

03

4연의 '불설워(몹시 서러워)'에서 화자는 자신의 정서를 직접적으로 표출하고 있다.

오답체크

① 화자는 누나가 죽어서 접동새로 변했다고 생각하는 '남동생'이다.

② 대상인 '누나'를 안타깝게 바라보는 태도는 드러난다. 그러나 '누나'를 예찬(칭찬)하는 태도는 나타나지 않는다.

③ '향토적' 성격을 가진 것은 맞다. 그러나 '평화로움'에 대한 내용은 아니기 때문에 '목가적' 분위기로 보기는 어렵다.

04 ㉠과 음보가 가장 유사한 작품은?

① 엇그제 저멋더니 ᄒᆞ마 어이 다 늘거니.

② 흔 손에 막뒤 잡고 또 흔 손에 가싀 쥐고

③ 가시리 가시리잇고 나ᄂᆞᆫ / 부리고 가시리잇고 나ᄂᆞᆫ

④ 이 즁에 병(病) 업슨 이 몸이 분별(分別) 업시 늘그리라.

04

㉠은 '시새움에 / 몸이 죽은 / 우리 누나는 // 죽어서 / 접동새가 / 되었습니다.'로 끊어서 읽을 수 있기 때문에 3음보의 운율이다. 3음보의 운율이 쓰인 것은 고려 가요인 ③이다.

오답체크

③을 제외한 나머지는 '시조'와 '가사'이기 때문에 4음보의 운율이 나타난다.

Tip 고려 가요는 3음보, 시조와 가사는 4음보이다.

[정답]

03 ④   04 ③

백석, 〈여승〉

갈래	자유시, 서정시
성격	서사적, 애상적
제재	여인의 일생
주제	한 여인의 비극적인 삶
특징	① 역순행적 구성 방식 ② 시상의 압축과 절제 ③ 회상적인 어조로 표현함.
출전	"사슴"(1936)

[05~06] 다음 글을 읽고 물음에 답하시오.

여승은 합장하고 절을 했다
가지취의 내음새가 났다
쓸쓸한 낯이 옛날같이 늙었다
나는 불경(佛經)처럼 서러워졌다

평안도의 어늬 산 깊은 금점판
나는 파리한 여인에게서 옥수수를 샀다
여인은 나어린 딸아이를 때리며 가을밤같이 차게 울었다

섶벌같이 나아간 지아비 기다려 십년이 갔다
지아비는 돌아오지 않고
어린 딸은 도라지꽃이 좋아 돌무덤으로 갔다

㉠ 산꿩도 설게 울은 슬픈 날이 있었다
산절의 마당귀에 여인의 머리오리가 눈물방울과 같이 떨어진 날이 있었다

– 백석, 〈여승〉

05

2연에서 화자는 '여인'을 처음 만났다. 2연에서는 살아있던 딸아이가 3연에서는 죽었다고 했기 때문에 3연은 그 이후이다. 4연은 사연 많고 한많은 '여인'이 여승이 된 날이고, 1연은 여승이 된 '여인'을 다시 만난 현재의 순간이다. 따라서 시간의 순서대로 배열하면 '2연 → 3연 → 4연 → 1연'이다.

05 시간의 순서에 따라 바르게 배열한 것은?

① 1연 → 2연 → 3연 → 4연

② 2연 → 3연 → 4연 → 1연

③ 2연 → 3연 → 1연 → 4연

④ 4연 → 1연 → 2연 → 3연

06

㉠에서 산꿩이 설게 운다고 표현한 이유는, 화자의 감정이 서러웠기 때문이다. 즉 화자의 서러운 감정을 자연물인 '산꿩'에 주입한 것이다. 〈보기〉에서도 자연물인 '귀쏘리'에 화자의 '슬픔' 감정을 주입하여 '귀쏘리'가 슬퍼서 운다고 표현하고 있다. 따라서 ㉠과 ㉡의 공통점은 '감정 이입의 대상'이라는 점이다.

현대어 풀이

귀뚜라미, 저 귀뚜라미, 불쌍하다 저 귀뚜라미.
어찌된 귀뚜라미가 지는 달, 새는 밤에 긴 소리 짧은 소리 마디마디 슬픈 소리로 저 혼자 계속 울어, 비단 창문 안에서 얕게 든 잠을 알뜰히도(얄밉게도, 반어법) 깨우는구나.
두어라, 제가 비록 미물이지만 독수공방하는 내마음을 알아 줄 이는 저 귀뚜라미뿐인가 하노라.

06 ㉠과 <보기>의 ㉡의 공통점은?

보기

㉡ 귀쏘리 져 귀쏘리 어엿부다 져 귀쏘리,
어인 귀쏘리 지는 둘 새는 밤의 긴 소리 쟈른 소리 절절(節節)이 슬픈 소리
제 혼자 우러 녜어 사창(紗窓) 여읜 줌을 술뜨리도 끼오는고야.
두어라, 제 비록 미물(微物)이나 무인 동방(無人洞房)에 내 뜻 알리는 너 쑨인가 ᄒ노라.

① 화자의 감정과 상반되는 대상

② 추상적 대상을 구체화한 표현

③ 감정 이입의 대상

④ 언어 유희적 표현

[정답]

05 ②   06 ③

새끼오리도 헌신짝도 소똥도 갓신창도 개니빠디도 너울쪽도 짚검불도 가랑잎도
머리카락도 헝겊 조각도 막대꼬치도 기왓장도 닭의 짓도 개 터럭도 타는 모닥불

재당도 초시도 문장(門長) 늙은이도 더부살이 아이도 새 사위도 갓사둔도 나그네도
주인도 할아버지도 손자도 붓장사도 땜쟁이도 큰 개도 강아지도 모두 모닥불을 쪼인다

모닥불은 어려서 우리 할아버지가 어미아비 없는 서러운 아이로 불상하니도 몽둥
발이가 된 슬픈 역사가 있다

— 백석, 〈모닥불〉

백석, 〈모닥불〉

갈래	자유시, 서정시, 산문시
성격	감각적, 토속적, 산문적
제재	모닥불
주제	조화와 평등의 공동체적 합일 정신
특징	① 토속어의 사용을 통해 향토적 정감을 느끼게 함. ② 현재의 정황과 과거의 회상으로 이루어짐. ③ 열거된 사물이나 사람의 배열이 주제 의식을 높이는 데에 기여함.
출전	"사슴"(1936)

07 1연과 2연에서 두드러지게 사용된 수사법이 쓰인 것은?

① 오백 년(五百年) 도읍지(都邑地)를 필마(匹馬)로 도라드니,
산천(山川)은 의구(依舊)ᄒ되 인걸(人傑)은 간 듸 업다.
어즈버, 태평연월(太平烟月)이 ᄭᅮᆷ이런가 ᄒ노라.
— 길재

② 방(房) 안에 혓ᄂᆫ 촛(燭)불 눌과 이별(離別)ᄒ엿관듸
겻ᄎ로 눈물 디고 속 타는 줄 모로는고
뎌 촛불 날과 갓ᄐ여 속 타는 줄 모로도다
— 이개

③ 사월(四月) 아니 니저 아으 오실셔 곳고리 새여
므슴다 녹사(錄事)니믄 녯나ᄅᆯ 닛고 신뎌
아으 동동(動動)다리
— 작자 미상, 〈동동(動動)〉

④ 당한서(唐漢書) 장로ᄌ(莊老子) 한류문집(韓柳文集)
니두집(李杜集) 난ᄃᆡ집(蘭臺集) 빅락텬집(白樂天集)
모시샹셔(毛詩尚書) 주역춘츄(周易春秋) 주ᄃᆡ례긔(周戴禮記)
— 한림 제유, 〈한림별곡(翰林別曲)〉

08 <보기>와 같은 관점에서 작품을 감상한 것은?

보기

독자가 작품을 읽는 것은 재미와 감동뿐만 아니라, 가치 있는 경험을 나누어
가짐으로써 삶에 대한 새로운 인식을 하기 위한 것이다. 이와 같은 관점에서
볼 때, 작품의 가치는 독자에게 어떠한 효과를 얼마만큼 주었느냐에 따라 달
라진다.

① 이 작품에서 시인은 궁극적으로 민족의 비극을 말하려고 한다.

② 이 작품은 독백적 어조이고, 반복법과 열거법을 통해 장면을 묘사하고 있다.

③ 이 작품에는 일제 강점기 당시 사람들의 비극적이고 슬픈 모습이 고스란히 담겨 있다.

④ 이 작품을 통해 우리 민족의 역사의 일부를 엿볼 수 있게 되어 안타까운 마음이 들었다.

07

1연에서는 모닥불에 타고 있는 사물들을 열거하고, 2연에서는 모닥불을 쬐는 사람들과 동물들을 열거하였다. 따라서 두드러진 수사법은 '열거법'이다. 이처럼 '열거법'이 쓰인 것은 ④이다. ④에서는 '서적'을 열거하고 있다.

오답체크
① '대조법', '대구법', '영탄법'이 쓰였다.
② '의인법'이 쓰였다. '감정 이입'도 나타난다.
③ '대조법'이 쓰였다.

08

〈보기〉는 '독자'에 초점을 맞춰 감상하는 '효용론적 관점'에 대한 설명이다. '효용론적(외재적) 관점'에서 작품을 감상한 것은 ④이다. 작품에 대한 감상으로 (읽는) 독자가 '안타까운 마음'이 들었다고 했기 때문이다.

오답체크
① '시인'과 관련하여 감상했기 때문에 '표현론적(외재적) 관점'이다.
② 작품의 내적인 요소인 '어조', '수사법'을 중심으로 감상했기 때문에 '내재적 관점'이다.
③ '일제 강점기'라는 '역사적 배경'에 초점을 맞춰 감상했기 때문에 '반영론적(외재적) 관점'이다.

[정답]

07 ④ 08 ④

갈래	자유시, 서정시
성격	상징적, 회화적, 감각적
제재	어린 자식의 죽음
주제	죽은 아이에 대한 슬픔과 그리움
특징	① 선명하고 감각적인 이미지를 사용함. ② 감정을 절제하여 표현함. ③ 모순 어법을 구사하여 시의 함축성을 높임.
출전	"조선지광"(1930)

[09~10] 다음 글을 읽고 물음에 답하시오.

유리(琉璃)에 차고 슬픈 것이 어른거린다. / 열없이 붙어 서서 입김을 흐리우니
길들은 양 언 날개를 파닥거린다. / 지우고 보고 지우고 보아도
새까만 밤이 밀려 나가고 밀려와 부딪히고,
물 먹은 별이, 반짝, 보석(寶石)처럼 박힌다.
밤에 홀로 유리(琉璃)를 닦는 것은 / ⊙ 외로운 황홀한 심사이어니,
고운 폐혈관(肺血管)이 찢어진 채로 / 아아, 늬는 산(山) 새처럼 날아갔구나!

– 정지용, 〈유리창Ⅰ〉

09

⊙은 자식을 잃은 데서 오는 '외로움'과, 죽은 자식의 모습을 다시 보는 듯이 느끼는 데서 생기는 '황홀함'이 한데 얽힌 마음을 표현한 것이다. ⊙은 표면적으로는 모순되지만, 이면적으로는 나름의 시적 진리를 담고 있는 '역설법'이다. 〈보기〉 중 '역설법'이 쓰인 것은 ⓑ와 ⓓ이다.

오답체크
ⓐ '은유법'이 쓰였다.
ⓒ '과장법'이 쓰였다.

Tip 〈모란이 피기까지는〉 중 '역설법'이 쓰인 시구는 '찬란한 슬픔의 봄'이다.

09 ⊙에 나타난 표현 기법이 쓰인 것만 골라 묶은 것은?

보기

ⓐ 내 마음은 호수요, / 그대 노 저어 오오.
– 김동명, 〈내 마음은〉

ⓑ 님은 갔지마는 나는 님을 보내지 아니하였습니다.
– 한용운, 〈님의 침묵〉

ⓒ 모란이 지고 말면 그뿐, 내 한 해는 다 가고 말아.
– 김영랑, 〈모란이 피기까지는〉

ⓓ 우리들의 사랑을 위하여서는 이별이, 이별이 있어야 하네.
– 서정주, 〈견우의 노래〉

① ⓐ, ⓑ　　　② ⓐ, ⓒ　　　③ ⓑ, ⓓ　　　④ ⓑ, ⓒ, ⓓ

10

제시된 작품의 화자는 마지막 행(너는 산새처럼 날아갔구나!)에서 '아이의 죽음에 대한 안타까움'을 표출하고 있다. 〈보기〉의 화자 역시 마지막 행(도 닦아 기다리겠노라.)에서 누이를 잃은 슬픔을 종교적으로 승화하고 있다. 따라서 제시된 작품과 〈보기〉 모두 마지막 행에서 시상을 집약하고 있다는 것이 둘의 공통점이다.

오답체크
① 자식의 죽음을 소재로 한 작품은 제시된 작품뿐이다. 〈보기〉는 누이의 죽음을 소재로 한다.
② 슬픔을 종교적으로 승화한 작품은 〈보기〉뿐이다.
④ 두 작품 모두 공간의 이동에 따라 시상을 전개하고 있지 않다.

현대어 풀이
생사 길은 / 예 있으매 머뭇거리고
나는 간다는 말도 / 못다 이르고 어찌 갑니까.
어느 가을 이른 바람에 / 이에 저에 떨어질 잎처럼,
한 가지에 나고 / 가는 곳 모르온저
아아, 미타찰에서 만날 나 / 도 닦아 기다리겠노라.

[정답]
09 ③　10 ③

10 제시된 작품과 <보기>의 공통점으로 가장 적절한 것은?

보기

生死路(생사로)는 / 예 이샤매 저히고,
나는 가ᄂ다 말ㅅ도 / 몯다 닏고 가ᄂ닛고
어느 ᄀ슬 이른 ᄇᄅ매 / 이에 뎌에 ᄠ딜 닙다이,
ᄒᄃᆞᆫ 가재 나고 / 가논 곧 모ᄃᆞ온뎌
아으 彌陀刹(미타찰)애 맛보올 내 / 道(도) 닷가 기드리고다

– 월명사, 〈제망매가〉

① 자식의 죽음을 소재로 하고 있다.

② 슬픔을 종교적으로 승화하고 있다.

③ 마지막 행에서 시상을 집약하고 있다.

④ 공간의 이동에 따라 시상을 전개하고 있다.

[11~12] 다음 글을 읽고 물음에 답하시오.

넓은 벌 동쪽 끝으로 / ⊙ 옛이야기 지줄대는 실개천이 휘돌아 나가고,
얼룩백이 황소가 / 해설피 ⓒ 금빛 게으른 울음을 우는 곳,
── 그곳이 차마 꿈엔들 잊힐 리야.

질화로에 재가 식어지면 / 비인 밭에 ⓒ 밤바람 소리 말을 달리고,
엷은 졸음에 겨운 늙으신 아버지가 / 짚베개를 돋아 고이시는 곳,
── 그곳이 차마 꿈엔들 잊힐 리야.

흙에서 자란 내 마음 / 파아란 하늘빛이 그리워
함부로 쏜 화살을 찾으려 / 풀섶 이슬에 함추름 휘적시던 곳,
── 그곳이 차마 꿈엔들 잊힐 리야.

ⓓ 전설 바다에 춤추는 밤물결 같은 / 검은 귀밑머리 날리는 어린 누이와
아무렇지도 않고 예쁠 것도 없는 / 사철 발 벗은 아내가
따가운 햇살을 등에 지고 이삭 줍던 곳,
── 그곳이 차마 꿈엔들 잊힐 리야.

하늘에는 성근 별 / 알 수도 없는 모래성으로 발을 옮기고,
서리 까마귀 우지짖고 지나가는 초라한 지붕,
흐릿한 불빛에 돌아앉아 도란도란거리는 곳,
── 그곳이 차마 꿈엔들 잊힐 리야.

─ 정지용, 〈향수〉

11 ⊙~ⓓ 중 '공감각적 이미지'가 쓰이지 않은 것은?

① ⊙

② ⓒ

③ ⓒ

④ ⓓ

12 제시된 작품의 표현상의 특징으로 적절하지 않은 것은?

① 공감각적 이미지를 활용하고 있다.

② 각 연이 하나의 이야기로 연결되어 있다.

③ 후렴구를 반복하여 운율을 형성하고 있다.

④ 그리움의 정서와 향토적인 분위기가 나타난다.

정지용, 〈향수〉	
갈래	자유시, 서정시
성격	향토적, 묘사적, 감각적
제재	고향
주제	고향에 대한 그리움
특징	① 향토적 소재와 시어를 구사함. ② 후렴구가 반복되는 병렬식 구조를 보임. ③ 참신하고 선명한 감각적 이미지를 사용함.
출전	"조선지광"(1927)

11

ⓓ은 '눈'으로 관찰할 수 있는 이미지이기 때문에 '시각적 이미지'이다.

Tip '~같은'이 쓰인 것을 볼 때, ⓓ에 사용된 '비유법'은 '직유법'이다.

오답체크
⊙은 시각(실개천)의 청각화(지줄대다), ⓒ과 ⓒ은 청각(울음, 밤바람 소리)의 시각화(금빛, 달리다)이다.

12

각 연이 하나의 주제(향수)로 연결되어 있는 것은 맞다. 그러나 각 연마다 독립된 이야기로, 서로 연결된 이야기는 아니다.

오답체크
① 참신하고 선명한 공감각적 이미지를 활용하고 있다.
③ 각 연의 끝에 '그 곳이 차마 꿈엔들 잊힐 리야.'라는 후렴구를 반복하여 운율을 형성하고 있다.
④ '고향'에 대한 그리움의 정서가 드러나며, '향토적인 소재'를 활용하여 향토적인 분위기가 나타난다.

[정답]

11 ④   12 ②

박목월, 〈나그네〉

갈래	자유시, 서정시
성격	향토적, 회화적, 민요적
제재	나그네
주제	체념과 달관의 경지
특징	① 명사로 시상을 마무리하여 여운을 남김. ② 3음보의 전통적 율격을 사용하여 한국적 정서를 표출함.
출전	"청록집"(1946)

[01~02] 다음 글을 읽고 물음에 답하시오.

> 강나루 건너서 / 밀밭 길을
>
> 구름에 달 가듯이 / 가는 나그네.
>
> 길은 외줄기 / 남도 삼백 리
>
> 술 익는 마을마다 / 타는 저녁놀
>
> 구름에 달 가듯이 / 가는 나그네.
>
> – 박목월, 〈나그네〉

01

나그네는 '구름에 달 가듯이', '남도 길'을 외롭게 떠도는 체념과 달관의 모습을 지니고 있다. 따라서 '나그네'의 태도는 '달관적 태도'이다.

01 '나그네'의 태도로 가장 적절한 것은?

① 냉소적 태도

② 해학적 태도

③ 달관적 태도

④ 자연 친화적 태도

02

'구름에 달 가듯이 / 가는 나그네.'가 시의 앞부분과 뒷부분에 반복되고 있는 것을 볼 때, '수미상관'으로 볼 수 있다.

오답체크
① '경치'만 드러날 뿐, '정서'는 드러나지 않는다.
② '기승전결'의 4단 구성이 아니다.
④ '계절의 변화'는 확인할 수 없다.

02 시상의 전개 방식으로 가장 적절한 것은?

① 선경후정

② 기승전결

③ 수미상관

④ 계절의 변화

[정답]

01 ③   02 ③

[03~04] 다음 글을 읽고 물음에 답하시오.

머언 산 ㉠ 청운사(靑雲寺)
낡은 기와집

산은 ㉡ 자하산(紫霞山)
봄눈 녹으면,

㉢ 느릅나무
속잎 피어 가는 열두 굽이를

㉣ 청노루
맑은 눈에

도는
구름

                    – 박목월, 〈청노루〉

박목월, 〈청노루〉

갈래	자유시, 서정시
성격	서경적, 묘사적, 관조적
제재	청노루
주제	봄의 정경과 정취
특징	① 짧은 시행을 배열하고 명사로 시를 종결함. ② 동적 이미지와 정적 이미지가 조화를 이룸. ③ 원경에서 근경으로의 시선의 이동에 따라 시상을 전개함.
출전	"청록집"(1946)

03 ㉠~㉣ 중 성격이 가장 이질적인 하나는?

   ① ㉠

   ② ㉡

   ③ ㉢

   ④ ㉣

04 제시된 작품의 시상 전개 방식에 대한 설명으로 가장 적절한 것은?

   ① 선경후정 방식으로 시상이 전개되고 있다.

   ② 화자의 의식의 흐름에 따라 시상이 전개되고 있다.

   ③ 화자의 태도의 변화에 따라 시상이 전개되고 있다.

   ④ 화자의 시선의 이동에 따라 시상이 전개되고 있다.

03

㉢을 제외한 나머지는 현실과는 동떨어진 듯한, '탈속적(현실에서 벗어난)' 성격을 지닌 시어이다. 한편, ㉢의 '느릅나무' 자체는 '탈속적' 성격으로 보기 어렵다.

오답체크
① 흔히 갈 수 있는 산이 아니라, '먼 산'에 있는 '청운사'는 현실성이 잘 드러나지 않는 이상화된 공간으로 '탈속적'이다.
② 현실에 존재하지 않을 것 같은 '자하산(자줏빛산)'은 '탈속적'이다.
④ 신비로운 분위기를 내는 '청색 노루'는 현실의 존재 여부 자체가 의문스러운 '탈속적' 존재이다.

04

화자의 시선이 '청운사 기와집 → 자하산 → 느릅나무 → 청노루 → 구름(청노루의 눈에 비친 구름)'으로 이동하면서 시상이 전개되고 있다.

오답체크
① '경치'만 나타날 뿐, '정서'는 드러나지 않는다.
② 화자의 의식의 흐름은 나타나지 않는다.
③ 화자의 태도 변화는 나타나지 않는다.

[정답]

03 ③　04 ④

윤동주, 〈쉽게 씌어진 시〉

갈래	자유시, 서정시
성격	저항적, 반성적, 미래 지향적
제재	현실 속의 자신의 삶(시가 쉽게 씌어지는 것에 대한 부끄러움)
주제	어두운 시대 현실에서 비롯된 고뇌와 자기 성찰
특징	① 상징적 시어를 대비하여 시적 의미를 강화함. ② 두 자아의 대립과 화해를 통해 시상을 전개함.
출전	"하늘과 바람과 별과 시"(1948)

[05~06] 다음 글을 읽고 물음에 답하시오.

창(窓) 밖에 밤비가 속살거려 / 육첩방(六疊房)은 남의 나라,

시인(詩人)이란 슬픈 천명(天命)인 줄 알면서도 / 한 줄 시(詩)를 적어 볼까,

땀내와 사랑 내 포근히 품긴 / 보내 주신 학비 봉투(學費封套)를 받아

대학(大學) 노―트를 끼고 / 늙은 교수(教授)의 강의(講義) 들으러 간다.

생각해 보면 어린 때 동무들 / 하나, 둘, 죄다 잃어버리고

나는 무얼 바라 / 나는 다만, 홀로 침전(沈澱)하는 것일까?

인생(人生)은 살기 어렵다는데 / 시(詩)가 이렇게 쉽게 씌어지는 것은
부끄러운 일이다.

육첩방(六疊房)은 남의 나라 / 창(窓)밖에 밤비가 속살거리는데,

등불을 밝혀 어둠을 조금 내몰고,
시대(時代)처럼 올 아침을 기다리는 최후(最後)의 나,

나는 나에게 작은 손을 내밀어
눈물과 위안(慰安)으로 잡는 최초(最初)의 악수(握手).

－ 윤동주, 〈쉽게 씌어진 시〉

05 화자의 태도 변화를 바르게 제시한 것은?

① 회의적 → 반성적 → 비관적

② 반성적 → 회의적 → 체념적

③ 좌절적 → 성찰적 → 도피적

④ 절망적 → 반성적 → 의지적

06 제시된 작품을 감상할 때 작품의 '내재적인 면'에 주목하여 감상한 것은?

① 시각적 심상을 지닌 상징어가 대립하고 있다.

② 치열하게 자아를 성찰했을 시인의 모습이 짐작된다.

③ 어둡고 우울한 시대적 아픔을 담담하게 노래하고 있다.

④ 현실을 긍정하고 새로운 각오를 다지는 태도는 나에게 깨달음을 주었다.

[07~08] 다음 글을 읽고 물음에 답하시오.

잃어버렸습니다. / 무얼 어디다 잃었는지 몰라
두 손이 주머니를 더듬어 / 길에 나아갑니다.

돌과 돌과 돌이 끝없이 연달아
길은 돌담을 끼고 갑니다.

담은 쇠문을 굳게 닫아
길 위에 긴 그림자를 드리우고

길은 아침에서 저녁으로
저녁에서 아침으로 통했습니다.

돌담을 더듬어 눈물짓다
쳐다보면 하늘은 부끄럽게 푸릅니다.

풀 한 포기 없는 이 길을 걷는 것은
담 저쪽에 내가 남아 있는 까닭이고,

내가 사는 것은, 다만,
잃은 것을 찾는 까닭입니다.

– 윤동주, 〈길〉

갈래	자유시, 서정시
성격	상징적, 성찰적, 의지적
제재	길
주제	① 자아 회복을 위한 진정한 노력 ② 진정한 자아를 찾기 위한 탐색과 결의
특징	① 소박하고 일상적인 시어 구사 ② 고백적 어조를 통해 내면을 드러냄. ③ '길', '담', '문' 등의 보편적 상징을 활용하여 관념을 형상화
출전	"하늘과 바람과 별과 시"(1948)

07 제시된 시의 '어조'로 가장 적절한 것은?

① 남성적 어조

② 고백적 어조

③ 영탄적 어조

④ 풍자적 어조

08 각 연에 대한 설명으로 가장 적절하지 않은 것은?

① 1연: '상실감'을 느끼고 있다.

② 2연: '부끄러운 자아'를 인식하고 있다.

③ 6연: '새로운 자아'를 발견하고 기뻐하고 있다.

④ 7연: '자아의 회복 의지'를 드러내고 있다.

07
자신이 자신의 무엇(참모습)을 잃어버렸다고 고백하는 것으로 시가 시작되고 있다. 따라서 '고백적 어조(말투)'이다.

08
6연에서는 '자아'를 찾기 위해 '아직 걷는 중'이다. 즉 아직 자아를 발견하지 못한 상태기 때문에, 새로운 자아를 발견하고 기뻐하고 있다는 설명은 적절하지 않다.

오답체크
① 1연에서 잃어버렸다고 표현한 것을 볼 때, 화자는 '상실감'을 느끼고 있음을 알 수 있다.
② 5연에서 '하늘은 부끄럽게 푸릅니다.'라고 하였다. 따라서 화자는 실제로 '하늘이 부끄러운 것'이 아니라, '부끄러운 자아'를 인식하고 있음을 알 수 있다.
④ 7연에서 화자는 사는 이유를 잃은 것을 찾기 위해서라고 밝히고 있다. 즉 살면서 계속해서 잃은 것, '자아'를 계속해서 찾겠다고 말하고 있다. 따라서 자아의 회복 의지를 드러내고 있다는 설명은 옳다.

[정답]

07 ② 08 ③

[09~10] 다음 글을 읽고 물음에 답하시오.

매운 계절(季節)의 채찍에 갈겨
마침내 북방(北方)으로 휩쓸려 오다

하늘도 그만 지쳐 끝난 고원(高原)
서릿발 칼날진 그 위에 서다

어데다 무릎을 꿇어야 하나?
한 발 재겨 디딜 곳조차 없다

이러매 눈 감아 생각해 볼밖에
겨울은 강철로 된 무지갠가 보다

– 이육사, 〈절정〉

09 제시된 시에 대한 설명으로 적절한 것은?

① 화자는 자신의 지난 삶을 성찰하고 있다.

② 부드러우면서도 친근한 목소리로 말하고 있다.

③ 역순행적인 순서에 따라 시상이 전개되고 있다.

④ 역설적 표현을 통해 주제를 압축적으로 제시하고 있다.

10 1~3연에서 화자가 처한 상황과 가장 관련이 깊은 것은?

① 백척간두(百尺竿頭)

② 낭중지추(囊中之錐)

③ 표리부동(表裏不同)

④ 삼순구식(三旬九食)

까마득한 날에 / 하늘이 처음 열리고 / ㉠ 어데 닭 우는 소리 들렸으랴.

모든 산맥들이 / 바다를 연모(戀慕)해 휘달릴 때도
차마 이곳을 범하던 못하였으리라.

끊임없는 광음(光陰)을 / 부지런한 계절이 피어선 지고
큰 강물이 비로소 길을 열었다.

지금 눈 내리고 / 매화 향기 홀로 아득하니
내 여기 가난한 노래의 씨를 뿌려라.

다시 천고(千古)의 뒤에 / 백마 타고 오는 초인이 있어
이 광야에서 목놓아 부르게 하리라.

— 이육사, 〈광야〉

11 제시된 시에 대한 설명으로 옳지 않은 것은?

① '눈'과 '매화'를 대조하고 있다.

② 미래를 낙관적으로 바라보고 있다.

③ 남성적 느낌을 주는 시어가 많이 쓰였다.

④ '현재 → 과거 → 미래'의 시상 전개를 보인다.

12 ㉠과 유사한 수사법이 쓰인 것은?

① 숲의 나무들 서서 목욕한다 일제히
어푸어푸 숨 내뿜으며 호수 쪽으로 가고 있다   — 이면우, 〈소나기〉

② 그곳 바다인들 여느 바다와 다를까요
검은 개펄에 작은 게들이 구멍 속을 들락거리고
언제나 바다는 멀리서 진펄에 몸을 뒤척이겠지요   — 이성복, 〈서해〉

③ 삶은 계란의 껍질이 / 벗겨지듯
묵은 사랑이 / 벗겨질 때 / 붉은 파밭의 푸른 새싹을 보아라.
얻는다는 것은 곧 잃는 것이다.   — 김수영, 〈파밭가에서〉

④ 산아, 우뚝 솟은 푸른 산아. 철철철 흐르듯 짙푸른 산아. 숱한 나무들, 무성히 무성히 우거진 산마루에, 금빛 기름진 햇살은 내려오고, 둥둥 산을 넘어, 흰구름 건넌 자리 씻기는 하늘. 사슴도 안 오고, 바람도 안 불고, 넘엇골 골짜기서 울어 오는 뻐꾸기…….
          — 박두진, 〈청산도〉

이육사, 〈광야〉

갈래	자유시, 서정시
성격	의지적, 저항적, 미래 지향적, 상징적
제재	광야
주제	조국 광복에 대한 의지와 염원
특징	① 독백적 어조로 내면의 신념을 드러냄. ② 상징적 시어와 속죄양 모티프를 통해 주제를 형상화함. ③ '과거-현재-미래'의 시간의 흐름에 따라 시상을 전개함.
출전	"자유신문"(1945)

11

'과거(까마득한 날) → 현재(지금) → 미래(천고의 뒤)'로 시간의 흐름에 따라 시상이 전개되고 있다. 따라서 '현재 → 과거 → 미래'의 시상 전개를 보인다는 설명은 옳지 않다.

오답체크

① 부정적인 현실을 나타내는 시어인 '눈'과 미래에 대한 희망을 나타내는 시어인 '매화'가 대조를 이루고 있다.

② 화자는 5연에서 '초인'과 같은 영웅적 인물이 나타나서 미래에 우리 민족을 구원해 줄 것이라고 확신하고 있다. 즉 미래를 낙관적으로 바라보고 있음을 알 수 있다.

③ 화자는 '현실 극복 의지'를 강건하고 굳센 남성적 어조로 드러내고 있다.

12

㉠에 사용된 수사법은 '설의법'이다. ②의 '그곳 바다인들 여느 바다와 다를까요'에서도 '설의법'을 통해 다른 바다와 다르지 않다고 표현하고 있다.

오답체크

① 의인법이 쓰였다.

③ '얻는다는 것은 곧 잃는 것이다.'에서 역설법이 쓰였다.

④ 돈호법(혹은 영탄법), 반복법과 열거법이 쓰였다.

[정답]

11 ④   12 ②

PART 1

해커스공무원 혜원국어 적중 요약의 필수적 문학

김광균, 〈추일 서정〉

갈래	자유시, 서정시, 주지시
성격	회화적, 주지적, 감각적
제재	가을날의 풍경
주제	가을날의 황량한 풍경과 고독감
특징	① 시각적 이미지가 중심을 이룸. ② 선경 후정의 방식으로 시상을 전개함. ③ 은유와 직유 등의 비유를 많이 사용함.
출전	"인문평론"(1940)

[01~02] 다음 글을 읽고 물음에 답하시오.

> ㉠ 낙엽은 폴-란드 망명 정부의 지폐
> 포화(砲火)에 이즈러진 / 도룬 시의 가을 하늘을 생각케 한다.
> ㉡ 길은 한 줄기 구겨진 넥타이처럼 풀어져 / 일광(日光)의 폭포 속으로 사라지고
> 조그만 담배 연기를 내어뿜으며 / 새로 두 시의 급행차가 들을 달린다.
> 포플라 나무의 근골(筋骨) 사이로 / 공장의 지붕은 흰 이빨을 드러내인 채
> 한 가닥 꾸부러진 철책(鐵柵)이 바람에 나부끼고
> 그 위에 세로팡지로 만든 구름이 하나.
> ㉢ 자욱-한 풀벌레 소리 발길로 차며 / 호올로 황량(荒凉)한 생각 버릴 곳 없어
> 허공에 띄우는 돌팔매 하나.
> 기울어진 풍경의 장막(帳幕) 저쪽에 / ㉣ 고독한 반원(半圓)을 긋고 잠기어 간다.
>
> – 김광균, 〈추일 서정〉

01

'급행열차의 연기'가 '담배 연기' 같다고 표현하고 있다. 즉 '담배 연기'의 원관념은 '폭포'가 아니라 '급행열차의 연기'이다.

01 원관념과 보조 관념의 연결이 바르지 않은 것은?

원관념	보조 관념		원관념	보조 관념
① 낙엽	망명 정부의 지폐	②	길	넥타이
③ 폭포	담배 연기	④	공장의 지붕	흰 이빨

02

〈보기〉에서는 '새파란 초생달(시각)'을 '시리다(촉각)'라고 표현하고 있다. 감각의 전이가 일어났기 때문에 '공감각적 이미지(시각의 촉각화)'이다. ㉠~㉣ 중 '공감각적 이미지'인 것은 ㉢이다. '풀벌레 소리(청각)'를 '발로 차는 것(시각)'으로 표현하였기 때문이다.

오답체크

① 'A는 B이다.'의 구조로 '은유법(비유법)'이 나타난다.
② '~처럼'이 쓰인 '직유법(비유법)'이다.
④ '잠긴다'는 것을 보아 '하강의 이미지'가 나타난다.

02 ㉠~㉣ 중 〈보기〉의 밑줄 친 부분과 유사한 표현 기법이 사용된 것은?

> **보기**
>
> 아무도 그에게 수심(水深)을 일러 준 일이 없기에
> 흰나비는 도무지 바다가 무섭지 않다.
>
> 청(靑) 무우밭인가 해서 내려갔다가는
> 어린 날개가 물결에 절어서 / 공주(公主)처럼 지쳐서 돌아온다.
>
> 삼월(三月)달 바다가 꽃이 피지 않아서 서글픈
> 나비 허리에 새파란 초생달이 시리다.
>
> – 김기림, 〈바다와 나비〉

① ㉠　　　　② ㉡　　　　③ ㉢　　　　④ ㉣

[정답]

01 ③　02 ③

눈은 살아 있다 / 떨어진 눈은 살아 있다 / 마당 위에 떨어진 눈은 살아 있다

기침을 하자 / 젊은 시인이여 기침을 하자 / 눈 위에 대고 기침을 하자
눈더러 보라고 마음 놓고 마음 놓고 / 기침을 하자

눈은 살아 있다 / 죽음을 잊어버린 영혼과 육체를 위하여
눈은 새벽이 지나도록 살아 있다

기침을 하자 / 젊은 시인이여 기침을 하자
눈을 바라보며 / 밤새도록 고인 가슴의 가래라도 / 마음껏 뱉자

- 김수영, 〈눈〉

03 제시된 작품에서 화자가 겪고 있는 갈등의 유형으로 가장 적절한 것은?

① 내적 갈등　　　　　　　　② 인물과 인물의 갈등

③ 인물과 사회의 갈등　　　　④ 인물과 운명의 갈등

04 제시된 작품과 <보기> 작품 속 화자의 공통점은?

> **보기**
>
> 잃어버렸습니다. / 무얼 어디다 잃었는지 몰라
> 두 손이 주머니를 더듬어 / 길에 나아갑니다.
>
> 돌과 돌과 돌이 끝없이 연달아 / 길은 돌담을 끼고 갑니다.
>
> 담은 쇠문을 굳게 닫아 / 길 위에 긴 그림자를 드리우고
>
> 길은 아침에서 저녁으로 / 저녁에서 아침으로 통했습니다.
>
> 돌담을 더듬어 눈물짓다 / 쳐다보면 하늘은 부끄럽게 푸릅니다.
>
> 풀 한 포기 없는 이 길을 걷는 것은 / 담 저쪽에 내가 남아 있는 까닭이고,
>
> 내가 사는 것은, 다만, / 잃은 것을 찾는 까닭입니다.
>
> - 윤동주, 〈길〉

① 명령적 어조로 행동을 촉구하고 있다.

② 참된 자아를 찾기 위해 노력하고 있다.

③ 부정적 현실에 대한 화자의 의지를 드러내고 있다.

④ 현실에 대한 풍자와 해학적 태도가 뚜렷하게 나타나 있다.

김수영, 〈눈〉

갈래	자유시, 서정시
성격	비판적, 참여적, 상징적
제재	눈
주제	순수하고 정의로운 삶에 대한 소망과 부정적 현실을 극복하려는 의지
특징	① '눈'과 '가래'의 상징적 의미가 대립 구도를 보임. ② 동일한 문장의 반복과 변형을 통해 리듬감을 형성함. ③ 청유형 어미를 반복하여 적극적으로 함께 행동할 것을 권유함.
출전	"문학 예술"(1956)

03
화자는 '현실(사회)'을 부정적으로 바라보고, '기침'을 하고 '가래'를 뱉는 행위를 통해서 부정적인 현실을 극복하고자 한다. 따라서 화자가 겪고 있는 갈등의 유형은 '인물과 사회의 갈등'이다.

04
제시된 작품과 〈보기〉의 화자 모두 현재 자신이 처한 상황을 부정적으로 그리고 있다. 두 화자 모두 각기의 방식으로 그 상황을 타개하기 위해 노력하려는 의지를 보인다는 점에서 부정적 현실에 대한 화자의 의지를 드러내고 있다는 것이 공통점이다.

오답체크
① 두 작품 모두 '명령적 어조'가 나타나지 않는다. 제시된 작품의 경우 '~하자'는 명령형이 아니라 청유형이다.
② 참된 자아를 찾기 위해 노력하는 것은 〈보기〉의 화자이다.
④ 두 작품 모두 현재 상황을 부정적으로 그리고는 있지만, '풍자'와 '해학적' 태도를 드러내지는 않았다.

[정답]

03 ③　　04 ③

갈래	자유시, 서정시, 참여시
성격	현실 참여적, 저항적, 의지적
제재	민족의 현실
주제	부정적 세력에 대한 저항, 민족의 화합과 통일에 대한 소망
특징	① 명령법으로 단호한 의지를 표현함. ② 직설적 표현으로 부정적 현실 인식을 드러냄. ③ 반복적 표현과 대조적 시어의 사용을 통해 주제를 강조함.
출전	"52인 시집"(1967)

[05~06] 다음 글을 읽고 물음에 답하시오.

껍데기는 가라. / 사월도 알맹이만 남고 / 껍데기는 가라.

껍데기는 가라. / 동학년(東學年) 곰나루의, 그 아우성만 살고 / 껍데기는 가라.

그리하여, 다시 / 껍데기는 가라.
이곳에선, 두 가슴과 그곳까지 내논 / 아사달 아사녀가
중립(中立)의 초례청 앞에 서서 / 부끄럼 빛내며 / 맞절할지니

껍데기는 가라. / 한라에서 백두까지 / 향그러운 흙 가슴만 남고
그, 모오든 쇠붙이는 가라.

– 신동엽, 〈껍데기는 가라〉

05

제시된 작품의 화자는 '부정한 것'을 거부하고 '순수한 것'을 희망하고 있다. 이와 상황이나 정서가 유사한 것은 ④이다.

오답체크
① 체념적 정서가 드러난다.
② 달관의 정서가 드러난다.
③ 그리움, 상실감의 정서가 드러난다.

05 제시된 시에 나타난 화자의 상황과 정서가 가장 유사한 것은?

① 나 보기가 역겨워 / 가실 때에는 / 말없이 고이 보내 드리우리다.

– 김소월, 〈진달래꽃〉

② 나 하늘로 돌아가리라. / 아름다운 이 세상 소풍 끝내는 날,
가서, 아름다웠다고 말하리라…….

– 천상병, 〈귀천〉

③ 산산이 부서진 이름이여! / 허공중(虛空中)에 헤어진 이름이여!
불러도 주인 없는 이름이여! / 부르다가 내가 죽을 이름이여!

– 김소월, 〈초혼〉

④ 기침을 하자 / 젊은 시인이여 기침을 하자
눈을 바라보며 / 밤새도록 고인 가슴의 가래라도 / 마음껏 뱉자

– 김수영, 〈눈〉

06

〈보기〉는 '시적 허용'에 대한 설명이다. 4연의 '모오든'은 '모든'의 어긋난 표현이지만, 시인이 의도적으로 표현했다는 점에서 '시적 허용' 표현이다.

06 <보기>의 설명과 가장 관련이 깊은 시어가 포함된 연은?

보기

시에서만 특별히 허용되는 언어 규범에 어긋나는 표현을 의미한다. 시인이 의도적으로 맞춤법이나 띄어쓰기에 어긋나는 표현을 사용하여 문법적 일탈을 보이는 것이다.

① 1연   ② 2연

③ 3연   ④ 4연

[정답]
05 ④   06 ④

[07~08] 다음 글을 읽고 물음에 답하시오.

나 ㉠ 하늘로 돌아가리라.
새벽빛 와 닿으면 스러지는
㉡ 이슬 더불어 손에 손을 잡고,

나 하늘로 돌아가리라.
㉢ 노을빛 함께 단둘이서
기슭에서 놀다가 구름 손짓하면은,

나 하늘로 돌아가리라.
아름다운 이 세상 ㉣ 소풍 끝내는 날,
가서, 아름다웠더라고 말하리라……

– 천상병, 〈귀천〉

천상병, 〈귀천〉

갈래	자유시, 서정시
성격	독백적, 관조적, 낙천적
제재	귀천
주제	삶에 대한 달관과 죽음에 대한 정신적 승화
특징	① 비유적인 심상을 사용함. ② 반복과 독백적인 어조를 통해 주제를 부각함.
출전	"주막에서"(1979)

07 화자의 태도로 보기 어려운 것은?

① 낙관적 태도　　　　　② 달관의 태도

③ 회의적 태도　　　　　④ 관조적 태도

07
'삶'과 '죽음'에 대해 의문을 품는 내용은 아니다. 따라서 '회의적 태도'는 드러나지 않는다.

오답체크
'죽음'을 긍정적으로 바라보고 있다는 점에서 '낙관적 태도', '달관의 태도', '관조적 태도'가 드러난다.

08 ㉠~㉣ 중 <보기>의 밑줄 친 시어가 내포하는 의미와 가장 유사한 것은?

> 보기
>
> 유리(琉璃)에 차고 슬픈 것이 어른거린다.
> 열없이 붙어 서서 입김을 흐리우니
> 길들은 양 언 날개를 파닥거린다.
> 지우고 보고 지우고 보아도
> 새까만 밤이 밀려 나가고 밀려와 부딪히고,
> 물 먹은 별이, 반짝, 보석(寶石)처럼 박힌다.
> 밤에 홀로 유리(琉璃)를 닦는 것은
> 외로운 황홀한 심사이어니,
> 고운 폐혈관(肺血管)이 찢어진 채로
> 아아, 늬는 산(山)새처럼 날아갔구나!

① ㉠　　　② ㉡　　　③ ㉢　　　④ ㉣

08
'새까만 밤'은 '죽음의 세계(저승)'를 의미한다. ㉠~㉣ 중 '죽음의 세계'를 뜻하는 시어는 ㉠의 '하늘'이다.
Tip '새까만 밤'은 시적 화자가 처한 '시간적 배경'으로도 해석할 수 있다.

오답체크
㉡과 ㉢은 아름답지만 순간적인 것을, ㉣은 '삶'에 대한 화자의 태도를 드러낸 시어이다.

[정답]

07 ③　08 ①

박재삼, 〈추억에서〉

갈래	자유시, 서정시
성격	회고적, 애상적, 향토적
제재	어머니의 삶, 어린 시절의 추억
주제	한스러운 삶을 살다 간 어머니에 대한 회상
특징	① 향토적인 시어를 사용함. ② 섬세한 언어와 서정적 감각이 두드러짐. ③ 시각적인 이미지를 통해 슬픔의 정서를 표현함. ④ 감정의 절제를 통해 한의 정서를 형상화함.
출전	"춘향이 마음"(1962)

[09~10] 다음 글을 읽고 물음에 답하시오.

> 진주(晉州) 장터 생어물전에는 / 바닷밑이 깔리는 해 다 진 어스름을,
>
> 울 엄매의 장사 끝에 남은 고기 몇 마리의 / 빛 발(發)하는 눈깔들이 속절없이
> 은전(銀錢)만큼 손 안 닿는 한(恨)이던가 / 울 엄매야 울 엄매,
>
> 별 밭은 또 그리 멀리 / 우리 오누이의 머리 맞댄 골방 안 되어
> 손 시리게 떨던가 손 시리게 떨던가,
>
> 진주(晉州) 남강(南江) 맑다 해도 / 오명 가명
> 신새벽이나 밤빛에 보는 것을, / 울 엄매의 마음은 어떠했을꼬,
> 달빛 받은 옹기전의 옹기들같이 / 말없이 글썽이고 반짝이던 것인가.
>
> — 박재삼, 〈추억에서〉

09 제시된 시에 대한 감상으로 옳지 않은 것은?

① 시각적 심상을 통해 주제를 부각하고 있다.

② 시적 대상의 변화에 따라 시상이 전개되고 있다.

③ 대조적인 시어를 통해 화자의 처지를 보여주고 있다.

④ 의문형 어미를 사용하여 감정을 직접적으로 드러내고 있다.

10 제시된 작품과 주제나 정서가 가장 유사한 것은?

① 뭐락카노, 저편 강기슭에서 / 니 뭐락카노, 바람에 불려서 //
  이승 아니믄 저승으로 떠나가는 뱃머리에서 / 나의 목소리도 바람에 날려서

  — 박목월, 〈이별가〉

② 내 그대를 생각함은 항상 그대가 앉아 있는 배경에서 해가 지고 바람이 부는 일처럼 사소한 일일 것이나 언젠가 그대가 한없이 괴로움 속을 헤매일 때에 오랫동안 전해 오던 그 사소함으로 그대를 불러 보리라.

  — 황동규, 〈즐거운 편지〉

③ 가난하다고 해서 외로움을 모르겠는가,
  너와 헤어져 돌아오는 / 너와 헤어져 돌아오는
  눈 쌓인 골목길에 새파랗게 달빛이 쏟아지는데

  — 신경림, 〈가난한 사랑노래〉

④ 질화로에 재가 식어지면 / 비인 밭에 밤바람 소리 말을 달리고,
  엷은 졸음에 겨운 늙으신 아버지가 / 짚베개를 돋아 고이시는 곳,
  — 그곳이 차마 꿈엔들 잊힐 리야.

  — 정지용, 〈향수〉

09
'~가', '~꼬' 같은 의문형 어미를 사용한 것은 맞다. 그러나 감정을 직접적으로 드러내고 있지는 않다. 감정을 직접적으로 드러내고자 했으면, 의문형 어미를 사용하지 않았을 것이다.

오답체크
① '장사 끝에 남은 고기 몇 마리', '빛 발하는 눈깔들', '달빛 받은 옹기전의 옹기들'과 같은 시각적인 심상을 통해 주제를 부각하고 있다.
② 시적 대상이 '어머니 → 오누이 → 어머니'로 변하면서 시상이 전개되고 있다.
③ 3연에서 '밝음'의 '별 밭'과 '어둠'의 '골방'을 대조하고 있다.

10
제시된 작품은 '가난'에서 오는 '한(恨)'을 노래하고 있다. 이와 주제나 정서가 가장 유사한 것은 ③이다.

오답체크
① '안타까움'의 정서가 나타난다.
② '사랑'과 '기다림'의 정서가 나타난다.
④ 고향에 대한 '그리움'의 정서가 나타난다.

[정답]
09 ④ 10 ③

영화(映畫)가 시작하기 전에 우리는
일제히 일어나 ⊙ 애국가를 경청한다.
삼천리 화려 강산의
을숙도에서 일정한 군(群)을 이루며
갈대숲을 이륙하는 흰 새 떼들이
ⓛ 자기들끼리 끼룩거리면서 / 자기들끼리 낄낄대면서
일렬 이열 삼렬 횡대로 자기들의 세상을
이 세상에서 떼어 메고
이 세상 밖 어디론가 날아간다.
우리도 우리들끼리
낄낄대면서
깔쭉대면서
우리의 대열을 이루며
한 세상 떼어 메고
ⓒ 이 세상 밖 어디론가 날아갔으면
하는데 대한 사람 대한으로
길이 보전하세로
각각 자기 자리에 앉는다.
ⓔ 주저앉는다.

— 황지우, 〈새들도 세상을 뜨는구나〉

11 ⊙~ⓔ에 대한 설명으로 가장 적절하지 않은 것은?

① ⊙: 역설적 표현 ② ⓛ: 냉소적 태도

③ ⓒ: 도피적 태도 ④ ⓔ: 좌절감

12 제시된 작품에 대한 설명으로 가장 적절하지 않은 것은?

① '애국가'의 가사를 시에 인용하고 있다.

② 비판적이고 풍자적인 성격을 띠는 작품이다.

③ 화자는 억압된 현실을 수용하려 노력하고 있다.

④ 새떼와 화자의 처지를 대조적으로 보여주고 있다.

황지우, 〈새들도 세상을 뜨는구나〉

갈래	자유시, 서정시, 참여시
성격	현실 비판적, 풍자적
제재	새
주제	암울한 현실에 대한 비판과 좌절감
특징	① 대조적인 상황을 통해 좌절감을 강조함. ② 냉소적 어조, 반어적 표현을 통해 현실을 풍자함.
출전	"새들도 세상을 뜨는구나"(1983)

PART 1

해커스공무원 해원국어 적중 요신의 필수적 문학

11

애국가를 경청하지 않는데(속뜻), 경청한다(겉뜻)고 표현하였다. 따라서 '역설적 표현'이 아니라 '반어적 표현'이다.

오답체크

② '애국가'에 나오는 화면을 보면서 마치 비웃는 듯이 ⓛ과 같이 표현한 것을 보아 '냉소적 태도'가 드러난다.

③ 어두운 현실로부터 벗어나고 싶다는 표현이므로 '도피적 태도'가 드러난다고 볼 수 있다.

④ 세상 밖으로 가고 싶다는 바람과는 달리, 현실은 그 자리에 주저앉는 것으로 마무리되고 있다는 점에서 화자는 좌절감을 느낄 것이다.

12

화자는 억압된 현실을 비판적으로 바라보고 있다. 따라서 억압된 현실을 수용하려 노력한다는 설명은 옳지 않다.

오답체크

① 17행과 18행에서 '대한 사람 대한으로 / 길이 보전하세'라는 '애국가'의 가사를 인용하고 있다.

② 80년대 독재 정권에 대해 전체적으로 비판하고 있다. 특히 8행의 '일렬 이열 삼렬 횡대로'에서는 획일화를 강요하는 군사 문화를 풍자하고 있다.

④ 자유롭게 나는 '새떼'와 달리 그럴 수 없는 처지의 화자를 대조적으로 보여주고 있다.

[정답]

11 ① 12 ③

PART 2

1 운율

1. 의미: 시를 읽을 때 느껴지는 **말의 가락**

2. 종류

외형률 (외재율)	운율이 겉으로 뚜렷하게 드러난 경우	
		예 일정한 음보(박자, 휴지의 주기 혹은 덩어리)가 반복되면서 운율이 느껴진다. → 음보율 일정한 음절(글자 수)이 반복되면서 운율이 느껴진다. → 음수율
	음보율	음보의 수를 일정하게 하여 생기는 운율 예 묏버들 / 갈히 것거 / 보내노라 / 님의손딕 　자시는 / 창(窓) 밧긔 / 심거 두고 / 보쇼셔. 　밤비예 / 새 닙곳 나거든 / 날인가도 / 너기쇼셔. 　(1줄을 4마디로 끊어서 읽음. → 4음보) ★ 고려가요는 3음보, 시조와 가사는 4음보
	음수율	음절의 수를 일정하게 하여 생기는 운율 예 · 나 보기가 역겨워(7) / 가실 때에는(5) 　　말없이 고이 보내(7) 드리우리다.(5) 　　('7 · 5'가 반복 → 7 · 5조) 　· 오백 년(五百年)(3) / 도읍지(都邑地)를(4) / 필마(匹馬)로(3) / 도라드니,(4) 　　('3 · 4'가 반복 → 3 · 4조)
	음위율	같은 위치에 동일한 말소리가 반복되어 나타나는 운율로 시의 행에서 일정한 자리에 비슷한 음절을 반복하는 압운을 통해 나타난다. 압운(=라임, rhyme)에는 위치에 따라 두운, 요운, 각운이 있다. · 두운(頭韻): 행의 처음에 들어가는 압운 · 요운(腰韻): 행의 가운데에 들어가는 압운 · 각운(脚韻): 행의 마지막에 들어가는 압운 예 더 열심히 파고들고 　더 열심히 말을 걸고 　더 열심히 귀 기울이고 ⎤ 각운 　더 열심히 사랑할걸⋯⋯ ⎦ 　두운　요운
	각운	각 행이나 구의 끝에 같거나 비슷한 음이나 글자를 반복하여 생기는 운율 예 갤럭시 　너 혹시 　나와 같이 　('ㅣ'라는 말소리가 반복되고 있다. → 각운)
내재율	운율이 겉으로 뚜렷하지는 않지만 느껴지는 경우	
		예 일정한 규칙은 없지만, 운율이 느껴진다. ★ 대부분의 현대시는 내재율을 갖고 있다.

3. 형성 방법

동음 반복	특정 음운이나 음절을 반복하여 운율을 형성 예 갈래갈래 갈린 길 ('ㄱ'과 'ㄹ' 음운이 반복 → 운율을 형성)
문장 구조의 반복	같거나 비슷한 문장 구조를 반복하여 운율을 형성 예 잘 있거라, 짧았던 밤들아 창밖을 떠돌던 겨울 안개들아 아무것도 모르던 촛불들아, 잘 있거라 공포를 기다리던 흰 종이들아 망설임을 대신하던 눈물들아 잘 있거라, 더 이상 내 것이 아닌 열망들아 ('〜던 〜아'가 반복 → 운율을 형성)
후렴구	후렴구를 반복하여 운율을 형성 예 1연 아리랑 아리랑 아라리요 / 아리랑 고개로 넘어간다 나를 버리고 가시는 님은 / 십 리도 못 가서 발병 난다 2연 아리랑 아리랑 아라리요 / 아리랑 고개로 넘어간다 청청하늘엔 별도 많고 / 이내 가슴엔 수심도 많다 (1연과 2연에 후렴구 '아리랑 아리랑 아라리요 / 아리랑 고개로 넘어간다'가 반복 → 운율을 형성)
음성 상징어의 사용	모양을 흉내 낸 '의태어', 소리를 흉내 낸 '의성어' 같은 '음성 상징어'를 사용하여 운율을 형성 예 보리피리 불며 / 봄 언덕 / 고향 그리워 / 피ー ㄹ닐니리. 보리피리 불며 / 꽃 청산 / 어린 때 그리워 / 피ー ㄹ닐니리.

해커스공무원 해원국어 적중 요신의 필수적 문학

01
대부분의 현대시는 운율이 겉으로 드러나는 '외형률'이 아니라 '내재율(표면적으로 드러나지 않지만 잠재적으로 깃든 운율)'이다.

02
음절의 수를 일정하게 하여 생기는 운율은 '음수율'에 해당한다.

03
동음을 반복하거나 문장 구조를 반복하면 운율이 형성된다.

04
제시된 작품은 정해진 율격과 음보가 없는 '자유시(내재율)'이다. 따라서 정해진 율격과 음보에 맞춰 시상을 전개하고 있다는 설명은 적절하지 않다.

---

01 대부분의 현대시는 외형률이다.　　　　　　　　　　　　　　　　　[O | X]

02 음절의 수를 일정하게 하여 생기는 운율을 '음보율'이라고 한다.　　　[O | X]

03 같은 소리나 문장 구조를 반복하면 운율이 형성될 수 있다.　　　　　[O | X]

04 정해진 율격과 음보에 맞춰 시상을 전개하고 있다.　　　　　　　2021 지방직 9급

> 　벌레먹은 두리기둥 빛 낡은 단청(丹靑) 풍경 소리 날려간 추녀 끝에는 산새도 비둘기도 둥주리를 마구쳤다. 큰 나라 섬기다 거미줄 친 옥좌(玉座) 위엔 여의주(如意珠) 희롱하는 쌍룡(雙龍) 대신에 두 마리 봉황(鳳凰)새를 틀어 올렸다. 어느 땐들 봉황이 울었으랴만 푸르른 하늘 밑 추석을 밟고 가는 나의 그림자. 패옥(佩玉) 소리도 없었다. 품석(品石) 옆에서 정일품(正一品) 종구품(從九品) 어느 줄에도 나의 몸둘 곳은 바이 없었다. 눈물이 속된 줄을 모를 양이면 봉황새야 구천(九泉)에 호곡(呼哭)하리라.
>
> 　　　　　　　　　　　　　　　　　　　　　　　　　　　　- 조지훈, 〈봉황수〉

　　　　　　　　　　　　　　　　　　　　　　　　　　　　　　　[O | X]

[정답]
01 ×　02 ×　03 ○　04 ×

05 4음보 율격을 기본으로 분연체를 이룬다.

가시리 가시리잇고 나는
ᄇ리고 가시리잇고 나는
위 증즐가 대평셩ᄃᆡ(大平盛大)

날러는 엇디 살라 ᄒ고
ᄇ리고 가시리잇고 나는
위 증즐가 대평셩ᄃᆡ(大平盛大)

잡ᄉ와 두어리마ᄂᆞᄂ
선ᄒ면 아니 올셰라
위 증즐가 대평셩ᄃᆡ(大平盛大)

셜온 님 보내ᄋᆞ노니 나는
가시ᄂᆞ 듯 도셔 오쇼셔 나는
위 증즐가 대평셩ᄃᆡ(大平盛大)

– 작자 미상, 〈가시리〉

O | X

05
분연체(몇 개의 연으로 나뉘어 구성됨.)인 것은 맞다. 그러나 4음보가 아니라 3음보(가시리 / 가시리 / 잇고)의 율격이 나타나는 고려가요이다.

현대어 풀이

가시렵니까 가시렵니까
버리고 가시렵니까

나더러는 어찌 살라 하고
버리고 가시렵니까

잡아 두고 싶지만
서운하면 아니 올까 봐 두려워

서러운 임을 보내옵나니
가시자마자 돌아오십시오.

06 4음보 율격을 지닌 가사이다.

강산풍월(江山風月) 거늘리고 내 백 년(百年)을 다 누리면
악양루상(岳陽樓上)의 이태백이 사라 오다,
호탕정회(浩蕩情懷)야 이에서 더 ᄒ소냐.
이 몸이 이렁 굼도 역군은(亦君恩)이샷다.

– 송순, 〈면앙정가(俛仰亭歌)〉

O | X

06
제시된 작품의 갈래는 '가사'이고, 4음보 율격(강산풍월 / 거늘리고 / 내 백 년을 / 다 누리면)이라는 설명도 옳다.

현대어 풀이

이 아름다운 자연을 / 거느리고 /
내 한 평생을 / 다 누리면
악양루 위의 / 이태백이 / 살아온다 /
한들
넓고 끝없는 / 정다운 회포가 / 이보다 /
더하겠느냐.
이 몸이 / 이렇게 지내는 것도 / 역시
임금의 은혜 / 이십니다.

[정답]

05 × 06 ○

07

08

07
'각운'은 시가에서, 구나 행의 '끝'에 규칙적으로 같은 운의 글자를 위치하게 하는 일이다. 1~4행이 모음 'ㅔ'로 끝나기 때문에(~에, ~에, ~데) 각운을 형성하고 있다는 설명은 바르다.

08
'~네'라는 동일한 종결 표현을 반복하여 운율감을 형성하고 있다. 이는 각운에 해당한다.

07 1~4행이 'ㅔ'로 끝나면서 각운을 형성하고 있다.

2020 경찰 1차

> 가을 햇볕에 공기에
> 익는 벼에
> 눈부신 것 천지인데,
> 그런데,
> 아, 들판이 적막하다 —
> 메뚜기가 없다!
>
> 오 이 불길한 고요 —
> 생명의 황금 고리가 끊어졌느니…….
>
> – 정현종, 〈들판이 적막하다〉

○ | ✕

08 동일한 종결 표현을 반복하여 운율감을 형성하고 있다.

2019 기상직 9급

> 아리랑 전장포 앞바다에
> 웬 눈물방울 이리 많은지
> 각이도 송이도 지나 안마도 가면서
> 반짝이는 반짝이는 우리나라 눈물 보았네
> 보았네 보았네 우리나라 사랑 보았네
> 재원도 부남도 지나 낙월도 흐르면서
> 한 오천 년 떠밀려 이 바다에 쫓기운
> 자그맣고 슬픈 우리나라 사랑들 보았네
> 꼬막 껍질 속 누운 초록 하늘
> 못나고 뒤엉긴 보리밭 길 보았네
> 보았네 보았네 멸치 덤장 산마이 그물 너머
> 바람만 불어도 징징 울음 나고
> 손가락만 스쳐도 울음이 배어 나올
> 서러운 우리나라 앉은뱅이 섬들 보았네
> 아리랑 전장포 앞바다에
> 웬 설움 이리 많은지
> 아리랑 아리랑 나리꽃 꺾어 섬 그늘에 띄우면서
>
> – 곽재구, 〈전장포 아리랑〉

○ | ✕

[정답]
07 ○   08 ○

09 동일한 종결 어미를 반복적으로 사용하여 운율을 형성하고 있다. 2016 사회복지직 9급

> 이 비 그치면
> 내 마음 강나루 긴 언덕에
> 서러운 풀빛이 짙어 오것다.
>
> 푸르른 보리밭길
> 맑은 하늘에
> 종달새만 무어라고 지껄이것다.
>
> 이 비 그치면
> 시새워 벙글어질 고운 꽃밭 속
> 처녀애들 짝하여 새로이 서고,
>
> 임 앞에 타오르는
> 향연(香煙)과 같이
> 땅에선 또 아지랑이 타오르것다.
>
> — 이수복, 〈봄비〉

O | X

09

경험이나 이치로 미루어 틀림없이 그러할 것임을 추측하거나 다짐하는 뜻을 나타내는 종결 어미 '~것다'를 반복적으로 사용하고 있다. 이는 각운에 해당한다.

10 음성 상징어를 사용하여 운율을 형성하고 있다. 2011 법원직 9급

> 이런들 엇더ᄒ며 뎌런들 엇더ᄒ료.
> 초야우생(草野愚生)이 이러타 엇더ᄒ료.
> ᄒ 믈며 천석고황(泉石膏肓)을 고텨 므슴ᄒ료.
>
> 고인(古人)도 날 몯 보고 나도 고인(古人) 몯 뵈.
> 고인(古人)을 몯 뵈도 녀던 길 알피 잇니.
> 녀던 길 알피 잇거든 아니 녀고 엇뎔고.
>
> — 이황, 〈도산십이곡(陶山十二曲)〉

O | X

10

음성 상징어(의성어, 의태어)는 나타나지 않는다.

현대어 풀이

이런들 어떠하며 저런들 어떠하랴?
시골에 묻혀 사는 어리석은 사람이 이렇게 산다고 해서 어떠하랴?
하물며 자연을 사랑하는 이 고질병을 고쳐 무엇하랴(안분지족과 자연에 동화하고픈 소망).

옛 어른(성현)도 나를 보지 못하고 나도 그분들을 보지 못하네.
옛 어른을 보지 못해도 그분들이 행하던 길은 지금도 우리 앞에 (책으로) 남아 있네.
이렇듯 올바른 길이 우리 앞에 있는데 따르지 않고 어찌겠는가(학문에의 의지).

[정답]

09 ○   10 ×

2 비유법

1. 의미: 다른 대상에 **빗대어 표현하는 방법**

2. 원관념과 보조 관념

원관념	원래 표현하고자 하는 대상 예 사과 같은 내 얼굴
보조 관념	원관념을 효과적으로 표현하기 위해 비유에 사용된 대상 예 사과 같은 내 얼굴

3. 종류

직유법	원관념과 보조 관념을 직접 빗대는 방법 ⇨ ~처럼, ~같이, ~듯이, ~듯하다, ~양하다 등 예 흰나비는 ~ 공주처럼 지쳐서 돌아온다. (원관념: 흰나비, 보조 관념: 공주) 꽃가루와 같이 부드러운 고양이의 털 (원관념: 고양이의 털, 보조 관념: 꽃가루)
은유법	원관념과 보조 관념을 은근히 빗대는 방법 ⇨ A는 B이다. A의 B, B 예 내 마음은 호수요. (원관념: 내 마음, 보조 관념: 호수) 하나님, 당신은 늙은 비애다. (원관념: 하나님, 보조 관념: 늙은 비애)
활유법	무생물을 생물처럼 표현하는 방법 예 언제나 바다는 멀리서 진펄에 몸을 뒤척이겠지요. (바다가 뒤척이다: 무생물 → 생물) 어둠은 새를 낳고, 돌을 / 낳고, 꽃을 낳는다. (어둠이 ~ 낳고 ~ 낳는다: 무생물 → 생물)
의인법	사람이 아닌 것을 사람처럼 표현하는 방법 예 풀이 ~ 바람보다 먼저 일어나고 / 바람보다 늦게 울어도 / 바람보다 먼저 웃는다. (풀: 사람이 아니지만, 사람처럼 '일어난다', '운다', '웃는다'로 표현) ★ '활유법'과 달리 '의인법'은 대상에 '인격'을 부여한다.

활유법
의인법

대유법	제유법	대상의 일부분으로 전체를 표현하는 방법 예 사람은 빵만으로는 살 수 없다. (식량의 한 종류인 '빵'으로 '식량' 전체를 표현)
	환유법	대상의 속성과 밀접한 관계가 있는 말로 그것을 표현하는 방법 예 요람에서 무덤까지 ('탄생'과 밀접한 관계가 있는 '요람'으로 탄생을 표현하고, '죽음'과 밀접한 관계가 있는 '무덤'으로 '죽음'을 표현)

중의법	두 가지 이상의 의미를 갖게 표현하는 방법 예 청산리 벽계수(碧溪水)야 수이 감을 자랑마라. ('푸른 시냇물'이라는 표면적인 의미도 있지만, 특정 인물의 이름인 '벽계수'를 의미하기도 함.)
풍유법	비유하는 말만으로 본뜻을 암시적으로 드러내는 방법 ⇨ 속담, 격언 등을 사용하여 실현 예 야, 이놈아. / 뿌리가 없으면 썩는겨 / 귀신 씻나락 까먹는 소리 허지두 말어. ('귀신 씻나락 까먹는 소리'는 '이치에 닿지 않는 엉뚱하고 쓸데없는 말'을 이르는 속담)

01 '~처럼', '~ 같은', '~듯이'의 표현이 쓰인다면 '은유법'이다. ☐O｜X☐

01
'~처럼', '~ 같은', '~듯이'의 표현은 '직유법'이다.

02 '바위가 움직인다.'는 활유법이다. ☐O｜X☐

02
'바위'는 무생물인데, 생물처럼 '움직인다'라고 표현했기 때문에 활유법이 맞다.

03 대상의 일부분으로 전체를 표현하는 방법은 '환유법'이다. ☐O｜X☐

03
대상의 일부분으로 전체를 비유하여 표현하는 방법은 '제유법'이다.

04 시적 대상인 도토리를 의인화하여 표현하고 있다.　2023 국회직 8급

04
1연에서 무생물인 '도토리'를 멍들고, 말리고, 껍질 타지고, 소곤대기도 하고, 서로 어루만지며, 작별 인사도 하고 다시 엉기고 핥아 주는 등 사람처럼 표현하고 있다.

> 　마른 잎사귀에 도토리알 얼굴 부비는 소리 후두둑 뛰어내려 저마다 멍드는 소리 멍석 위에 나란히 잠든 반들거리는 몸 위로 살짝살짝 늦가을 햇볕 발 디디는 소리 먼 길 날아온 늦은 잠자리 채머리 떠는 소리 맷돌 속에서 껍질 타지며 가슴 동당거리는 소리 사그락사그락 고운 뼛가루 저희끼리 소근대며 어루만져 주는 소리 보드랍고 찰진 것들 물속에 가라앉으며 안녕 안녕 가벼운 것들에게 이별 인사 하는 소리 아궁이 불 위에서 가슴이 확 열리며 저희끼리 다시 엉기는 소리 식어 가며 단단해지며 서로 핥아 주는 소리
>
> 　도마 위에 다갈빛 도토리묵 한 모
>
> 　모든 소리들이 흘러 들어간 뒤에 비로소 생겨난 저 고요
> 저토록 시끄러운, 저토록 단단한,
>
> 　　　　　　　　　　　　　　　－ 김선우, 〈단단한 고요〉

☐O｜X☐

05 (가)와 (나)는 동일한 비유법이 쓰였다.　2022 서울시 9급(2월)

> (가) 달은 나의 뜰에 고요히 앉아 있다.
> (나) 풀은 눕고 / 드디어 울었다

☐O｜X☐

05
(가)에서 '달'은 사람이 아닌데, 뜰에 고요히 '앉아 있다'고 표현하고 있다. (나)에서도 '풀'이 사람이 아닌데, '눕고', '울었다'고 표현하고 있다. 따라서 (가)와 (나) 모두 '의인법'이 쓰였다.

[정답]
01 × 　02 ○ 　03 × 　04 ○ 　05 ○

06
'흰 수건', '흰 고무신', '흰 저고리 치마', '흰 띠' 모두 '흰색'이라는 공통점이 있다. '흰색'은 우리 민족과 깊은 관련이 있는 것으로, '우리 민족'을 의미한다. 제시된 작품의 밑줄 친 부분에서는 어떤 사물을, 그것의 속성과 밀접한 관계가 있는 다른 낱말을 빌려서 표현하는 수사법인 '환유법'이 쓰였다.

06 밑줄 친 부분에는 '환유법'이 쓰였다.

> <u>흰 수건</u>이 검은 머리를 두르고
> <u>흰 고무신</u>이 거친 발에 걸리우다.
>
> <u>흰 저고리 치마</u>가 슬픈 몸집을 가리고
> <u>흰 띠</u>가 가는 허리를 질끈 동이다.
>
> – 윤동주, 〈슬픈 족속〉

O | X

07
"황금 같은 꾀꼬리"에서 비유법을 사용하고 있다. '~ 같은'은 비유법 중 '직유법'에 해당한다.

07 비유법을 사용하고 있다.

> 녹음방초 우거져 금잔디 좌르르 깔린 곳에 황금 같은 꾀꼬리는 쌍쌍이 날아든다.
>
> – 작자 미상, 〈춘향전〉

O | X

08
"아버지는 식구들에게 두꺼비를 보여 주는 것을 싫어했고, 막일을 하며, 지난 겨울 두꺼비집을 지었고, 양손에 우툴두툴한 두꺼비가 살았었다"라고 한다. 이는 아버지께서 막일로 고생하여 양손이 두꺼비같이 우툴두툴했다는 의미로 '두꺼비'의 원관념은 '아버지의 양손'임을 맨 마지막에 제시하고 있다.

08 '두꺼비'의 원관념은 '자전거 손잡이'이다.

> 아버지는 이윽고 식구들에게 두꺼비를 보여 주는 것조차 꺼리셨다. 칠순을 바라보던 아버지는 날이 새기 전에 막일판으로 나가셨는데 그때마다 잠들어 있던 녀석을 깨워 자전거 손잡이에 올려놓고 페달을 밟았다.
>
> 두껍아, 두껍아, 헌집 줄게. 새집 다오.
>
> 아버지는 지난 겨울, 두꺼비집을 지으셨다.
> 두꺼비와 아버지는 그 집에서 긴 겨울잠에 들어갔다. 봄이 지났으나 잔디만 깨어났다.
>
> 내 아버지 양손에 우툴두툴한 두꺼비가 살았다.
>
> – 박성우, 〈두꺼비〉

O | X

[정답]
06 ○   07 ○   08 ×

09 '풍유법'이 쓰였다.

> 초록은 동색이요, 가재는 게 편이라. 양반은 도시 일반이오그려.

O | X

09
'초록은 동색이요, 가재는 게 편이라.(끼리끼리, 유유상종)'라는 속담을 인용했다는 점에서 '풍유법'이 쓰였다.

10 <보기>의 ⑦~ⓒ에는 직유법과 은유법이 쓰였다.

보기

> ⑦ 나무 이파리는 크고 작은 울림이 자진모리장단을 타고 달리는 듯하더니, 급기야 ⓛ 독수리며 나무 이끼의 반복되는 점들에 이르자 갑자기 쏟아진 장대비인 양 후드득 두들겨 댔다. ⓒ 그것은 형상이기 이전에 움직임이고, 보고 있는 동안 그대로 음악이다.

O | X

10
⑦ '~ 듯하더니'에서 '직유법'이 쓰였다.
ⓛ '장대비인 양'에서 '직유법'이 쓰였다.
ⓒ '그것은 ~ 움직임이고, (그것은) ~ 음악이다.'에서 '은유법'이 쓰였다.

해커스공무원 해원국어 적중 요인의 필수적 문학

[정답]
09 O   10 O

3 강조법

1. 의미: 의도나 정서를 **강하게 드러내기 위한 방법**

2. 종류

대조법	서로 반대되는 대상이나 내용을 내세우는 방법 예 겨울은. / 바다와 대륙 밖에서 / 그 매운 눈보라 몰고 왔지만 　　이제 올 / 너그러운 봄은. 삼천리 마을마다 / 우리들 가슴속에서 / 움트리라. 　　('겨울'과 '봄'의 대조)
비교법	두 가지 이상을 견주어서 어느 하나를 더 강조하는 방법 ⇨ A보다 B 예 사랑보다 소중한 슬픔을 주겠다. 　　(<u>사랑 < 소중한 슬픔</u>)
반복법	같거나 비슷한 말을 반복하는 방법 ⇨ 반복을 통해 운율을 형성한다. 예 산아. 우뚝 솟은 푸른 산아. 철철철 흐르듯 짙푸른 산아. 　　('산아'를 반복. ※ 반복의 효과: 운율감, 주제 강조)
열거법	여러 개를 나열하는 방법 예 고모장지 세살장지 들장지 열장지 암돌져귀 수돌져귀 비목걸새(a+b+c+d+e……)
연쇄법	앞 구절의 끝 어구를 다음 구절의 앞 구절에 이어받는 방법 ⇨ A는 B, B는 C …… 예 너 오는 길 우희 무쇠로 성(城)을 ᄡᅡ고 성(城) 안헤 담 ᄡᅡ고 담 안헤란 집을 짓고 집 안헤란 두지 노코 두지 안헤 궤(櫃)를 노코 궤(櫃) 안헤 너를 결박(結縛)ᄒᆞ여 노코 현대어 풀이 　당신이 오시는 길 위에 무쇠로 〈성을 쌓고 성 안에〉 〈담을 쌓고 담 안에〉 〈집을 짓고 집 안에는〉 〈뒤주 놓고 뒤주 안에〉 〈궤를 놓고 궤 안에〉 당신을 결박해 놓고
설의법	평서형이 아니라 의문형으로 표현하는 방법 (① 의문문의 형식 ② 그 의문문에 대한 답을 알 수 있음.) ⇨ 의미상 질문과 반대되는 내용을 표현하므로 반어법과 관련이 있다. 예 어디 닭 우는 소리 들렸으랴? (① 의문문의 형식 ② '아무 소리도 들리지 않았다.'라는 의미)
과장법	실제보다 크게 또는 작게 표현하는 방법(향대 과장, 향소 과장) 예 모란이 지고 말면 그뿐, 내 한 해는 가고 말아.
점층법	내용이나 형식이 점점 확대되는 방법 예 주인도 취하고 나그네도 취하고 산도 하늘도 모두 취했다. 　　('주인 → 나그네 → 산, 하늘'으로 점점 범위가 확대 → 점층법) 　※ 점점 축소는 '점강법'
영탄법	감탄형을 사용하여 감정을 강하게 표현하는 방법 ⇨ 감탄사, 감탄형 어미 등을 활용 예 • 오매. 단풍 들것네. ('오매'라는 감탄사를 사용) 　　• 내 누님같이 생긴 꽃이여! (감탄의 조사 '이여'를 사용)

01 감탄사나 감탄형 어미가 쓰였다면, 영탄법이 쓰였다고 볼 수 있다. ○ | ×

01
영탄법에서 감탄사나 감탄형 어미를 활용하기 때문에, 옳은 설명이다.

02 설의법은 역설법과 관련이 있다. ○ | ×

02
설의법과 관련이 있는 것은 모순적 표현인 '역설법'이 아니라 겉뜻과 속뜻이 반대인 '반어법'이다.

03 '원숭이 엉덩이는 빨개, 빨가면 사과, 사과는 맛있어'는 연쇄법이 쓰였다. ○ | ×

03
앞 구절의 끝 어구가 다음 구절의 앞 구절에 이어지면서 이미지나 심상을 강조하고 있다. 따라서 '연쇄법'이 맞다.

04 설의적 표현을 사용하여 정서를 드러내고 있다. 2022 법원직 9급

> 구스리 아즐가 구스리 바회예 디신들
> 위 두어렁성 두어렁성 다링디리
> 긴힛쭌 아즐가 긴힛쭌 그츠리잇가 나는
> 위 두어렁성 두어렁성 다링디리
> 즈믄 히를 아즐가 즈믄 히를 외오곰 녀신들
> 위 두어렁성 두어렁성 다링디리
> 신(信)잇둔 아즐가 신(信)잇둔 그츠리잇가 나는
> 위 두어렁성 두어렁성 다링디리
>
> — 작자 미상, 〈서경별곡(西京別曲)〉

○ | ×

04
'긴힛쭌 그츠리잇가(끈이야 끊어지겠습니까)', '신(信)잇둔 그츠리잇가(믿음이 끊어지겠습니까)'에서 설의적 표현을 사용하여 임에 대한 사랑과 믿음의 정서를 드러내고 있다.

[정답]
01 ○ 02 × 03 ○ 04 ○

05 유사한 구조를 점층적으로 반복함으로써 시적 의미를 강조하고 있다. 2022 지역 인재 9급

05
'눈은 살아 있다'와 '기침을 하자'라는 구조를 점층적으로 반복함으로써 시적 의미를 강조하고 있다.

눈은 살아 있다
떨어진 눈은 살아 있다
마당 위에 떨어진 눈은 살아 있다

기침을 하자
젊은 시인이여 기침을 하자
눈 위에 대고 기침을 하자
눈더러 보라고 마음 놓고 마음 놓고
기침을 하자

눈은 살아 있다
죽음을 잊어버린 영혼과 육체를 위하여
눈은 새벽이 지나도록 살아 있다

기침을 하자
젊은 시인이여 기침을 하자
눈을 바라보며
밤새도록 고인 가슴의 가래라도
마음껏 뱉자

– 김수영, 〈눈〉

O | X

06 '반복법'이 쓰였다. 2020 서울시 9급

산은 나무를 기르는 법으로 / 벼랑에 오르지 못하는 법으로
사람을 다스린다.

– 김광섭, 〈산에〉

O | X

06
'~는 법으로'가 반복된 것을 볼 때, 반복법이 쓰였다.

07
'보다 → 녀다'로 이어지는 연쇄법을 활용하여 고인의 길을 따르겠다는 의지를 드러내고 있다.

현대어 풀이
옛 어른(성현)도 나를 보지 못하고 〈나도 그분들을 보지 못하네. / 옛 어른을 보지 못해도〉〈그분들이 행하던 길은 지금도 우리 앞에 (가르침으로) 남아 있네. / 이렇듯 올바른 길이 우리 앞에 있는데〉 따르지 않고 어찌겠는가?
※ 주제: 옛 어른의 행적을 따름(학문 수양의 당위성)

07 연쇄법을 활용하고 있다. 2019 지방직 9급

고인(古人)도 날 몯 보고 나도 고인(古人) 몯 뵈
고인(古人)을 몯 뵈도 녀던 길 알ᄑᆡ 잇닉
녀던 길 알ᄑᆡ 잇거든 아니 녀고 엇뎔고

O | X

[정답]
05 O 06 O 07 O

08 대조법을 활용하고 있다.

2019 지방직 9급

> 술은 어이ᄒ야 됴ᄒ니 누록 섯글 타시러라
> 국은 어이ᄒ야 됴ᄒ니 염매(鹽梅) 툴 타시러라
> 이 음식 이 뜯을 알면 만수무강(萬壽無疆)ᄒ리라

`O | X`

08

차이점을 언급하는 '대조법'은 쓰이지 않았고, 오히려 '술'의 맛에 '누록'이 중요하듯이, '국'의 맛을 내기 위해 '소금'이 중요하며(공통점, 같은 범주, 비교법) 이것은 '나라를 다스리는 원리'에 '어진 신하의 보필'이 필요한 것과 같다(공통점, 다른 범주, 유추)고 표현하고 있다.

현대어 풀이

술은 어이하여 좋은가? 누룩을 섞은 탓이로다.
국은 어이하여 맛이 좋은가? 소금을 타서 간을 알맞게 한 탓이로다.
이 음식의 원리를 알면 나라를 다스림에 만수무강 하리라.

※ 술과 국: 임금의 성덕
누룩과 소금: 어진 신하의 보필
주제: 임금님의 만수무강과 영원한 성덕의 정치를 위해서는 '어진 신하의 보필'이 필요함.

09 의인화된 제재와 대화하는 형식을 통해 주제를 표현하고 있다.

2018 국가직 7급

> 씃씃 常 평홀 平 통홀通 보뵈 寶字
> 구멍은 네모지고 四面이 둥그러셔 쩍딍글 구으러 간 곳마듯 반기ᄂ고나
> 엇더타 죠고만 金죠각을 두챵이 닷토거니 나ᄂ 아니 죠해라

`O | X`

09

'상평통보'가 굴러다닌다고 표현한 것으로 보아 활유법(생명이 없는 대상을 살아있는 것처럼 표현)이 사용되었으나 의인법(사람처럼 표현)은 사용되지 않았다. 또한 대화하는 형식도 보이지 않는다.

현대어 풀이

띳멋 상 평평 평 통할 통 보배 보
구멍은 네모지고 사면은 둥글어 데굴데굴 굴러간 곳마다 (사람들이) 반기는구나.
어쩌다 조그만 쇳조각을 두고 (사람들은) 머리가 터지도록 (상평통보, 즉 돈을) 다투니 나는 아니 좋아하련다.

※ 주제: 황금만능주의를 비웃음.

10 연쇄법을 통해 화자의 위급한 상황을 드러내고 있다.

2017 교육행정직 7급

> 어이 못 오던가 무ᄉᆞ 일노 못 오던가
> 너 오ᄂ 길에 무쇠 성(城)을 ᄊᆞ고 성(城) 안에 담 ᄊᆞ고 담 안에 집을 짓고 집 안에 두지 노코 두지 안에 궤(櫃)를 노코 그 안에 너를 필자형(必字形)으로 결박(結縛)ᄒ야 너코 쌍배목 외걸쇠 금(金)거북 자물쇠로 슈긔슈긔 잠가 잇더냐 네 어이 그리 아니 오던이
> 흔ᄒᆞ도 열두 둘이오 ᄒᆞᆫ둘 셜흔 ᄂᆞᆯ의 날 와 볼 ᄒᆞᆯ니 업스랴
>
> — 작자 미상

`O | X`

10

중장에서 연쇄법을 사용하여 임이 오지 못하는 까닭을 묻고 있다. 다만, 화자 자신의 위급한 상황을 드러낸 것은 아니다.

현대어 풀이

어이 못 오던가, 무슨 일로 못 오던가?
너 오는 길에 무쇠 〈성을 쌓고, 성 안에〉 〈담 쌓고, 담 안에〉 〈집을 짓고, 집 안에〉 〈뒤주 놓고, 뒤주 안에〉 궤를 짜고, 그 안에 너를 결박하여 넣고, 쌍배목 외걸쇠 금거북 자물쇠로 꼭꼭 잠가 두었더냐? 네 어이 그리 아니 오던가?
한 해 열두 달이고, 한 달 서른 날인데 보러 올 하루가 없으랴?

※ 주제: 임을 기다리는 안타까운 마음(연쇄법, 과장법, 열거법, 점강법) / 사설시조

[정답]

08 × 09 × 10 ×

4 변화법

1. 의미: 문장이나 내용에 변화를 줘서 **단조로움에서 벗어나게 하는 방법**

2. 종류

대구법	내용이나 형식이 비슷한 어구를 짝 지어서 배치하는 방법, 문장 성분이 서로 짝이 됨. 예 별은 밝음 속에 사라지고 ┐ 앞, 뒤가 대구 나는 어둠 속에 사라진다. ┘ ('A는 B 속에 사라진다.'가 반복)
도치법	하나의 문장 안에서 낱말과 구가 놓여야 할 정상적인 순서를 뒤바꾸어, 읽는 이로 하여금 지루함을 없애는 방법 ⇨ 일반적으로 강조하려고 하는 말을 뒤에 놓는 경우가 많으나, 예외도 있다. 예 난 너랑 평생 같이 살 거다.(정상적 순서의 문장) 난 평생 살 거다. 너랑 같이.(도치법 적용의 문장. '너랑 같이'를 강조)
역설법	내용상 모순이지만(말이 안 되는 말이지만) 그 속에 중요한 뜻(진실)이 있는 표현 방법 예 결별이 이룩하는 축복에 싸여 ('결별'은 '-'이고, '축복'은 '+'이므로 '결별'과 '축복'은 나란히 쓸 수 없는 말인데, 함께 쓰여 중요한 의미를 지님.)
반어법	하고 싶은 말과 반대되는 말로 표현하는 방법(겉뜻 ↔ 속뜻, 일반적으로 속뜻을 생략하는 경우가 많음.) 예 내 그대를 생각함은 항상 그대가 앉아 있는 배경에서 해가 지고 바람이 부는 일처럼 사소한 일일 것이나 ('내가 그대를 생각함'이 해가 지고 바람이 부는 '매일'이지만, 즉 결코 사소한 일이 아님에도 '사소하다'라고 표현함.)
돈호법	사물이나 사람의 이름을 불러서 주의를 불러일으키는 표현 방법 예 딸아, 보아라 / 엄마의 발은 크지. ('딸'을 '딸아' 하고 불러서 집중을 유도하고 있음. → 돈호법)

01 말의 차례를 바꿔서 표현하는 방법을 '돈호법'이라고 한다. ○ | ×

01

말의 차례, 즉 문장 성분의 순서를 바꿔서 표현하는 방법은 '도치법'이다.

02 내가 잘못한 상황에서 엄마가 "참 잘했다!"라고 말했다면, 엄마는 반어법을 사용한 것이다. ○ | ×

02

상황과 반대되는 말을 했다는 점에서 '반어법'을 사용한 것이 맞다.

03 친구가 나에게 "널 사랑하기 때문에 난 널 미워해!"라고 말한 것은 '역설법'과 관련이 있다. ○ | ×

03

'사랑하다'와 '미워하다'는 서로 양립할 수 없는 감정이므로 표현상 모순되지만, 그 속에 깊은 뜻이 있다는 점에서 '역설법'과 관련이 있다.

04 ㉠과 ㉡ 모두 반어법이 쓰였다. 2023 국회직 8급

> (가) 아아 ㉠광고의 나라에 살고 싶다
> 사랑하는 여자와 더불어
> 행복과 희망만 가득찬
> 절망이 꽃피는, 광고의 나라
>
> — 함민복, 〈광고의 나라〉
>
> (나) ㉡나 보기가 역겨워 가실 때에는
> 죽어도 아니 눈물 흘리오리다
>
> — 김소월, 〈진달래꽃〉

○ | ×

04

(가)는 '절망이 꽃피는, 광고의 나라'라는 시구를 볼 때, ㉠의 '광고의 나라'는 화자가 진정으로 살고 싶은 나라가 아니다. 즉 화자의 의도를 반어적으로 표현한 것이다. (나)의 화자도 임이 떠날 때 정말로 슬퍼하지 않겠다고 말한 것이 아니다. 임이 떠나지 않았으면 하는 화자의 의도를 반어적으로 표현한 것이다.

[정답]

01 × 02 ○ 03 ○ 04 ○

05

화자에게 '봄'은 모란이 피는 기쁜 시간이면서 모란이 지기 때문에 슬프고 고통스러운 시간이다. 화자는 모란이 피어 있는 잠깐의 시간을 위해 삼백예순날의 기다림과 고통을 기꺼이 감수하겠다는 자세를 보여 주고 있다. 이러한 화자의 태도는 '찬란한(+) 슬픔의(–) 봄'이라는 역설적 표현으로 축약되어 제시되고 있다.

05 화자는 '모란'의 아름다움이 '한 철'만 볼 수 있는 것이기에 '찬란한 슬픔'이라고 표현하고 있다.

2022 군무원 7급

> 모란이 피기까지는,
> 나는 아직 나의 봄을 기다리고 있을 테요.
> 모란이 뚝뚝 떨어져 버린 날,
> 나는 비로소 나의 봄을 여읜 설움에 잠길 테요.
> 오월 어느 날, 그 하루 무덥던 날,
> 떨어져 누운 꽃잎마저 시들어 버리고는
> 천지에 모란은 자취도 없어지고,
> 뻗쳐 오르던 내 보람 서운케 무너졌느니,
> 모란이 지고 말면 그뿐, 내 한 해는 다 가고 말아,
> 삼백 예순 날 하냥 섭섭해 우옵내다.
> 모란이 피기까지는,
> 나는 아직 기다리고 있을 테요, 찬란한 슬픔의 봄을.
>
> – 김영랑, 〈모란이 피기까지는〉

O | X

06

슬퍼서 울지만(눈이 젖은 채로), 웃고 있었다는 표현(울면서 동시에 웃는 모순적 표현)을 통해 백화의 복잡한 심정이 역설적 표현으로 나타났음을 확인할 수 있다.

06 ㉠은 백화의 복잡한 심정을 역설적 표현으로 나타낸 것이다.

2021 경찰 1차

> 영달이는 표를 사고 삼립빵 두 개와 찐 달걀을 샀다 백화에게 그는 말했다.
> "우린 뒤차를 탈 텐데……. 잘 가슈."
> 영달이가 내민 것들을 받아 쥔 백화의 눈이 붉게 충혈되었다. …〈중략〉…
> "정말, 잊어버리지…… 않을게요."
> 백화는 개찰구로 가다가 다시 돌아왔다. ㉠ 돌아온 백화는 눈이 젖은 채로 웃고 있었다.
> "내 이름은 백화가 아니에요. 본명은요…… 이점례예요."
>
> – 황석영, 〈삼포 가는 길〉

O | X

07

문장의 순서를 뒤집어 강조하고 싶은 '붉은 산, 흰 옷'을 뒤에 표현하고 있다.

07 도치법이 쓰였다.

2014 서울시 9급

> 보고 싶어요, 붉은 산이, 그리고 흰 옷이.

O | X

[정답]

05 ○ 06 ○ 07 ○

08 역설법을 사용하여 죽음을 미화하고 있다.

> 눈은 살아 있다. / 떨어진 눈은 살아 있다.
> 마당 위에 떨어진 눈은 살아 있다.
>
> 기침을 하자. / 젊은 시인이여 기침을 하자. / 눈 위에 대고 기침을 하자.
> 눈더러 보라고 마음 놓고 마음 놓고 / 기침을 하자.
>
> 눈은 살아 있다.
> 죽음을 잊어버린 영혼과 육체를 위하여
> 눈은 새벽이 지나도록 살아 있다.
>
> 기침을 하자. / 젊은 시인이여 기침을 하자.
> 눈을 바라보며 / 밤새도록 고인 가슴의 가래라도
> 마음껏 뱉자.
>
> ─ 김수영, 〈눈〉

O | X

08

역설법(내용상 모순)이 쓰이지도 않았고, 죽음을 미화(아름답게 표현)하고 있지도 않다. 다만 "눈은 살아있다."라고 표현하여 '활유법'을. "기침을 하자."를 반복적으로 사용하여 '반복법'을. 그리고 '기침을 하자'를 '마음껏 뱉자'로 변형하여 반복함으로써 의미를 점층적으로 강조하는 '점층법'을 사용하여, 주제인 '부정적인 현실을 극복하고 순수하고 가치 있는 삶을 살고픈 소망'을 강조하고 있다.

09 대구법을 사용하고 있다.

> 우는 거시 벅구기가 푸른 거시 버들숩가. / 이어라 이어라
> 漁어村촌 두어 집이 닛 속의 나락들락.
> 至지匊국悤총 至지匊국悤총 於어思亽臥와
> 말가훈 기픈 소희 온갇 고기 뛰노ᄂ다.
>
> 년닙희 밥 싸 두고 반찬으란 쟝만 마라. / 닫 드르라 닫 드르라
> 靑청蒻약笠립은 써 잇노라, 綠녹簑사衣의 가져오나.
> 至지匊국悤총 至지匊국悤총 於어思亽臥와
> 無무心心훈 白白鷗구ᄂ 내 좃ᄂ가 제 좃ᄂ가.
>
> ─ 윤선도, 〈어부사시사〉

O | X

09

각 연이 유사하게 진행되는 것을 통해 대구법(문장 성분이 짝을 이룸. 가령 '우는 것이 뻐꾸기인가'의 짝은 '푸른 것이 버들 숲인가')을 확인할 수 있다.

현대어 풀이

우는 것이 뻐꾸기인가 푸른 것이 버들 숲인가 / 노를 저어라 노를 저어라
어촌 두어 집이 안개 속에 나왔다 들어갔다(한다).
맑고 깊은 연못에 온갖 고기가 뛰노는구나.
※ 주제: 배 위에서 바라본 평화로운 자연 풍경 (춘사)

연잎에 밥 싸두고 반찬일랑 장만하지 마라. / 닻 들어라 닻 들어라
대삿갓은 써 있노라, 도롱이는 가져오느냐?
무심한 백구는 나를 쫓는가? 내가 저를 쫓는가?(물아일체)
※ 주제: 배 위에서의 여유로운 풍취(하사)

[정답]

08 × 09 ○

10 수사법 중에서 은유법, 과장법, 대구법, 반어법이 사용되었다.

'반어법'은 참뜻과는 반대되는 말을 하여 문장의 의미를 강화하는 수사법이다. 그런데 제시된 작품에서 참뜻과는 반대되는 말을 한 경우는 찾아볼 수 없다. 따라서 '반어법'은 쓰이지 않았다.

현대어 풀이

소향로봉과 대향로봉을 눈 아래 굽어보고,
정양사 진헐대에서 다시 올라 앉으니,
중국의 여산과도 같이 아름다운 금강산의 참모습이 여기서 다 보인다(과장법).
아아, 조물주의 솜씨가 야단스럽기도 야단스럽구나(영탄법).
(저 수많은 봉우리들이) 나는 듯하면서도 뛰는 듯하고, 우뚝 서 있는 것 같다가는 솟은 듯하여 (변화 무쌍하구나)(활유법, 대구법).
부용(연꽃)을 꽂아 놓은 듯, 백옥을 묶어 놓은 듯, 동해 바다를 박차는 듯, 북극(은유와 상징, 임금)을 괴어 놓은 듯하구나(직유법, 대구법). 높기도 하구나 망고대여, 외롭구나 혈망봉은(도치법, 의인법, 대구법) (망고대, 혈망봉은 화자 자신의 '은유')
하늘에 치밀어 무슨 일을 아뢰려고
오랜 세월 지나도록 굽힐 줄을 모르는가?
아, 너로구나. 너같이 지조가 높은 것이 또 있겠는가(영탄법, 설의법)?

小쇼香향爐노 大대香향爐노 눈 아래 구버보고

正졍陽양寺ᄉᆞ 眞진歇헐臺ᄃᆡ 고텨 올나 안존 마리

廬녀山산 眞진面면目목이 여긔야 다 뵈ᄂᆞ다

어와 造조化화翁옹이 헌ᄉᆞ토 헌ᄉᆞ할샤

늘거든 ᄯᅱ디 마나 셧거든 솟디 마나

芙부蓉용을 고잣ᄂᆞᆫ 듯 白ᄇᆡᆨ 玉옥을 믓것ᄂᆞᆫ 듯

東동溟명을 박ᄎᆞᆫ 듯 北븍極극을 괴왓ᄂᆞᆫ 듯

놉흘시고 望망高고臺ᄃᆡ 외로올샤 穴혈望망峰봉이

하늘의 추미러 므ᄉᆞ일을 ᄉᆞ로리라

千쳔萬만 劫겁 디나ᄃᆞ록 구필 줄 모ᄅᆞᆫ다

어와 너여이고 너 ᄀᆞᆮᄐᆞ니 ᄯᅩ잇ᄂᆞᆫ가

— 정철, 〈관동별곡〉

○ | ×

[정답]

10 ×

5 기타 표현법

- 종류

시적 허용	의도적으로 어법에 어긋나게 표현하는 방법 ★ 잘못된 띄어쓰기와 표기, 비문법적인 문장 예 모오든 쇠붙이는 가라. ('모든'이 어법에 맞지만, 의도적으로 '모오든'으로 표현)
객관적 상관물	화자의 감정을 드러내는 데 동원되는 사물이나 자연물 예 펄펄 나는 저 꾀꼬리 / 암수 서로 다정한데 　　외로울사 이내 몸은 / 그 누구와 함께 돌아갈꼬. ('나'는 혼자인데, '꾀꼬리'는 커플. '꾀꼬리'를 통해 '나'의 외로움이 더해짐. 이때 '꾀꼬리'가 객관적 상관물)
감정 이입	사물이나 자연물도 화자와 같은 감정이 있다고 표현하는 방법(화자의 감정을 대상에 주입) 예 내 님을 그리ᅀᆞ와 우니다니 / 산(山) 접동새 난 이슷ᄒᆞ요이다. ('접동새'는 그냥 소리를 낸 것뿐인데, '나'는 '나'의 마음이 슬프기 때문에, '접동새'에 '나'의 감정을 '주입'해서 '새'도 슬퍼서 운다고 표현)
언어유희	말장난으로 해학적 분위기를 만드는 방법 ★ 발음의 유사성, 동음이의어, 문장의 앞뒤를 바꾸기, 각운 맞추기 등으로 실현됨 예 • 이애 이애 그 말 마라. 시집살이 개집살이 　　　(→ 발음의 유사성에 의한 언어유희) 　　• 그만 정신없다 보니 말이 빠져서 이가 헛 나와 버렸네. 　　　('이가 빠져서 말이 헛 나와 버렸네.'가 바른 표현이지만, '이'와 '말'의 순서를 바꿈 　　　→ 언어 도치에 의한 언어유희) ★ '언어유희'는 판소리, 판소리계 소설에서 자주 나타난다.
낯설게 하기	친숙한 대상을 낯선 대상처럼 표현하는 방법 예 그의 창자에 수시로 보리를 우려낸 물이 왔다 갔다 한다. ('보리차를 마신다.'라는 친숙한 표현 대신 창자에 보리를 우려낸 물이 오간다는 낯선 표현을 사용함.)
자문자답	스스로 묻고, 스스로 답하는 방법 예 아희야 무릉(武陵)이 어디오(질문). 나는 옌가 ᄒᆞ노라.(대답) (아이에게 질문을 던졌지만, 그 답을 스스로 '여기'라고 대답함. → 자문자답)
추상적 대상의 구체화	눈에 보이지 않는 대상을 눈에 보이는 대상처럼 표현하는 방법 예 동지(冬至)ㅅ돌 기나긴 밤을 한 허리를 버혀 내어 ('밤'이라는 시간은 잘라낼 수 없는 추상적인 대상인데, 구체적인 대상처럼 잘라낼 수 있다고 표현함.)
형상화	구체적이지 않거나 명확하지 않은 것을 구체적이고 명확한 모양이나 상태로 나타내는 방법 예 방(房) 안에 혓는 촛(燭)불 눌과 이별(離別)ᄒᆞ엿관ᄃᆡ (방 안에 켜져 있는 저 촛불은 누구와 이별을 하였기에 – 켜 놓은 촛불의 모습) 　것츠로 눈물 디고 속 타는 쥴 모로는고 　(겉으로 눈물을 흘리며 속으로 타들어 가는 줄을 모르는가? – 촛농이 떨어지는 모습) 　뎌 촛불 날과 갓ᄐᆞ여 속 타는 쥴 모로도다 　(저 촛불도 나와 같아서 눈물만 흘릴 뿐, 속이 얼마나 타는지 모르겠구나. – 촛불과 화자의 동일시) 　→ '임과의 이별 후 슬픔'을 '촛불'에 빗대어 '슬픔'이라는 추상적 감정을 구체적 형상인 '촛불'의 떨어지는 '촛농 　　(눈물)'으로 보여줌.

01 시인은 의도적으로 어법에 어긋난 표현을 쓸 수 있다. O | X

01
시인이 의도적으로 어법에 어긋나게 표현한 것을 '시적 허용'이라고 한다.

02 친숙하고 익숙한 대상을 다른 시선으로 바라보기도 하는데 이를 '형상화'라고 한다. O | X

02
친숙하고 익숙한 대상을 다른 시선으로 바라보는 것은 '낯설게 하기'이다.

03 <황조가>에서 화자는 '꾀꼬리 한 쌍'을 보고 외로운 자신의 처지에 감정 이입하고 있다.

> 펄펄 나는 저 꾀꼬리
> 암수 서로 정다워라
> 외로워라 이 내 몸은
> 뉘와 함께 돌아갈꼬
>
> — 유리왕, 〈황조가〉

O | X

03
'꾀꼬리'에 외로움이라는 화자의 정서를 주입한 것(꾀꼬리가 외롭다.)은 아니기 때문에 감정 이입은 아니다. '꾀꼬리'는 화자의 처지와 상반되는 객관적 상관물이다.

04 (가)와 (나) 모두 '추상적 대상을 구체화'했다. 2022 서울시 9급(2월)

> (가) 동짓달 기나긴 밤 한 허리를 베어내어
> (나) 내 마음 속 우리 님의 고운 눈썹을
>   즈믄 밤의 꿈으로 맑게 씻어서

O | X

04
(가)에서 추상적 대상인 '밤'을 구체적인 사물처럼 '자를' 수 있다고 표현하였다. (나)에서도 추상적인 대상인 '마음'을 구체적인 사물인 '고운 눈썹'으로 표현하여 맑게 씻는다고 표현하고 있다.

[정답]
01 ○ 02 × 03 × 04 ○

05 '살구꽃'은 '외롭고 쓸쓸한 화자의 심정'을 나타내기 위해 동원된 객관적 상관물로서 화자 자신과 동일시되는 소재이다.

2017 지방직 9급

> 봄비 내리니 서쪽 못은 어둑한데
> 찬바람은 비단 장막으로 스며드네.
> 시름에 겨워 작은 병풍에 기대니
> 담장 위에 <u>살구꽃</u>이 떨어지네.
>
> — 허난설헌, 〈봄비〉

O | X

05
화자는 계절이 지나가며 떨어지는 살구꽃을, 세월이 흘러 젊음을 잃어 가는 자신의 모습과 동일시(담장 위에 떨어지는 살구꽃이 '나' 같아요.)하고 있다.

06 특정 대상에 감정을 이입하여 심화된 정서를 드러내고 있다.

2016 경찰 1차

> 둘하 노피곰 도두샤 / 어긔야 머리곰 비취오시라
> 어긔야 어강됴리 / 아으 다롱디리
> 져재 녀러신고요
> 어긔야 즌 듸를 드듸욜셰라 / 어긔야 어강됴리
> 어느이다 노코시라 / 어긔야 내 가논 듸 졈그룰셰라
> 어긔야 어강됴리 / 아으 다롱디리
>
> — 작자 미상, 〈정읍사〉

O | X

06
제시된 작품에서 '감정 이입(나의 감정을 다른 대상에 주입한 표현)'은 확인할 수 없다.

현대어 풀이
> 달님이시여! 높이높이 돋으시어
> 멀리멀리 비춰 주소서.
> 시장에 가 계신가요?
> 위험한 곳을 디딜까 두렵습니다.
> 어느 곳에나 (짐을) 놓으십시오.
> 당신(과 내가) 가는 곳에 (날이) 저물까 두렵습니다.

07 ⊙은 화자의 객관적 상관물이다.

2010 법원직 9급

> 내 님믈 그리ᄉ와 우니다니
> ⊙ 산(山) 졉동새 난 이슷ᄒ요이다.
> 아니시며 거츠르신 둘 아으
> 잔월효성(殘月曉星)이 아ᄅ시리이다.
> 넉시라도 님은 ᄒᆞᆫ 듸 녀져라 아으
> 벼기더시니 뉘러시니잇가.
> 과(過)도 허믈도 천만(千萬) 업소이다.
> 믈 힛마리신뎌.
> 슬읏븐뎌 아으
> 니미 나를 ᄒᆞ마 니ᄌ시니잇가.
> 아소 님하 도람 드르샤 괴오쇼셔.
>
> — 정서, 〈정과정〉

O | X

07
화자는 자기 자신과 ⊙이 비슷하다고 말하고 있다. 따라서 ⊙은 화자 자신의 감정이 투영된 객관적 상관물이다.

현대어 풀이
> 내가 임(임금)을 그리워하며 울며 지내더니
> 산의 접동새와 나는 (처지가) 비슷합니다.
> (나를 참소하는 말이) 옳지 않으며 거짓인 줄을
> 지는 달과 새벽별이 알고 있습니다.
> 넋이라도 임과 한곳에 살고 싶어라.
> (내가 허물이 있다고) 우기던 이는 누구였습니까?
> (나는) 잘못도 허물도 전혀 없습니다.
> 뭇사람들의 참소하는 말입니다.
> 슬프구나!
> 임이 나를 벌써 잊으셨습니까?
> 임이시여, 그러지 마시고 돌이켜 들으시어 (다시) 사랑해 주소서.

[정답]
05 ○ 06 × 07 ○

08
'갈뽕'과 대응하여 '올뽕'으로 표현한 부분에서 언어유희를 확인할 수 있다.

08 언어유희가 나타난다.

2019 소방

기심 매러 갈 적에는 갈뽕을 따 가지고
기심 매고 올 적에는 올뽕을 따 가지고
삼간방에 누어 놓고 청실홍실 뽑아내서
강릉 가서 날아다가 서울 가서 매어다가
하늘에다 베틀 놓고 구름 속에 이매 걸어
함경나무 바디집에 오리나무 북게다가
짜궁짜궁 짜아 내어 가지잎과 몹거워라
배꽃같이 바래워서 참외같이 올 짓고
외씨 같은 보선 지어 오빠님께 드리고
겹옷 짓고 솜옷 지어 우리 부모 드리겠네

– 작자 미상, 〈베틀 노래〉

O | X

09
㉠에는 동음이의어 '유(儒: 선비 유)'와 '유(諛: 아첨할 유)'를 이용한 언어유희, '말장난'이 나타난다.

09 ㉠은 '언어유희'이다.

2019 경찰 2차

정(鄭)나라 어느 고을에 벼슬을 탐탁하게 여기지 않는 학자가 살았으니 '북곽 선생(北郭先生)'이었다. 그는 나이 마흔에 손수 교정(校正)해 낸 책이 만 권이었고, 또 육경(六經)의 뜻을 부연해서 다시 저술한 책이 일만 오천 권이었다. 천자(天子)가 그의 행의(行義)를 가상히 여기고 제후(諸侯)가 그 명망을 존경하고 있었다.

그 고장 동쪽에는 동리자(東里子)라는 미모의 과부가 있었다. 천자가 그 절개를 가상히 여기고 제후가 그 현숙함을 사모하여, 그 마을의 둘레를 봉(封)해서 '동리과부지려(東里寡婦之閭)'라고 정표(旌表)해 주기도 했다. 이처럼 동리자가 수절을 잘하는 부인이라 했는데 실은 슬하의 다섯 아들이 저마다 성(姓)을 달리하고 있었다. …〈중략〉…

"가까이 오지 마라! 예전에 들기를 ㉠ 유(儒)는 유(諛)라더니, 과연 그렇구나. 너는 평소에 천하의 못된 이름을 다 모아 함부로 나에게 갖다 붙이다가, 이제 급하니까 면전에서 아첨을 하니, 장차 누가 너를 신뢰하겠느냐?"

O | X

10 ㉠에서 언어유희를 통해 양반을 조롱하고 있다.

> 말뚝이: (가운데쯤에 나와서) 쉬이. (음악과 춤 멈춘다.) 양반 나오신다아! 양반
> 이라고 하니까 노론(老論), 소론(少論), 호조(戶曹), 병조(兵曹), 옥당
> (玉堂)을 다 지내고 삼정승(三政丞), 육판서(六判書)를 다 지낸 퇴로재
> 상(退老宰相)으로 계신 양반인 줄 아지 마시오. ㉠ 개잘량이라는 '양' 자
> 에 개다리소반이라는 '반' 자 쓰는 양반이 나오신단 말이오.

O | X

10

㉠에서 소리의 유사성에 의한 언어유희(말장난)를 통하여 양반을 조롱하고 있다.

[정답]

10 ○

1 고대 가요

[01~04] 다음 글을 읽고 물음에 답하시오.

(가) 임이여, 물을 건너지 마오. / 임은 그예 물을 건너시네.
　　물에 빠져 돌아가시니, / 가신 임을 어이할꼬.
　　　　　　　　　　　　　　　– 백수광부의 아내, 〈공무도하가(公無渡河歌)〉

(나) 거북아, 거북아. / 머리를 내어라.
　　내밀지 않으면, / 구워서 먹으리.
　　　　　　　　　　　　　　　– 구간(九干) 등, 〈구지가(龜旨歌)〉

(다) 펄펄 나는 저 ㉠ 꾀꼬리 / 암수 서로 다정한데
　　외로울사 이내 몸은 / 그 누구와 함께 돌아갈꼬.
　　　　　　　　　　　　　　　– 유리왕, 〈황조가〉

(라) 들하 노피곰 도두샤 / 어긔야 머리곰 비취오시라
　　어긔야 어강됴리 / 아으 다롱디리
　　져재 녀러 신고요 / 어긔야 즌 듸를 드듸욜셰라
　　어긔야 어강됴리 / 어느이다 노코시라
　　어긔야 내 가논 듸 졈그를셰라 / 어긔야 어강됴리
　　아으 다롱디리
　　　　　　　　　　　　　　　– 어느 행상인의 아내, 〈정읍사(井邑詞)〉

01 (가)에서 '물'의 상징적 의미 변화로 가장 적절한 것은?

① 한탄 → 원망 → 죽음　　　② 사랑 → 죽음 → 이별

③ 이별 → 사랑 → 한탄　　　④ 사랑 → 이별 → 죽음

02 (나)에 대한 설명으로 가장 적절하지 않은 것은?

① 주술적인 성격을 띠고 있다.

② 가정적인 상황을 설정하고 있다.

③ 명령과 위협의 말하기 방식이 쓰였다.

④ 화자와 대상의 대화로 시상이 전개된다.

현대어 풀이

(라) 달님이시여! 높이높이 돋으시어
　　멀리멀리 비춰 주소서.//
　　시장에 가 계신가요?
　　위험한 곳을 디딜까 두렵습니다.//
　　어느 곳에나 (짐을) 놓으십시오.
　　당신(임) 가시는 곳에 (날이) 저물까
　　두렵습니다.

01

1행의 '물'은 임이 물을 건너지 않기를 바라는 마음이 담겨 있기 때문에, '사랑'을 의미한다.
2행에서 임이 '물'을 결국에는 건넜기 때문에 '이별'을 의미한다.
3행에서 '물'에 빠져 죽었다고 했기 때문에 '죽음'을 의미한다.
따라서 '물'의 의미는 '사랑 → 이별 → 죽음'으로 변한다.

02

화자가 '거북'에게 명령하는 듯한 '말투'로 전개되고 있는 것은 맞다. 그러나 '명령'은 일방적인 전달일 뿐, '대상'인 '거북'과 어떤 말을 주고받지는 않았다. 따라서 화자와 대상의 대화로 시상이 전개된다는 설명은 적절하지 않다.

오답체크
① 〈구지가〉는 가락국 건국 신화 속에 삽입된 노래이다. 이 노래를 불렀더니 하늘에서 황금 알이 내려왔고, 거기에서 수로왕이 태어났다고 한다. 이러한 배경 설화를 참고할 때, '주술적(소원을 비는 내용이 담김)'인 성격을 띤다는 설명은 옳다.
② 3행의 '(머리를) 내밀지 않으면'에서 '구워서 먹'겠다는 '가정적인 상황'을 설정하고 있다.
③ '머리를 내어라.'에서 '명령'의, '구워서 먹으리.'에서 '위협'의 말하기 방식을 확인할 수 있다.

[정답]

01 ④　02 ④

03 (다)의 ㉠과 역할이 가장 유사한 것은?

① 우러라 우러라 새여 자고 니러 우러라 새여

  널라와 시름 한 나도 자고 니러 우니로라

– 작자 미상, 〈청산별곡〉

② 붉은 해는 서산 마루에 걸리었다.

  사슴의 무리도 슬피 운다.

  떨어져 나가 앉은 산 위에서

  나는 그대의 이름을 부르노라.

– 김소월, 〈초혼(招魂)〉

③ 경경(耿耿) 고침샹(孤枕上)애 어느 ᄌᆞ미 오리오

  서창(西窓)을 여러ᄒᆞ니 도화(桃花)ㅣ 발(發)ᄒᆞ두다

  도화(桃花)ᄂᆞᆫ 시름업서 쇼춘풍(笑春風)ᄒᆞᄂᆞ다 쇼춘풍(笑春風)ᄒᆞᄂᆞ다

– 작자 미상, 〈만전춘별사(滿殿春別詞)〉

④ 귀ᄯᅩ리 져 귀ᄯᅩ리 어엿부다 져 귀ᄯᅩ리,

  어인 귀ᄯᅩ리 지ᄂᆞᆫ ᄃᆞᆯ 새ᄂᆞᆫ 밤의 긴 소ᄅᆡ 쟈른 소ᄅᆡ 절절(節節)이 슬픈 소ᄅᆡ 제 혼자 우러 녜어 사창(紗窓) 여왼 ᄌᆞᆷ을 ᄉᆞᆯᄯᅳ리도 ᄭᅢ오ᄂᆞᆫ고야.

  두어라, 제 비록 미믈(微物)이나 무인 동방(無人洞房)에 내 ᄯᅳᆺ 알리ᄂᆞᆫ 너ᄲᅮᆫ인가 ᄒᆞ노라.

– 작자 미상

04 (라)에 대한 감상으로 가장 바른 것은?

① 화자는 임에 대해 방관적 태도를 보이고 있다.

② 화자는 소식을 알 수 없는 임을 원망하고 있다.

③ 화자는 이별의 원인을 자신의 탓으로 돌리고 있다.

④ 화자는 임이 해라도 당하지 않을까 염려하고 있다.

03

짝이 없는 화자와 달리, ㉠은 짝을 이루고 있다. 따라서 '꾀꼬리'는 화자의 처지와 대비되는 대상으로, 화자의 외로움을 더해주는 역할을 하는 '객관적 상관물'이다. 마찬가지로 시름이 많은 화자와 달리, '도화(桃花)'는 시름이 없어서 봄바람에 웃는다. 따라서 '도화'는 화자의 처지와 대비되는 대상으로, 화자의 외로움을 더해준다는 점에서 ㉠처럼 '객관적 상관물'이다.

오답체크

① '새'에 화자의 감정을 주입하여, '시름이 많아서 운다'고 표현하고 있다. 따라서 '새'는 '감정 이입'의 대상이다.

② '사슴'에 화자의 감정을 주입하여, 사슴이 '슬피 운다'고 표현하고 있다. 따라서 '사슴'은 '감정 이입'의 대상이다.

④ '내 ᄯᅳᆺ 알리는 너(귀ᄯᅩ리)쁜인가 ᄒᆞ노라.'를 볼 때, '감정 이입'의 대상이다.

현대어 풀이

① 우는구나 우는구나 새여 자고 일어나 우는구나 새여. / 너보다 근심이 많은 나도 자고 일어나 울며 지내노라.

③ 근심 어린 외로운 잠자리에 어찌 잠이 오리오. / 서쪽 창문을 열어젖히니 복숭아꽃이 피어나는구나. / 복숭아꽃이 근심 없이 봄바람에 웃는구나. 봄바람에 웃는구나.

④ 귀뚜라미, 저 귀뚜라미, 불쌍하다 저 귀뚜라미. / 어찌된 귀뚜라미가 지는 달, 새는 밤에 긴 소리 짧은 소리, 마디마디 슬픈 소리로 저 혼자 계속 울어, 비단 창문 안에서 얕게 든 잠을 잘도 깨우는구나. / 두어라, 제가 비록 미물이지만 독수공방하는 내 마음을 알아 줄 이는 저 귀뚜라미뿐인가 하노라.

04

'져재 녀러 신고요 / 어긔야 즌 ᄃᆡ를 드ᄃᆡ욜세라'에서 화자는 임이 위험한 일이라도 당하게 될까 염려하면서, '달'에게 임이 안전할 수 있게, 아주 높이 돋아서 임을 비춰 달라고 기원하고 있다.

오답체크

① 화자는 임의 안위를 걱정하고 있기 때문에, '방관적(직접 나서지 않고 곁에서 보기만 함.) 태도'를 보인다는 설명은 옳지 않다.

② 임에 대한 염려는 확인할 수 있지만, 임을 원망하는 내용은 나와 있지 않다.

③ 화자가 임의 안위를 염려하고 있음을 고려할 때, 임과 떨어진 상황인 것은 알 수 있다. 그러나 화자 자신을 탓하는 내용은 나와 있지 않다.

[정답]

03 ③   04 ④

현대어 풀이

(가) 삶과 죽음의 길은
  여기에 있음에 두려워하여
  "나는 간다"라고 말도
  못다 이르고 (너는) 갔는가
  어느 가을 이른 바람에
  여기저기에 떨어지는 나뭇잎처럼
  같은 나뭇가지(한 어버이)에 나고서도
  (네가) 가는 곳을 (나는) 모르겠구나
  아으 극락세계(저승)에서 (너를) 만나 볼 나는 / 불도(佛道)를 닦으며 기다리겠다

(나) (구름을) 열어 젖히니 / 나타난 달이
  흰구름 좇아 (서쪽으로) 떠가는 것이
  아닌가? / 새파란 냇물에 / 기파랑의
  모습이 있어라(어리도다).
  이로부터 그 맑은 냇물 속 조약돌(하나 하나)에 / 기파랑이 지니시던
  마음의 끝을 따르고자(따르고 싶습니다). / 아, 잣나무 가지 높아
  서리 모르시는 화랑의 우두머리시여.

(다) 서울 밝은 달밤에
  밤늦도록 놀고 지내다가
  들어와 잠자리를 보니
  다리가 넷이로구나.
  둘은 내 것이지만(내 아내이지만)
  둘은 누구의 것인고?
  본디 내 것이다마는(내 아내이지만)
  빼앗긴 것을 어찌하리오.

---

2 향가

[05~08] 다음 글을 읽고 물음에 답하시오.

(가) 生死路(생사로)는
  예 이샤매 저히고,
  나는 가는다 말ㅅ도
  몯다 닏고 가는닛고
  어느 ᄀᆞ슬 ㉠이른 ᄇᆞ르매
  이에더에 ㉡ᄠᅥ딜 닙다이,
  ㉢ᄒᆞᄃᆞᆫ 가재 나고
  가논 곧 모두온뎌
  아으 ㉣彌陀刹(미타찰)애 맛보올 내
  道(도) 닷가 기드리고다

  – 월명사, 〈제망매가(祭亡妹歌)〉

(나) 열치매
  나타난 달이
  흰 구름 좇아 떠 가는 것 아니냐?
  새파란 나리에
  기랑(耆郎)의 모습이 있어라.
  일로 나리 조약에
  낭의 지니시던
  마음의 끝을 좇누아져.
  아아, 잣가지 높아
  서리 모르시올 화반(花判)이여.

  – 충담사, 〈찬기파랑가(讚耆婆郎歌)〉

(다) 시ᄇᆞᆯ 불기 ᄃᆞ래
  밤 드리 노니다가
  드러ᄉᆞ 자리 보곤
  가ᄅᆞ리 네히어라.
  둘흔 내해엇고
  둘흔 뉘해언고.
  본ᄃᆡ 내해다마ᄅᆞᆫ
  ㉤아ᅀᅡᄂᆞᆯ 엇디ᄒᆞ릿고.

  – 처용, 〈처용가(處容歌)〉

05 (가)의 ㉠~㉣의 의미로 적절하지 않은 것은?

① ㉠: 요절(夭折)

② ㉡: 누이의 죽음

③ ㉢: 한 부모

④ ㉣: 이승

06 (가)에 대한 설명으로 적절하지 않은 것은?

① 슬픔을 종교로써 이겨내려는 의지가 담겨 있다.

② 누이의 죽음에 대해 체념적인 태도를 보이고 있다.

③ 9구의 첫머리에서 감탄사를 통해 시상을 전환하고 있다.

④ 혈육의 죽음을 마주한 심정을 비유를 통해 형상화하고 있다.

07 (나)의 미적 범주는?

① 숭고미   ② 우아미

③ 비장미   ④ 골계미

08

ⓐ에서 화자는 어쩔 수 없다며 '체념적 태도'를 보이고 있다. 이처럼 '체념적 태도'가 드러나는 것은 ④이다. ④의 화자 역시 '가신 임을 어이할꼬.'라며, 어쩔 수 없다고 생각하는 '체념적 태도'를 취하고 있다.

오답체크
① 임에 대한 영원한 사랑을 노래하는 '의지적 태도'가 드러난다.
② 자연에 대한 사랑과 '안빈낙도의 태도'가 드러난다.
③ 이별 후의 안타까움의 정서가 드러난다.

현대어 풀이
① 구슬이 바위에 떨어진들 / 끈이야 끊어지겠습니까?
천 년을 외로이 살아간들 / (임에 대한) 믿음이야 끊어지겠습니까?

② 십 년 동안 계획하여 초가삼간을 지어 냈으니 / 내가 한 칸, 달이 한 칸, 맑은 바람이 한 칸을 차지하게 하고, / 강과 산은 들여 놓을 데가 없으니(집 밖에 병풍처럼) 둘러 놓고 보리라.

08 (다)의 ⓐ과 정서나 태도가 가장 유사한 것은?

① 구스리 바회예 디신들
   구스리 바회예 디신들
   긴힛돈 그츠리잇가.
   즈믄 히를 외오곰 녀신들
   즈믄 히를 외오곰 녀신들
   신(信)잇돈 그츠리잇가.

   – 작자 미상, 〈정석가〉

② 십 년(十年)을 경영(經營)ᄒ여 초려 삼간(草廬三間) 지여 내니
   나 ᄒᆞᆫ 간 ᄃᆞᆯ ᄒᆞᆫ 간에 청풍(淸風) ᄒᆞᆫ 간 맛져 두고
   강산(江山)은 들일 ᄃᆡ 업스니 둘러 두고 보리라.

   – 송순

③ 비 갠 긴 둑에 풀빛이 고운데,
   남포에서 임 보내며 슬픈 노래 부르네.
   대동강 물이야 언제나 마르려나.
   이별 눈물 해마다 푸른 물결 보태나니.

   – 정지상, 〈송인〉

④ 임이여, 물을 건너지 마오.
   임은 그예 물을 건너시네.
   물에 빠져 돌아가시니,
   가신 임을 어이할꼬.

   – 백수광부의 아내, 〈공무도하가(公無渡河歌)〉

[정답]
08 ④

3 고려 가요

[09~12] 다음 글을 읽고 물음에 답하시오.

(가) 정월(正月)ㅅ 나릿므른 아으 어져 녹져 ᄒᆞ논ᄃᆡ
　　누릿 가온ᄃᆡ 나곤 몸하 ᄒᆞ올로 녈셔 / 아으 동동(動動)다리

　　이월(二月)ㅅ 보로매 아으 노피 현 ㉠등(燈)ㅅ블 다호라
　　만인(萬人) 비취실 즈싀샷다 / 아으 동동(動動)다리

　　삼월(三月) 나며 개(開)ᄒᆞᆫ 아으 만춘(滿春) ㉡ᄃᆞᆯ 욋고지여
　　ᄂᆞᄆᆡ 브롤 즈슬 디녀 나샷다 / 아으 동동(動動)다리

　　사월(四月) 아니 니저 아으 오실셔 곳고리 새여
　　므슴다 녹사(錄事)니ᄆᆞᆫ 녯 나ᄅᆞᆯ 닛고 신뎌 / 아으 동동(動動)다리

　　五月(오월) 五日(오일)에 아으 수릿날 아ᄎᆞᆷ 藥(약)은
　　즈믄 힐 長存(장존)ᄒᆞ샬 藥(약)이라 받ᄌᆞᆸ노이다 / 아으 動動(동동)다리

　　유월(六月)ㅅ 보로매 아으 별해 ᄇᆞ룐 ㉢빗 다호라
　　도라보실 니믈 젹곰 좃니노이다 / 아으 동동(動動)다리

　　십이월(十二月)ㅅ 분디남ᄀᆞ로 갓곤 아으 나ᄉᆞᆯ 반(盤)잇 ㉣져 다호라
　　니믜 알ᄑᆡ 드러 얼이노니 소니 가재다 므ᄅᆞᆸ노이다 / 아으 동동(動動)다리

　　　　　　　　　　　　　　　　　　　　　　　　　　　　　－ 작자 미상, 〈동동(動動)〉

(나) 가시리 가시리잇고 나ᄂᆞᆫ
　　ᄇᆞ리고 가시리잇고 나ᄂᆞᆫ
　　위 증즐가 대평셩ᄃᆡ(大平盛大)

　　날러는 엇디 살라 ᄒᆞ고
　　ᄇᆞ리고 가시리잇고 나ᄂᆞᆫ
　　위 증즐가 대평셩ᄃᆡ(大平盛大)

　　잡ᄉᆞ와 두어리마ᄂᆞᄂᆞᆫ
　　선ᄒᆞ면 아니 올셰라
　　위 증즐가 대평셩ᄃᆡ(大平盛大)

　　셜온 님 보내ᄋᆞᆸ노니 나ᄂᆞᆫ
　　가시ᄂᆞᆫ 듯 도셔 오쇼셔 나ᄂᆞᆫ
　　위 증즐가 대평셩ᄃᆡ(大平盛大)

　　　　　　　　　　　　　　　　　　　　　　　　　　　　　－ 작자 미상, 〈가시리〉

(가) 작자 미상, 〈동동(動動)〉

갈래	고려 가요
성격	연가(戀歌)적, 민요적, 서정적
제재	달마다 행하는 세시 풍속
주제	임에 대한 송도(頌禱)와 연모(戀慕)의 정
특징	① 영탄법, 직유법, 은유법을 사용함. ② 세시 풍속에 따라 사랑의 감정을 읊음. ③ 분절체 형식으로 서사인 1연과 본사인 12연으로 구성됨.
의의	현전하는 최고(最古)의 월령체(달거리) 노래

(나) 작자 미상, 〈가시리〉

갈래	고려 가요
성격	서정적, 민요적, 애상적
제재	임과의 이별
주제	이별의 정한(情恨)
특징	간결한 형식과 소박한 시어를 사용하여 이별의 감정을 절묘하게 표현
의의	① 여성적 정조의 원류가 되는 작품 ② 우리 민족의 전통적인 정서인 이별의 정한을 노래한 대표 작품

현대어 풀이

(가) 정월의 냇물은 아아, 얼었다가 녹으려 하는데 세상에 태어난 이 몸은 홀로 살아가는구나.
2월 보름(연등일)에 아아, 높이 켠 등불 같구나.
온 백성(만인)을 비추실 모습이로구나.
3월 지나면서 핀 아아 늦봄의 진달래 꽃이여.
남이 부러워할 모습이 지니셨구나.
4월을 아니 잊고 아아 오셨구나, 꾀꼬리새여.
어찌하여 녹사님은 옛날의 나를 잊으셨는가?
5월 5일(단오일)에 아아 단옷날 아침에 먹는 약은 천 년을 사실 약이기에 바치옵니다.
6월 보름(유두일)에 아아 벼랑에 버려진 빗 같구나. 돌아보실 임을 잠시나마 따르겠나이다.
12월 분디나무로 깎은 아아 (임에게) 차려 드릴 소반 위의 젓가락 같구나. 임의 앞에 들어 놓았더니, 손님이 가져다가 입에 물었나이다.

(나) 가시겠습니까, (진정으로 떠나) 가시겠습니까? (나를 버리고) 가시겠습니까?
나는 어찌 살라 하고 버리고 가시렵니까?
(생각 같아서는) 붙잡아 둘 일이지마는 (혹시나 임께서 행여) 서운하면 (다시는) 아니 올까 두렵습니다.
(떠나 보내기) 서러운 임을 (어쩔 수 없이) 보내옵나니,
가자마자 곧 (떠날 때와 마찬가지로 총총히) 가시는 것처럼 돌아서서 오십시오.

(다) 정서, 〈정과정(鄭瓜亭)〉

갈래	고려 가요, 향가계 고려 가요
성격	애상적
제재	임과의 이별
주제	임금을 향한 변함없는 충절
특징	① 감정 이입을 통해 정서를 표현함. ② 형식 면에서 향가의 전통을 이음. ③ 내용 면에서 신충의 원가(怨歌)와 통함.
의의	① 유배 문학의 효시 ② 향가의 잔영이 엿보임. ③ 고려 가요 중 작가가 밝혀진 유일한 작품
연대	고려 의종
출전	"악학궤범"

현대어 풀이

(다) 내가 임(임금)을 그리워하며 울며 지내더니
산의 접동새와 나는 (처지가) 비슷합니다.
(나를 참소하는 말이) 옳지 않으며 거짓인 줄 지는 / 달과 새벽별이 알고 있습니다.
넋이라도 임과 한곳에 살고 싶어라.
(내가 허물이 있다고) 우기던 이는 누구였습니까?
(나는) 잘못도 허물도 전혀 없습니다.
뭇사람들의 참소하는 말입니다.
슬프구나!
임이 나를 벌써 잊으셨습니까?
임이시여, (그러지) 마시고 돌이켜 들으시어 (다시) 사랑해 주소서.

09
㉠과 ㉡은 '임'을 의미하는 말이고, ㉢과 ㉣은 '화자 자신'을 의미하는 말이다.

10
(나)에는 하고 싶은 말을 실제와 반대되게 표현하는 '반어법'은 쓰이지 않았다.

오답체크
① 사랑하는 임과 이별하는, 그런 임을 보내줄 수밖에 없는 여인의 한을 노래하고 있다.
② 떠나려는 임에게 임이 떠나면 자기는 혼자 어떻게 살라고 떠나느냐며 애원하는 듯한 여성적인 어조로 노래하고 있다.
③ '위 증즐가 대평셩되(大平盛大)'라는 후렴구를 반복하여 운율을 형성함과 동시에 통일감도 주고 있다.

(다) 내 님믈 그리ᄉᆞ와 우니다니
　　산(山) ㉠ 접동새 난 이슷ᄒᆞ요이다.
　　아니시며 거츠르신 ᄃᆞᆯ 아으
　　잔월효성(殘月曉星)이 아ᄅᆞ시리이다.
　　넉시라도 님은 ᄒᆞᆫᄃᆡ 녀져라 아으
　　벼기더시니 뉘러시니잇가.
　　과(過)도 허믈도 천만(千萬) 업소이다.
　　ᄆᆞᆯ힛 마리신뎌
　　ᄉᆞᆯ읏븐뎌 아으
　　니미 나ᄅᆞᆯ ᄒᆞ마 니ᄌᆞ시니잇가.
　　아소 님하, 도람 드르샤 괴오쇼셔.

　　　　　　　　　　　　　- 정서, 〈정과정(鄭瓜亭)〉

---

09 (가)에서 ㉠~㉣이 의미하는 대상이 동일한 것끼리 묶은 것은?

① ㉠, ㉡ / ㉢, ㉣

② ㉠, ㉢ / ㉡, ㉣

③ ㉠, ㉣ / ㉡, ㉢

④ ㉠, ㉡, ㉢ / ㉣

10 (나)에 대한 설명으로 적절하지 않은 것은?

① 이별의 정한(情恨)을 노래하고 있다.

② 임에게 애원하는 듯한 여성적 어조이다.

③ 후렴구를 반복하여 통일감을 주고 있다.

④ 반어법을 활용하여 정서를 드러내고 있다.

[정답]
09 ①　10 ④

11 (다)의 ⊙과 의미나 역할이 유사한 시어는?

① 호미도 날이 있지마는
　낫같이 잘 들 리는 업습니다.
　아버님도 어버이시지마는
　위 덩더둥셩
　어머님같이 나를 사랑하실 분이 없도다.

– 작자 미상, 〈사모곡(思母曲)〉

② 국화(菊花)야 너는 어이 삼월 동풍(東風) 다 지닉고
　낙목한천(落木寒天)에 네 홀로 퓌엿는다.
　아마도 오상고절(傲霜孤節)은 너뿐인가 ㅎ노라.

– 이정보

③ 선인교(仙人橋) 나린 물이 자하동(紫霞洞)에 흘너 드러,
　반천 년(半千年) 왕업(王業)이 물소릭뿐이로다.
　아희야, 고국 흥망(故國興亡)을 무러 무엇ㅎ리오.

– 정도전

④ 방(房) 안에 혓는 촛(燭)불 눌과 이별(離別)ㅎ엿관딕
　것츠로 눈물 디고 속 타는 줄 모로는고
　뎌 촛불 날과 갓트어 속 타는 줄 모로도다

– 이개

12 (다)를 감상한 내용으로 적절하지 않은 것은?

① 자연물을 통해 화자의 처지를 드러내고 있다.
② 천상의 존재를 통해 화자의 결백함을 나타내고 있다.
③ 설의적 표현을 활용하여 화자의 정서를 부각하고 있다.
④ 큰 숫자를 활용하여 임을 향한 화자의 그리움을 강조하고 있다.

11

⊙은 화자의 감정이 이입된 대상이다. 이처럼 화자의 감정이 이입된 대상은 ④의 '촛불'이다.

오답체크

① '낫'은 어머니의 사랑을 드러내는 시어이다.
② '국화'는 '절개'와 '지조'를 상징하는 시어이다.
③ '물소리'는 고려 왕업의 무상함을 드러내는 시어이다.

현대어 풀이

② 국화야, 너는 어찌하여 따뜻한 봄철 다 지나가고
　나뭇잎이 떨어지는 추운 계절에 너 홀로 피었느냐?
　아마도 서릿발도 꿋꿋이 이겨 내는 높은 절개를 지닌 것은 너뿐인가 하노라.

③ 선인교에서 흘러내린 물이 자하동으로 흘러들어
　오백 년이나 이어 내려 온 왕업도 물소리밖에 남지 않았구나.
　아이야, 옛 왕국의 흥망을 따져본들 무엇하리.

④ 방 안에 켜져 있는 촛불, 누구와 이별하였기에
　겉으로 눈물을 흘리며 속이 타들어 가는 줄을 모르는가?
　저 촛불도 나와 같이 속이 타는 줄 모르는구나.

12

큰 숫자인 '천만(千萬: 일천 천, 일만 만)'을 활용하고 있다고 볼 수는 있다. 그러나 이는 임을 향한 화자의 '그리움'보다는 자신의 '결백'을 강조하기 위한 것이다.

오답체크

① 자연물 '접동새'를 통해 화자의 처지를 드러내고 있다.
　※ '접동새'는 고전 시가에서 흔히 자규, 소쩍새, 귀촉도, 두견새 등과 비슷한 의미를 지닌 것으로, 밤새 우는 소리로 인해 한(恨)과 고독함의 정서를 드러내는 상징물로 쓰인다.
② 천상의 존재인 '잔월효성(殘月曉星)'을 통해 화자의 결백함을 나타내고 있다.
　※ 잔월효성(殘月曉星: 쇠잔할 잔, 달 월, 새벽 효, 별 성): 새벽녘의 달과 별
③ '버기더시니 뉘러시니잇개(우기던 이가 누구입니까)'라는 설의적 표현을 활용하여, 자신의 결백함을 부각하고 있다.

[정답]

11 ④　12 ④

현대어 풀이

(가) 〈제1장〉
유원순의 문장, 이인로의 시, 이공로의 사륙변려문
이규보와 진화와 쌍운을 맞추어 써 내려간 글
유충기의 대책문, 민광균의 경서 뜻풀이, 김양경의 시와 부
아, 과거 시험장의 모습(광경), 그것이 어떠합니까? (참으로 굉장합니다.)
금학사가 배출한 죽순처럼 많은 제자들, 금학사가 배출한 죽순처럼 많은 제자들
아, 나를 포함하여 모두 몇 분입니까? (참으로 많습니다.)

〈제2장〉
당서와 한서, 장자와 노자, 한유와 유종원의 문집
이백과 두보의 시집, 난대 영사들의 시문집, 백거이의 문집
시경과 서경, 주역과 춘추, 대대례와 소대례를
아, 주석마저 줄곧 외우는 모습, 그것이 어떠합니까?
태평광기 400여 권, 태평광기 400여 권
아, 두루 읽는 모습(광경)이 어떠합니까?

〈제8장〉
호두나무, 쥐엄나무에
붉은 실로 붉은 그네를 맵니다.
그네를 당기시라 미시라, 정 소년이여,
아, 내가 가는 곳에 남이 갈까 두렵습니다.
옥을 깎은 듯 고운 손길에, 옥을 깎은 듯 고운 손길에
아, (그네를 타는 여인들과) 손을 잡고 노니는 모습(광경), 그것이 어떠합니까?

1 경기체가 · 한시 · 악장

[01~04] 다음 글을 읽고 물음에 답하시오.

(가) 원슌문(元淳文) 인노시(仁老詩) 공노ᄉ륙(公老四六)
　　니정언(李正言) 딘한림(陳翰林) 솽운주필(雙韻走筆)
　　튱긔ᄃ칙(沖基對策) 광균경의(光鈞經義) 량경시부(良鏡詩賦)
　　위 시댱(試場)ㅅ 경(景) 긔 엇더ᄒ니잇고.
　　엽(葉) 금ᄒᆨᄉ(琴學士)의 옥슌문ᄉᆼ(玉笋門生) 금ᄒᆨᄉ(琴學士)의 옥슌문ᄉᆼ(玉笋門生)
　　위 날조차 몃 부니잇고. 〈제1장〉

　　당한셔(唐漢書) 장로ᄌ(莊老子) 한류문집(韓柳文集)
　　니두집(李杜集) 난ᄃ집(蘭臺集) 빅락텬집(白樂天集)
　　모시샹셔(毛詩尙書) 주역츈츄(周易春秋) 주ᄃ례긔(周戴禮記)
　　위 주(註)조쳐 내 외옩 경(景) 긔 엇더ᄒ니잇고.
　　엽(葉) 대평광긔(大平廣記) ᄉ빅여 권(四百餘卷) 대평광긔(大平廣記) ᄉ빅여권(四百餘卷)
　　위 력남(歷覽)ㅅ 경(景) 긔 엇더ᄒ니잇고. 〈제2장〉

　　당당당(唐唐唐) 당츄ᄌ(唐楸子) 조협(皁莢) 남긔
　　홍(紅)실로 홍(紅)글위 ᄆ요이다.
　　혀고시라 밀오시라 뎡쇼년(鄭少年)하
　　위 내 가논 ᄃ 눔 갈셰라.
　　엽(葉) 샥옥셤셤(削玉纖纖) 솽슈(雙手)ㅅ 길헤 샥옥셤셤(削玉纖纖) 솽슈(雙手)ㅅ 길헤
　　위 휴슈동유(携手同遊)ㅅ 경(景) 긔 엇더ᄒ니잇고. 〈제8장〉

－ 한림 제유, 〈한림별곡(翰林別曲)〉

(나) 비 갠 긴 둑에 풀빛이 고운데,

　　남포에서 임 보내며 슬픈 노래 부르네.

　　대동강 물이야 언제나 마르려나.

　　이별 눈물 해마다 푸른 물결 보태나니.

– 정지상, 〈송인〉

(다) 어제 영명사를 지나다가

　　잠시 부벽루에 올랐어라.

　　성은 비었는데 달은 한 조각이요,

　　돌은 늙었는데 구름은 천추로다.

　　기린마는 가서 돌아오지 않고,

　　천손은 어느 곳에 노니는고.

　　길게 휘파람 불고 바람 부는 언덕에 서니,

　　산은 푸르고 강은 저대로 흐르더라.

– 이색, 〈부벽루〉

01 (가)에 대한 설명으로 적절하지 않은 것은?

① 경기체가의 효시가 되는 작품이다.

② 반복을 통해 리듬감을 형성하고 있다.

③ 화자의 현학적인 태도를 엿볼 수 있다.

④ 화자의 정서를 역설적으로 표현하고 있다.

02 (가)의 <제1장>, <제2장>과 관련이 없는 표현법은?

① 설의법

② 열거법

③ 영탄법

④ 연쇄법

(나) 정지상, 〈송인〉

갈래	한시, 7언 절구
성격	서정적, 애상적
제재	임과의 이별
주제	이별의 슬픔
특징	① 시적인 이미지를 선명하게 제시하고 함축적인 언어를 사용함. ② 도치법, 과장법, 설의법을 사용하였으며, 인간사와 자연사를 대비시켜 주제를 효과적으로 드러냄.
의의	우리나라 한시 중 이별가의 백미(白眉)
연대	고려 인종(12세기)
출전	『동문선』

(다) 이색, 〈부벽루〉

갈래	한시, 5언 율시
성격	회고적, 애상적
제재	부벽루 주변의 풍경과 감상
주제	지난 역사의 회고와 고려 국운(國運) 회복의 소망
특징	① 시간의 흐름을 시각적으로 표현함. ② 자연의 영원함과 인간 역사의 유한함을 대조하여 표현함.
연대	고려 말
출전	『목은집』

01

(가)에 화자의 정서를 역설적으로 표현한 부분은 없다.

오답체크

① 최초의 경기체가 작품이므로, 경기체가의 효시가 되는 작품이라는 설명은 옳다.

② "위 ~ 경(景) 긔 엇더ᄒ니잇고."를 반복하여 리듬감을 형성하고 있다.

③ 제1장(문장)과 제2장(서적)에서 학식을 과시하고 뽐내고 있으므로 '현학적인 태도'가 드러난다.

02

제1장에서는 '문인들의 명문장(시부)'을, 제2장에서는 '문인들의 명저(서적)'를 나열하고 있을 뿐, 'A는 B, B는 C ……'와 같은 '연쇄법'은 나타나지 않는다.

오답체크

①, ③ "위 ~ 경(景) 긔 엇더ᄒ니잇고."는 '아! ~ 모습이 어떠합니까?(멋지지요?)'라는 의미이다. 따라서 '영탄법'과 '설의법'을 확인할 수 있다.

② 제1장에서는 '문인들의 명문장(시부)'을, 제2장에서는 '문인들의 명저(서적)'를 열거하고 있다.

[정답]

01 ④　02 ④

03

작품의 내적 요소인 표현법 중 '대조법'을 통해 이별의 슬픔을 더 짙게 하고 있다고 감상하고 있다. 따라서 작품의 내적인 요소로만 작품을 감상하는 '내재적 관점'에서 감상한 것이다.

오답체크

① '독자' 자신의 입장에서 작품을 감상하고 있기 때문에, 내재적 관점에서 감상한 것이 아닌 외재적 관점(효용론)에 해당한다.

③ 당시의 '시대적 상황'과 관련해서 작품을 감상하고 있기 때문에, 내재적 관점에서 감상한 것이 아닌 외재적 관점(반영론)에 해당한다.

④ 작품 외적인 요인인 '다른 문헌에 수록된 점'을 들어 작품을 평가하고 있기 때문에, 내재적 관점에서 감상한 것이 아닌 외재적 관점으로 '반영론'에 가깝다.

04

혼자 묻고 혼자 답하는 '자문자답'의 방식은 쓰이지 않았다. '천손은 어느 곳에 노니는고.(가버려서 여기에 없다.)'는 설의적인 표현이다.

오답체크

① "어제 영명사를 지나다가 / 잠시 부벽루에 올랐어라. / 성은 비었는데 달은 한 조각이요, / 돌은 늙었는데 구름은 천추로다."를 볼 때, 화자의 위치가 '부벽루'임을 알 수 있다.

② 1~4구에서는 경치를, 5~8구에서는 정서를 드러내고 있다.

④ "돌은 늙었는데 구름은 천추(천년의 가을)로다."에서 시간의 흐름을 시각적으로 표현하여 삶의 무상감(영원한 것은 없음. 모두 사라짐.)을 간접적으로 드러내고 있다.

03 (나)를 '내재적 관점'으로 감상한 사람은?

① 갑: 4구에서 사용된 과장적인 표현이 나의 가슴에 가장 와 닿았어.

② 을: 1구에서는 봄날의 싱그러움이 이별의 슬픔을 더 짙게 만들어 주고 있어.

③ 병: 제목의 의미와 시적 공간을 연결해 볼 때, 당시 많은 사람들이 대동강 주변에서 이별했던 것 같아.

④ 정: 《파한집》, 《동문선》 같은 여러 문헌에 수록되어 있는데, 그것은 문학성이 높은 작품으로 평가되었기 때문이겠군.

04 (다)에 대한 설명으로 가장 적절하지 않은 것은?

① 화자의 위치가 구체적으로 드러나 있다.

② 선경후정의 방식으로 시상을 전개하고 있다.

③ 자문자답의 방식으로 주제 의식을 드러내고 있다.

④ 시각적 이미지를 통해 삶의 무상감을 드러내고 있다.

[정답]

03 ② 04 ③

2 시조 1

[05~08] 다음 글을 읽고 물음에 답하시오.

(가) 십 년(十年)을 경영(經營)ᄒ여 초려 삼간(草廬三間) 지여 내니
　　나 ᄒ 간 ᄃᆞᆯ ᄒ 간에 청풍(清風) ᄒ 간 맛져 두고
　　강산(江山)은 들일 ᄃᆡ 업스니 둘러 두고 보리라.

　　　　　　　　　　　　　　　　　　　　　　　　　－ 송순

(나) 말 업슨 청산(青山)이오 태(態) 업슨 유수(流水)로다
　　갑 업슨 청풍(清風)이오 님ᄌ 업슨 명월(明月)이로다
　　이 즁에 병(病) 업슨 이 몸이 분별(分別) 업시 늘그리라.

　　　　　　　　　　　　　　　　　　　　　　　　　－ 성혼

(다) 동지(冬至)ㅅ ᄃᆞᆯ 기나긴 밤을 한 허리를 버혀 내여
　　춘풍(春風) 니불 아레 서리서리 너헛다가
　　어론 님 오신 날 밤이여든 구뷔구뷔 펴리라.

　　　　　　　　　　　　　　　　　　　　　　　　　－ 황진이

(라) 묏버들 갈히 것거 보내노라 님의손ᄃᆡ
　　자시ᄂᆞᆫ 창(窓) 밧긔 심거 두고 보쇼셔.
　　밤비에 새 닙곳 나거든 날인가도 너기쇼셔.

　　　　　　　　　　　　　　　　　　　　　　　　　－ 홍랑

---

05 (가)에 드러난 화자의 태도로만 묶은 것은?

> **보기**
>
> ㉠ 안빈낙도(安貧樂道)　　　　㉡ 전전불매(輾轉不寐)
>
> ㉢ 안분지족(安分知足)　　　　㉣ 수구초심(首丘初心)

① ㉠, ㉡　　　　　　　　　　② ㉠, ㉢

③ ㉡, ㉣　　　　　　　　　　④ ㉢, ㉣

---

06 (나)에 대한 설명으로 가장 적절하지 않은 것은?

① 자연물에 인격을 부여하고 있다.

② 시간의 변화에 따라 시상을 전개하고 있다.

③ 화자의 탈속적, 자연 친화적 태도가 나타난다.

④ 초장과 중장에 유사한 통사 구조가 반복되고 있다.

05

(가)의 화자는 자연에 묻혀서 살면서, 자신의 삶에 만족하고 있다. 따라서 화자의 태도로 현재의 상황에 만족한다는 의미인 ㉠의 '안빈낙도(安貧樂道)'와 ㉢의 '안분지족(安分知足)'이 어울린다.

오답체크

㉡ 자연에 묻혀서 사는 것을 즐거워하기 때문에, 잠을 이루지 못한다는 의미의 '전전불매(輾轉不寐)'는 어울리지 않는다.

㉣ 고향을 그리워하는 상황은 아니기 때문에, 고향을 그리워 한다는 의미인 '수구초심(首丘初心)'은 어울리지 않는다.

06

(나)에서 시간의 변화는 나타나지 않는다.

오답체크

① 자연물인 '청산(青山)'에 인격을 부여하여 "말이 없다"라고 표현하고 있다.

③ 화자는 속세를 떠나 자연에 묻혀 살고 싶어 한다. 따라서 탈속적, 자연 친화적 태도가 나타난다는 설명은 옳다.

④ 초장과 중장에서 "~ 업슨 ~이오 ~ 업슨 ~로다"가 반복되고 있다.

[정답]

05 ②　06 ②

07

눈에 보이지 않는, 추상적인 대상인 '시간'을 구체적인 사물처럼 잘라서 보관한다고 표현하고 있다. 마찬가지로 ④도 눈에 보이지 않는, 추상적인 대상인 '흥(興)'을 구체적인 사물처럼 '전나귀(다리를 저는 나귀)에 싣는다'라고 표현하고 있다.

오답체크

① '사랑'과 '이별'은 서로 상반되는 시어인데, '사랑'을 위해서 '이별'이 있어야 한다고 표현하고 있다. 표면적으로 모순되는 표현처럼 보이지만, 진실이 담겨 있기에 '역설법'이 나타난 경우이다.
② 내가 그대를 생각하는 일이 결코 '사소한 일'이 아님에도 '사소한 일'이라고 표현하고 있다. 따라서 '반어법'이 나타난 경우이다.
③ 청각적 이미지인 '피아노 소리'를 눈에 보이는 '시각적 이미지(물고기)'로 표현하고 있다. 따라서 공감각적(청각의 시각화) 이미지가 쓰인 경우이다.

현대어 풀이

④ 전원에 남은 흥을 다리 저는 나귀에 모두 싣고, 계곡을 낀 산속 익숙한 길로 흥겨워하며 돌아와서, 아이야, 거문고와 서책을 준비하여라. (오늘 하루의 / 내 평생의) 남은 시간을 보내리라.

08

(다)는 임을 기다리는 애타는 마음을 드러내었고, (라)는 임에게 보내는 사랑의 감정(골라 꺾은 산의 버들가지, 화자의 분신)을 통해 그리움을 드러내고 있다. 따라서 두 화자 모두 임을 그리워하고 있다는 공통점이 있다.

오답체크

① 임을 예찬(칭찬)한 내용은 나와 있지 않다.
③ (다)와 (라)의 두 화자 모두 이미 이별을 한 상황이다.
④ (다)는 임과의 재회를 가정하고 있지만, (라)에는 재회와 관련한 언급이 나타나지 않는다.

07 **(다)에 사용된 표현법이 나타난 것은?**

① 우리들의 사랑을 위하여서는

이별이, 이별이 있어야 하네.

– 서정주, 〈견우의 노래〉

② 내 그대를 생각함은 항상 그대가 앉아 있는 배경에서 해가 지고 바람이 부는 일처럼 사소한 일일 것이나

– 황동규, 〈즐거운 편지〉

③ 피아노에 앉은 / 여자의 두 손에서는 / 끊임없이

열 마리씩 / 스무 마리씩 / 신선한 물고기가 / 튀는 빛의 꼬리를 물고 / 쏟아진다

– 전봉건, 〈피아노〉

④ 전원(田園)에 나믄 흥(興)을 전나귀에 모도 싯고

계산(溪山) 니근 길로 흥치며 도라와서

아히 금서(琴書)를 다스려라 나믄 히를 보내리라.

– 김천택

08 **(다)와 (라)의 화자의 공통점으로 가장 적절한 것은?**

① 임을 예찬하고 있다.

② 임을 그리워하고 있다.

③ 임과의 이별을 거부하고 있다.

④ 임과의 재회를 확신하고 있다.

[정답]

07 ④   08 ②

③ 시조 2

[09~12] 다음 글을 읽고 물음에 답하시오.

(가) ㉠두터비 ㉡포리를 물고 두험 우희 치도라 안자
　㉢것넌 산(山) 브라보니 ㉣백송골(白松骨)이 써 잇거늘 가슴이 금즉ᄒ여 풀떡
쒸여 내둣다가 두험 아래 쟛바지거고
　모쳐라 ᄂᆞᆲ낸 낼싀만졍 에헐질 번ᄒ괘라.
- 작자 미상

(나) 님이 오마 ᄒ거늘 져녁 밥을 일 지어 먹고
　중문(中門) 나서 대문(大門) 나가 지방(地方) 우희 치도라 안자 이수(以手)로 가
액(加額)ᄒ고 오ᄂᆞᆫ가 가ᄂᆞᆫ가 건넌 산(山) 브라보니 거머횟들 셔 잇거늘 져야 님
이로다 보션 버서 품에 품고 신 버서 손에 쥐고 곰븨 님븨 님븨 곰븨 쳔방 지방
지방 쳔방 즌 듸 ᄆᆞ른 듸 골희지 말고 워렁충창 건너가셔 졍(情)엣말 ᄒ려 ᄒ
고 겻눈을 흘긧 보니 샹년(上年) 칠월(七月) 사흔날 ᄀᆞᆯ가 벅긴 주추리 삼대 술
드리도 날 소겨거다
　모쳐라 밤일싀망졍 ᄒᆡᆼ혀 낫이런들 ᄂᆞᆷ 우일 번ᄒ괘라.
- 작자 미상

(다) 릭일(來日)이 또 업스랴 봄밤이 몃 딜 새리 / 빅 브텨라 빅 브텨라
　낛대로 막대 삼고 싀비(柴扉)를 ᄎᆞ자 보자
　지국총(至菊悤) 지국총(至菊悤) 어ᄉᆞ와(於思臥)
　어부(漁父)의 싱애(生涯)는 이렁구러 디낼로다　　　　　〈춘사(春詞) 10〉

　마람닙회 브람 나니 봉창(蓬窓)이 서늘코야 / 돋 ᄃᆞ라라 돋 ᄃᆞ라라
　녀름 브람 뎡홀소냐 가ᄂᆞᆫ 대로 빅 시겨라
　지국총(至菊悤) 지국총(至菊悤) 어ᄉᆞ와(於思臥)
　북포(北布) 남강(南崗)이 어ᄃᆡ 아니 됴흘리니　　　　　〈하사(夏詞) 3〉

　믈외(物外)예 조흔 일이 어부(漁父) 싱애(生涯) 아니러냐 / 빅 떠라 빅 떠라
　어옹(漁翁)을 욷디 마라 그림마다 그렷더라
　지국총(至菊悤) 지국총(至菊悤) 어ᄉᆞ와(於思臥)
　ᄉᆞ시(四時) 흥(興)이 ᄒᆞᆫ가지나 츄강(秋江)이 읃듬이라　　　〈추사(秋詞) 1〉

　간밤의 눈 갠 후(後)의 경믈(景物)이 달랃고야 / 이어라 이어라
　압희ᄂᆞᆫ 만경류리(萬頃琉璃) 뒤희ᄂᆞᆫ 쳔텹옥산(千疊玉山)
　지국총(至菊悤) 지국총(至菊悤) 어ᄉᆞ와(於思臥)
　선계(仙界)ㄴ가 불계(佛界)ㄴ가, 인간(人間)이 아니로다　　　〈동사(冬詞) 4〉
- 윤선도, 〈어부사시사(漁父四時詞)〉

현대어 풀이

(가) 두꺼비가 파리를 물고 두엄(똥) 위에 뛰어올라가 앉아서.

건너편 산을 바라보니 흰 송골매가 떠 있거늘, 가슴이 섬뜩하여 펄쩍 뛰어 내닫다가 두엄 아래 자빠졌구나.

"(아하!) 때마침 날쌘 나였기에 망정이지 하마터면 다쳐서 피멍이 들 뻔했구나."

(나) 임이 오겠다고 하기에 저녁밥을 일찍 지어 먹고,

중문을 나서서 대문으로 나가 문지방 위에 달려 가 앉아서, 손을 이마에 대고 임이 오는가 하여 건너편 산을 바라보니, 거무희끗한 것이 서 있기에 저것이 틀림없는 임이로구나. 버선을 벗어 품에 품고 신을 벗어 손에 쥐고, 엎치락뒤치락 허둥거리며 진 곳 마른 곳 가리지 않고 우당탕탕 건너 가서, 정겨운 말을 하려고 곁눈으로 흘깃 보니, 작년 칠월 사흗날 껍질을 벗긴 주추리 삼대(씨를 받느라고 그냥 밭머리에 세워 둔 삼의 줄기)가 알뜰히도(얄밉게도, 반어) 나를 속였구나.

마침 밤이기에 망정이지 행여 낮이었다면 남들을 웃길 뻔했구나.

(다) 내일이 또 없으랴 봄밤이 얼마나 더 되랴 / 배 붙여라 배 붙여라

낚싯대로 지팡이 삼고 사립문을 찾아보자

지국총 지국총 어사와〈찌꺼덩 찌꺼덩 어영차, 의성어〉

두어라! 어부의 생애는 이럭저럭 지내노라
〈춘사(春詞) 10〉

마름잎에 바람 부니 봉창이 서늘하구나 / 돛 달아라 돛 달아라

여름바람 고요할쏘냐 가는 대로 배 두어라

지국총 지국총 어사와

아이야! 북포남강(北浦南江)이 어디 아니 좋을러니!
〈하사(夏詞) 3〉

물외(物外)에 맑은 일이 어부 생애 아니더냐 / 배 띄워라 배 띄워라

어옹(漁翁, 어부)을 (비)웃지 마라 그림마다 그렸더라(모든 그림에 어부가 있다)

지국총 지국총 어사와

사계절 흥이 한가지나 추강(秋江)이 으뜸이라
〈추사(秋詞) 1〉

간밤에 눈 갠 후에 경치가 달라졌구나! / 노 저어라 노 저어라

앞에는 만경유리(萬頃琉璃) 뒤에는 천첩옥산(千疊玉山)

지국총 지국총 어사와

이것이 선계(仙界) 불계(佛界)인가 인간 세상이 아니로다!
〈동사(冬詞) 4〉

PART 2

해커스공무원 해원국어 적중 요신의 필수적 문학

(라) 이런들 어떠하며 저런들 어떠하겠는가? / 시골에 파묻혀 사는 어리석은 사람이 이렇다고 어떠하겠는가? / 하물며 자연을 끔찍이도 사랑하는 이 병을 고쳐서 무엇하겠는가?
〈제1곡: 언지(言志) 1〉

그 당시에 학문에 뜻을 세우고 행하던 길을 몇 해나 버려두고서 / 어디에 가서 다니다가 이제서야 돌아왔는가? / 이제라도 돌아왔으니 다른 곳에다 마음을 두지 않으리라(학문에의 의지).
〈제10곡: 언학(言學) 4〉

청산은 어찌하여 항상 푸르며, / 흐르는 물은 또 어찌하여 밤낮으로 그치지를 아니하는가? / 우리도 저 물과 같이 그치지 말아서 영원히 높고 푸르게 살아가리라(학문에의 의지).
〈제11곡: 언학(言學) 5〉

(라) 이런들 엇더ᄒ며 뎌런들 엇더ᄒ료

　초야 우생(草野愚生)이 이러타 엇더ᄒ료 ᄒ믈며 ⓜ <u>천석고황(泉石膏肓)</u>을 고텨 므슴ᄒ료
〈제1곡: 언지(言志) 1〉

　당시(當時)에 녀든 길흘 몃 히를 버려 두고
　어듸 가 ᄃ니다가 이제야 도라온고
　이제야 도라오나니 년 듸 ᄆ음 마로리
〈제10곡: 언학(言學) 4〉

　청산(靑山)은 엇졔ᄒ여 만고(萬古)애 프르르며,
　유수(流水)는 엇졔ᄒ여 주야(晝夜)애 긋지 아니ᄂ고
　우리도 그치지 마라 만고상청(萬古常靑) ᄒ리라
〈제11곡: 언학(言學) 5〉

－ 이황, 〈도산십이곡〉

09

(가)와 (나) 모두 자연을 이상적인 공간으로 다루고 있지 않다.

오답체크

①, ② (가)는 '탐관오리의 횡포'가 심한 사회 현실을 반영하고 있으며 이에 대한 비판과 풍자가 드러난다.

④ 사설시조는 중장이나 종장이 '평시조'보다 길어진 것이 특징인데, (가)와 (나) 모두에서 길어진 '중장'을 확인할 수 있다.

09 **(가)와 (나)를 통해 알 수 있는 '사설시조'의 특성이 아닌 것은?**

① 당시의 사회 현실을 반영하고 있다.

② 세태에 대한 비판과 풍자가 드러난다.

③ 자연을 이상적인 공간으로 다루고 있다.

④ 형식적인 면에서 평시조의 정형성에서 탈피했다.

10

ⓒ은 '백송골(흰 송골매, 더 높은 권력자, 외세)'이 떠 있는 곳이므로, 중앙 관청이나 외세가 있는 곳 등을 의미한다. 따라서 '백성들의 임시적인 도피처'로 보는 것은 적절하지 않다.

10 **〈보기〉를 참고할 때, (가)의 ㉠~㉣의 의미로 적절하지 않은 것은?**

보기

(가)는 조선 후기 타락한 지배층의 실상을 비판한 시조이다.

① ㉠: 고을의 탐관오리나 지방 수령

② ㉡: 관리에게 수탈당하는 힘없는 백성들

③ ㉢: 백성들의 임시적인 도피처

④ ㉣: 상부의 중앙 관리 혹은 외세

[정답]

09 ③　10 ③

11 (다)에 대한 설명으로 옳지 않은 것은?

① 여음구는 시상의 흐름과 독립적이다.

② 춘하추동 네 계절을 읊은 연시조이다.

③ 계절마다 어촌의 아름다움이 드러난다.

④ 유유자적한 생활의 즐거움이 드러난다.

12 (라)의 ◎과 의미가 유사한 말은?

① 연하고질(煙霞痼疾)

② 표리부동(表裏不同)

③ 선남선녀(善男善女)

④ 각주구검(刻舟求劍)

11
여음구 '지국총(至菊悤) 지국총(至菊悤) 어스와(於思臥)'는 노 젓는 소리를 의성어로 표현한 것이다. 따라서 시상의 흐름과 독립적이라는 설명은 옳지 않다.

오답체크
②, ③ '사시(四時)', 곧 '사계절'마다 어촌 마을의 아름다움을 노래한 연시조이다.
④ 자연에서 어부 생활을 하면서 유유자적 하는 심정을 드러내고 있다.

12
◎은 자연을 사랑하고 즐긴다는 의미이다. 이와 의미가 유사한 것은 '산수를 좋아하는 마음이 고질병이 되었다'는 의미인 ①의 '연하고질(煙霞痼疾)'이다.

오답체크
② 표리부동(表裏不同): 겉으로 드러나는 언행과 속으로 가지는 생각이 다름.
③ 선남선녀(善男善女): 성품이 착한 남자와 여자란 뜻으로, 착하고 어진 사람들을 이르는 말 / 곱게 단장을 한 남자와 여자를 이르는 말 / 불법에 귀의한 남자와 여자를 이르는 말
④ 각주구검(刻舟求劍): 융통성 없이 현실에 맞지 않는 낡은 생각을 고집하는 어리석음을 이르는 말. 초나라 사람이 배에서 칼을 물속에 떨어뜨리고 그 위치를 뱃전에 표시하였다가 나중에 배가 움직인 것을 생각하지 않고 칼을 찾았다는 데서 유래함.

[정답]

11 ①　12 ①

① 가사 1

[01~04] 다음 글을 읽고 물음에 답하시오.

(가) 이바 니웃드라 산수(山水) 구경 가쟈스라. 답청(踏靑)으란 오늘 ᄒ고, 욕기(浴沂)란 내일(來日) ᄒ새. 아춤에 채산(採山)ᄒ고, 나조히 조수(釣水)ᄒ새.
ᄀᆞᆺ 괴여 닉은 술을 갈건(葛巾)으로 밧타 노코, 곳나모 가지 것거 수 노코 먹으리라. 화풍(和風)이 건듯 부러 녹수(綠水)를 건너오니, ㉠청향(淸香)은 잔에 지고 낙홍(落紅)은 옷새 진다. 준중(樽中)이 뷔엿거든 날드려 알외여라. 소동(小童) 아히드려 酒家(주가)에 술을 믈어, 얼운은 막대 집고 아히는 술을 메고, 미음완보(微吟緩步)ᄒ야 시냇ᄀᆞ의 호자 안자, 명사(明沙) 조흔 믈에 잔 시어 부어 들고, 청류(淸流)를 굽어보니, 써오ᄂᆞ니 桃花(도화)ㅣ로다. 무릉(武陵)이 갓갑도다, 져 ᄆᆡ이 긘 거이고. …〈중략〉…
공명(功名)도 날 꾀우고 부귀(富貴)도 날 꾀우니, 청풍명월(淸風明月) 외(外)예 엇던 벗이 잇ᄉᆞ올고. ㉡단표누항(簞瓢陋巷)에 훗튼 혜음 아니 ᄒᆞ닉. 아모타 백 년행락(百年行樂)이 이만ᄒᆞᆫ들 엇지ᄒᆞ리.

— 정극인, 〈상춘곡(賞春曲)〉

(나) 노픈 듯 ᄂᆞ즌 듯 긋는 듯 닛는 듯 숨거니 뵈거니 가거니 머믈거니 이츠러온 가온듸 일흠 ᄂᆞᆫ 양ᄒ야 하늘도 젓치 아녀 웃득이 셧는 거시 추월산(秋月山) 머리 짓고 용귀산(龍歸山) 봉선산(鳳旋山) 불대산(佛臺山) 어등산(漁燈山) 용진산(涌珍山) 금성산(錦城山)이 허공(虛空)의 버러거든 원근(遠近) 창애(蒼崖)의 머믄 것도 하도 할샤. …〈중략〉…
인간(人間)을 써나와도 내 몸이 겨를 업다. 니것도 보려 ᄒ고 져것도 드려려코 ᄇᆞ람도 혀려 ᄒ고 ᄃᆞᆯ도 마즈려코 밤으란 언제 줍고 고기란 언제 낙고 시비(柴扉)란 뉘 다드며 딘 곳츠란 뉘 쓸려뇨. 아춤이 낫브거니 나조히라 슬흘소냐. 오ᄂᆞ리 부족(不足)커니 내일(來日)리라 유여(有餘)ᄒ랴. 이 뫼히 안자 보고 져 뫼히 거러 보니 번로(煩勞)ᄒᆞᆫ ᄆᆞᄋᆞᆷ의 ᄇᆞ릴 일리 아조 업다. 쉴 사이 업거든 길히나 젼ᄒᆞ리야. 다만 ᄒᆞᆫ 청려장(靑藜杖)이 다 므듸여 가노미라. …〈중략〉…
강산풍월(江山風月) 거ᄂᆞ리고 내 백 년(百年)을 다 누리면 악양루상(岳陽樓上)의 이태백(李太白)이 사라 오다. 호탕 정회(浩蕩情懷)야 이에서 더ᄒᆞᆯ소냐. 이 몸이 이렁 굼도 역군은(亦君恩)이샷다.

— 송순, 〈면앙정가(俛仰亭歌)〉

현대어 풀이

(가) 여보시오. 이웃 사람들아, 산수 구경 가자구나. 풀 밟기(소풍)는 오늘 하고 목욕은 내일 하세. 아침에 산나물 캐고, 저녁에는 낚시질 하세.

막 익은 술을 두건으로 걸러 놓고 꽃나무 가지 꺾어 수놓고 먹으리라. 따뜻한 바람이 문득 불어 푸른 물을 건너오니, 맑은 향기는 잔에 지고, 떨어지는 꽃잎은 옷에 진다. 술독이 비었거든 나에게 알리어라. 어린아이에게 술집에 술이 있는지 없는지를 물어, 어른은 막대 집고 아이는 술을 메고, 나직이 시를 읊조리며 천천히 걸어서 시냇가에 혼자 앉아, 깨끗한 모래 위를 흐르는 맑은 물에 잔 씻어 (술) 부어 들고 맑은 물을 굽어 보니 떠내려 오는 것이 복숭아꽃이로구나. 무릉도원이 가깝도다. 아마도 저 들이 그것인 것이고, …〈중략〉…

공명도 날 꺼리고, 부귀도 날 꺼리니, 청량한 바람과 밝은 달 이외에 어떤 벗이 있겠느냐. 청빈한 선비의 살림에 헛된 생각 아니하네. 아무튼 한 평생 즐겁게 지내는 일이 이만하면 어떠한가.

(나) 높은 듯 낮은 듯, 끊어지는 듯 이어지는 듯 숨거니 보이거니, 가거니 머물거니 어지러운 가운데 유명한 척하며 하늘도 두려워하지 않고 우뚝이 서 있는 것이 추월산이 머리를 이루고 용구산, 봉선산, 불대산, 어등산 용진산, 금성산이 허공에 걸려 있거든 멀리 가까이에 있는 푸른 절벽에 머문 것도 많기도 많구나. …〈중략〉…

속세를 떠나와도 내 몸이 한가로울 겨를이 없다. 이것도 보려하고 저것도 들으려 하고 바람도 쐬려 하고 달도 맞으려 하고 밤은 언제 줍고 고기는 언제 낚고 사립문은 누가 닫으며 진 꽃은 누가 쓸 것인가? 아침이 바쁘거니 저녁이라 싫을쏘냐. 오늘이 부족하니 내일이라고 넉넉하랴. 이 산에 앉아보고 저 산에 걸어 보니 번거로운 마음이지만 버릴 것이 전혀 없다. 쉴 사이 없는데 길이나 전할까. 다만 하나의 지팡이가 다 무디어 가는구나. …〈중략〉…

강산풍월 거느리고 내 평생을 다 누리면 악양루 위의 이태백이 살아온다 한들 넓고 끝없는 정다운 회포야 이보다 더할쏘냐. 이 몸이 이렇게 지내는 것도 역시 임금의 은혜로다.

(다)　산듕(山中)을 미양 보랴 동히(東海)로 가쟈스라. 남여 완보(籃輿緩步)ᄒᆞ야 산영누(山映樓)의 올나ᄒᆞ니, ㉢ 녕농(玲瓏) 벽계(碧溪)와 수성(數聲) 뎨됴(啼鳥)ᄂᆞᆫ 니별(離別)을 원(怨)ᄒᆞᄂᆞᆫ 듯, 졍긔(旌旗)를 썰티니 오ᄉᆡᆨ(五色)이 넘노ᄂᆞᆫ 듯, 고각(鼓角)을 섯부니 히운(海雲)이 다 것ᄂᆞᆫ 듯. 명사(鳴沙)길 니근 ᄆᆞᆯ이 취션(醉仙)을 빗기 시러, 바다ᄒᆞᆯ 겻틱 두고 히당화(海棠花)로 드러가니, 빅구(白鷗)야 ᄂᆞ디 마라 네 버딘 줄 엇디 아ᄂᆞᆫ.

　　　　　　　　　　　　　　　－ 정철, 〈관동별곡(關東別曲)〉

01 (가)의 ㉠에 사용한 이미지와 가장 거리가 먼 것은?

① 삼월(三月)달 바다가 꽃이 피지 않아서 서글픈
　나비 허리에 새파란 초승달이 시리다.　　　　　－ 김기림, 〈바다와 나비〉

② 아버지의 침상 없는 최후의 밤은
　풀벌레 소리 가득 차 있었다.　　　　－ 이용악, 〈풀벌레 소리 가득 차 있었다〉

③ 나는 한 마리 어린 짐승
　젊은 아버지의 서느런 옷자락에
　열(熱)로 상기한 볼을 말없이 부비는 것이었다.　　　　－ 김종길, 〈성탄제〉

④ 얼룩백이 황소가 / 해설피 금빛 게으른 울음을 우는 곳
　　― 그곳이 차마 꿈엔들 잊힐 리야.　　　　－ 정지용, 〈향수〉

02 (가)의 ㉡에 나타난 화자의 생활 태도와 가장 유사한 것은?

① 강호(江湖)에 봄이 드니 미친 흥(興)이 절로 난다
　탁료계변(濁醪溪邊)에 금린어(錦鱗魚) 안주로다
　이 몸이 한가하옴도 역군은(亦君恩)이샷다　　　　－ 맹사성, 〈강호사시가(江湖四時歌)〉

② 백설(白雪)이 ᄌᆞ자진 골에 구루미 머흐레라.
　반가온 매화(梅花)ᄂᆞᆫ 어닉 곳에 피엿ᄂᆞᆫ고.
　석양(夕陽)에 홀로 셔 이셔 갈 곳 몰라 ᄒᆞ노라.　　　　－ 이색

③ 묏버들 갈히 것거 보내노라 님의손딕
　자시ᄂᆞᆫ 창(窓) 밧긔 심거 두고 보쇼셔.
　밤비예 새 닙곳 나거든 날인가도 너기쇼셔.　　　　－ 홍랑

④ 보리밥 풋ᄂᆞ물을 알마초 머근 후(後)에
　바횟긋 믉ᄀᆞ의 슬ᄏᆞ지 노니노라.
　그 나믄 너나믄 일이야 부ᄅᆞᆯ 줄이 이시랴.　　　　－ 윤선도, 〈만흥〉

(다)　(내금강) 산중의 경치만 매양 보겠는가? 이제는 동해로 가자꾸나. 남여(뚜껑이 열리는 가마)를 타고 천천히 걸어서 산영루에 오르니, 눈부시게 반짝이는 푸른 시냇물과 여러 가지 소리로 우짖는 새는 나와의 이별을 원망하는 듯하고, 깃발을 휘날리며 오색 기폭이 넘나들며 노니는 듯, 북과 피리를 섞어 부니 바다의 구름이 모두 걷히는 듯하도다. (밟을 때마다 소리를 내는) 모랫길에 익숙한 말이 취한 신선을 비스듬히 실어 바다를 곁에 두고 해당화 핀 꽃밭으로 들어가니, 백구야 날지 마라, 내가 너의 벗인 줄 어찌 아느냐?

01
㉠은 '향(후각적 이미지)'을 시각적(진다)으로 표현하고 있다. 따라서 공감각적 이미지가 나타난다. 그런데 ③에는 촉각적 이미지만 나타날 뿐, 감각의 전이는 나타나지 않는다.

오답체크
① 시각의 촉각화(초승달이 시리다.)가 나타난다.
② 청각의 시각화(소리가 가득하다.)가 나타난다.
④ 청각의 시각화(금빛 울음. 울음이 금빛이다.)가 나타난다.

02
㉡에는 간소한 음식과 누추한 거처(단표누항)에서도 부귀나 공명 같은 잡스러운 생각(훗튼 혜음)을 갖지 않고 안빈낙도(安貧樂道)하는 화자의 생활 태도가 잘 드러난다. ④에서도 소박하고 보잘것없는 음식을 먹으면서도 그 남은 다른 일은 부러워하지 않는다는 안빈낙도의 생활 태도가 드러난다.

오답체크
① 봄철 자연에서의 한가로운 생활을 노래하며 임금님의 은혜를 예찬하고 있다.
② 고려의 국운 쇠퇴에 대한 한탄과 우국충정을 노래하고 있다.
③ 임에게 보내는 사랑을 노래하고 있다.

현대어 풀이
① 강호에 봄이 찾아오니 깊은 흥이 절로 난다.
　막걸리를 마시며 노는 시냇가에 물고기가 안주로다.
　이 몸이 이렇듯 한가롭게 지내는 것도 역시 임금님의 은혜이시다.
② 흰 눈이 잦아진 골짜기에 구름이 험하다.
　반가운 매화는 어느 곳에 피었는가?
　석양에 홀로 서서 갈 곳을 모르겠구나.
③ 산에 있는 버들을 예쁜 것으로 골라 꺾어 보내노라 임에게.
　주무시는 방의 창문 밖에 심어 놓고 보소서.
　밤비에 새잎이 나면 마치 나를 본 것처럼 여기소서.
④ 보리밥과 풋나물을 알맞게 먹은 후에
　바위 끝이나 물가에서 실컷 노니노라
　그 밖에 다른 일이야 부러워할 까닭이 있으랴.

[정답]
01 ③　02 ④

03

(나)에서 묻고 답하는 '문답법'을 활용하지
는 않았다.

오답체크

① "노픈 둣 느즌 둣 긋는 둣 닛는 둣 숨
거니 뵈거니 가거니 머믈거니"에서 대
구와 열거를 확인할 수 있다. 또 운율감
도 느껴진다.
② "아츰이 낫브거니 나조히라 슬흘소냐.
오놀리 부족(不足)커니 내일(來日)리라
유여(有餘)ᄒ랴."에서 설의법이 쓰였다.
③ "강산풍월(江山風月) 거놀리고 내 백 년
(百年)을 다 누리면 악양루샹(岳陽樓上)
의 이태백(李太白)이 사라 오다. 호탕 정
회(浩蕩情懷)야 이에서 더홀소냐."에서
이태백과 화자 자신을 비교하고 있다.

04

금강산을 떠나기 아쉬운 심정을 자연물인
'푸른 시내'와 '새'에 주입하고 있으므로, ⓒ
에 사용된 표현법은 '감정 이입'이다. ①의
화자도 '접동새'에 감정을 이입하고 있다.

오답체크

② 임 없이 지내는 '외로움'을 노래하고 있
지만, '감정 이입'은 나타나지 않았다.
③ '안타까움'을 노래하고는 있지만, '감정
이입'은 나타나지 않았다.
④ 누이의 죽음의 '안타까움'과 종교적 승
화만 나타날 뿐, '감정 이입'은 나타나
지 않았다.

03 **(나)의 표현상 특징으로 가장 적절하지 않은 것은?**

① 대구와 열거를 통해 운율을 형성하고 있다.

② 설의법을 통해 화자의 심리를 강조하고 있다.

③ 비교법을 통해 화자의 자긍심을 드러내고 있다.

④ 문답법을 통해 의미 전달의 효과를 높이고 있다.

04 **(다)의 ⓒ에 사용된 표현법이 쓰인 것은?**

① 내 님믈 그리ᄉ와 우니다니

　산(山) 접동새 난 이슷ᄒ요이다.

　　　　　　　　　　　　　　　　　　　　　　　　　　- 정서, 〈정과정〉

② 정월(正月)ㅅ 나릿므른 아으 어져 녹져 ᄒ논ᄃᆡ

　누릿 가온ᄃᆡ 나곤 몸하 ᄒ올로 녈셔

　아으 동동(動動)다리

　　　　　　　　　　　　　　　　　　　　　　　　　　- 작자 미상, 〈동동(動動)〉

③ 임이여, 물을 건너지 마오.

　임은 그예 물을 건너시네.

　물에 빠져 돌아가시니,

　가신 임을 어이할꼬.

　　　　　　　　　　　　　　　　　　　　- 백수광부의 아내, 〈공무도하가(公無渡河歌)〉

④ ᄒᆞᄃᆞᆫ 가재 나고

　가논 곧 모ᄃᆞ온뎌

　아으 彌陀刹(미타찰)애 맛보올 내

　道(도) 닷가 기드리고다

　　　　　　　　　　　　　　　　　　　　　　　　　　- 월명사, 〈제망매가〉

[정답]

03 ④　04 ①

2 가사 2

[05~08] 다음 글을 읽고 물음에 답하시오.

(가) 건곤(乾坤)이 폐식(閉塞)ᄒ야 빅셜(白雪)이 ᄒ 빗친 제, 사름은ᄏ니와 놀새도 긋쳐 잇다. 쇼샹남반(瀟湘南畔)도 치오미 이러커든, 옥루(玉樓) 고쳐(高處)야 더옥 닐너 므슴ᄒ리. 양츈(陽春)을 부쳐 내여 님 겨신 ᄃ 쏘이고져. 모쳠(茅簷) 비쵠 히를 옥누(玉樓)의 올리고져. 홍샹(紅裳)을 니믜ᄎ고 취슈(翠袖)를 반(半)만 거더 일모슈듁(日暮脩竹)의 혬가림도 하도 할샤. 댜란 히 수이 디여 긴 밤을 고초 안자, 쳥등(靑燈) 거른 겻틔 뎐공후(鈿箜篌) 노하 두고, 꿈의나 님을 보려 틱 밧고 비겨시니, 앙금(鴛衾)도 ᄎ도 출샤 이 밤은 언제 샐고.

  ᄒ로도 열두 ᄣ ᄒ 돌도 셜흔 날 져근덧 싱각 마라 이 시름 닛쟈 ᄒ니, ᄆᄋ믜 믹쳐 이셔 골슈(骨髓)의 쎄텨시니, 편쟉(扁鵲)이 열히 오나 이 병을 엇디ᄒ리. 어와, 내 병이야 이 님의 타시로다. 출하리 싀어디여 범나븨 되오리라. 곳나모 가지마다 간 ᄃ 죡죡 안니다가 향 므든 놀애로 님의 오ᄉ 올므리라. 님이야 날인 줄 모ᄅ셔도 내 님 조ᄎ려 ᄒ노라.

— 정철, 〈사미인곡(思美人曲)〉

(나) 모쳠(茅簷) ᄎ 자리의 밤듕만 도라오니 반벽쳥등(半壁靑燈)은 눌 위ᄒ야 불갓ᄂ고. 오ᄅ며 ᄂ리며 헤쓰며 바니니 져근덧 녁진(力盡)ᄒ야 풋ᄌ을 잠간 드니 졍셩(精誠)이 지극ᄒ야 꿈의 님을 보니 옥(玉) ᄀ툰 얼구리 반(半)이나마 늘거셰라. ᄆᄋ믜 머근 말숨 슬ᄏ장 숣쟈 ᄒ니 눈믈이 바라 나니 말숨인들 어이ᄒ며 졍(情)을 못다 ᄒ야 목이조차 메여ᄒ니 오뎐된 ⓐ <u>계셩(鷄聲)</u>의 ᄌ믄 엇디 ᄭᄃᄯ던고.

  어와, 허ᄉ(虛事)로다. 이 님이 어ᄃ 간고. 결의 니러 안자 창(窓)을 열고 ᄇ라보니 어엿븐 그림재 날 조출 ᄯ이로다. 출하리 싀여디여 낙월(落月)이나 되야이셔 님 겨신 창(窓) 안히 번드시 비최리라.

  각시님 ᄃᆯ이야ᄏ니와 구즌비나 되쇼셔.

— 정철, 〈속미인곡(續美人曲)〉

현대어 풀이

(가) 천지가 겨울의 추위에 얼어 생기가 막혀, 흰 눈이 일색으로 덮여 있을 때에, 사람은 말할 것도 없거니와 날짐승의 날아감도 끊어져 있다. 소상강 남쪽 둔덕도 추위가 이와 같거늘, 하물며 북쪽 임 계신 곳이야 더욱 말해 무엇 하랴? 따뜻한 봄기운을 부치어 내어 임 계신 곳에 쐬게 하고 싶다. 초가집 처마에 비친 따뜻한 햇볕을 임 계신 궁궐에 올리고 싶다. 붉은 치마를 여미어 입고 푸른 소매를 반쯤 걷어 올려 해는 저물었는데 밋밋하고 길게 자란 대나무에 기대어서 이것저것 생각함이 많기도 많구나. 짧은 겨울 해가 이내 넘어가고 긴 밤을 꼿꼿이 앉아, 청사초롱을 걸어둔 옆에 자개로 수놓은 공후라는 악기를 놓아 두고, 꿈에서나 임을 보려 턱을 바치고 기대어 있으니, 원앙새를 수놓은 이불이 차기도 차구나. 이 밤은 언제나 샐꼬?

  하루도 열두 때, 한 달도 서른 날, 잠시라도 임 생각을 말아 가지고 이 시름을 잊으려 하여도 마음속에 맺혀 있어 뼛속까지 사무쳤으니, 편작과 같은 명의가 열 명이 오더라도 이 병을 어떻게 하랴. 아, 내 병이야 이 임의 탓이로다. 차라리 사라져 범나비가 되리라. 꽃나무 가지마다 간 데 족족 앉고 다니다가 향기가 묻은 날개로 임의 옷에 옮으리라. 임께서야 나인 줄 모르셔도 나는 임을 따르려 하노라.

(나) 초가집 찬 잠자리에 한밤중에 돌아오니, 벽 가운데 걸려 있는 등불은 누구를 위하여 밝은고? 산을 오르내리며 강가를 헤매며 시름없이 오락가락 하니, 잠깐 사이에 힘이 지쳐 풋잠을 잠깐 드니, 정성이 지극하여 꿈에 임을 보니, 옥과 같이 곱던 얼굴이 반 넘어 늙었구나. 마음속에 품은 생각을 실컷 사뢰려고 하였더니, 눈물이 쏟아지니 말인들 어찌 하며, 정회(情懷)도 못 다 풀어 목마저 메니, 방정맞은 닭소리에 잠은 어찌 깨었던고?

  아, 허황한 일이로다. 이 임이 어디 갔는고? 즉시 일어나 앉아 창문을 열고 밖을 바라보니, 가엾은 그림자만이 나를 따라 있을 뿐이로다. 차라리 사라져서(죽어서) 지는 달이나 되어서 임이 계신 창문 안에 환하게 비치리라.

  각시님, 달커녕 궂은비나 되십시오.

(다) 열다섯, 열여섯 살을 겨우 지나 타고난 아름다운 모습 저절로 나타나니, 이 얼굴 이 태도로 평생을 약속하였더니, 세월이 빨리 지나고 조물주마저 시기하여 봄바람 가을 물, 곧 세월이 베틀의 베올 사이에 북이 지나가듯 빨리 지나가 꽃같이 아름다운 얼굴 어디 두고 모습이 밉게도 되었구나. 내 얼굴을 내가 보고 알거니와 어느 임이 나를 사랑할 것인가? 스스로 부끄러워하니 누구를 원망할 것인가?

여러 사람이 떼를 지어 다니는 술집에 새 기생이 나타났다는 말인가? 꽃 피고 날 저물 때 정처 없이 나가서 호사스러운 행장을 하고 어디어디 머물러 노는가? 집 안에만 있어서 원근 자리를 모르는데 임의 소식이야 더욱 알 수 있으랴. 겉으로는 인연을 끊었다지만 임에 대한 생각이야 없을 것인가? 임의 얼굴을 못 보니 그립기나 말았으면 좋으련만, 하루가 길기도 길구나. 한 달 곧 서른 날이 지루하다. 규방 앞에 심은 매화 몇 번이나 피었다 졌는가? 겨울밤 차고 찬 때는 진눈깨비 섞어 내리고, 여름 날 길고 긴 때 궂은비는 무슨 일인가? 봄날 온갖 꽃 피고 버들잎이 돋아나는 좋은 시절에 아름다운 경치를 보아도 아무 생각이 없다. 가을 달빛이 방 안에 비추어 들어오고 귀뚜라미 침상에서 울 때 긴 한숨 흘리는 눈물 헛되이 생각만 많다. 아마도 모진 목숨 죽기도 어렵구나. …〈중략〉…

난간에 기대어 서서 임 가신 데를 바라보니, 풀 이슬은 맺혀 있고 저녁 구름이 지나갈 때 대 수풀 우거진 푸른 곳에 새소리가 더욱 서럽다. 세상에 서러운 사람 많다고 하겠지만 운명이 기구한 젊은 여자나 나 같은 이 또 있을까? 아마도 임의 탓으로 살 듯 말 듯 하구나.

05
"님이야 날인 줄 모르셔도 내 님 조차려 ㅎ노라."라는 표현에서 임이야 자신을 알아주건 말건 항상 임을 걱정하고 배려하는 희생적인 태도가 나타난다.

오답체크
① 가사로 '서사 – 본사 – 결사'의 3단 구성으로 이루어진 작품이다.
③ 임과 이별한 심정을 '여성적 어조'로 표현하고 있다. 실제로는 임금과 신하의 관계를, 남녀 관계에 빗대어 표현한 것이다.
④ 계속해서 임을 만나고자 노력하지만 임을 만나지 못하는 상황이다. 따라서 낙관적 태도를 취하고 있다는 설명은 옳지 않다.

[정답]
05 ②

(다)　삼오 이팔(三五二八) 겨오 지나 천연 여질(天然麗質) 절로 이니, 이 얼골 이 태도(態度)로 백년 기약(百年期約) ㅎ얏더니, 연광(年光)이 훌훌ㅎ고, 조물(造物)이 다시(多猜)ㅎ야, 봄바람 가을 들이 뵈오리 북 지나듯 ⓐ 설빈 화안(雪鬢花顔) 어딕 두고 면목가증(面目可憎) 되거고나. 내 얼골 내 보거니 어느 님이 날 괼소냐. 스스로 참괴(慙愧)ㅎ니 누구를 원망(怨望)ㅎ리.

삼삼오오(三三五五) ⓑ 야유원(冶遊園)의 새 사람이 나단 말가. 곳 피고 날 저물 제 정처(定處) 업시 나가 잇어, 백마 금편(白馬金鞭)으로 어딕어딕 머무는고. 원근(遠近)을 모르거니 소식(消息)이야 더욱 알랴. 인연(因緣)을 긋쳐신들 ᄉᆡᆨ각이야 업슬소냐. 얼골을 못 보거든 그립기나 마르려믄, 열두 ᄲᅢ 김도 길샤 설흔 날 지리(支離)ㅎ다. 옥창(玉窓)에 심근 ⓒ 매화(梅花) 몃 번이나 픠여 진고. 겨울밤 차고 찬 제 자최눈 섯거 치고, 여름날 길고 길 제 구즌비ᄂᆞᆫ 므스 일고. 삼춘 화류(三春花柳) 호시절(好時節)의 경물(景物)이 시름업다. 가을들 방에 들고 실솔(蟋蟀)이 상(床)에 울 제, 긴 한숨 디ᄂᆞᆫ 눈물 속절업시 혬만 만타. 아마도 모진 목숨 죽기도 어려울사. …〈중략〉…

난간(欄干)의 비겨 셔서 님 가신 딕 바라보니, 초로(草露)ᄂᆞᆫ 맷쳐 잇고 모운(暮雲)이 디나갈 제, 죽림(竹林) 푸른 고딕 ⓓ 새소리 더욱 설다. 세상의 서룬 사람 수업다 ㅎ려니와, 박명(薄命)ᄒᆞᆫ 홍안(紅顔)이야 날 가트니 ᄯᅩ 이실가. 아마도 이 님의 지위로 살동말동 ㅎ여라.

　　　　　　　　　　　– 허난설헌, 〈규원가(閨怨歌)〉

05 (가)에 대한 설명으로 가장 적절한 것은?

① 기승전결의 4단 구성으로 이루어져 있다.

② 임에 대한 자기희생적인 사랑을 보이고 있다.

③ 임과 이별한 심정을 남성적 어조로 표현하고 있다.

④ 화자는 현재의 상황에 대해 낙관적 태도를 취하고 있다.

06 밑줄 친 시어의 기능이 (나)의 ⑤과 기능이 가장 유사한 것은?

① 출하리 잠을 드러 꿈의나 보려 ᄒ니, 바람의 디ᄂ 닢과 풀 속에 우는 <u>즘생</u>,
ᄆᄉ 일 원수로서 잠조차 쌔오ᄂ다.

　　　　　　　　　　　　　　　　　– 허난설헌, 〈규원가(閨怨歌)〉

② 펄펄 나는 저 <u>꾀꼬리</u> / 암수 서로 다정한데
외로울사 이내 몸은 / 그 누구와 함께 돌아갈꼬.

　　　　　　　　　　　　　　　　　– 유리왕, 〈황조가〉

③ 아으 <u>彌陀刹(미타찰)</u>애 맛보올 내
道(도) 닷가 기드리고다

　　　　　　　　　　　　　　　　　– 월명사, 〈제망매가(祭亡妹歌)〉

④ <u>둘</u>하 노피곰 도ᄃ샤 / 어긔야 머리곰 비취오시라
어긔야 어강됴리 / 아으 다롱디리
져재 녀러 신고요 / 어긔야 즌 ᄃᆡ를 드ᄃᆔ욜셰라
어긔야 어강됴리

　　　　　　　　　　　　　　　　　– 어느 행상인의 아내, 〈정읍사(井邑詞)〉

07 (다)의 화자에 대한 설명으로 가장 적절하지 않은 것은?

① 남편의 소식을 오랫동안 알지 못한 상태이다.
② 남편은 가정에는 관심이 없고 방탕한 사람이다.
③ 괴로운 마음을 봄의 자연물을 통해 위로받고 있다.
④ 남편을 미워하면서도 한편으로는 그리워하고 있다.

08 (다)의 ⓐ~ⓓ 중 〈보기〉의 설명과 관련된 시어는?

> **보기**
>
> 　　감정 이입은 화자의 감정을 다른 사물에게 이입시켜 마치 그 사물이 화자와 같은 감정을 느끼는 것처럼 의인화하여 표현한 것이다.

① ⓐ　　　　　② ⓑ　　　　　③ ⓒ　　　　　④ ⓓ

06

그리던 임을 꿈에서 만났지만, '닭소리'에 꿈에서 깨는 바람에 임에게 하고 싶은 말을 하지 못한 상황이다. 따라서 '닭소리'는 임과 나의 만남을 방해하는 방해물이다. 이처럼 '방해물'의 기능을 하는 것은 ⑤의 '즘생'이다. 꿈에서라도 임을 만날까 싶어서 잠을 청하고 있지만, '짐승'의 우는 소리때문에 화자는 잠에서 깼다.

오답체크
② '꾀꼬리'는 '나'와 상반되는 처지로, '나'의 슬픔이 심화되게 만드는 역할은 한다. 그러나 방해물은 아니다.
③ '미타찰'은 임과의 재회를 기원하는 곳으로, 극락세계를 의미한다. 따라서 방해물은 아니다.
④ '달'은 화자가 남편의 무사 귀환을 기원하는 대상이다. 따라서 방해물은 아니다.

07

"삼촌 화류(三春花柳) 호시절(好時節)의 경물(景物)이 시름업다."를 볼 때, 화자는 슬픔으로 인해 봄의 아름다운 경치도 눈에 들어오지 않고 있다. 따라서 괴로운 마음을 봄의 자연물을 통해 위로받고 있다는 설명은 옳지 않다.

오답체크
① 매화가 몇 번이나 피고 질 동안(몇 해 동안) 돌아오지 않았다는 점, '원근 지리'도 모른다고 한 점을 볼 때 화자는 남편의 소식을 오랫동안 알지 못한 상태이다.
② 기생집이나 드나들고 있지 않을까 걱정하는 화자의 이야기를 볼 때, 남편이 가정에는 관심이 없고 방탕한 사람이었음을 추측할 수 있다.
④ 화자는 기본적으로 임을 원망하고는 있다. 그러나 "얼골을 못 보거든 그립기나 마르려믄"을 볼 때, 남편을 그리워하고 있는 것도 사실이다.

08

ⓓ에서 '새소리'가 "설다"고 표현하고 있는 것을 볼 때, 〈보기〉에서 설명하고 있는 감정 이입(실은 내 마음이 서럽다.)과 관련이 있다.

오답체크
① ⓐ는 결혼 전 고왔던 화자의 얼굴을 의미하는 시어이다.
② ⓑ는 기생집을 의미하는 시어이다.
③ ⓒ는 '몇 번이나 피었다 지었는가.'라는 뒤의 말을 고려할 때, 계절의 변화를 의미하는 시어이다.

[정답]
06 ①　07 ③　08 ④

3 한시와 민요

[09~12] 다음 글을 읽고 물음에 답하시오.

(가) 정약용, 〈보리타작〉

갈래	한시, 행(行)
성격	사실적, 묘사적, 반성적
제재	보리타작
주제	농민들의 건강한 노동을 통해 얻은 삶의 깨달음
특징	① 조선 후기의 평민 의식을 반영함. ② 농민들의 일상적 생활과 관련된 시어를 사용함. ③ 시각적이고 동적인 이미지를 통해 현장감과 사실성을 부각함.
의의	다산의 중농 사상과 현실주의 시 정신이 잘 나타난 조선 후기 한시의 전형
연대	1801년
출전	"여유당전서"

(나) 작자 미상, 〈시집살이 노래〉

갈래	민요, 부요(婦謠)
성격	여성적, 서민적, 풍자적, 해학적
운율	4·4조, 4음보
제재	시집살이
주제	시집살이의 한(恨)과 체념
특징	① 언어유희와 비유로 해학성을 유발함. ② 대구, 대조, 열거 등의 표현법을 활용함. ③ 물음과 대답으로 이루어진 대화 형식으로 구성됨. ④ 유사 어구와 동일 어구의 반복으로 리듬감을 형성함.
의의	① 서민들의 소박한 삶의 애환이 드러나는 민중 문학 ② 대표적인 부요(婦謠)의 하나로 시집살이의 어려움과 한(恨)이 절실하게 표현됨.

(다) 작자 미상, 〈잠 노래〉

갈래	민요, 부요, 노동요
성격	해학적, 서민적, 한탄적
운율	4·4조, 4음보
제재	잠
주제	밤새워 바느질해야 하는 삶의 고달픔
특징	① 넋두리 형식의 노래임. ② 잠을 작중 청자로 설정하여 원망의 마음을 전하고 있음. ③ 일하지 않아도 되는 사람과 노동에 시달리는 자신의 처지를 대조함.

(가) 새로 거른 막걸리 젖빛처럼 뿌옇고
　　큰 사발에 보리밥, 높기가 한 자로세.
　　밥 먹자 도리깨 잡고 마당에 나서니
　　검게 탄 두 어깨 햇볕 받아 번쩍이네.
　　옹헤야 소리 내며 발맞추어 두드리니
　　삽시간에 보리 낟알 온 마당에 가득하네.
　　주고받는 노랫가락 점점 높아지는데
　　보이느니 지붕 위에 보리 티끌뿐이로다.
　　그 기색 살펴보니 즐겁기 짝이 없어
　　마음이 몸의 노예 되지 않았네.
　　낙원이 먼 곳에 있는 게 아닌데
　　무엇하러 벼슬길에 헤매고 있으리요.
　　　　　　　　　　　　　　　　－ 정약용, 〈보리타작〉

(나) 형님 온다 형님 온다 분고개로 형님 온다.
　　형님 마중 누가 갈까 형님 동생 내가 가지.
　　형님 형님 사촌 형님 시집살이 어떱데까?
　　이애 이애 그 말 마라 ㉠시집살이 개집살이.
　　앞밭에는 당추[唐椒] 심고 뒷밭에는 고추 심어,
　　고추 당추 맵다 해도 시집살이 더 맵더라.
　　둥글둥글 수박 식기(食器) 밥 담기도 어렵더라.
　　도리도리 도리 소반(小盤) 수저 놓기 더 어렵더라. …〈중략〉…
　　시아버니 호랑새요 시어머니 꾸중새요.
　　동세 하나 할림새요 시누 하나 뾰족새요.
　　시아지비 뾰중새요 남편 하나 미련새요.
　　자식 하난 우는 새요 나 하나만 썩는 샐세.
　　　　　　　　　　　　　　　　－ 작자 미상, 〈시집살이 노래〉

(다) 잠아 잠아 짙은 잠아 이 내 눈에 쌓인 잠아
　　염치불구 이 내 잠아 검치두덕 이 내 잠아
　　어제 간밤 오던 잠이 오늘 아침 다시 오네
　　잠아 잠아 무삼 잠고 가라 가라 멀리 가라
　　시상 사람 무수한데 구테 너난 간 데 없어
　　원치 않는 이 내 눈에 이렇다시 자심하뇨 …〈중략〉…
　　난데없는 이 내 잠이 소리없이 달려드네
　　눈썹 속에 숨었는가 눈 알로 솟아온가
　　이 눈 저 눈 왕래하며 무삼 요수 피우든고
　　맑고 맑은 이 내 눈이 절로절로 희미하다
　　　　　　　　　　　　　　　　－ 작자 미상, 〈잠 노래〉

09 (가)에 대한 설명으로 가장 적절하지 않은 것은?

① 화자는 자신의 삶에 대해 반성하고 있다.

② 선경후정의 시상 전개 방식이 나타나고 있다.

③ 과장법으로 대상의 건강한 삶의 모습을 표현하고 있다.

④ 화자가 직접 노동함으로써 노동의 중요성을 깨닫고 있다.

10 (나)에 대한 설명으로 가장 적절하지 않은 것은?

① 비유적인 표현을 사용하고 있다.

② 시집살이의 어려움을 익살스럽게 표현하고 있다.

③ 일상적인 언어를 통해 조선의 봉건 사회를 비판하고 있다.

④ 구체적인 청자인 '사촌 동생'에게 자신의 심정을 토로하고 있다.

11 (나)의 ㉠에 나타난 표현이나 발상과 가장 유사한 것은?

① 살어리 살어리랏다 청산에 살어리랏다

② 쇠털 같은 담배를 꿀물에다 축여 났다 그리하였소.

③ 내 몸의 지은 죄 뫼같이 쌓였으니 하늘이라 원망하며 사람이라 허물하랴.

④ 개잘량이라는 '양' 자에 개다리소반이라는 '반' 자 쓰는 양반이 나오신단 말이오.

12 (다)와 관련이 없는 것은?

① 의인법   ② 반복법

③ 대구법   ④ 풍유법

09

화자는 관찰자의 입장에서 농민들의 모습을 보고 있을 뿐, 직접 노동에 참여하고 있지는 않다.

오답체크

① 화자는 농민들의 건강한 삶을 보면서 마음이 몸의 노예가 되어 벼슬에 집착했던 자신을 반성하고 있다.

② 1~8구까지는 농민들이 노동하는 모습을, 9~12구까지는 그 모습에 대한 화자의 느낌을 서술하고 있다. 따라서 선경후정의 전개 방식이 나타난다.

③ "큰 사발에 보리밥, 높기가 한 자로세."에서 밥사발의 크기를 과장함으로써 건강한 농민의 삶을 드러내고 있다.

10

일상적인 언어를 사용하고 있어 '시집살이의 고달픔'을 해학적으로 표현했을 뿐, 조선 봉건사회 자체를 비판하고 있지는 않다.

오답체크

①, ② "시아버니 호랑새요 시어머니 꾸중새요 / 동세 하나 할림새요 시누 하나 뾰족새요 / 시아지비 뾰중새요 남편 하나 미련새요 / 자식 하난 우는 새요 나 하나만 썩는 샐세."에서 비유적인 표현(식구를 '새'에 비유함)을 사용하여, 시집살이의 어려움을 익살스럽게 표현하고 있다.

④ "형님 형님 사촌 형님 시집살이 어떱데까? / 이애 이애 그 말 마라 시집살이 개집살이."를 볼때, 구체적인 청자인 '사촌 동생'에게 자신의 심정을 토로하고 있음을 알 수 있다.

11

㉠은 발음의 유사성을 이용한 '언어유희' 표현이다. 이처럼 발음의 유사성을 이용한 '언어유희'가 나타난 것은 ④이다.

오답체크

① '살어리'가 반복되고 있으므로 '반복법'이 쓰였다.

② 담배를 쇠털에 비유(직유)하면서 꿀물에다가 적셨다고 과장하여 표현하고 있다.

③ 자신이 지은 죄가 많다는 것을 '산'에 비유(직유)하여 과장하고 있다.

12

(다)에 '풍유법'은 나타나지 않았다.

오답체크

① 대상인 '잠'을 의인화하였다.

②, ③ "잠아 잠아 짙은 잠아", "잠아 잠아 무심 잠고 / 가라 가라 멀리 가라"에서 '반복법'과 '대구법'이 쓰였다.

[정답]

09 ④   10 ③   11 ④   12 ④

해커스공무원 혜원국어 적중 요신의 필수적 문학

Day 08 고전 운문 ③ **109**

PART 3

❶ 시상 전개 방식

1. 의미: 시의 내용을 펼쳐 나가는 방식

2. 시상

시상(詩想)	시의 내용(시에 나타난 감정이나 생각)
시상의 전환	시상의 방향이 바뀌는 것 ★ 한 작품의 내용이 '희망 → 절망', '절망 → 극복', '긍정 → 부정'처럼 바뀌는 경우, '시상의 전환'이 일어났다고 　표현한다. 주제는 주로 **바뀐 것**과 관련이 있다.
시상의 집약	시상을 한곳에 집중하여 강렬한 인상을 남기는 것 ★ 주로 명사형으로 끝날 때, 그 단어에 시상이 집약된다. 예 구름에 달 가듯이 / 가는 나그네 　　('나그네'에 초점이 맞춰지면서 주제를 강조)

3. 유형

공간의 이동	공간을 이동하면서 시의 내용을 펼쳐 나가는 방법 예 시골에 간 상황을 가정했을 때, 시에서 '할머니 집 앞', '시골 시장', '역 앞' 등처럼 '공간'을 이동하면서 이야기를 전개 　하는 경우
시선의 이동	시선을 이동하면서 시의 내용을 펼쳐 나가는 방법 예 시골에 간 상황을 가정했을 때, 시에서 '할머니 집 마루'에 앉아서 '멀리 있는 산'에서 '집 앞의 논과 밭'으로, 다시 '집 　마당에서 놀고 있는 병아리들'으로 '화자의 시선'을 이동하면서 이야기를 전개하는 경우
시간의 흐름	시간의 흐름에 따라 시의 내용을 펼쳐 나가는 방법 예 '아침에서 저녁'처럼 시간이 바뀌면서 이야기를 전개하는 경우
계절의 변화	계절의 변화에 따라 시의 내용을 펼쳐 나가는 방법 예 '겨울에서 봄'처럼 계절이 바뀌면서 이야기를 전개하는 경우 ★ '계절의 변화'는 '시간의 흐름'에 포함될 수 있다.
수미상관 (수미쌍관, 수미상응)	처음과 끝을 비슷하거나 같게 하여 시의 내용을 펼쳐 나가는 방법 예 김소월의 〈진달래꽃〉의 1연과 마지막 연은 '나 보기가 역겨워 / 가실 때에는'이라는 시구가 반복되고 있다. ※ 수미상관의 효과: 주제 강조, 운율감, 구조적 안정감
선경후정	앞부분에서는 '경치'를, 뒷부분에서는 '정서'를 드러내며 시의 내용을 펼쳐 나가는 방법 예 펄펄 나는 저 꾀꼬리 / 암수 서로 다정한데(경치) 　외로울사(정서) 이내 몸은 / 그 누구와 함께 돌아갈꼬. 　(앞부분에서 '꾀꼬리 한 쌍'의 경치를 보여주고, 뒷부분에서 '외롭다'라는 나의 정서를 표현함.)
기승전결	시상을 '제기(일으킴) → 심화(이어감) → 전환 → 집약(마무리)'의 순서로 펼쳐 나가는 방법 ★ '한시'나 '이육사의 시' 혹은 역순행이 없는 4덩어리의 구성은 90%가 '기승전결'

01 시상이 '절망'에서 '극복'으로 바뀌었다면, 시의 주제는 '극복'일 가능성이 크다.

O | X

01
시상이 바뀌었다면, 주제는 주로 바뀐 시상과 관련이 있다.

02 마루에 앉아서 '먼 산 → 논밭 → 마당 → 마당의 병아리'를 관찰했다면, '공간의 이동'에 따라 시상이 전개된 것이다.

O | X

02
화자의 위치는 '마루'로 고정되어 있기 때문에 '공간'의 이동이라기보다는 '시선'의 이동으로 보는 것이 더 자연스럽다.

03 수미상관 구조를 통해 안정감을 드러내고 있다.

2024 지방직 9급

03
1연과 2연의 "흰 달빛 / 자하문 // 달 안개 / 물소리", 7연과 8연의 "흰 달빛 / 자하문 // 바람 소리 / 물소리" 구성이 유사하다.

> 흰 달빛
> 자하문
>
> 달 안개
> 물소리
>
> 대웅전
> 큰 보살
>
> 바람 소리
> 솔 소리
>
> 범영루
> 뜬 그림자
>
> 흐는히
> 젖는데
>
> 흰 달빛
> 자하문
>
> 바람 소리
> 물소리
>
> — 박목월, 〈불국사〉

O | X

[정답]
01 O   02 ×   03 O

04 **시간의 흐름에 따른 시적 대상의 변화 과정을 드러내고 있다.**

2022 지방직 7급

나무는 자기 몸으로

나무이다

자기 온몸으로 나무는 나무가 된다

자기 온몸으로 헐벗고 零下 十三度

零下 二十度 地上에

온몸을 뿌리박고 대가리 쳐들고

무방비의 裸木으로 서서

두 손 올리고 벌 받는 자세로 서서

아 벌 받은 몸으로, 벌 받는 목숨으로 起立하여, 그러나

이게 아닌데 이게 아닌데

온 魂으로 애타면서 속으로 몸속으로 불타면서

버티면서 거부하면서 零下에서

零上으로 零上 五度 零上 十三度 地上으로

밀고 간다, 막 밀고 올라 간다

온몸이 으스러지도록

으스러지도록 부르터지면서

터지면서 자기의 뜨거운 혀로 싹을 내밀고

천천히, 서서히, 문득, 푸른 잎이 되고

푸르른 사월 하늘 들이받으면서

나무는 자기의 온몸으로 나무가 된다

아아, 마침내, 끝끝내

꽃 피는 나무는 자기 몸으로

꽃 피는 나무이다

— 황지우, 〈겨울−나무로부터 봄−나무에로〉

O | X

[정답]

04 ○

紅塵(홍진)에 뭇친 분네 이 내 生涯(생애) 엇더훈고

넷사룸 風流(풍류)를 미출가 못 미출가

天地間(천지간) 男子(남자) 몸이 날만 훈 이 하건마는

山林(산림)에 뭇처 이셔 至樂(지락)을 모를 것가

數間 茅屋(수간 모옥)을 碧溪水(벽계수) 앏픠두고

松竹 鬱鬱裏(송죽 울울리)예 風月主人(풍월주인) 되어셔라

엇그제 겨을 지나 새 봄이 도라오니

桃花杏花(도화행화)는 夕陽裏(석양리)예 퓌여 잇고

綠楊芳草(녹양방초)는 細雨 中(세우 중)에 프르도다

칼로 몰아 낸가 붓으로 그려낸가

造化神功(조화신공)이 物物(물물)마다 헌스롭다

수풀에 우는 새는 春氣(춘기)를 뭇내 계워 소리마다 嬌態(교태)로다

物我一體(물아일체)어니 興(흥)이이 다룰소냐

柴扉(시비)예 거러 보고 亭子(정자)에 안자 보니

逍遙吟詠(소요음영)ᄒ야 山日(산일)이 寂寂(적적)훈 듸

閒中眞味(한중진미)를 알 니 업시 호재로다

이바 니웃드라 山水(산수) 구경 가쟈스라

– 정극인, 〈상춘곡〉

○ | ×

가을 햇볕에 공기에 / 익는 벼에 / 눈부신 것 천지인데, / 그런데,

아, 들판이 적막하다 —
메뚜기가 없다!

오 이 불길한 고요 —
생명의 황금 고리가 끊어졌느니…….

– 정현종, 〈들판이 적막하다〉

○ | ×

05

처음에는 '수간모옥'에서 출발하여, 점차 '사립문(시비)'과 '정자'로 이동하고 있다. 따라서 '나'의 공간 이동에 따라 시상을 전개하고 있다는 설명은 옳다.

현대어 풀이

세상에 묻혀 사는 분들이여, 이 나의 생활이 어떠한가.
옛 사람들의 운치 있는 생활에 내가 미칠까 못 미칠까?
세상의 남자로 태어난 몸으로서 나만한 사람이 많건마는
(왜 그들은) 자연에 묻혀 사는 지극한 즐거움을 모르는 것인가?
몇 칸쯤 되는 초가집을 맑은 시냇물 앞에 지어 놓고,
소나무와 대나무가 우거진 속에 자연의 주인이 되었구나!
엇그제 겨울이 지나 새봄이 돌아오니,
복숭아꽃과 살구꽃은 저녁 햇빛 속에 피어 있고,
푸른 버들과 아름다운 풀은 가랑비 속에 푸르도다.
칼로 재단해 내었는가? 붓으로 그려 내었는가?
조물주의 신비스러운 솜씨가 사물마다 야단스럽구나.
수풀에서 우는 새는 봄기운을 끝내 이기지 못하여 소리마다 아양을 떠는 모습이로다.
자연과 내가 한 몸이거니 흥겨움이야 다르겠는가?
사립문 주변을 걷기도 하고 정자에 앉아 보기도 하니,
천천히 거닐며 나직이 시를 읊조려 산 속의 하루가 적적한데,
한가로운 가운데 참된 즐거움을 아는 사람이 없어 혼자로구나.
여보게 이웃 사람들이여, 산수 구경을 가자꾸나.

06

공간적 배경은 '들판'만 나타날 뿐, 공간의 변화는 나타나지 않는다.

[정답]

05 ○   06 ×

07

초장과 중장에서는 고려의 옛 도읍지의 모습(선경)을, 종장에서 고려 왕조의 융성했던 옛 시절이 한바탕 꿈에 지나지 않는다는 허무함(후정)을 드러내고 있다.

07 선경후정의 기법을 사용하고 있다.

2021 지방직 9급

> 오백년 도읍지를 필마로 돌아드니
> 산천은 의구하되 인걸은 간 데 없네.
> 어즈버 태평연월이 꿈이런가 하노라.

O | X

08

〈가시리〉는 기승전결의 4단 구성이다.

현대어 풀이

가시겠습니까, (진정으로 떠나) 가시겠습니까?
(나를) 버리고 가시겠습니까?

나는 어찌 살라 하고
버리고 가시렵니까?

(생각 같아서는) 붙잡아 둘 일이지마는 (혹시나 임께서 행여) 서운하면 (다시는) 아니 올까 두렵습니다.

(떠나보내기) 서러운 임을 (어쩔 수 없이) 보내옵나니,
가자마자 곧 (떠날 때와 마찬가지로 총총히) 가시는 것처럼 돌아서서 오십시오.

08 '기 - 승 - 전 - 결'의 짜임새를 가지고 있다.

2020 국회직 9급

> 가시리 가시리잇고 나는
> 버리고 가시리잇고 나는
> 위 증즐가 太平盛代(태평성되)
> 날러는 어찌 살라 ᄒ고
> 버리고 가시리잇고 나는
> 위 증즐가 太平盛代(태평성되)
> 잡ᄉ와 두어리마나는
> 선ᄒ면 아니 올세라
> 위 증즐가 太平盛代(태평성되)
> 설온 님 보내옵나니 나는
> 가시는 듯 도셔 오소서 나는
> 위 증즐가 太平盛代(태평성되)

O | X

[정답]

07 O   08 O

09 선경후정(先景後情)으로 시적 분위기를 고조시키고 있다.

2019 소방

> 십년(十年)을 경영(經營)ᄒ여 초려삼간(草廬三間) 지여 내니
> 나 ᄒ 간 ᄃᆞᆯ ᄒ 간에 청풍(淸風) ᄒ 간 맛져 두고
> 강산(江山)은 들일 ᄃᆡ 업스니 둘러 두고 보리라
>
> – 송순

O | X

09

경치만 제시되어 있다. 따라서 선경후정(先景後情)으로 시적 분위기를 고조시키고 있지는 않다.

현대어 풀이

십년을 살면서 초가삼간 지어 냈으니
(그 초가삼간에) 나 한 칸, 달 한 칸, 맑은 바람 한 칸을 맡겨 두고
강산은 들일 곳이 없으니 (이대로) 둘러 두고 보리라.

10 수미상관의 구조를 활용하여 주제를 강조하고 있다.

2015 기상직 9급

> 우리 집도 아니고 / 일갓집도 아닌 집 / 고향은 더욱 아닌 곳에서
> 아버지의 침상(寢床) 없는 최후의 밤은 / 풀벌레 소리 가득 차 있었다.
>
> 노령(露領)을 다니면서까지 / 애써 자래운 아들과 딸에게
> 한마디 남겨 두는 말도 없었고,
> 아무을만(灣)의 파선도 / 설룽한 니코리스크의 밤도 완전히 잊으셨다.
> 목침을 반듯이 벤 채.
>
> 다시 뜨시잖는 두 눈에 / 피지 못한 꿈의 꽃봉오리가 갈앉고
> 얼음장에 누우신 듯 손발은 식어 갈 뿐
> 입술은 심장의 영원한 정지(停止)를 가리켰다.
> 때늦은 의원이 아모 말없이 돌아간 뒤 / 이웃 늙은이의 손으로
> 눈빛 미명은 고요히 / 낯을 덮었다.
>
> 우리는 머리맡에 엎디어 / 있는 대로의 울음을 다아 울었고
> 아버지의 침상 없는 최후의 밤은 / 풀벌레 소리 가득 차 있었다.
>
> – 이용악, 〈풀벌레 소리 가득 차 있었다〉

O | X

10

"아버지의 침상 없는 최후의 밤은 / 풀벌레 소리 가득 차 있었다."가 1연과 4연에서 반복되어 수미상관(=수미상응, 수미쌍관, 수미쌍응)의 구조가 활용되었음을 알 수 있고, 이는 '아버지의 비참한 죽음과 유랑민의 비애'라는 주제를 강조하는 역할을 한다.

[정답]

09 × 10 ○

2 인물의 유형

중심 인물	주인공, 주인공에 버금가는 중심적인 인물 예 〈춘향전〉에서 '춘향이', '몽룡이'
주변 인물	중심 인물 이외의 인물들 예 〈춘향전〉에서 '월매', '방자', '향단이' 등
주동 인물	사건을 주도적으로 이끄는 인물 예 〈춘향전〉에서 '춘향이'와 '몽룡이' ★ 대개 '중심 인물'이 '주동 인물'이다.
반동 인물	주인공에 맞서 대립하는 인물 예 〈춘향전〉에서 '변사또'
평면적 인물	작품의 처음부터 끝까지 성격의 변화가 없는 인물 예 〈흥부전〉의 '흥부' (흥부는 처음부터 끝까지 성격이 착한 인물) ★ 주로 고전 소설의 인물들은 성격의 변화가 없다.
입체적 인물	사건의 전개에 따라 성격에 변화가 있는 인물 예 김동리의 〈감자〉에서 '복녀' ('복녀'는 처음에는 도덕적 기품을 가진 정숙한 여인이었지만, 뒤로 갈수록 도덕적으로 타락한다.) ★ 주로 현대 소설의 인물들은 성격의 변화가 있다.
전형적 인물	특정 계층이나 집단의 보편적인 성격을 지닌 인물 예 박지원의 〈양반전〉에서 '양반' ('양반'은 당대 무능력한 양반의 모습을 잘 보여 주는 인물)
개성적 인물	개인만의 독자적인 성격을 지닌 인물 예 이상의 〈날개〉에서 '나'

01 '주인공'은 늘 중심 인물이다. ◯ | ✕

01
주인공은 이야기를 이끌어가는 중심적인 인물이기 때문에, 늘 중심 인물일 수밖에 없다.

02 주로 고전 소설의 등장인물들은 입체적 인물이다. ◯ | ✕

02
주로 고전 소설의 등장인물들은 성격의 변화가 없기 때문에 '평면적 인물'이다.

03 주로 현대 소설의 등장인물들은 평면적 인물이다. ◯ | ✕

03
주로 현대 소설의 등장인물들은 성격의 변화가 있기 때문에 입체적 인물이 많다.

04 <흥부전>의 흥부는 주동 인물, 놀부는 반동 인물이다. ◯ | ✕

04
놀부가 흥부를 괴롭힌다는 점에서 놀부는 반동 인물이 맞다.

05 <흥부전>의 '흥부'는 개성적 인물이다. ◯ | ✕

05
'흥부'는 당대 먹고 살기 힘들었던 서민 계층을 상징하는 인물이기에 개성적 인물로 보기 어렵다. 오히려 '전형적 인물로 보는 것이 더 적절하다.

06 <흥부전>의 '놀부'는 처음에는 고약한 성격이었다가 나중에는 지난날을 반성하고 착하게 바뀐다는 점에서 '입체적 인물'이다. ◯ | ✕

06
사건의 전개에 따라 성격이 '고약함 → 착함'으로 변했기 때문에 입체적 인물이 맞다.

[정답]
01 ◯ 02 ✕ 03 ✕ 04 ◯ 05 ✕
06 ◯

07

남달리 자의식이 강하다는 개성적 특징을 지니고 있다면 '개성적 인물'로 볼 수 있다.

07 김승옥의 <무진기행>에서 주인공인 '윤희중'은 남달리 자의식이 강한 인물이라는 점에서 개성적 인물이다.

O | X

08

'옥희 엄마'는 주인공이라는 점에서 중심 인물은 맞다. 그러나 당시의 봉건적 가치관에서 벗어나지 못하고 있다는 점에서 성격 변화는 없다고 볼 수 있다. 따라서 '평면적 인물'에 가깝다.

08 주요한의 <사랑 손님과 어머니>에서 '옥희 엄마'는 중심 인물이고, 입체적 인물이다.

O | X

09

'왕'은 주인공인 '도미'와 '도미의 아내'에 맞서 대립하는 인물이므로 반동 인물이다.

09 <도미설화>에서 '왕'은 '반동 인물'이다.

백제 사람인 도미의 아내는 아름답고 절행이 있어 사람들이 칭찬하였다. 개루왕이 도미의 아내를 시험하고자, 신하에게 왕의 옷을 입혀 아내에게 보내 정절을 훼손하려 했으나 도미의 아내는 여종을 대신 들여보내 위기를 모면하였다. 이에 속은 것을 알게 된 개루왕은 도미의 눈을 뺀 후 배에 태워 멀리 띄워 보낸 후 도미의 아내를 억지로 불러들였다. 이에 도미의 아내는 목욕을 핑계로 왕에게서 벗어난 후 곧바로 도망하였다. 도미의 아내가 강에 이르러 통곡하자 배 한 척이 갑자기 나타나고, 도미의 아내는 그 배를 타고 천성도에서 도미를 만난 후 고구려로 건너가서 여생을 마쳤다.

O | X

10

중심 인물인 '배 비장'만 진지한 상황이다. "동헌에 ~ 웃음이라."를 통해 배 비장이 처한 상황은 사람들이 꾸민 것이고 혼자 망신을 당하고 있음을 알 수 있다.

10 나머지 사람들은 모두 연극을 하고 있는 셈이고 중심 인물만 진지한 상황이다.

2017 국회직 8급

배 비장은 궤에 들어가 몸을 숨기고 남편으로 가장한 방자가 꿈 이야기를 하며 궤를 버려야 한다고 말하고 일부러 바다에 버리는 척 꾸민다. 배 비장이 알몸으로 썩 나서며 그래도 소경 될까 염려하여 두 눈을 잔뜩 감으며 이를 악물고 왈칵 냅다 짚으면서 두 손을 헤우적헤우적하여 갈 제 한 놈이 나서며 이리 헤자, 한참 이 모양으로 헤어갈 제 동헌 대뜰에다 대궁이를 딱 부딪히니 배비장이 눈에 불이 번쩍 나서 두 눈을 뜨며 살펴보니, 동헌에 사또 앉고 대청에 삼공형(三公兄)이며 전후좌우에 기생들과 육방관속 노령배(奴令輩)가 일시에 두 손으로 입을 막고 참는 것이 웃음이라. 사또 웃으면서 하는 말이,
"자네 저것이 웬일인고?"
배 비장 어이없어 고개를 숙일 뿐이더라.

– 작자 미상, 〈배비장전〉

O | X

[정답]

07 O   08 ×   09 O   10 O

3 인물 제시 방법

직접 제시	인물의 **성격이나 심리**를 서술자의 목소리로 **직접** 보여주는 방법 ⇨ 말하기(telling), 전개 속도가 빠름. 예 부인이 혼미한 가운데 딸아이를 낳으니 용모가 비범하고 거동이 단정하였다. (서술자가 딸아이의 외모와 성격을 독자에게 직접 말해주고 있다. → 직접 제시)
간접 제시	인물의 성격이나 심리를 인물의 **말이나 행동**으로 보여줌으로써, **간접**적으로 보여주는 방법 ⇨ 보여주기(showing), 전개 속도가 느림. 인물들의 대화가 나오면 99%는 '간접 제시' 예 대구에서 서울로 올라오는 차중에서 생긴 일이다. 나는 나와 마주 앉은 그를 매우 흥미있게 바라보고 또 바라보았다. 두루마기 격으로 기모노를 둘렀고, 그 안에서 옥양목 저고리가 내어 보이며, 아랫도리엔 중국식 바지를 입었다. (서술자는 '그'의 외양만 보여주고 있다. 여러 나라의 옷차림이 뒤섞인 것을 보고, 독자는 '그'가 여러 나라를 떠돌아다녔음을 짐작할 수 있다. → 간접 제시)

01
서술자가 직접 말하지 않고, 독자에게 '보여주기'를 하고 있기 때문에 '간접 제시'가 맞다.

01 서술자가 인물들의 성격을 보여주기 위해 인물들 간의 대화를 제시했다면, '간접 제시'이다.

O | X

02
'보여주기(showing)'는 '간접 제시'이다. 인물의 성격을 서술자가 직접 말해주는 것은 '직접 제시'인 '말하기(telling)'이다.

02 '착하다', '나쁘다'와 같은 인물의 성격을 서술자가 직접 말해주는 것은 '보여주기'라고 한다.

O | X

03
인물의 행동이나 말을 보고 독자가 직접 서술자의 성격이나 심리를 파악할 수 있도록 하는 것은 '간접 제시'인 '보여주기(showing)'이다.

03 인물의 행동이나 말을 보고 독자가 직접 서술자의 성격이나 심리를 파악할 수 있도록 하는 것을 '말하기'라고 한다.

O | X

04
인물 간의 '대화'로 인물의 성격을 그리고 있지는 않다. '대화'가 아닌 서술자의 의식의 흐름에 따라 전개되고 있다.

04 대화로 인물의 성격을 그리고 있다.

2022 군무원 7급

> 인제 모든 것은 끝나는 것이다. 얼음장처럼 밑이 차다. 아무 생각도 없다. 전신의 근육이 감각을 잃은 채 이따금 경련을 일으킨다. 발자국 소리가 난다. 말소리도, 시간이 되었나 보다. 문이 삐그더거리며 열리고, 급기야 어둠을 헤치고 흘러 들어오는 광선을 타고 사닥다리가 내려올 것이다. 숨죽인 채 기다린다. 일순간이 지났다. 조용하다. 아무런 동정도 없다. 어쩐 일일까?
> ---몽롱한 의식의 착오 탓인가. 확실히 구둣발 소리다. 점점 가까워 오는 ---정확한---
> 그는 몸을 일으키려 애썼다. 고개를 들었다. 맑은 광선이 눈부시게 흘러 들어온다. 사닥다리다.
> "뭐 하고 있어! 빨리 나와!"
> 착각이 아니었다.
> 그들은 벌써부터 빨리 나오라고 고함을 지르며 독촉하고 있었다. 한 단 한 단 정신을 가다듬고, 감각을 잃은 무릎을 힘껏 괴어 짚으며 기어올랐다. 입구에 다다르자 억센 손아귀가 뒷덜미를 움켜쥐고 끌어당겼다. 몸이 밖으로 나가는 순간, 눈 속에서 그대로 머리를 박고 쓰러졌다. 찬 눈이 얼굴 위에 스치자 정신이 돌아왔다. 일어서야만 한다. 그리고 정확히 걸음을 옮겨야 한다. 모든 것은 인제 끝나는 것이다. 끝나는 그 순간까지 정확히 나를 끝맺어야 한다.
> – 오상원, 〈유예〉

O | X

[정답]
01 ○   02 ×   03 ×   04 ×

05 대화 장면을 자세하고 빈번하게 제시하여 인물들의 성격을 직접적으로 드러내고 있다.

2022 법원직 9급

05
인물 간의 '대화'보다는 한 인물의 '내면 심리'를 중심으로 이야기가 전개되고 있다.

> 구보는, 약간 자신이 있는 듯싶은 걸음걸이로 전차 선로를 두 번 횡단하여 화신상회 앞으로 간다. 그리고 저도 모를 사이에 그의 발은 백화점 안으로 들어서기조차 하였다. 젊은 내외가, 너댓 살 되어 보이는 아이를 데리고 그곳에 가 승강기를 기다리고 있었다. 이제 그들은 식당으로 가서 그들의 오찬을 즐길 것이다. 흘낏 구보를 본 그들 내외의 눈에는 자기네들의 행복을 자랑하고 싶어하는 마음이 엿보였는지도 모른다. 구보는, 그들을 업신여겨 볼까 하다가, 문득 생각을 고쳐, 그들을 축복하여 주려 하였다. 사실, 4, 5년 이상을 같이 살아왔으면서도, 오히려 새로운 기쁨을 가져 이렇게 거리로 나온 젊은 부부는 구보에게 좀 다른 의미로서의 부러움을 느끼게 하였는지도 모른다. 그들은 분명히 가정을 가졌고, 그리고 그들은 그곳에서 당연히 그들의 행복을 찾을게다.
>
> 승강기가 내려와 서고, 문이 열려지고, 닫혀지고, 그리고 젊은 내외는 수남이나 복동이와 더불어 구보의 시야를 벗어났다.
>
> 구보는 다시 밖으로 나오며, 자기는 어디 가 행복을 찾을까 생각한다. 발 가는 대로, 그는 어느 틈엔가 안전지대에 가 서서, 자기의 두 손을 내려다보았다. 한 손의 단장과 또 한 손의 공책과—물론 구보는 거기에서 행복을 찾을 수는 없다.
>
> 안전지대 위에, 사람들은 서서 전차를 기다린다. 그들에게, 행복은 알 수 없다. 그러나 그들은 분명히 갈 곳만은 가지고 있었다.
>
> 전차가 왔다. 사람들은 내리고 또 탔다. 구보는 잠깐 머엉하니 그곳에 서 있었다. 그러나 자기와 더불어 그곳에 있던 온갖 사람들이 모두 저 차에 오르는 것을 보았을 때, 그는 저 혼자 그곳에 남아 있는 것에 외로움과 애달픔을 맛본다. 구보는, 움직인 전차에 뛰어올랐다.
>
> – 박태원, 〈소설가 구보 씨의 일일〉

O | X

[정답]
05 ×

06

서술자가 인물의 심리를 직접 제시하지 않으며 인물들 사이의 대화를 통해 간접적으로 보여 주고 있다.

06 작품 속 서술자가 직접 특정 인물의 심리와 성격을 제시하고 있다. 2019 법원직 9급

> 권 씨는 수줍게 웃으며 길바닥 위에다 발부리로 뜻 모를 글씬지 그림인지를 자꾸만 그렸다. 먼지가 풀풀 이는 언덕길을 터벌터벌 올라왔을 터인데도 그의 구두는 놀랄 만큼 반짝거렸다. 나를 기다리는 동안 틀림없이 바짓가랑이 뒤쪽에 다 양쪽 발을 번갈아 가며 문지르고 있었을 것이었다.
>
> "십만 원 가까이 빌릴 수 없을까요!"
>
> 밑도 끝도 없이 그는 이제까지의 수줍음이 싹 가시고 대신 도발적인 감정 같은 걸로 그득 채워진 얼굴을 들어 내 면전에 대고 부르짖었다. 담배 한 대만 꾸자는 식으로 십만 원 소리가 허망히도 나왔다. 내가 잠시 어리둥절해 있는 사이에 그는 매우 사나운 기세로 말을 보태는 것이었다.
>
> "수술을 해야 된답니다. 엑스레이도 찍어 봤는데 아무 이상이 없답니다. 모든 게 다 정상이래요. 모체 골반두 넉넉허구요. 조기 파수도 아니구 전치태반도 아니구요. 쌍둥이는 더더욱 아니구요. 이렇게 정상적인 데도 이십사 시간이 넘두룩 배가 위에 달라붙는 경우는 태아가 돌다가 탯줄을 목에 감았을 때 뿐이랍니다. 제기랄, 탯줄을 목에 감았다는군요. 빨리 손을 쓰지 않으면 산모나 태아나 모두 위험하대요."
>
> – 윤흥길, 〈아홉 켤레의 구두로 남은 사내〉

O | X

07

'마름'인 장인이 미리부터 돈도 먹이고 술도 먹이고 하던 사람에게 소작을 준다는 내용(장인과 소작인들 사이의 뒷거래)이 "미리부터 돈도 먹이고 술도 먹이고 안달재신으로 돌아치던 놈이 그 땅을 슬쩍 돌아앉는다."라는 '나'의 서술에 나와 있기는 하지만(telling, 말하기), 이를 생생하게 묘사(showing, 보여주기)하여 제시하고 있지는 않다.

07 장인과 소작인들 사이의 뒷거래 장면을 '보여주기'의 방식으로 제시하고 있다. 2018 국가직 9급

> 마름인 장인께 닭 마리나 좀 보내지 않는다든가 애벌논 때 품을 좀 안 준다든가 하면 그해 가을에는 영락없이 땅이 뚝뚝 떨어진다. 그러면 미리부터 돈도 먹이고 술도 먹이고 안달재신으로 돌아치던 놈이 그 땅을 슬쩍 돌아앉는다.
>
> – 김유정, 〈봄·봄〉

O | X

[정답]

06 ×   07 ×

08 서술자가 과거 사건을 요약해서 전달하기 때문에, 이야기의 전개 속도가 빠르다.

2018 교육행정직 9급

> 양치한 물을 처치하려고 휘휘 둘러보다. 일어서서 노대로 성큼성큼 나간다. 노대는 현관 정통 위였다.
>
> 미스터 방이 그 걸쭉한 양칫물을 노대 아래로 아낌없이 좍 뱉는 바로 그 순간이었다. 그 순간이 공교롭게도, 마침 그를 찾으러 온 S 소위가 현관으로 일단 들어서려다 말고 (미스터 방이 노대로 나오는 기척이 들렸기 때문에) 뒤로서너 걸음 도로 물러나,
>
> "헬로."
>
> 부르면서 웃는 얼굴을 쳐드는 순간과 그만 일치가 되었다.
>
> "에구머니!
>
> 놀라 질겁을 하였으나 이미 뱉어진 양칫물은 퀴퀴한 냄새와 더불어 백절 폭포로 내리쏟아져 웃으면서 쳐드는 S 소위의 얼굴 정통에 가 좌르르.
>
> "유 데블!"
>
> 이 기급할 자식이라고 S 소위는 주먹질을 하면서 고함을 질렀고. 그 주먹이 쳐든 채 그대로 있다가, 일변 허둥지둥 버선발로 뛰쳐나와 손바닥을 싹싹 비비는 미스터 방의 턱을
>
> "상놈의 자식!"
>
> 하면서 철컥, 어퍼컷으로 한 대 갈겼더라고.
>
> ─ 채만식, 〈미스터 방〉

O | X

08
제시된 글은 주로 인물들 사이의 대화로 이루어져 있다는 점에서 '보여주기(showing)'의 방식을 취하고 있고, '말하기(telling)'의 방식(요약적 제시)을 취하고 있지 않다. '보여주기'의 방식은 대화와 행동으로 제시하기 때문에 전개 속도가 느린 반면, '말하기'는 서술자가 직접 설명해 주기 때문에 전개 속도가 빠르다.

[정답]

08 ✕

09 (가)와 (나)는 모두 '간접 제시'의 예이다.

> (가)   예진(豫診)은 젊은 의사들이 했다. 원장은 다만 기록된 진찰 카드에 따라 환자의 증세에 아울러 경제 정도를 판정하는 최종 진단을 내리면 된다.
>
>   – 전광용, 〈꺼삐딴 리〉
>
> (나)   이지적이요 이론적이기는 둘이 더하고 덜할 것이 없지마는, 다만 덕기는 있는 집 자식이요, 해사하게 생긴 그 얼굴 모습과 같이 명쾌한 가운데도 안존하고 순편한 편이요.
>
>   – 염상섭, 〈삼대〉

O | X

10 외모와 말투를 통해서 등장인물의 성격이 드러나고 있다.

그 녀석은 박 씨 앞에 삿대질을 하듯이 또 거쉰 소리를 질렀다. 검초록색 잠바에 통이 좁은 깜장색 바지 차림의 서른 남짓 되어 보이는 사내였다. 짧게 깎은 앞머리가 가지런히 일어서 있고 손에는 올이 굵은 깜장 모자를 들었다. 칼칼하게 야윈 몸매지만 서슬이 선 눈매를 지녔고, 하관이 빠르고 얼굴색도 까무잡잡하다. 앞니에 금니 두 개를 해 박았다. 구두가 인상적으로 싸늘하게 생겼다. 구둣방에 진열되어 있는 구두는 구두에 불과하지만 일단 사람의 발에 신기면 구두도 그 주인의 위인과 더불어 주인을 닮아 가게 마련이다. 끝이 뾰족하고 반들반들 윤기를 내고 있다.

헤프고 사근사근하고, 무르고, 게다가 병역 기피자인 박 씨는 대번에 꺼칠한 얼굴이 되었다. 처음부터 나오는 것이 예사 손님 같지는 않다.

"글쎄, 앉으십쇼, 빨리 해 드릴 테니."

"얼마나 빨리 되어? 몇 분에 될 수 있소?"

"허어, 이 양반이 참 급하기도."

"뭐? 이 양반? 얻다 대구 반말이야? 말 조심해."

앉았던 손님 두엇이 거울 속에서 힐끗 쳐다보았다. 그리고 거울 속에서 눈길이 부딪힐 듯하자 급하게 외면을 하였다. 세발대의 두 소년도 우르르 머리들을 이편으로 내밀고 구경을 하고 손이 빈 민 씨와 김 씨도 구석 쪽 빈 이발 의자에 앉아 묵은 신문을 보다가 말고 몸체만을 엉거주춤히 돌렸다.

– 이호철, 〈1965년, 어느 이발소에서〉

O | X

10
제시된 부분은 '외양 묘사, 대화, 행동'을 통해 등장인물을 소개하는 '간접 제시 방법(showing, 보여주기)'으로 인물을 보여주고 있다.

해커스공무원 혜원국어 적중 요점의 필수적 문학

PART 3

[정답]
10 O

4 갈등

내적 갈등	한 인물의 마음속에서 일어나는 갈등 예 집에 바로 들어갈까? 아니면 저녁을 먹고 들어갈까?	
외적 갈등	인물과 인물의 갈등	인물과 인물 사이에서 일어나는 갈등 예 김유정의 〈봄·봄〉에서 올해 결혼을 안 시켜준다는 '장인'과 올해 꼭 결혼을 하고 싶은 '나' 사이의 갈등
	인물과 사회의 갈등	인물이 자기가 속한 사회 안에서 겪는 갈등 예 채만식의 〈레디메이드 인생〉에서 '나'가 '일제강점기라는 사회'에서 조선인 지식인으로서 겪는 갈등
	인물과 운명의 갈등	자신에게 주어진 운명과의 갈등 예 김동리의 〈역마〉에서 '성기'는 떠돌아다니면서 살 수밖에 없는 '역마살'이라는 운명을 타고난 인물로, '성기'라는 '인물'이 '역마살'이라는 '운명' 앞에서 겪는 갈등
	인물과 자연의 갈등	자신이 처한 자연 환경과의 갈등 예 주로 지진, 태풍, 홍수처럼 '자연 재해' 속에서 '인간'이 겪는 갈등

01 한 인물의 내면에서 일어나는 갈등을 '내적 갈등'이라고 한다. ☐O ☐X

한 인물의 마음속에서 일어나는 갈등은 '내적 갈등'이 맞다.

02 철수와 영희가 싸웠다면, '인물과 인물의 갈등'이다. ☐O ☐X

02
철수와 영희는 각각의 인물이기 때문에, 인물과 인물의 갈등이 맞다.

03 <홍길동전>에서 서자 신분인 길동은 '인물과 자연의 갈등'을 겪었을 것이다. ☐O ☐X

03
길동은 '서자'라는 신분 때문에 아버지를 아버지라, 형을 형이라 부르지 못한다. 이는 사회적인 제도 때문에 생긴 갈등이므로, '인물과 사회의 갈등'이다.

04 등장인물 간의 대화를 통해 주인공의 내적 갈등이 해결되고 있다. 2023 지방직 9급

04
제시된 대화를 볼 때, 정절을 지키고자 하는 '춘향'과 그것을 꺾고자 하는 인물 간의 갈등이 드러난다. 춘향은 계속되는 매질에도 자신의 의지를 꺾고 있지 않다. 따라서 대화를 통해 내적 갈등이 해결되고 있다는 이해는 적절하지 않다.

> 매우 치라 소리 맞춰, 넓은 골에 벼락치듯 후리쳐 딱 붙이니, 춘향이 정신이 아득하여, "애고 이것이 웬일인가?" 일자(一字)로 운을 달아 우는 말이, "일편단심 춘향이 일정지심 먹은 마음 일부종사 하쟀더니 일신난처 이 몸인들 일각인들 변하리까? 일월 같은 맑은 절개 이리 힘들게 말으시오."
>
> "매우 치라." "꽤 때리오." 또 하나 딱 부치니, "애고." 이자(二字)로 우는구나. "이부불경 이내 마음 이군불사와 무엇이 다르리까? 이 몸이 죽더라도 이도령은 못 잊겠소. 이 몸이 이러한들 이 소식을 누가 전할까? 이왕 이리 되었으니 이 자리에서 죽여 주오."
>
> "매우 치라." "꽤 때리오." 또 하나 딱 부치니, "애고." 삼자(三字)로 우는구나. "삼청동 도련님과 삼생연분 맺었는데 삼강을 버리라 하소? 삼척동자 아는 일을 이내 몸이 조각조각 찢겨져도 삼종지도 중한 법을 삼생에 버리리까? 삼월삼일 제비같이 훨훨 날아 삼십삼천 올라가서 삼태성께 하소연할까? 애고애고 서러운지고."
>
> — 작자 미상, 〈춘향전〉

☐O ☐X

PART 3

해커스공무원 해원국어 적중 요소의 필수적 문학

(가)에는 '계월'과 '보국'의 갈등 상황이 드러난다. '계월'은 '보국'을 두고만 보지 않고, '보국'에게 호령하고, 보국은 겁을 내고 '계월'의 명령에 복종하고 있다. 따라서 ㉠ '계월'은 갈등 상황을 적극적으로 타개하고 있다고 볼 수 있다.

한편, (나)에는 '장끼'와 '까투리'의 갈등 상황이 드러난다. '까투리'는 '장끼'를 적극적으로 말리지는 않고 있다. 결국 '장끼'는 자기 고집대로 콩을 먹다가 죽음을 맞이하게 된다.

이를 볼 때, ㉡ '까투리'가 갈등 상황을 타개하는 데 ㉠ '계월'과 달리 소극적임을 알 수 있다.

05 ㉠이 갈등 상황을 타개하는 데 적극적인 반면, ㉡은 소극적이다.

(가)   ㉠ 계월이 여자 옷을 벗고 갑옷과 투구를 갖춘 후 용봉황월(龍鳳黃鉞)과 수기를 잡아 행군해 별궁에 자리를 잡았다. 그리고 군사를 시켜 보국에게 명령을 전하니 보국이 전해져 온 명령을 보고 화가 머리끝까지 났다. 그러나 보국은 예전에 계월의 위엄을 보았으므로 명령을 거역하지 못해 갑옷과 투구를 갖추고 군문에 대령했다.

이때 계월이 좌우를 돌아보며 말했다.

"보국이 어찌 이다지도 거만한가? 어서 예를 갖추어 보이라."

호령이 추상과 같으니 군졸의 대답 소리로 장안이 울릴 정도였다. 보국이 그 위엄을 보고 겁을 내어 갑옷과 투구를 끌고 몸을 굽히고 들어가니 얼굴에서 땀이 줄줄 흘러내렸다.

– 작자 미상, 〈홍계월전〉

(나)   장끼 고집 끝끝내 굽히지 아니하여 ㉡ 까투리 홀로 경황없이 물러서니, 장끼란 놈 거동 보소. 콩 먹으러 들어갈 제 열두 장목 펼쳐 들고 꾸벅꾸벅 고개 조아 조츰조츰 들어가서 반달 같은 혀뿌리로 들입다 꽉 찍으니, 두고 패 둥그레지며 … 〈중략〉 … 까투리 하는 말이

"저런 광경 당할 줄 몰랐던가. 남자라고 여자의 말 잘 들어도 패가하고, 계집의 말 안 들어도 망신하네."

까투리 거동 볼작시면, 상하평전 자갈밭에 자락머리 풀어 놓고 당굴당굴 뒹굴면서 가슴치고 일어앉아 잔디풀을 쥐어뜯어 애통하며, 두 발로 땅땅 구르면서 붕성지통(崩城之痛) 극진하니, 아홉 아들 열두 딸과 친구 벗님네들도 불쌍타 의논하며 조문 애곡하니 가련 공산 낙망천에 울음소리 뿐이로다.

– 작자 미상, 〈장끼전〉

O | X

> 이른바 규중 칠우는 부인네 방 가온데 일곱 벗이니 글하는 선배는 필묵과 조희 벼루로 문방사우를 삼았나니 규중 녀잰들 홀로 어찌 벗이 없으리오.
>
> 이러므로 침선(針線)의 돕는 유를 각각 명호를 정하여 벗을 삼을새, 바늘로 세요 각시라 하고, 침척(針尺)을 척 부인이라 하고, 가위로 교두 각시라 하고, 인도(引刀)로 인화 부인이라 하고, 달우리로 울 낭자라 하고, 실로 청홍흑백 각시라 하며, 골모로 감토 할미라 하여, 칠우를 삼아 규중 부인네 아침 소세를 마치매 칠위 일제히 모혀 종시하기를 한가지로 의논하여 각각 소임을 일워 내는지라.
>
> 일일은 칠위 모혀 침선의 공을 의논하더니 척 부인이 긴 허리를 자히며 이르되, …〈중략〉…
>
> 인화 낭재 이르되,
>
> "그대네는 다토지 마라. 나도 잠간 공을 말하리라. 미누비 세누비 눌로 하여 저가락같이 고으며, 혼솔이 나곧 아니면 어찌 풀로 붙인 듯이 고으리요. 침재(針才) 용속한 재 들락날락 바르지 못한 것도 내의 손바닥을 한번 씻으면 잘못한 흔적이 감초여 세요의 공이 날로 하여 광채 나나니라."
>
> — 작자 미상, 〈규중칠우쟁론기〉

O | X

PART 3

해커스공무원 해원국어 적중 요산의 필수적 문학

[정답]

06 ×

07
어린 시절의 경험을 바탕으로 '사랑의 가치와 중요성'이라는 주제를 드러내고 있을 뿐, 인물 간의 갈등을 직접적으로 드러내고 있지는 않다.

07 어린 시절의 경험을 바탕으로 인물 간의 갈등을 직접적으로 드러내고 있다. 2020 소방

"호오, 호오." 어린 마음에 할머니나 어머니의 입김이 와 닿기는 비단 다쳐서 아파할 때만이 아니었다. 화롯불에 파묻어 말랑말랑 익힌 감자나 밤을 꺼내 껍질을 벗겨 주시면서도 "호오, 호오." 입김을 불어 알맞게 식혀 주셨고, 끓는 국이나 찌개도 그렇게 식혀 주셨다. 먹고 싶은 걸 참느라 침을 꼴깍 삼키며 그분들의 입을 쳐다보면서도 어린 마음속엔 그분들에 대한 신뢰감이 싹텄었다.

…〈중략〉…

다쳐서 피가 났을 때 입김보다는 충분한 소독과 적당한 약이 더 좋다는 것도 잘 알고 있다. 그러나 텔레비전과 냉장고 속에 먹을 것만 있다면 어머니의 입김이 서리지 않은 집에서도 허전한 걸 모르는 아이들이 많아져 가고 있다는 것은 문제가 아닐 수 없다. 그런 아이는 처음부터 입김이 주는 살아 있는 평화를 모르는 아이일지도 모르기 때문이다. 입김이란 곧 살아 있는 표시인 숨결이고 사랑이 아닐까? 싸우지 않고 미워하지 않고 심심해하지 않는 것이 평화가 아니라 그런 일이 입김 속에서, 즉 사랑 속에서 될 수 있는 대로 활발하게 일어나는 것이 평화가 아닌지.

세상이 아무리 달라져도 사랑이 없는 곳에 평화가 있다는 것은 억지밖에 안 되리라. 숨결이 없는 곳에 생명이 있다면 억지인 것처럼.

– 박완서, 〈사랑의 입김〉

〔O | X〕

[정답]
07 ×

달밤이었으나 어떻게 해서 그렇게 됐는지 지금 생각해도 도무지 알 수 없었다.

허 생원은 오늘 밤도 또 그 이야기를 끄집어내려는 것이다. 조 선달은 친구가 된 이래 귀에 못이 박히도록 들어 왔다. 그렇다고 싫증을 낼 수도 없었으나 허 생원은 시치미를 떼고 되풀이할 대로는 되풀이하고야 말았다.

"달밤에는 그런 이야기가 격에 맞거든."

조 선달 편을 바라는 보았으나 물론 미안해서가 아니라 달빛에 감동하여서였다. 이지러는졌으나 보름을 가제 지난 달은 부드러운 빛을 흐뭇이 흘리고 있다. 대화까지는 칠십 리의 밤길, 고개를 둘이나 넘고 개울을 하나 건너고 벌판과 산길을 걸어야 된다. 달은 지금 긴 산허리에 걸려 있다. 밤중을 지난 무렵인지 죽은 듯이 고요한 속에서 짐승 같은 달의 숨소리가 손에 잡힐 듯이 들리며, 콩 포기와 옥수수 잎새가 한층 달에 푸르게 젖었다. 산허리는 온통 메밀밭이어서 피기 시작한 꽃이 소금을 뿌린 듯이 흐뭇한 달빛에 숨이 막힐 지경이다. 붉은 대궁이 향기같이 애잔하고 나귀들의 걸음도 시원하다. 길이 좁은 까닭에 세 사람은 나귀를 타고 외줄로 늘어섰다. 방울 소리가 시원스럽게 딸랑딸랑 메밀밭께로 흘러간다. 앞장선 허 생원의 이야기 소리는 꽁무니에 선 동이에게는 확적히는 안 들렸으나, 그는 그대로 개운한 제멋에 적적하지는 않았다.

— 이효석, 〈메밀꽃 필 무렵〉

O | X

08

제시된 부분에서는 '인물 간의 갈등'이 드러나지 않는다.

다만 다음 장터로 가는 길에 허 생원과 조 선달, 동이가 동행하고 있으며, 서정적이고 낭만적으로 묘사된 메밀꽃이 핀 산길을 배경으로 허 생원이 오래전 자신의 추억을 들려주기 시작하고 있다.

[정답]

08 ×

09
등장인물 간의 갈등의 내용은 제시된 글에 나타나지 않는다. 오히려 눈 내리는 밤, 시골의 간이역 대합실에서 막차를 기다리는 고단한 사람들의 쓸쓸한 내면 심리를 보여주고 있다.

09 등장인물들 사이의 갈등이 없이 이야기가 전개되고 있다.

작은 산골 간이역에서 제시간에 정확히 도착하는 완행열차를 보기가 그리 쉬운 일은 아님을 익히 알고 있는 탓이다. 더구나 오늘은 눈까지 내리고 있지 않은가. …〈중략〉… 지금 대합실에 남아 있는 사람은 모두 다섯이다. 한가운데에 톱밥 난로가 놓여 있고 그 주위로 세 사람이 달라붙어 있다.

출감한 지 며칠이 지났건만 사내는 감방 밖에서 보낸 그간의 시간이 오히려 꿈처럼 현실감이 없다. 사내는 출감 후부터 자꾸만 무엇인가 대단히 커다란 것을 빼앗겼다는 느낌을 감출 수가 없었다. 감방 안에서 사내는 손바닥 안에 움켜진 모래알이 빠져나가듯 하릴없이 축소되어 가고 있는 자기 몫의 삶의 부피를 안타깝게 저울질해 보곤 했다. …〈중략〉…

대학생에겐 삶은 이 세상과 구별할 수 없는 그 무엇이다. 스물넷의 나이인 그에게는 세상 돌아가는 내력을 모르고, 아니 모른 척하고 산다는 것은 절대로 용서할 수 없다. 그런 삶은 잠이다. 마취 상태에 빠져 흘려보내는 시간일 뿐이라고 청년은 믿고 있다. 하지만 그는 얼마 전부터 그런 확신이 조금씩 흔들리기 시작하는 걸 느끼고 있다. 유치장에서 보낸 한 달 남짓한 기억과 퇴학, 끓어오르는 그들의 신념과는 아랑곳없이 이루어지고 있는 강의실 밖의 질서…… 그런 것들이 자꾸만 청년의 시야를 어지럽히고 혼란을 일으키고 있는 중이다.

– 임철우, 〈사평역〉

O | X

10
주된 갈등은 '인물과 사회의 갈등'이다. "인테리가 아니었다면 차라리 ~ 노동자가 되었을 것인데 ~"를 통해 지식인이어서 오히려 일자리를 구할 수 없는 모습을 제시하여 '식민지 지식인'이 겪는 '사회'와의 갈등을 나타내고 있다.

10 제시된 작품의 주된 갈등은 '인물과 운명 사이의 갈등'이다.

인테리…… 인테리 중에도 아무런 손끝의 기술이 없이 대학이나 전문학교의 졸업증서 한 장을 또는 조그마한 보통 상식을 가진 직업 없는 인테리…… 해마다 천여 명씩 늘어가는 인테리…… 뱀을 본 것은 이들 인테리다.

부르죠아지의 모든 기관이 포화상태가 되어 더 수효가 아니 느니 그들은 결국 꾀임을 받아 나무에 올라갔다가 흔들리우는 셈이다. 개밥의 도토리다.

인테리가 아니었으면 차라리…… 노동자가 되었을 것인데 인테리인지라 그 속에는 들어갔다가도 도로 달아나오는 것이 99프로다. 그 나머지는 모두 어깨가 축 처진 무직 인테리요 무기력한 문화 예비군 속에서 푸른 한숨만 쉬는 초상집의 주인 없는 개들이다. 레디메이드 인생이다.

– 채만식, 〈레디메이드 인생〉

O | X

[정답]

09 ○ 10 ×

5 구성 방식

순행적 구성	사건이 시간의 순서대로 전개되는 구성, '과거 – 현재 – 미래'의 이야기가 순서대로 진행되는 구성 ★ 고전 소설은 주로 '순행적 구성'이다.
역순행적 구성	사건이 시간의 순서대로 전개되지 않는 구성, '현재 – 과거 – 미래'처럼 이야기의 전개 순서가 물리적인 시간과 다르게 진행되는 구성
액자식 구성	이야기 속에 또 다른 이야기가 포함되어 있는 구성 ★ 바깥 이야기를 '외화', 안 이야기를 '내화'라고 한다. [대표작] · 김만중의 <구운몽>: '현실 – 꿈 – 현실'의 구성 · 김동인의 <배따라기>: '현재 – 과거 – 현재'의 구성
의식의 흐름 구성	주인공의 내면 의식이 흘러가는 대로 서술하는 구성 [대표작] · 박태원의 <소설가 구보씨의 일일> · 이상의 <날개> · 오상원의 <유예>
일대기적 구성	인물의 출생부터 사망까지의 일대기를 서술하는 구성 ★ 고전 소설은 주로 '일대기적 구성'이다.
영웅 일대기적 구성	'고귀한 혈통 → 비정상적 출생 → 어려서 버려짐 → 탁월한 능력 → 시련을 겪음 → 조력자를 만남 → 시련을 극복하고 승리함'의 구성 예 <주몽신화><table><tr><td>고귀한 혈통</td><td>주몽의 아버지는 '해모수'이고, 어머니는 '유화'로 둘 다 신의 자식들이다.</td></tr><tr><td>비정상적인 출생</td><td>주몽은 '알'로 태어났다.</td></tr><tr><td>어려서 버려짐</td><td>'알'로 태어난 게 불길하다고 여겨 버려졌다.</td></tr><tr><td>탁월한 능력</td><td>'주몽'은 어려서부터 '활쏘기' 능력이 탁월했다.</td></tr><tr><td>시련을 겪음</td><td>'주몽'을 시기하는 무리들에 의해 쫓기게 된다.</td></tr><tr><td>조력자를 만남</td><td>물고기와 자라가 다리를 놓아주어 위기에서 벗어난다.</td></tr><tr><td>시련을 극복하고 승리함</td><td>고구려를 건국하고 왕이 된다.</td></tr></table>
옴니버스식 구성	'같은 주제 + 독립된 이야기 + 별개의 인물'로 구성 [대표작] · <봉산탈춤>
피카레스크식 구성	'같은 주제 + 독립된 이야기 + 동일한 인물'로 구성 [대표작] · 조세희의 <난쟁이가 쏘아 올린 작은 공> · 박태원의 <천변 풍경>
여로형 구성	여행 과정에 따라 서술하는 구성 ⇨ 꼭 '여행'이 아니더라도 '이동'이 나타나고 그 '과정'에 따라 사건이 전개된다면 '여로형 구성'이다. [대표작] · 염상섭의 <만세전>: '일본 → 조선 → 일본'의 동선 · 김승옥의 <무진기행>: '떠남 → 체험 → 돌아옴'의 동선 · 황석영의 <삼포 가는 길>: '고향'으로 돌아가는 동선

환몽 구성	'현실 – 꿈 – 현실'의 구성 **[대표작]** · 김만중의 <구운몽> · <조신전>
적강 구성	주인공이 천상계에서 지상계로 추방당하는, 혹은 신선이 인간 세상에 내려오거나 사람으로 태어나는 내용의 구성 ★ 고전 소설 중 '영웅 소설'의 경우 '적강 구성'이 많다. ★ <조웅전>은 영웅 소설이지만, 적강 구성은 아니다. **[대표작]** · <유충렬전> · <최고운전> · <숙향전> ※ 설화적 화소: 기아(버려진 아이), 금기(해서는 안 되는 행위가 존재), 보은(은혜를 갚음), 적강 등

01 주인공의 내면 의식의 흐름에 따라 서술하는 것을 '순행적 구성'이라 한다. ☐ O | X

01
주인공의 내면 의식의 흐름에 따라 서술하는 것은 '의식의 흐름 구성'이다.

02 '현실 - 꿈 - 현실'로 구성된 김만중의 <구운몽>은 액자식 구성이자 환몽 구성이다. ☐ O | X

02
이야기 속에 이야기가 포함되었다는 점에서 액자식 구성이고, '현실 – 꿈 – 현실'의 구성이라는 점에서 환몽 구성도 맞다.

03 영웅 일대기적 구성에서는 인물의 탄생부터 다룬다. ☐ O | X

03
'일대기'라는 말 자체가 '출생부터 사망까지'이므로 인물의 탄생부터 다룬다는 설명은 옳다.

04 제시된 작품은 역순행적 구성을 통해 사건 전개에 입체감을 드러낸다. 2020 경찰 2차

04
시간 순서대로 전개되고 있다. 따라서 역순행적 구성이라는 설명은 적절하지 않다.

> 차설*. 울대 군중에 명령하여 일시에 불을 지르니, 화약 터지는 소리 산천이 무너지는 듯하고, 불이 사면으로 일어나며 화광이 충천하니, 부인이 계화를 명하여 부적을 던지고, 왼손에 홍화선을 들고, 오른손에 백화선을 들고, 오색 실을 매어 화염 중에 던지니, 문득 피화당으로부터 큰바람이 일며 도리어 오랑캐 중으로 불길이 일며 오랑캐 군사가 불 속에 들어 천지를 분변치 못하니 불에 타 죽는 자가 부지기수라. 울대 대경하여 앙천탄식하기를, "기병하여 조선에 왔으나 이곳에 와 여자를 만나 불쌍한 동생을 죽이고 무슨 면목으로 임금과 귀비를 뵈오리오." 하더라.
>
> – 작자 미상, 〈박씨전〉
>
> ─────
> * 차설(且說): 화제를 돌려 다른 이야기를 꺼낼 때, 앞서 이야기하던 내용을 그만둔다는 뜻으로 다음 이야기의 첫머리에 쓰는 말 ≒ 각설

☐ O | X

[정답]
01 × 02 ○ 03 ○ 04 ×

PART 3

해커스공무원 혜원국어 적중 요신의 필수적 문학

05

제시된 작품은 '액자식 구성'이 아니다. 따라서 '내부의 이야기'와 '외부의 이야기'의 교차는 나타나지 않는다.
다만, 과거의 회상을 통해 현재는 물질적 풍요로움에 익숙해져서 '사랑과 평화의 입김'이 사라져 가는 것을 과거와 대조하며 비판하고 있다.

05 내부의 이야기와 외부의 이야기를 반복적으로 교차하고 있다.

"호오, 호오." 어린 마음에 할머니나 어머니의 입김이 와 닿기는 비단 다쳐서 아파할 때만이 아니었다. 화롯불에 파묻어 말랑말랑 익힌 감자나 밤을 꺼내 껍질을 벗겨 주시면서도 "호오, 호오." 입김을 불어 알맞게 식혀 주셨고, 끓는 국이나 찌개도 그렇게 식혀 주셨다. 먹고 싶은 걸 참느라 침을 꼴깍 삼키며 그분들의 입을 쳐다보면서도 어린 마음속엔 그분들에 대한 신뢰감이 싹텄었다.

···〈중략〉···

어린 날, 내가 누렸던 평화를 생각할 때마다 어린 날의 커다란 상처로부터 일용할 양식, 필요한 물건, 입고 다니던 옷, 그리고 식구들 사이, 집안 속 가득히 고루 스며있던 어머니의 입김, 그 따스한 숨결이 어제인 듯 되살아난다. 그것을 빼놓고 평화란 상상도 할 수 없다. 싸우지 않고 다투지 않고 슬퍼하지 않은 어린 날이 어디 있으랴. 다만 그런 일이 어머니의 입김 속에서 이루어졌기 때문에 행복과 평화로 회상되는 것이 아닐까?

그러고 보니 내 자식들이나 내 손자들이 훗날 그들의 어린 날을 어떻게 기억할지 문득 궁금하고 한편 조심스러워진다. 나보다는 내 자식들이, 내 자식들보다는 내 손자들이 따뜻한 입김의 덕을 덜 보고 자라는 게 아닌가 싶다. 하지만 그것이 부모의 허물만은 아니다. 요즘에는 아이들에게 필요한 모든 것이 구태여 입김을 거칠 필요 없이 대량으로 생산되기 때문이다. 아이들을 가르치는 법까지도 매스컴이나 그 밖의 정보를 통해 대량으로 전달되기 때문에 집집마다 대대로 물려오는 입김이 서린 가풍(家風)마저 소멸해 가고 있다. 아이들은 어머니의 입김이 서리지 않은 음식을 먹고도 배부르고, 어머니의 입김이 서리지 않은 옷을 입고도 등이 따뜻하고 예쁘다.

다쳐서 피가 났을 때 입김보다는 충분한 소독과 적당한 약이 더 좋다는 것도 잘 알고 있다. 그러나 텔레비전과 냉장고 속에 먹을 것만 있다면 어머니의 입김 서리지 않은 집에서도 허전한 걸 모르는 아이들이 많아져 가고 있다는 것은 문제가 아닐 수 없다. 그런 아이는 처음부터 입김이 주는 살아 있는 평화를 모르는 아이일지도 모르기 때문이다. 입김이란 곧 살아 있는 표시인 숨결이고 사랑이 아닐까? 싸우지 않고 미워하지 않고 심심해하지 않는 것이 평화가 아니라 그런 일이 입김 속에서, 즉 사랑 속에서 될 수 있는 대로 활발하게 일어나는 것이 평화가 아닐는지.

세상이 아무리 달라져도 사랑이 없는 곳에 평화가 있다는 것은 억지밖에 안 되리라. 숨결이 없는 곳에 생명이 있다면 억지인 것처럼.

– 박완서, 〈사랑의 입김〉

O | X

[정답]

05 ×

06 의식의 흐름에 따라 내면이 드러나고 있다.

> 우리 부부는 숙명적으로 발이 맞지 않는 절름발이인 것이다. 내나 아내나 제 거동에 로직을 붙일 필요는 없다. 변해할 필요도 없다. 사실은 사실대로 오해는 오해대로 그저 끝없이 발을 절뚝거리면서 세상을 걸어가면 되는 것이다. 그렇지 않을까?
>
> 그러나 나는 이 발길이 아내에게로 돌아가야 옳은가 이것만은 분간하기가 좀 어려웠다. 가야 하나? 그럼 어디로 가나?
>
> 이때 뚜우 하고 정오 사이렌이 울었다. 사람들은 모두 네 활개를 펴고 닭처럼 푸드덕거리는 것 같고 온갖 유리와 강철과 대리석과 지폐와 잉크가 부글부글 끓고 수선을 떨고 하는 것 같은 찰나! 그야말로 현란을 극한 정오다.
>
> 나는 불현듯 겨드랑이가 가렵다. 아하, 그것은 내 인공의 날개가 돋았던 자국이다. 오늘은 없는 이 날개, 머릿속에서는 희망과 야심이 말소된 페이지가 딕셔너리 넘어가듯 번뜩였다.
>
> 나는 걷던 걸음을 멈추고 그리고 일어나 한 번 이렇게 외쳐 보고 싶었다.
>
> 날개야 다시 돋아라. / 날자. 날자. 날자. 한 번만 더 날자꾸나.
>
> 한 번만 더 날아 보자꾸나.
>
> — 이상, 〈날개〉

O | X

06

주인공 '나'의 의식의 흐름에 따라 내면을 드러내고 있다.

이상의 〈날개〉에는 신변잡기적인 이야기들이 특별한 연계성 없이 '나'의 '의식의 흐름'에 따라 강물이 흘러가듯 연속적으로 제시되는 '의식의 흐름 기법'이 나타난다.

---

07 중심 인물의 의식의 흐름에 따라 사건을 서술하고 있다.

> 몽롱한 의식 속에 갓 지나간 대화가 오고 간다. 한 시간 후면 모든 것은 끝나는 것이다. 사박사박 걸음을 옮길 때마다 발밑에 부서지던 눈, 그리고 따발총구를 등 뒤에 느끼며 앞장서 가는 인민군 병사를 따라 무너진 초가집 뒷담을 끼고 이 움 속 감방으로 오던 자신이 마음속에 삼삼히 아른거린다. 한 시간 후면 나는 그들에게 끌려 예정대로의 둑길을 걸어가고 있을 것이다. 몇 마디 주고받은 다음, 대장은 말할 테지. 좋소. 뒤를 돌아다보지 말고 똑바로 걸어가시오. 발자국마다 사박사박 눈 부서지는 소리가 날 것이다. 아니, 어쩌면 놈들은 내 옷에 탐이 나서 홀랑 빨가벗겨서 걷게 할지도 모른다(찢어지기는 하였지만 아직 빛깔이 제 빛인 미(美) 전투복이니까……). 나는 빨가벗은 채 추위에 살이 빨가니 얼어서 휜둑길을 걸어간다. 수 발의 총성, 나는 그대로 털썩 눈 위에 쓰러진다. 이윽고 붉은 피가 하이얀 눈을 호젓이 물들여 간다. 그 순간 모든 것은 끝나는 것이다. 놈들은 멋쩍게 총을 다시 거꾸로 둘러메고 본대로 돌아들 간다. 발의 눈을 털고 추위에 손을 비벼 가며 방 안으로 들어들 갈 테지. 몇 분 후면 그들은 화롯불에 손을 녹이며 아무 일도 없었던 듯 담배들을 말아 피우고 기지개를 할 것이다.
>
> — 오상원, 〈유예〉

O | X

07

'나'의 의식의 흐름에 따라 이야기가 전개된다. 인민군에게 포로로 잡힌 '나'가 처형당하기 전 주어진 '유예'의 시간 동안 내면에서 일어나는 기억과 현실 그리고 미래에 대한 추측이 '의식의 흐름 기법'을 통해 제시되고 있다.

[정답]

06 ○ 07 ○

그날 밤은 역 앞의 조고만 여관에서 노독을 풀고, 이튿날 아침차로 떠나서 저녁에는 연락선을 타게 되었다.

하관(下關)에 도착하니, 방죽이 터져 나오듯 일시에 꾸역꾸역 쏟아져 나오는 시꺼먼 사람 떼에 섞이어서 나는 연락선 대합실 앞까지 왔다.

어디를 가나, 그 머릿살 아픈 형사 떼의 승강이를 받기가 싫어서 배로 바로 들어가고 싶었으나, 배에는 아직 들이지 않기에, 나는 하는 수 없이 대합실로 들어갔다. 벤또나 살까 하고 매점 앞에 가서 섰으려니까 어느 틈에 벌써 알아차렸는지 인버네스를 입은 낯 서툰 친구가 와서 모자를 벗으며 끄덕 하고 국적이 어디냐고 묻는다. 나는 암말 아니 하고 한참 쳐다보다가, 명함을 꺼내서 주고 훌쩍 가게로 돌아서 버렸다.

"본적은?"

내 명함을 받아 들고 내가 흥정을 다 하기까지 기다리고 있던 인버네스는 또 괴롭게 군다. 나는 그래도 역시 잠자코 그 명함을 도로 빼앗아서 주소를 써서 주고는, 사놓았던 물건을 들고 짐 놓는 자리로 와서 앉았다. 그러나 궐자는 또 쫓아와서,

"나이는? 학교는? 무슨 일로? 어디까지……."

하며 짓궂이 승강이를 부린다. 나는 실없이 화가 나서 그까짓 건 물어 무엇에 쓰려느냐고 소리를 지르고 싶었으나 꾹 참고 간단간단히 응대를 하여 주고 부리나케 짐을 들고 대합실 밖으로 나와 버렸다. …〈중략〉…

"조선은 지금쯤 꽤 출걸?"

"그렇지만 온돌이 있으니까, 방 안에만 들어엎디었으면 십상이지."

조선 사정에 익은 듯한 상인 비슷한 위인이 받는다.

"응, 참 온돌이란 게 있다지."

촌뜨기가 이렇게 말을 하니까, 나하고 마주 앉았는 자가 암상스러운 눈으로 그자를 말끔히 쳐다보더니,

"당신 처음이슈?"

하며 말참례를 하기 시작한다. 남을 멸시하고 위압하려는 듯한 어투며 뾰족한 조동아리가 물어 보지 않아도 빚놀이쟁이의 거간이거나 그 따위 종류라고 나는 생각하였다.

"이 추위에 어째 나섰소? 어딜 가슈?"

"대구에 형님이 계신데 어머님이 편치 않으셔서 가는 길이죠."

"마침 잘 되었소그려. 나도 대구까지 가는 길인데. 그래 백씨께서는 무얼 하슈?"

"헌병대에 계시죠."

"네? 바로 대구분대에 계신가요? 네…… 그러면 실례입니다만, 백씨께서는 누구신지? 뭘로 계셔요?"

시골자의 형이 헌병대에 있다는 말에, 나하고 마주 앉은 자는 반색을 하면서 금시로 말씨가 달라진다. 나는 그자의 대추씨 같은 얼굴을 또 한번 쳐다보지 않을 수 없었다. …〈중략〉…

사실 말이지, 나는 그 소위 우국지사(憂國志士)는 아니나 자기가 망국(亡國) 백성이라는 것은 어느 때나 잊지 않고 있기는 하다. 학교나 하숙에서 지내는 데는 일본 사람과 오히려 서로 통사정을 하느니만치 좀 낫다. 그러나 그 외의 경우의 고통은 참을 수 없는 때가 많다.

― 염상섭, 〈만세전〉

O | X

08
제시된 부분을 통해 '하관'에서 '나'가 배를 타고 조선으로 건너가고 있음을 알 수 있다. 작품 전체로는 '나'가 '동경'에서 '서울'로 왔다가 다시 '동경'으로 돌아간다. 주인공의 여정을 따라 전개되기 때문에 여로형 소설이 맞다.

09 '꿈 → 현실 → 꿈'의 환몽 구성이다.

2018 경찰 1차

말을 맞지 못하여서 구름이 걷히니 호승이 간 곳이 없고, 좌우를 돌아보니 팔 낭자가 또한 간 곳이 없는지라 정히 경황(驚惶)하여 하더니, 그런 높은 대와 많은 집이 일시에 없어지고 제 몸이 한 작은 암자 중의 한 포단 위에 앉았으되, 향로(香爐)에 불이 이미 사라지고, 지는 달이 창에 이미 비치었더라.

스스로 제 몸을 보니 일백여덟 낱 염주(念珠)가 손목에 걸렸고, 머리를 만지니 갓 깎은 머리털이 가칠가칠하였으니 완연히 소화상의 몸이요, 다시 대승상의 위의(威儀) 아니니, 정신이 황홀하여 오랜 후에 비로소 제 몸이 연화 도량(道場) 성진 행자인 줄 알고 생각하니, 처음에 스승에게 수책(受責)하여 풍도(酆都)로 가고, 인세(人世)에 환도하여 양가의 아들 되어 장원 급제 한림학사하고, 출장입상(出將入相)하여 공명신퇴(功名身退)하고, 양 공주와 육 낭자로 더불어 즐기던 것이 다 하룻밤 꿈이라 마음에 이 필연(必然) 사부가 나의 염려(念慮)를 그릇함을 알고, 나로 하여금 이 꿈을 꾸어 인간 부귀와 남녀 정욕(情欲)이 다 허사인 줄 알게 함이로다.

― 김만중, 〈구운몽〉

O | X

09
〈구운몽〉은 현실(천상)의 '성진'이 꿈에서 '소유'의 삶(인세=속세)을 살다가 다시 현실로 돌아오는 환몽 구성의 소설이다. 따라서 '현실 → 꿈 → 현실'의 환몽 구성이라고 해야 옳은 진술이 된다.

[정답]
08 O   09 ×

10 '고귀한 혈통 → 비정상적 출생 → 어려서 버려짐 → 탁월한 능력 → 시련을 겪음 →
조력자를 만남 → 시련을 극복하고 승리함'의 구성으로 전개되는 작품이다.

> 왕의 여러 아들과 신하들이 주몽을 장차 죽일 계획을 하니, 주몽의 어머니가
> 이 기미를 알고 말했다. "지금 나라 안 사람들이 너를 해치려고 하는데, 네 재주
> 와 지략(智略)을 가지고 어디를 가면 못 살겠느냐. 빨리 이곳을 떠나도록 해라."
> 이에 주몽은 오이(烏伊) 등 세 사람을 벗으로 삼아 엄수(淹水)에 이르러 물을 보
> 고 말했다. "나는 천제의 아들이요, 하백의 손자이다. 오늘 도망해 가는 데 뒤
> 쫓는 자들이 거의 따라오게 되었으니 어찌하면 좋겠느냐." 말을 마치니 물고기
> 와 자라가 다리를 만들어 주어 건너게 하고, 모두 건너자 이내 풀어 버려 뒤쫓
> 아 오던 기병(騎兵)은 건너지 못했다. 이에 주몽은 졸본주에 이르러 도읍을 정
> 했다. 그러나 미처 궁실(宮室)을 세울 겨를이 없어서 비류수(沸流水) 위에 집을
> 짓고 살면서 국호를 고구려(高句麗)라 하고, 고(高)로 씨(氏)를 삼았다 ― 본성
> (本姓)은 해(解)였다. 그러나 지금 천제의 아들을 햇빛을 받아 낳았다 하여 스스
> 로 고로 씨를 삼은 것이다 ―. 이때의 나이 12세로서, 한(漢)나라 효원제(孝元
> 帝) 건소(建昭) 2년 갑신(甲申)에 즉위하여 왕이라 일컬었다.
>
> ― 작자 미상, 〈주몽 신화〉

O | X

염상섭, 〈만세전〉

갈래	중편 소설, 사실주의 소설, 여로형 소설
성격	사실적, 현실 비판적
배경	· 시간: 1918년 겨울(3·1 운동 직전) · 공간: 동경과 서울
시점	1인칭 주인공 시점
주제	지식인의 눈으로 바라본 식민지 조선의 암담한 현실
특징	① 주인공을 통해 당시 지식인들의 나약하고 무기력한 모습을 나타냄. ② 여로형 구조를 사용하여 주인공의 현실 인식 변화와 자아 각성 과정을 보여줌.
출전	"신생활"(1922)

[01~02] 다음 글을 읽고 물음에 답하시오.

(가)　망국 백성이 된 지 벌써 근 십년 동안 인제는 무관심하도록 주위가 관대하게 내버려 두었었다. 도리어 소학교 시대에는 일본 교사와 충돌을 하여 퇴학을 하고 조선 역사를 가르치는 사립학교로 전학을 한다는 등, 솔직한 어린 마음에 애국심이 비교적 열렬하였지마는, 차차 지각이 나자마자 일본으로 건너간 뒤에는 간혹 심사 틀리는 일을 당하거나 일 년에 한 번씩 귀국하는 길에 하관에서나 부산, 경성에서 조사를 당하고 성이 가시게 할 때에는 귀찮기도 하고 분하기도 하지마는 그때뿐이요, 그리 적개심이나 반항심을 일으킬 기회가 적었었다. 적개심이나 반항심이란 것은 압박과 학대에 정비례하는 것이나, 기실 그것은 민족적으로 활로를 얻는 유일한 수단이다. ㉠ 그러나 칠 년이나 가까이 일본에 있는 동안에, 경찰관 이외에는 나에게 그다지 민족 관념을 굳게 의식케 하지 않았을 뿐 아니라 원래 정치 문제에 흥미가 없는 나는 그런 문제로 머리를 썩여 본 일이 거의 없었다 하여도 가할 만큼 정신이 마비되었었다. 그러나 요새로 와서 나의 신경은 점점 흥분하여 가지 않을 수가 없다. 지금도 목욕탕 속에서 듣는 말마다 귀에 거슬리지 않는 것이 없지마는, 그것은 될 수 있으면 많은 조선 사람이 듣고 오랜 몽유병에서 깨어날 기회를 주었으면 하는 생각을 자아낼 뿐이다.

(나)　정거장 문 밖으로 나서서 눈을 바삭바삭 밟으며 큰 길거리로 나가니까 칠 년 전에 일본으로 달아날 제, 오정 때 대전에 내려서 점심을 사 먹던 그 집이 어디인지 방면도 알 수 없이 시가(市街)가 변하였다. 길 맞은편으로 쭉 늘어선 것은 빈지를 들였으나 모두가 신축한 일본 사람 상점이다. 우동을 파는 구루마가 찔렁찔렁 흔드는 요령 소리만이 괴괴한 거리에 처량하다. 열네다섯쯤에 말도 모르고 단신 일본으로 공부 간다는 데에 호기심이 있었던지 친절히 대접을 해 주던, 그때의 그 주막집 주인 내외가 그립다.

　다시 돌려 들어오며 보니, 찻간에서 무슨 대수색을 하는지 승객들은 아직도 아니 들여보내고, 결박을 지은 여자는 업은 아이가 깨어서 보채니까 일어서서 서성거린다.

　'젖이나 먹이라고 좀 풀어 줄 일이지.' 하는 생각을 하니 곁에 시퍼렇게 얼어서 앉은 순사가 불쌍하다가도 밉살맞다. 목책 안으로 들어오며 건너다보니까 차장실 속에 있던 두 청년과 헌병도 여전히 이야기를 하고 섰다. 나는 까닭 없이 처량한 생각이 가슴에 복받쳐 오르면서 한편으로는 무시무시한 공기에 몸이 떨린다.

젊은 사람들의 얼굴까지 시든 배춧잎 같고 주눅이 들어서 멀거니 앉았거나, 그렇지 않으면 빌붙는 듯한 천한 웃음이나 '헤에' 하고 싱겁게 웃는 그 표정을 보면 가엾기도 하고, 분이 치밀어 올라와서 소리라도 버럭 질렀으면 시원할 것 같다.

'이게 산다는 꼴인가? 모두 뒈져 버려라!'

찻간 안으로 들어오며 나는 혼자 속으로 외쳤다.

'무덤이다! 구더기가 끓는 무덤이다!'

– 염상섭, 〈만세전〉

01 (가)의 ㉠에 나타난 '나'의 태도와 가장 유사한 것은?

① 밤의 식료품 가게 / 케케묵은 먼지 속에
죽어도 하루 더 손때 묻고 / 터무니없이 하루 더 기다리는 북어들,
북어들의 일개 분대가 / 나란히 꼬챙이에 꿰어져 있었다.

– 최승호, 〈북어〉

② 인생(人生)은 살기 어렵다는데
시(詩)가 이렇게 쉽게 씌어지는 것은
부끄러운 일이다.

– 윤동주, 〈쉽게 씌어진 시〉

③ 기침을 하자 / 젊은 시인이여 기침을 하자
눈 위에 대고 기침을 하자 / 눈더러 보라고 마음 놓고 마음 놓고
기침을 하자

– 김수영, 〈눈〉

④ 시를 공부하겠다는 / 미친 제자와 앉아
커피를 마신다 / 제일 값싼
프란츠 카프카

– 오규원, 〈프란츠 카프카〉

02 (나)에 대한 설명으로 가장 적절하지 않은 것은?

① 공간과 시선의 이동에 따라 내용을 전개하고 있다.
② 내적 독백 방식을 사용하여 고조된 감정을 드러내고 있다.
③ 이야기 내부의 서술자가 자신의 심리를 직접적으로 서술하고 있다.
④ 대비되는 인물에 대한 묘사를 통해 변해버린 현실의 모습을 부각하고 있다.

01

그나마 ㉠ 앞부분에서는 '나'가 현실에 대해 '울분'이라도 느꼈다면, ㉠에서는 아예 식민지 현실 상황에 무관심하고, 무비판적이었음을 알 수 있다. 따라서 밤의 식료품 가게에 놓인 말라비틀어진 '북어'와 '나'의 태도가 비슷하다고 볼 수 있다.

오답체크
② 자신의 삶을 성찰하며 반성하는 태도를 보이고 있다.
③ 순수한 삶에 대한 강한 열망을 드러내고 있다.
④ 물질적 가치만을 중시하는 현실에 대한 화자의 비판적인 태도가 드러난다.

02

(나)에서 변해버린 현실에 대한 서술은 대비되는 인물에 대한 묘사가 아니라 '나'가 바라보는 거리 풍경에 대한 묘사를 통해 이루어지고 있다.

오답체크
① "정거장 문 밖으로 나서서", "다시 돌려 들어오며 보니"를 통해 '나'가 공간을 이동하면서, 그 공간 속에서 마주하는 대상을 시선의 이동에 따라 서술하고 있음을 알 수 있다. 이처럼 '나'는 공간을 이동하면서 마주하는 대상을 시선의 이동에 따라 서술하면서 자신의 심리를 드러내고 있다.
② "'이게 산다는 꼴인가? 모두 뒈져 버려라!' 찻간 안으로 들어오며 나는 혼자 속으로 외쳤다. '무덤이다! 구더기가 끓는 무덤이다!'"에서 고조된 감정을 내적 독백의 방식으로 드러내고 있음을 알 수 있다.
③ "주인 내외가 그립다.", "순사가 불쌍하다가도 밉살맞다.", "버럭 질렀으면 시원할 것 같다." 등을 통해 '나'의 심리를 직접적으로 서술하고 있음을 알 수 있다.

[정답]

01 ① 02 ④

[03~04] 다음 글을 읽고 물음에 답하시오.

"모친까장 돌아갔구마."

"돌아가실 때 흰죽 한 모금도 못 자셨구마."

하고 이야기하던 이는 문득 말을 뚝 끊는다. 나는 무엇이라고 위로할 말을 몰랐다. 한동안 머뭇머뭇이 있다가 나는 차를 탈 때에 친구들이 사준 정종병 마개를 빼었다. 찻잔에 부어서 ㉠그도 마시고 나도 마셨다. 악착한 운명이 던져 준 깊은 슬픔을 술로 녹이려는 듯이 연거푸 다섯 잔을 마시는 그는 다시 말을 계속하였다. 그 후 그는 부모 잃은 땅에 오래 머물기 싫었다. 신의주로, 안동현으로 품을 팔다가 일본으로 또 벌이를 찾아가게 되었다. 규슈 탄광에 있어도 보고, 오사까 철공장에도 몸을 담아 보았다. 벌이는 조금 나았으나 외롭고 젊은 몸은 자연히 방탕해졌다. 돈을 모으려야 모을 수 없고 이따금 울화만 치받치기 때문에 한곳에 주접을 하고 있을 수 없었다. 화도 나고 고국산천이 그립기도 하여서 훌쩍 뛰어나왔다가 오래간만에 고향을 둘러보고 벌이를 구할 겸 서울로 올라가는 길이라 했다.

"고향에 가시니 반가워하는 사람이 있습디까?"

나는 탄식하였다.

"반가워하는 사람이 다 뭔기오, 고향이 통 없어졌더마."

"그렇겠지요. 9년 동안이나 퍽 변했겠지요."

"변하고 뭐고 간에 아무것도 없더마. 집도 없고, 사람도 없고, 개 한 마리도 얼씬을 않더마."

"그러면, 아주 폐농이 되었단 말씀이오?"

"흥, 그렇구마. 무너지다 만 담만 즐비하게 남았드마. 우리 살던 집도 터야 안 남았는기오, 암만 찾아도 못 찾겠더마. 사람 살던 동리가 그렇게 된 것을 혹 구경했는기오?"

하고 그의 짜는 듯한 목은 높아졌다.

"썩어 넘어진 서까래, 뚤뚤 구르는 주추는! 꼭 무덤을 파서 해골을 헐어 젖혀 놓은 것 같다마. 세상에 이런 일도 있는기오? 백여 호 살던 동리가 10년이 못 되어 통 없어지는 수도 있는기오, 후!"

하고 그는 한숨을 쉬며, 그때의 광경을 눈앞에 그리는 듯이 멀거니 먼산을 보다가 내가 따라 준 술을 꿀꺽 들이켜고,

"참! 가슴이 터지더마, 가슴이 터져"

하자마자 굵직한 눈물 둬 방울이 뚝뚝 떨어진다.

나는 그 눈물 가운데 음산하고 비참한 조선의 얼굴을 똑똑히 본 듯싶었다.

– 현진건, 〈고향〉

03 제시된 작품에 대한 설명으로 가장 적절하지 않은 것은?

① 1인칭 관찰자 시점이다.

② 사투리를 사용하여 현실감을 더하고 있다.

③ 인물의 과거를 요약하여 압축적으로 전달하고 있다.

④ 인물 간의 대립을 통해 중심 사건이 속도감 있게 전개되고 있다.

04 <보기>의 시적 화자를 ⓛ이라고 할 때, 밑줄 친 ㉠과 비교한 내용으로 가장 적절한 것은?

> **보기**
>
> 고향에 고향에 돌아와도
> 그리던 고향은 아니러뇨.
>
> 산꿩이 알을 품고
> 뻐꾸기 제철에 울건만.
>
> 마음은 제 고향 지니지 않고
> 머언 항구로 떠도는 구름.
>
> 오늘도 뫼 끝에 홀로 오르니
> 흰 점 꽃이 인정스레 웃고.
>
> 어린 시절에 불던 풀피리 소리 아니 나고
> 메마른 입술에 쓰디쓰다.
>
> 고향에 고향에 돌아와도
> 그리던 하늘만이 높푸르구나.
>
> – 정지용, 〈고향〉

① ㉠과 ⓛ 모두 과거의 추억을 통해 위로받고 있다.

② ㉠과 ⓛ 모두 상실된 고향을 복구하려 노력하고 있다.

③ ㉠은 현실의 상황에 적극적이고 능동적인 태도를, ⓛ은 소극적이고 수동적인 태도를 보인다.

④ ㉠은 현실의 고향이 황폐화된 것으로 인해, ⓛ은 의식 속 고향과 현실의 고향이 다른 것으로 인해 낙담하고 있다.

03

인물 간의 대립은 나타나지 않는다. 또 '대화'를 통해 이야기가 전개되고 있기 때문에, 사건이 속도감 있게 전개되는 것도 아니다.

오답체크

① 서술자인 '나'가 작품 속 다른 인물인 '그'를 관찰하고 있다. 따라서 1인칭 관찰자 시점이 맞다.

② '그'가 쓰는 사투리를 통해 현실감이 더해진다.

③ "신의주로, 안동현으로 품을 팔다가 일본으로 또 벌이를 찾아가게 되었다. ~ 벌이를 구할 겸 서울로 올라가는 길이라 했다."에서 '나'가 '그'의 과거를 요약하여 압축적으로 전달하고 있다.

04

㉠의 '그'는 극심한 수탈을 피해 이주한 서간도에서 고생을 겪은 후 유랑하다가 귀향했으나 폐허가 되어 버린 고향을 보고 낙담하고 있다. 한편, <보기>의 시적 화자는 예전과 다르지 않은 고향의 자연을 마주하게 되지만 '어린 시절'로 상징되는 자신의 마음의 고향을 찾을 수 없음으로 인해 낙담하고 있다.

오답체크

① ㉠과 ⓛ 모두 과거의 추억을 통해 위로받고 있지는 않다.

② ㉠과 ⓛ 모두 상실된 고향을 복구하려 노력하고 있지는 않다.

③ ㉠과 ⓛ 모두 낙담하고 있을 뿐, 적극적 태도를 취하고 있지는 않다.

[05~06] 다음 글을 읽고 물음에 답하시오.

가뜩이나 말 한마디 톡톡히 못 한다고 바보라는데 매까지 잠자코 맞는 걸 보면 짜정 바보로 알 게 아닌가. 또 점순이도 미워하는 이까진 놈의 장인님 나곤 아무것도 안 되니까 막 때려도 좋지만, 사정 보아서 수염만 채고(제 원대로 했으니까 이때 점순이는 퍽 기뻤겠지.) 저기까지 잘 들리도록

"이걸 까셀라 부다!"

하고 소리를 쳤다.

장인님은 더 약이 바짝 올라서 잡은 참 지게막대기로 내 어깨를 그냥 나려갈겼다. 정신이 다 아찔하다. 다시 고개를 들었을 때 그때엔 나도 온몸에 약이 올랐다. 이 녀석의 장인님을, 하고 눈에서 불이 퍽 나서 그 아래 밭 있는 넝알로 그대로 떼밀어 굴려 버렸다.

기어오르면 굴리고 굴리면 기어오르고 이러길 한 너덧 번을 하며 그럴 적마다

"부려만 먹구 왜 성례 안 하지유!"

나는 이렇게 호령했다. 하지만, 장인님이 선뜻 오냐 낼이라두 성례시켜 주마 했으면 나도 성가신 걸 그만두었을지 모른다. 나야 이러면 때린 건 아니니까 나중에 장인 쳤다는 누명도 안 들을 터이고 얼마든지 해도 좋다.

한번은 장인님이 헐떡헐떡 기어서 올라오더니 내 바짓가랑이를 요렇게 노리고서 단박 움켜잡고 매달렸다. 악, 소리를 치고 나는 그만 세상이 다 팽그르 도는 것이

"빙장님! 빙장님! 빙장님!"

"이 자식! 잡아먹어라, 잡아먹어!"

"아! 아! 할아버지! 살려 줍쇼, 할아버지!"

하고 두 팔을 허둥지둥 내저을 적에는 이마에 진땀이 쭉 내솟고 인젠 참으로 죽나 부다 했다. 그래두 장인님은 놓질 않드니 내가 기어이 땅바닥에 쓰러져서 거진 까무러치게 되니까 놓는다. 더럽다, 더럽다. 이게 장인님인가?

나는 한참을 못 일어나고 쩔쩔맸다. 그러다 얼굴을 드니(눈에 참 아무것도 보이지 않았다.) 사지가 부르르 떨리면서 나도 엉금엉금 기어가 장인님의 바짓가랑이를 꽉 움키고 잡아낚았다.

내가 머리가 터지도록 매를 얻어맞은 것이 이 때문이다. 그러나 여기가 또한 우리 장인님이 유달리 착한 곳이다. 여느 사람이면 사경을 주어서라도 당장 내쫓았지, 터진 머리를 불솜으로 손수 지져 주고, 호주머니에 히연 한 봉을 넣어 주고, 그리고

"올 갈엔 꼭 성례를 시켜 주마. 암말 말구 가서 뒷골의 콩밭이나 얼른 갈아라."

하고 등을 뚜덕여 줄 사람이 누구냐.

나는 장인님이 너무나 고마워서 어느덧 눈물까지 났다. 점순이를 남기고 인젠 내쫓기려니 하다 뜻밖의 말을 듣고,

"빙장님! 인제 다시는 안 그러겠어유……."

이렇게 맹서를 하며 불랴살야 지게를 지고 일터로 갔다.

– 김유정, 〈봄·봄〉

05 제시된 작품의 '시점'과 그 효과에 대한 설명으로 가장 적절한 것은?

① 1인칭 주인공 시점 – 주변인물이 중심인물이 겪은 사건을 객관적으로 서술함으로써 인물에 대해 객관적으로 인식할 수 있다.

② 1인칭 관찰자 시점 – 서술자가 인물의 심리를 깊게 드러내 보임으로써 인물에 대한 독자의 이해를 돕고 있다.

③ 1인칭 주인공 시점 – 서술자가 자신이 겪은 일을 직접 서술함으로써 주인공의 심리를 쉽게 파악할 수 있다.

④ 1인칭 관찰자 시점 – 인물과 사건을 객관적으로 서술함으로써 독자가 직접 바라보고 있는 것 같은 느낌이 들게 하고 있다.

06 제시된 작품의 주된 갈등 양상은?

① 내적 갈등

② 개인과 사회의 갈등

③ 개인과 자연의 갈등

④ 개인과 개인의 갈등

05

제시된 작품은 주인공인 '나'가 '나'의 이야기를 하는 것이므로, '1인칭 주인공 시점'이다. 1인칭 주인공 시점은 서술자가 자신이 겪은 일을 직접 서술함으로써 독자는 주인공의 심리를 쉽게 파악할 수 있다.

오답체크

① 주변 인물이 중심 인물이 겪은 사건을 객관적으로 서술함으로써 인물에 대한 객관적으로 인식할 수 있는 것은 '1인칭 관찰자 시점'이다.

② 서술자가 인물의 심리를 깊게 드러내 보임으로써 인물에 대한 독자의 이해를 돕는 것은 '전지적 작가 시점'이다.

④ 인물과 사건을 객관적으로 서술함으로써 독자가 직접 바라보고 있는 것 같은 느낌이 들게 하는 것은 '3인칭 관찰자 시점'이다.

06

점순과의 '성례(결혼)'를 두고, '나'와 '장인'은 갈등을 겪고 있다. 따라서 인물과 인물, 즉 개인과 개인의 갈등이 나타난다.

[정답]

05 ③　06 ④

이효석, 〈메밀꽃 필 무렵〉

갈래	단편 소설, 순수 소설, 낭만주의 소설
성격	서정적, 낭만적, 묘사적
배경	• 시간: 1920년대 어느 여름날의 낮부터 밤까지 • 공간: 강원도 봉평에서 대화 장터로 가는 길
시점	전지적 작가 시점
주제	떠돌이 삶의 애환과 육친의 정(情)
특징	① 암시와 여운을 남기는 결말 구성을 취함. ② 전지적 서술자가 등장인물의 행동과 심리를 서술함. ③ 서정적이며 시적인 문체를 구사하여 배경을 낭만적으로 묘사함.
출전	"조광"(1936)

[07~08] 다음 글을 읽고 물음에 답하시오.

드팀전 장돌림을 시작한 지 이십 년이나 되어도 허 생원은 봉평장을 **빼논** 적은 드물었다 충주, 제천 등의 이웃 군에도 가고, 멀리 영남 지방도 헤매기는 하였으나, 강릉쯤에 물건 하러 가는 외에는 처음부터 끝까지 군내를 돌아다녔다. ㉠ 닷새만큼씩의 장날에는 달보다도 확실하게 면에서 면으로 건너간다. 고향이 청주라고 자랑삼아 말하였으나, 고향에 돌보러 간 일도 있는 것 같지는 않았다.

장에서 장으로 가는 길의 아름다운 강산이 그대로 그에게는 그리운 고향이었다. 반날 동안이나 뚜벅뚜벅 걷고 장터 있는 마을에 거지 반 가까웠을 때 지친 나귀가 한바탕 우렁차게 울면—더구나 그것이 저녁녘이어서 등불들이 어둠 속에 깜박거릴 무렵이면 ㉡ 늘 당하는 것이건만 허 생원은 변치 않고 언제든지 가슴이 뛰놀았다.

젊은 시절에는 알뜰하게 벌어 돈푼이나 모아 둔 적도 있기는 있었으나, 읍내에 백중이 열린 해 호탕스럽게 놀고 투전을 하여 사흘 동안에 다 털어 버렸다. 나귀까지 팔게 된 판이었으나 애끊는 정분에 그것만은 이를 물고 단념하였다. 결국 도로 아미타불로 장돌림을 다시 시작할 수밖에는 없었다. 짐승을 데리고 읍내를 도망해 나왔을 때에는 '너를 팔지 않기 다행이었다.'고 길가에서 울면서 짐승의 등을 어루만졌던 것이었다. 빚을 지기 시작하니 재산을 모을 염은 당초에 틀리고 간신히 입에 풀칠을 하러 장에서 장으로 돌아다니게 되었다.

호탕스럽게 놀았다고는 하여도 계집 하나 후려 보지는 못하였다. 계집이란 쌀쌀하고 매정한 것이었다. 평생 인연이 없는 것이라고 신세가 서글퍼졌다. ㉢ 일신에 가까운 것이라고는 언제나 변함없는 한 필의 당나귀였다.

그렇다고는 하여도 꼭 한 번의 첫 일을 잊을 수는 없었다. 뒤에도 처음에도 없는 단 한 번의 괴이한 인연. 봉평에 다니기 시작한 젊은 시절의 일이었으나 그것을 생각할 적만은 그도 산 보람을 느꼈다.

"달밤이었으나 어떻게 해서 그렇게 됐는지 지금 생각해두 도무지 알 수 없어."

허 생원은 오늘 밤도 또 그 이야기를 끄집어내려는 것이다.

조 선달은 친구가 된 이래 귀에 못이 박이도록 들어 왔다. 그렇다고 싫증을 낼 수도 없었으나 허 생원은 시침을 떼고 되풀이할 대로는 되풀이하고야 말았다.

…〈중략〉…

길이 좁은 까닭에 세 사람은 나귀를 타고 외줄로 늘어섰다. 방울소리가 시원스럽게 딸랑딸랑 메밀밭께로 흘러간다. 앞장 선 허 생원의 이야기 소리는 꽁무니에 선 동이에게는 확적히는 안 들렸으나, 그는 그대로 개운한 제멋에 적적하지는 않았다.

"장 선 꼭 이런 날 밤이었네. 객줏집 토방이란 무더워서 잠이 들어야지. 밤중은 돼서 혼자 일어나 개울가에 목욕하러 나갔지. 봉평은 지금이나 그제나 마찬가지나 보이는 곳마다 메밀밭이어서 개울가 어디 없이 하얀 꽃이야. 돌밭에 벗어도 좋을 것을, 달이 너무도 밝은 까닭에 옷을 벗으러 물방앗간으로 들어가지 않았나. 이상한 일도 많지. 거기서 난데없는 성 서방네 처녀와 마주쳤단 말이네. 봉평서야 제일 가는 일색이었지……."

"팔자에 있었나 부지."

아무렴 하고 응답하면서 말머리를 아끼는 듯이 한참이나 담배를 빨 뿐이었다.

㉣ 구수한 자줏빛 연기가 밤기운 속에 흘러서는 녹았다.

– 이효석, 〈메밀꽃 필 무렵〉

07 다음 글의 내용과 일치하는 것은?

① 동이는 허 생원의 이야기에 호기심을 보이고 있다.

② 허 생원은 장사로 한때는 돈을 모아 본 적도 있었다.

③ 허 생원은 고향을 떠난 뒤에도 자주 고향을 방문했었다.

④ 조 선달은 허 생원의 과거 이야기를 들어본 적이 없었다.

08 ㉠~㉣ 중 <보기>의 밑줄 친 부분과 관련이 깊은 것은?

> **보기**
>
> 소설의 서술 방식에는 사건이나 인물에 관해 설명하듯이 이야기를 하는 방식과 장면이나 상황을 그림을 그리듯이 묘사하여 보여 주는 방식 등이 있다. 장면을 묘사하여 보여 주는 방식은 상황이나 장면을 생생하게 제시해 주는 반면 사건의 진행 속도는 느리게 이루어진다.

① ㉠   ② ㉡

③ ㉢   ④ ㉣

07

3문단의 "젊은 시절에는 알뜰하게 벌어 돈푼이나 모아 둔 적 있기는 있었으나"를 통해, 허생원이 장사로 한때는 돈을 모아 본 적도 있었음을 알 수 있다.

오답체크

① "앞장 선 허 생원의 이야기 소리는 꿈무니에 선 동이에게는 확적히는 안 들렸으나"를 볼 때, 동이가 허 생원의 이야기에 호기심을 보이고 있다는 것은 제시된 글의 내용과 일치하지 않는다.

③ 1문단의 "고향이 청주라고 자랑삼아 말하였으나, 고향에 돌보러 간 일도 있는 것 같지는 않았다."를 볼 때, 허 생원이 고향을 자주 방문하지 않았음을 알 수 있다.

④ "허 생원은 오늘 밤도 또 그 이야기를 끄집어내려는 것이다."와 "조 선달은 친구가 된 이래 귀에 못이 박이도록 들어 왔다."를 볼 때, 조 선달은 허 생원의 과거 이야기를 수차례 들어왔음을 알 수 있다.

08

<보기>에서 설명한 '장면이나 상황을 그림을 그리듯이 묘사하여 보여 주는 방식(showing, 보여주기)'이 나타난 것은 ㉣이다. ㉣을 제외한 ㉠~㉢은 서술자가 사건이나 인물에 대해 설명하듯이 진술하고 있는 부분으로 '전지적 작가 시점'에 의한 '말하기(stelling)', 즉 '직접 제시'에 해당한다.

이상, 〈날개〉

갈래	단편 소설, 심리 소설
성격	고백적, 상징적
배경	• 시간: 1930년대 어느 날 • 공간: 경성(서울)
시점	1인칭 주인공 시점
주제	무력한 삶과 자아 분열 속에서 벗어나 본래의 자아를 찾고자 하는 의지
특징	① 내적 독백을 중심으로 주인공의 의식의 흐름에 따라 서술됨. ② 상징적 장치를 통해 식민지 지식인의 어두운 내면을 드러냄.
출전	"조광"(1936)

[09~10] 다음 글을 읽고 물음에 답하시오.

'박제(剝製)가 되어 버린 천재(天才)'를 아시오? 나는 유쾌하오. 이런 때 연애(戀愛)까지가 유쾌하오.

㉠ 육신(肉身)이 흐느적흐느적하도록 피로(疲勞)했을 때만 정신(精神)이 은화(銀貨)처럼 맑소. 니코틴이 내 횟배 앓는 뱃속으로 스미면 머릿속에 으레 백지(白紙)가 준비(準備)되는 법이오. 그 위에다 나는 위트와 파라독스를 바둑 포석(布石)처럼 늘어놓소. 가공(可恐)할 상식(常識)의 병(病)이오. …〈중략〉…

여러 번 자동차에 치일 뻔하면서 나는 그래도 경성역을 찾아갔다. 빈자리와 마주 앉아서 이 쓰디쓴 입맛을 거두기 위하여 무엇으로나 입가심을 하고 싶었다.

커피. 좋다. 그러나 경성역 홀에 한 걸음을 들여놓았을 때 나는 내 주머니에는 돈이 한 푼도 없는 것을, 그것을 깜박 잊었던 것을 깨달았다. 또 아뜩하였다. 나는 어디선가 그저 맥없이 머뭇머뭇하면서 어쩔 줄을 모를 뿐이었다. 얼빠진 사람처럼 그저 이리 갔다 저리 갔다 하면서…….

나는 어디로 어디로 들입다 쏘다녔는지 하나도 모른다. 다만 몇 시간 후에 내가 미쓰코시 옥상에 있는 것을 깨달았을 때는 거의 대낮이었다.

나는 거기 아무 데나 주저앉아서 내 자라 온 스물여섯 해를 회고하여 보았다. 몽롱한 기억 속에서는 이렇다는 아무 제목도 불거져 나오지 않았다.

나는 또 내 자신에게 물어보았다. 너는 인생에 무슨 욕심이 있느냐고. 그러나 있다고도 없다고도, 그런 대답은 하기가 싫었다. 나는 거의 나 자신의 존재를 인식하기조차도 어려웠다.

허리를 굽혀서 나는 그저 금붕어를 들여다보고 있었다. 금붕어는 참 잘들도 생겼다. 작은 놈은 작은 놈대로 큰 놈은 큰 놈대로 다 싱싱하니 보기 좋았다. 내리비치는 5월 햇살에 금붕어들은 그릇 바탕에 그림자를 내려뜨렸다. 지느러미는 하늘하늘 손수건을 흔드는 흉내를 낸다. 나는 이 지느러미 수효를 헤아려 보기도 하면서 굽힌 허리를 좀처럼 펴지 않았다. 등허리가 따뜻하다.

나는 또 회탁의 거리를 내려다보았다. 거기서는 피곤한 생활이 똑 금붕어 지느러미처럼 흐늑흐늑 허비적거렸다. 눈에 보이지 않는 끈적끈적한 줄에 엉켜서 헤어나지들을 못한다. 나는 피로와 공복 때문에 무너져 들어가는 몸뚱이를 끌고 그 회탁의 거리 속으로 섞여 들어가지 않는 수도 없다 생각하였다.

– 이상, 〈날개〉

09 제시된 작품의 서술상의 특징으로 가장 적절하지 않은 것은?

① 독자와 서술자의 거리가 가깝게 느껴진다.

② 다른 인물에 대한 관찰로 이야기가 전개되고 있다.

③ 주관적인 내면세계를 의식의 흐름에 따라 서술하고 있다.

④ 독백적인 어조로 현실과 단절된 의식 상태를 표현하고 있다.

10 ㉠과 유사한 주된 표현 방식이 쓰인 것은?

보기

> ⓐ 나는 아직 기다리고 있을 테요, 찬란한 슬픔의 봄을.
>
> — 김영랑, 〈모란이 피기까지는〉
>
> ⓑ 그대 떠난 뒤에도
>   내 그대를 사랑하기에 아직 늦지 않으리.
>
> — 정호승, 〈이별 노래〉
>
> ⓒ 인제는 돌아와 거울 앞에 선
>   내 누님같이 생긴 꽃이여.
>
> — 서정주, 〈국화 옆에서〉
>
> ⓓ 그곳 바다인들 어느 바다와 다를까요
>   검은 개펄에 작은 게들이 구멍 속을 들락거리고
>   언제나 바다는 멀리서 진펄에 몸을 뒤척이겠지요
>
> — 이성복, 〈서해〉

① ⓐ, ⓑ   ② ⓐ, ⓒ

③ ⓑ, ⓓ   ④ ⓒ, ⓓ

PART 3

해커스공무원 혜원국어 적중 요신의 필수적 문학

박태원, 〈소설가 구보씨의 일일〉

갈래	중편 소설, 심리 소설, 모더니즘 소설, 세태 소설
성격	관찰적, 심리적, 묘사적
배경	• 시간: 1930년대의 어느 날 • 공간: 서울 시내
시점	전지적 작가 시점
주제	1930년대 무력한 소설가의 눈에 비친 도시의 일상과 그의 내면 의식
특징	① 한 인물의 의식의 흐름에 따라 서사가 진행됨. ② 당대 서울의 모습과 세태를 구체적으로 보여 줌. ③ 하루에 걸쳐 원점으로 회귀하는 여로 구조를 보임.
출전	"조선중앙일보"(1934)

[11~12] 다음 글을 읽고 물음에 답하시오.

조그만

한 개의 기쁨을 찾아, 구보는 남대문을 안에서 밖으로 나가보기로 한다. 그러나 그곳에는 불어드는 바람도 없이, 양옆에 웅숭그리고 앉아 있는, 서너 명의 지게꾼들의 그 모양이 맥없다.

구보는 고독을 느끼고, 사람들 있는 곳으로, 약동하는 무리들이 있는 곳으로, 가고 싶다 생각한다. 그는 눈앞의 ⊙ 경성역을 본다. 그곳에는 마땅히 인생이 있을 게다. 이 낡은 서울의 호흡과 또 감정이 있을 게다. 도회의 소설가는 모름지기 이 도회의 항구와 친하여야 한다. 그러나 물론 그러한 직업의식은 어떻든 좋았다. 다만 구보는 고독을 삼등 대합실 군중 속에 피할 수 있으면 그만이다. 그러나 오히려 고독은 그곳에 있었다.

구보가 한옆에 끼어 앉을 수도 없게시리 사람들은 그곳에 빽빽하게 모여 있어도, 그들의 누구에게서도 인간 본래의 온정을 찾을 수는 없었다. 그들은 거의 옆의 사람에게 한마디 말을 건네는 일도 없이, 오직 자기네들 사무에 바빴고, 그리고 간혹 말을 건네도, 그것은 자기네가 타고 갈 열차의 시각이나 그러한 것에 지나지 않았다. 그네들의 동료가 아닌 사람에게 그네들은 변소에 다녀올 동안의 그네들 짐을 부탁하는 일조차 없었다. 남을 결코 믿지 않는 그네들의 눈은 보기에 딱하고 또 가엾었다.

– 박태원, 〈소설가 구보씨의 일일〉

11 제시된 작품의 서술상의 특징으로 가장 적절한 것은?

① 인물을 희화화하여 현실을 비판하고 있다.

② 작중 인물들 간의 내적 갈등을 주로 묘사하고 있다.

③ 주인공의 눈을 통해 관찰된 내용들이 의식의 흐름을 통해 표현되고 있다.

④ 서술자가 인물을 객관적으로 묘사하여 독자가 직접 바라보는 듯한 느낌이 들게 한다.

11

제시된 작품은 전지적 작가 시점이지만, 서술의 초점이 주인공의 의식이기 때문에 마치 주인공의 눈을 통해 관찰된 것 같은 내용들이나 생각들이 서술자를 통해 표현되는 '초점화' 방식이 쓰였다.

오답체크

① 인물을 희화화(웃기게 표현)한 부분은 확인할 수 없다.

② 작품 내 인물의 '내적 갈등'은 나타난다고 볼 수 있다. 그러나 작중 인물은 '구보' 1명뿐이다. 따라서 인물들 간의 내적 갈등을 주로 묘사하고 있다는 설명은 옳지 않다.

④ 서술자가 인물을 객관적으로 묘사하고, 독자가 인물을 직접 바라보고 있는 것 같은 느낌을 주는 것은 3인칭 관찰자 시점의 특징이다.

[정답]

11 ③

12 '구보'가 ⑤에서 느낀 감정을 가장 잘 표현한 작품은?

① 홀로 있는 시간은
　쓸쓸하지만 아름다운
　호수가 된다.

– 이해인, 〈고독을 위한 의자〉

② 울지 마라
　외로우니까 사람이다
　살아간다는 것은 외로움을 견디는 일이다

– 정호승, 〈수선화에게〉

③ 본래 그 마음은 깨끗함을 즐겨 하여
　정(淨)한 모래 틈에 뿌리를 서려 두고
　미진(微塵)도 가까이 않고 우로(雨露) 받아 사느니라

– 이병기, 〈난초〉

④ 숲에 가 보니 나무들은
　제가끔 서 있더군
　제가끔 서 있어도 나무들은
　숲이었어
　광화문 지하도를 지나며
　숱한 사람들이 만나지만
　왜 그들은 숲이 아닌가
　이 메마른 땅을 외롭게 지나치며
　낯선 그대와 만날 때
　그대와 나는 왜
　숲이 아닌가

– 정희성, 〈숲〉

12

구보는 남대문에서 기쁨을 찾지 못하자 경성역으로 나가며 그곳에 가면 역동적인 삶을 사는 사람들이 있을 것이라고 추측했다. 그러나 "그러나 오히려 고독은 그곳에 있었다."라는 서술을 볼 때, '경성역'에서도 구보는 '고독감'을 느낄 뿐이다. 따라서 숲을 이루고 살아가는 나무와, 숲을 이루지 못하고 외롭게 살아가는 인간을 대비하여 현대인들의 소외와 고독을 그리고 있는 ④가 '구보'가 ⑤에서 느꼈을 감정을 가장 잘 표현한 작품이라 할 수 있다.

오답체크
① 화자는 '홀로 있는 시간'을 아름답다고 표현하고 있다. 따라서 '고독'을 긍정하고 있는 것이기 때문에, ⑤에서 '구보'가 느꼈을 감정과는 차이가 있다.
② 화자는 '외로움'을 수용하는 태도를 가지라고 말하고 있다는 점에서, ⑤에서 '구보'가 느꼈을 감정과는 차이가 있다.
③ '난초'의 고결한 생태를 예찬하고 있을 뿐, 고독감과는 거리가 멀다. 따라서 ⑤에서 '구보'가 느꼈을 감정과는 차이가 있다.

[정답]
12 ④

김승옥, 〈무진기행〉

갈래	단편 소설
성격	회고적, 독백적
배경	• 시간: 1960년대 • 공간: 무진(霧津)
시점	1인칭 주인공 시점
주제	현실 속에 던져진 자기 존재의 파악
특징	① 서정적이고 몽환적인 분위기가 강함. ② '나'의 심리 묘사를 중심으로 이야기가 전개됨.
출전	"사상계"(1964)

[01~02] 다음 글을 읽고 물음에 답하시오.

　　버스가 산모퉁이를 돌아갈 때 나는 〈무진 Mujin 10km〉라는 이정비(里程碑)를 보았다. 그것은 옛날과 똑같은 모습으로 길가의 잡초 속에서 튀어나와 있었다. 내 뒷좌석에 앉아 있는 사람들 사이에서 다시 시작된 대화를 나는 들었다.

　　"앞으로 십 킬로 남았군요."

　　"예, 한 삼십 분 후에 도착할 겁니다."

　　그들은 농사 관계의 시찰원들인 듯했다. 아니 그렇지 않은지도 모른다. 그러나 하여튼 그들은 색 무늬 있는 반소매 셔츠를 입고 있었고 데드롱직(織)의 바지를 입었고 지나쳐오는 마을과 들과 산에서 아마 농사 관계의 전문가들이 아니면 할 수 없는 관찰을 했고 그것을 전문적인 용어로 얘기하고 있었다. 광주(光州)에서 기차를 내려서 버스로 갈아탄 이래, 나는 그들이 시골사람들답지 않게 앉은 목소리로 점잔을 빼면서 얘기하는 것을 반수면(半睡眠) 상태 속에서 듣고 있었다. 버스 안의 좌석들은 많이 비어 있었다. 그 시찰원들의 대화에 의하면 농번기이기 때문에 사람들이 여행을 할 틈이 없어서라는 것이었다.

　　"무진엔 명산물이…… 뭐 별로 없지요?"

　　그들은 대화를 계속하고 있었다.

　　"별게 없지요. 그러면서도 그렇게 많은 사람들이 살고 있다는 건 좀 이상스럽거든요."

　　"바다가 가까이 있으니 항구로 발전할 수도 있었을 텐데요?"

　　"가 보시면 아시겠지만 그럴 조건이 되어 있는 것도 아닙니다. 수심(水深)이 얕은 데다가 그런 얕은 바다를 몇 백 리나 밖으로 나가야만 비로소 수평선이 보이는 진짜 바다다운 바다가 나오는 곳이니까요."

　　"그럼 역시 농촌이군요."

　　"그렇지만 이렇다 할 평야가 있는 것도 아닙니다."

　　"그럼 그 오륙만이 되는 인구가 어떻게들 살아가나요?"

　　"그러니까 그럭저럭이란 말이 있는 게 아닙니까?"

　　그들은 점잖게 소리 내어 웃었다.

　　"원, 아무리 그렇지만 한 고장에 명산물 하나쯤은 있어야지."

　　웃음 끝에 한 사람이 말하고 있었다.

　　무진에 명산물이 없는 게 아니다. 나는 그것이 무엇인지 알고 있다. 그것은 안개다. 아침에 잠자리에서 일어나서 밖으로 나오면, 밤사이에 진주해 온 적군들처럼 안개가 무진을 뼁 둘러싸고 있는 것이었다. 무진을 둘러싸고 있던 산들도 안개에 의하여 보이지 않는 먼 곳으로 유배당해 버리고 없었다. 안개는 마치 이승에 한(恨)이 있어서 매일 밤 찾아오는 여귀(女鬼)가 뿜어내놓은 입김과 같았다. 해가 떠오르고, 바람이 바다 쪽에서 방향을 바꾸어 불어오기 전에는 사람들의 힘으로써는 그것을 헤쳐 버릴 수가 없었다.

– 김승옥, 〈무진기행〉

01 '무진'에 대한 잘못된 설명을 모두 고른 것은?

보기

ㄱ 평야가 펼쳐진 곳이다.
ㄴ 안개가 자주 끼는 곳이다.
ㄷ '나'가 생활하고 있는 공간이다.
ㄹ 바다가 가깝지만 항구는 아니다.

① ㄱ
② ㄱ, ㄷ
③ ㄴ, ㄹ
④ ㄴ, ㄷ, ㄹ

02 제시된 작품에 대한 이해로 가장 적절한 것은?

① 두 가지 사건이 병렬적으로 제시되어 있다.
② 공간의 이동에 따라 서술자를 달리하고 있다.
③ 이야기 속에 이야기가 있는 '액자식 구성'이다.
④ 감각적 표현으로 몽환적인 분위기를 형성하고 있다.

01

ㄱ "그렇지만 이렇다 할 평야가 있는 것도 아닙니다."라는 말을 볼 때, 평야가 펼쳐진 곳이라는 설명은 옳지 않다.
ㄷ '무진'은 '나'의 여행 목적지이지, 현재 생활하고 있는 공간은 아니다.

오답체크

ㄴ "무진에 명산물이 없는 게 아니다. 나는 그것이 무엇인지 알고 있다. 그것은 안개다."를 볼 때, '안개'가 자주 끼는 곳임을 알 수 있다.
ㄹ "바다가 가까이 있으니 항구로 발전할 수도 있었을 텐데요?"에 대한 답으로 "가 보시면 아시겠지만 그럴 조건이 되어 있는 것도 아닙니다."라고 말한 것을 볼 때 바다가 가깝지만 항구는 아님을 알 수 있다.

02

무진의 명산물인 안개가 비유적으로 표현되어, 몽환적(꿈이나 환상 같은)인 분위기를 형성하고 있다.

오답체크

① '나'가 무진으로 가는 한 가지 사건만 제시되어 있다. 따라서 두 가지 사건이 나란히 제시되어 있다는 이해는 적절하지 않다.
② 무진으로 향하는 길이라는 점에서 공간의 이동이 나타난다고 보더라도, 서술자는 '나' 하나뿐이다.
③ 이야기 속에 이야기가 있는 '액자식 구성'이 아니다.

[정답]

01 ② 02 ④

김승옥, 〈서울, 1964년 겨울〉

갈래	단편 소설
성격	현실 고발적, 사실적
배경	• 시간: 1964년 어느 겨울밤 • 공간: 서울 거리
시점	1인칭 주인공 시점
주제	뚜렷한 가치관을 갖지 못한 도시인들의 방황과 연대감의 상실로 인한 절망
특징	① 등장인물을 익명화하여 제시함. ② '벽으로 나누어진 방', '개미' 등과 같은 상징적인 표현을 사용함.
출전	"사상계"(1965)

[03~04] 다음 글을 읽고 물음에 답하시오.

　우리는 모두 고개를 숙이고 어두운 골목길을 걸어서 거리로 나왔다. ㉠ 적막한 거리에는 찬바람이 세차게 불고 있었다.
　"몹시 춥군요."라고 사내는 우리를 염려한다는 음성으로 말했다.
　"추운데요. 빨리 여관으로 갑시다."
　안이 말했다.
　"방을 한 사람씩 따로 잡을까요?"
　여관에 들어갔을 때 안이 우리에게 말했다.
　"그게 좋겠지요?"
　"모두 한 방에 드는 게 좋겠지요."라고 나는 아저씨를 생각해서 말했다.
　아저씨는 그저 우리 처분만 바란다는 듯한 태도로 또는 지금 자기가 서 있는 곳이 어딘지도 모른다는 태도로 멍하니 서 있었다. 여관에 들어서자 우리는 모든 프로가 끝나 버린 극장에서 나오는 때처럼 어찌할 바를 모르고 거북스럽기만 했다. 여관에 비한다면 거리가 우리에게는 더 좋았던 셈이었다. 벽으로 나뉘어진 방들, 그것이 우리가 들어가야 할 곳이었다.
　"모두 같은 방에 들기로 하는 것이 어떻겠어요?"
　내가 다시 말했다.
　"난 지금 아주 피곤합니다."
　안이 말했다.
　"방은 각각 하나씩 차지하고 자기로 하지요."
　"혼자 있기가 싫습니다."라고, 아저씨가 중얼거렸다.
　"혼자 주무시는 게 편하실 거예요."
　안이 말했다.
　우리는 복도에서 헤어져 사환이 지적해 준, 나란히 붙은 방 세 개에 각각 한 사람씩 들어갔다.
　"화투라도 사다가 놉시다."
　헤어지기 전에 내가 말했지만,
　"난 아주 피곤합니다. 하시고 싶으면 두 분이나 하세요."라고 안은 말하고 나서 자기의 방으로 들어가 버렸다.
　"나도 피곤해 죽겠습니다. 안녕히 주무세요."라고 나는 아저씨에게 말하고 나서 내 방으로 들어갔다. 숙박계엔 거짓 이름, 거짓 주소, 거짓 나이, 거짓 직업을 쓰고 나서 사환이 가져다 놓은 자리끼를 마시고 나는 이불을 뒤집어썼다. 나는 꿈도 안 꾸고 잘 잤다.
　다음 날 아침 일찍이 안이 나를 깨웠다.
　"그 양반, 역시 죽어 버렸습니다."
　안이 내 귀에 입을 대고 그렇게 속삭였다.
　"예?"
　나는 잠이 깨끗이 깨어 버렸다.

"방금 그 방에 들어가 보았는데 역시 죽어 버렸습니다."

"역시……."

나는 말했다.

"사람들이 알고 있습니까?"

"아직까진 아무도 모르는 것 같습니다. 우린 빨리 도망해 버리는 게 시끄럽지 않을 것 같습니다."

"자살이지요?"

"물론 그것이겠죠."

나는 급하게 옷을 주워 입었다. 개미 한 마리가 방바닥을 내 발이 있는 쪽으로 기어오고 있었다. 그 개미가 내 발을 붙잡으려고 하는 것 같은 느낌이 들어서 나는 얼른 자리를 옮겨 디디었다.

밖의 이른 아침에는 ⓛ 싸락눈이 내리고 있었다. 우리는 할 수 있는 한 빠른 걸음으로 여관에서 떨어져 갔다.

– 김승옥, 〈서울, 1964년 겨울〉

03 ⓐ과 ⓛ의 공통점으로 가장 적절한 것은?

① 작품의 분위기를 조성하고 있다.

② 인물들의 태도를 간접적으로 드러내고 있다.

③ 인물들 사이의 갈등의 심화를 나타내고 있다.

④ 앞으로 불길한 사건이 일어날 것을 암시하고 있다.

04 제시된 작품의 특징으로 가장 적절하지 않은 것은?

① 공간의 이동에 따라 사건이 진행되고 있다.

② 과거와 현재 시점을 교차해 사건을 전개하고 있다.

③ 작품 속의 등장인물이 자신이 겪은 일을 서술하고 있다.

④ 대화와 행동 묘사를 통해 인물들의 성격을 보여 주고 있다.

03

ⓐ과 ⓛ은 모두 서로 소외된 채 무기력하게 살아가는 현대인들의 모습을 담고 있는 이 작품에 쓸쓸하고 스산한 분위기를 조성해 주고 있다.

오답체크

② 인물들의 태도를 간접적으로 드러내는 것은 ⓛ이다. ⓛ은 '사내'가 죽은 것을 알고 난 후, '사내'의 죽음을 안타까워하고 슬퍼하기보다는 시끄러운 일로 귀찮아질 것을 염려하고 여관을 빨리 나서는, '싸락눈'과 같이 냉랭한 '나'와 '안'의 비인간적이고 개인주의적인 태도를 간접적으로 드러내고 있다.

③ 인물들 간의 갈등 관계가 나타나 있지 않다. 그저 서로가 의사소통하지 못하고 서로에게 무관심한 인간관계와 각자 무기력한 삶을 살아가는 모습이 나타나있을 뿐이다.

④ 앞으로 불길한 사건이 일어날 것을 암시하고 있는 것은 ⓐ이다. ⓐ은 '사내'의 죽음을 암시하는 역할을 하고 있다.

04

'골목길 → 거리 → 여관'에 이르기까지 '시간과 장소의 흐름'에 따라 사건이 전개되고 있다. 따라서 과거와 현재 시점을 교차해 사건을 전개하고 있다는 설명은 적절하지 않다.

오답체크

① '골목길 → 거리 → 여관'으로 공간의 이동이 나타난다.

③ 작품 속의 등장인물인 '나'가 겪은 일을 서술하고 있다.

④ 인물들이 나눈 대화와 그들의 행동을 통해 무기력하고 개인주의적인 성격을 보여 주고 있다.

[정답]

03 ① 04 ②

윤흥길, 〈장마〉

갈래	중편 소설, 전후 소설
성격	상징적, 토속적, 사실적
배경	• 시간: 6 · 25 전쟁 중 여름 장마 기간 • 공간: 어느 시골 마을
시점	1인칭 관찰자 시점
주제	이념의 대립과 전쟁으로 인한 가족 내의 비극과 그 극복
특징	① 무속 신앙을 바탕으로 분단과 전쟁의 상처를 극복하려 함. ② 어린 화자를 등장시켜 전쟁과 이데올로기로 인한 비극을 효과적으로 보여 줌.
출전	"문학과 지성"(1973)

[05~06] 다음 글을 읽고 물음에 답하시오.

[앞부분의 줄거리] 지루한 장마가 계속되던 어느 날 밤, 외할머니는 국군 소위로 전쟁터에 나간 아들이 전사하였다는 통지를 받는다. 이후부터 아들을 잃은 외할머니는 빨치산을 향해 저주를 퍼붓는다. 같은 집에 살고 있는 친할머니는 빨치산에 나가 있는 자기 아들로 인해 외할머니와 갈등하게 된다. 가족들은 할머니의 아들, 즉 삼촌이 죽었을 것이라고 믿지만 할머니는 점쟁이의 예언을 근거로 아들의 생환을 굳게 믿는다. 그런데 예언한 날이 되어도 아들은 돌아오지 않고 난데없이 심하게 다친 구렁이 한 마리가 집 안으로 들어오자 할머니는 졸도한다.

"갔냐?"

이것이 맑은 정신을 되찾고 나서 맨 처음 할머니가 꺼낸 말이었다. 고모가 말뜻을 재빨리 알아듣고 고개를 끄덕였다. 인제는 안심했다는 듯이 할머니는 눈을 지그시 내리깔았다. 할머니가 까무러친 후에 일어났던 일들을 고모가 조용히 설명해 주었다. 외할머니가 사람들을 내쫓고 감나무 밑에 가서 타이른 이야기, 할머니의 머리카락을 태워 감나무에서 내려오게 한 이야기, 대밭 속으로 사라질 때까지 시종일관 행동을 같이하면서 바래다준 이야기…… 간혹 가다 한 대목씩 빠지거나 약간 모자란다 싶은 이야기는 어머니가 옆에서 상세히 설명을 보충해 놓았다. 할머니는 소리 없이 울고 있었다. 두 눈에서 하염없이 솟는 눈물방울이 홀쭉한 볼 고랑을 타고 베갯잇으로 줄줄 흘러내렸다. 이야기를 다 듣고 나서 할머니는 사돈을 큰방으로 모셔 오도록 아버지한테 분부했다. 사랑채에서 쉬고 있던 외할머니가 아버지 뒤를 따라 큰방으로 건너왔다. 외할머니로서는 벌써 오래전에 할머니하고 한 다래끼 단단히 벌인 이후로 처음 있는 큰방 출입이었다.

"고맙소."

정기가 꺼진 우묵한 눈을 치켜 간신히 외할머니를 올려다보면서 할머니는 목이 꽉 메었다.

"사분도 별시런 말씀을 다……."

외할머니도 말끝을 마무르지 못했다.

"야한티서 이얘기는 다 들었소. 내가 당혀야 헐 일을 사분이 대신 맡았구랴. 그 험헌 일을 다 치르노라고 얼매나 수고시렀으꼬."

"인자는 다 지나간 일이닝게 그런 말씀 고만두시고 어서어서 맘이나 잘 추시리기라우."

"고맙소, 참말로 고맙구랴."

㉠ 할머니가 손을 내밀었다. 외할머니가 그 손을 잡았다. 손을 맞잡은 채 두 할머니는 한동안 말을 잇지 못했다. 그러다가 할머니 쪽에서 먼저 입을 열어 아직도 남아 있는 근심을 털어놓았다.

"탈 없이 잘 가기나 혔는지 몰라라우."

"염려 마시랑게요. 지금쯤 어디 가서 펜안히 거처험시나 사분댁 터주 노릇을 뙥뙥이 허고 있을 것이요."

그만한 이야기를 나누는 데도 대번에 기운이 까라져 할머니는 가쁜 숨을 몰아쉬었다. 가까스로 할머니가 잠들기를 기다려 구완을 맡은 고모만을 남기고 모두들 큰방을 물러 나왔다.

그날 저녁에 할머니는 또 까무러쳤다. 의식이 없는 중에도 맷 숟갈 흘려 넣은 미음과 탕약을 입 밖으로 죄다 토해 버렸다. 그리고 이튿날부터는 마치 육체의 운동장에서 정신이란 이름의 장난꾸러기가 들어왔다 나갔다 숨바꼭질하기를 수없이 되풀이하는 것 같은 고통의 시간의 연속이었다. 대소변을 일일이 받아 내는 고역을 치러 가면서 할머니는 꼬박 한 주일을 더 버티었다. 안에 있는 아들보다 밖에 아들을 언제나 더 생각했던 할머니는 마지막 날 밤에 다 타 버린 촛불이 스러지듯 그렇게 눈을 감았다. 할머니의 긴 일생 가운데서, 어떻게 생각하면, 잠도 안 자고 먹지도 않고 그러고도 놀라운 기력으로 며칠 동안이나 식구들을 들볶아 대면서 삼촌을 기다리던 그 짤막한 기간이 사실은 꺼지기 직전에 마지막 한순간을 확 타오르는 촛불의 찬란함과 맞먹는, 할머니에겐 가장 자랑스럽고 행복에 넘치던 시간이었나 보다. 임종의 자리에서 할머니는 내 손을 잡고 내 지난날을 모두 용서해 주었다. 나도 마음속으로 할머니의 모든 걸 용서했다. 정말 지루한 장마였다.

— 윤흥길, 〈장마〉

05 제시된 글을 통해 알 수 있는 사실로 가장 적절한 것은?

① '나'와 '할머니'는 갈등을 겪고 있었다.

② 외할머니는 가족들 앞에서 임종을 맞았다.

③ 아버지는 자신에게는 무관심한 '할머니'를 원망했었다.

④ 할머니는 자신이 졸도한 후 일어난 일을 '나'에게서 들었다.

06 ㉠과 가장 관련이 깊은 한자 성어는?

① 동병상련(同病相憐)

② 필부필부(匹夫匹婦)

③ 각주구검(刻舟求劍)

④ 어로불변(魚魯不辨)

05

맨 마지막 단락의 "임종의 자리에서 할머니는 내 손을 잡고 내 지난날을 모두 용서해 주었다. 나도 마음속으로 할머니의 모든 걸 용서했다."를 볼 때, '나'와 '할머니'가 갈등 관계였음을 알 수 있다.

오답체크

② 가족들 앞에서 임종을 맞이한 사람은 '외할머니'가 아니라 '(친)할머니'이다.

③ 아버지가 '할머니'를 원망했다는 내용은 제시되어 있지 않다.

④ "할머니가 까무러친 후에 일어나던 일들을 고모가 조용히 설명해 주었다."를 볼 때, 할머니는 자신이 졸도한 후 일어난 일을 '나'가 아니라 '고모'에게서 전해 들었다.

06

㉠에서 서로의 아픔을 위로하고 마음을 나눈 후, 두 할머니는 손을 맞잡고 화해하고 있다. 이는 두 할머니가 전쟁으로 인해 아들을 잃은 슬픔을 동병상련(同病相憐, 어려운 처지에 있는 사람끼리 서로 가엾게 여김)의 마음으로 위로하는 것이라 볼 수 있다.

오답체크

② 필부필부(匹夫匹婦)는 평범한 사람을 이르는 말이기 때문에, ㉠과 관련이 없다.

③ 각주구검(刻舟求劍)은 융통성 없는 사람을 이르는 말이기 때문에, ㉠과 관련이 없다.

④ 어로불변(魚魯不辨)은 무식한 사람을 이르는 말이기 때문에, ㉠과 관련이 없다.

[정답]

05 ①   06 ①

윤흥길, 〈아홉 켤레의 구두로 남은 사내〉

갈래	중편 소설, 세태 소설
성격	사실적, 현실 비판적
배경	• 시간: 1970년대 후반 • 공간: 성남 지역
시점	1인칭 관찰자 시점
주제	산업 사회에서 소외된 계층의 어려운 삶
특징	① 과거와 현재가 교차됨. ② 상징적인 사물을 통해 인물의 내면 심리를 표현함.
출전	"창작과 비평"(1977)

[07~08] 다음 글을 읽고 물음에 답하시오.

"일어나, 얼른 일어나라니까."

나 외엔 더 깨우고 싶지 않은지 강도의 목소리는 무척 낮고 조심스러웠다. 나는 일어나고 싶었지만 도무지 일어날 수가 없었다. 멱을 겨눈 식칼이 덜덜덜 위아래로 춤을 추었다. 만약 강도가 내 목통이라도 찌르게 된다면 그것은 고의에서가 아니라 지나친 떨림으로 인한 우발적인 상해일 것이었다. 무척 모자라는 강도였다. 나는 복면 위의 눈을 보는 순간에 상대가 그 방면의 전문가가 못 됨을 금방 알아차렸던 것이다. 딴에 진탕 마신 술로 한껏 용기를 돋웠을 텐데도 보기 좋을 만큼 큰 눈이 착하게만 타고난 제 천성을 어쩌지 못한 채 나를 퍽 두려워하고 있었다.

얌전히 구두까지 벗고 양말 바람으로 들어온 강도의 발을 나는 그때 비로소 볼 수 있었다. 내가 그렇게 염려를 했는데도 강도는 와들와들 떨리는 다리를 옮기다가 그만 부주의하게 동준이의 발을 밟은 모양이었다. 동준이가 갑자기 칭얼거리자 그는 질겁을 하고 엎드리더니 녀석의 어깨를 토닥거리는 것이었다. 녀석이 도로 잠들기를 기다려 그는 복면 위로 칙칙하게 땀이 밴 얼굴을 들고 일어나서 내 위치를 흘끔 확인한 다음 본격적인 작업에 들어갔다. 터지려는 웃음을 꾹 참은 채 강도의 애교스런 행각을 시종 주목하고 있던 나는 살그머니 상체를 움직여 동준이를 잠재울 때 이부자리 위에 떨어뜨린 식칼을 집어 들었다.

"연장을 이렇게 함부로 굴리는 걸 보니 당신 경력이 얼마나 되는지 알 만합니다."

내가 내미는 칼을 보고 그는 기절할 만큼 놀랐다. 나는 사람 좋게 웃어 보이면서 칼을 받아가라는 눈짓을 보냈다. 그는 겁에 질려 잠시 망설이다가 내 재촉을 받고 후닥닥 달려들어 칼자루를 낚아채 가지고는 다시 내 멱을 겨누었다.

"도둑맞을 물건 하나 제대로 없는 주제에 이죽거리긴!"

"그래서 경험 많은 친구들은 우리 집을 거들떠도 안 보고 그냥 지나치죠."

"누군 뭐 들어오고 싶어서 들어왔나? 피치 못할 사정 땜에 어쩔 수 없이……."

나는 강도를 안심시켜 편안한 맘으로 돌아가게 만들 절호의 기회라고 판단했다.

"그 피치 못할 사정이란 게 대개 그렇습니다. 가령 식구 중에 누군가 몹시 아프다든가 빚에 몰려서……."

그 순간 강도의 눈이 의심의 빛으로 가득 찼다. 분개한 나머지 이가 딱딱 마주칠 정도로 떨면서 그는 대청마루를 향해 나갔다. 내 옆을 지나쳐 갈 때 그의 몸에서는 역겨울 만큼 술 냄새가 확 풍겼다. 그가 허둥지둥 끌어안고 나가는 건 틀림없이 갈기갈기 찢어진 한 줌의 자존심일 것이었다. 애당초 의도했던 바와는 달리 내 방법이 결국 그를 편안케 하긴커녕 오려 더욱더 낭패케 만들었음을 깨닫고 나는 그의 등을 향해 말했다.

"어렵다고 꼭 외로우란 법은 없어요. 혹 누가 압니까, 당신도 모르는 사이에 당신을 아끼는 어떤 이웃이 당신의 어려움을 덜어 주었을지?"

"개수작 마! 그따위 이웃은 없다는 걸 난 똑똑히 봤어! 난 이제 아무도 안 믿어!"

그는 현관에 벗어 놓은 구두를 신고 있었다. 그 구두를 보기 위해 전등을 켜고 싶은 충동이 불현듯 일었으나 나는 꾹 눌러 참았다. 현관문을 열고 마당으로 내려선 다음 부주의하게도 그는 식칼을 들고 왔던 자기 본분을 망각하고 엉겁결에 문간방으로 들어가려 했다.

　　그의 실수를 지적하는 일은 훗날을 위해 나로서는 부득이한 조처였다.

　　"대문은 저쪽입니다."

　　문간방 부엌 앞에서 한동안 망연해 있다가 이윽고 그는 대문 쪽을 향해 느릿느릿 걷기 시작했다. 비틀비틀 걷기 시작했다. 대문에 다다르자 그는 상체를 뒤틀어 이쪽을 보았다.

　　㉠ "이래 봬도 나 대학까지 나온 사람이오."

– 윤흥길, 〈아홉 켤레의 구두로 남은 사내〉

07 ㉠에 나타났을 '그'의 표정은?

　① 무료한 표정

　② 경이로운 표정

　③ 밝고 친근한 표정

　④ 비참하고 어두운 표정

07

'나'에게 자신의 신분이 탄로나자 ㉠과 같이 말한 것이다. 따라서 ㉠과 같이 말했을 당시 '그'의 표정은 비참하고 어두웠을 것이다.

오답체크

① 무료하다는 것은 '심심하다'는 것이다. 심심해서 벌인 강도짓이 아니기 때문에 적절하지 않다.

② 자신임이 들켰을 당시에는 놀랐을 수 있다. 그러나 ㉠은 자신의 마지막 자존심을 지키기 위해서 한 말이다.

③ 강도짓을 벌이다 정체가 들킨 상황에 어울리는 표정이 아니다.

[정답]

07 ④

제시된 작품은 작품 속의 '나'가 '그(주인공)'를 관찰하고 있다는 점에서 '1인칭 관찰자 시점'이다. 이처럼 '1인칭 관찰자 시점'인 것은 (가)이다. (가)도 작품 속의 '나'가 우연히 기차에서 만난 '그(주인공. 초점 인물)'를 관찰하고 있다.

오답체크
② (나)는 1인칭 주인공 시점이다.
③ (다)는 1인칭 주인공 시점이다.
④ (라)는 전지적 작가 시점이다.

08 제시된 작품과 동일한 시점이 쓰인 것은?

(가) 나는 무엇이라고 위로할 말을 몰랐다. 한동안 머뭇머뭇이 있다가 나는 차를 탈 때에 친구들이 사 준 정종병 마개를 뺐었다. 찻잔에 부어서 그도 마시고 나도 마셨다. 악착한 운명이 던져 준 깊은 슬픔을 술로 녹이려는 듯이 연거푸 다섯 잔을 마시는 그는 다시 말을 계속하였다.

– 현진건, 〈고향〉

(나) 나는 일이 없으면 없느니만큼, 고통이 닥치면 닥치느니만큼 내 번민은 컸다. 나는 어떤 날은 거의 얼빠진 사람처럼 눈을 감고 깊은 생각에 잠긴 일도 있었다. 이때 내 머릿속에서는 머리를 움실움실 드는 사상이 있었다. (오늘날에 생각하면 그것은 나의 전 운명을 결정할 사상이었다.)

그 생각은 누구의 가르침에 의해 일어난 것도 아니려니와 일부러 일으키려고 애써서 일어난 것도 아니다. 봄 풀싹같이 내 머릿속에서 점점 머리를 들었다.

– 최서해, 〈탈출기〉

(다) 나는 약이 오를 대로 다 올라서 두 눈에서 불과 함께 눈물이 퍽 쏟아졌다. 나무 지게도 벗어 놓을 새 없이 그대로 내동댕이치고는 지게막대기를 뻗치고 허둥지둥 달려들었다. 가차이 와 보니 과연 나의 짐작대로 우리 수탉이 피를 흘리고 거의 빈사지경에 이르렀다. 닭도 닭이려니와 그러함에도 불구하고 눈 하나 깜짝 없이 고대로 앉아서 호드기만 부는 그 꼴에 더욱 치가 떨린다. 동리에서도 소문이 났거니와 나도 한때는 걱실걱실히 일 잘하고 얼굴 예쁜 계집애인 줄 알았더니, 시방 보니까 그 눈깔이 꼭 여우 새끼 같다.

– 김유정, 〈동백꽃〉

(라) 덕기는 병화의 하숙에 한번 찾아가마고 집을 배워만 두고 못 가 보았지만 그들의 생활을 분명히 머리에 그려 볼 수는 없었다. 그러나 병화에게 그 말을 들을 땐 어쩐지 그들이 측은한 생각도 들고 까닭 없는 일종의 감격 비슷한 충동을 받았다. 끼니때 밥 먹으러 들어가기를 겸연쩍어하는 친구의 심사에도 물론 동정이 가지만, 공장에 다닌다는 딸의 모양을 상상해 보고는 얇은 호기심과 함께 몹시 가엾게 생각되었다. 덕기는 밥걱정 없는 집안에 자라나서 구차살이란 어떠한 것인지 판세상 일 같지만, 그래도 워낙 판이 곱고 다감한 성질인만큼 진순한 청년다운 감격성과 정열을 가지고 있는 것이었다.

– 염상섭, 〈삼대〉

① (가)   ② (나)   ③ (다)   ④ (라)

정씨 옆에 앉았던 노인이 두 사람의 행색과 무릎 위의 배낭을 눈여겨 살피더니 말을 걸어 왔다.

"어디 일들 가슈?"

"아뇨, 고향에 갑니다."

"고향이 어딘데…… ."

"삼포라구 아십니까?"

"어, 알지, 우리 아들놈이 거기서 도자를 끄는데 …… ."

"삼포에서요? 거 어디 공사 벌일 데나 됩니까. 고작해야 고기잡이나 하구 감자나 매는데요."

"어허! 몇 년 만에 가는 거요?"

"십 년."

㉠ 노인은 그렇겠다며 고개를 끄덕였다.

"말두 말우. 거긴 지금 육지야. 바다에 방죽을 쌓아 놓구, 추럭이 수십 대씩 돌을 실어 나른다구."

"뭣 땜에요?"

"낸들 아나, 뭐 관광 호텔을 여러 채 짓는담서, 복잡하기가 말할 수 없데."

"동네는 그대루 있을까요?"

"㉡ 그대루가 뭐요. 맨 천지에 공사판 사람들에다 장까지 들어섰는걸."

"그럼 나룻배두 없어졌겠네요."

"바다 위로 신작로가 났는데, 나룻배는 뭐에 쓰오. 허허 사람이 많아지니 변고지, 사람이 많아지면 하늘을 잊는 법이거든."

작정하고 벼르다가 찾아가는 고향이었으나, 정씨에게는 풍문마저 낯설었다. 옆에서 잠자코 듣고 있던 영달이가 말했다.

"잘 됐군. 우리 거기서 공사판 일이나 잡읍시다."

그때에 기차가 도착했다. ㉢ 정씨는 발걸음이 내키질 않았다. 그는 마음의 정처를 잃어버렸던 때문이었다. 어느 결에 정씨는 영달이와 똑같은 입장이 되어 버렸다. ㉣ 기차는 눈발이 날리는 어두운 들판을 향해서 달려갔다.

– 황석영, 〈삼포 가는 길〉

황석영, 〈삼포 가는 길〉

갈래	단편 소설, 사실주의 소설, 여로형 소설
성격	사실적, 현실 비판적
배경	• 시간: 1970년대의 겨울날 • 공간: 공사장에서 삼포로 가는 길
시점	전지적 작가 시점
주제	산업화 과정에서 소외된 사람들의 애환과 연대 의식
특징	① 여운을 남기는 방식으로 결말을 처리함. ② '정씨'가 고향을 찾아가는 여로를 중심으로 사건이 전개됨.
출전	"신동아"(1973)

09

ⓒ에서 정씨가 발걸음이 내키지 않았던 이유는, '삼포'가 더 이상 자신이 생각하던 '고향'의 모습이 아니었기 때문이다.

오답체크
① 10년 만에 '삼포'에 가는 것이면 변화를 모를 수도 있다는 의미의 끄덕임이다.
② 고기잡이나 하고 감자만 매던 '삼포'에 이제는 공사판에다가 장까지 들어섰다. 따라서 '삼포'에는 세상일의 변화가 심함을 의미하는 '상전벽해(桑田碧海)'가 어울린다.
④ '눈발'과 '어두운 들판' 모두 부정적인 이미지이다. 따라서 둘의 미래가 순탄치 않을 것을 암시한다.

10

간결한 문장을 사용하여 사건을 전개하며 주로 대화와 행동 묘사를 통해 극적인 효과를 주고 있다.

오답체크
① 배경을 상세하게 묘사하고 있지 않다.
③ 요약적 설명(직접 제시)보다는 '대화(간접 제시)'를 통해 이야기가 전개되고 있다.
④ 제시된 작품은 '전지적 작가 시점'에 해당한다. 인물이 직접 겪은 일을 서술해 독자와의 거리를 좁히는 것은 1인칭 주인공 시점에 대한 설명이다.

09 ㉠~㉣에 대한 설명으로 가장 적절하지 않은 것은?

① ㉠: 상대의 처지나 상황을 이해할 수 있다는 의미의 끄덕임이다.

② ㉡: 삼포의 변화를 나타내기에 '상전벽해(桑田碧海)'가 어울린다.

③ ㉢: 영달과 더 이상 함께 움직이기 싫었기 때문이다.

④ ㉣: 두 사람의 앞날이 순탄치 않을 것을 암시한다.

10 제시된 글의 특징으로 가장 적절한 것은?

① 상세한 배경 묘사를 통해 현실감을 높이고 있다.

② 대화와 행동을 통해 인물의 심리를 드러내고 있다.

③ 요약적 설명을 통해 주제를 직접적으로 드러내고 있다.

④ 인물이 직접 겪은 일을 서술해 독자와의 거리를 좁히고 있다.

조세희, 〈난쟁이가 쏘아 올린 작은 공〉

갈래	중편 소설, 연작 소설
성격	사회 고발적, 비판적, 상징적
배경	• 시간: 1970년대 • 공간: 서울의 무허가 판자촌
시점	1인칭 주인공 시점
주제	도시 빈민들의 궁핍한 삶과 좌절된 꿈
특징	① 반어적 표현으로 비극적 상황을 극대화함. ② 시점에 변화를 주어 다양한 시각을 제시함.
출전	"문학과 지성"(1976)

(가)　"통장이 이걸 가져왔어요."

　　내가 말했다. 어머니는 조각 마루 끝에 앉아 아침 식사를 하고 있었다.

　　"그게 뭐냐?" / "철거 계고장예요."

　　"기어코 왔구나!" / 어머니가 말했다.

　　"그러니까 집을 헐라는 거지? 우리가 꼭 받아야 할 것 중의 하나가 이제 나온 셈이구나!"

　　어머니는 식사를 중단했다. 나는 어머니의 밥상을 내려다보았다. 보리밥에 까만 된장, 그리고 시든 고추 두어 개와 조린 감자.

　　나는 어머니를 위해 철거 계고장을 천천히 읽었다.

> 　　　　　　　　　　낙　　원　　구
>
> 주택: 444,1 ―　　　　　　　　　　　　　　　　　197×. 9. 10.
>
> 수신: 서울특별시 낙원구 행복동 46번지의 1839 김불이 귀하 …〈중략〉…

…〈중략〉…

(나)　"빼앗겼던 걸 찾아왔어요." / "잘했다!"

　　"수속까지 끝냈어요." / "잘했어."

　　"이사 간 델 아시죠?" / "암, 알잖구."

　　"사무장님은 만났어요."

　　잠이 들 듯 말 듯한 상태에서 나는 말했다.

　　"아주머니가 다 말씀해 주실 거라고 했어요." / "다른 말은 없었지?"

　　"무슨 일이 있었어요?" / "한잠 자라. 자구 나서 우리 얘기 하자."

　　"말씀을 듣기 전엔 못 잘 것 같아요."

　　내가 다시 눈을 떴다. 아주머니의 딸이 마루로 나갔다. 이내 대문 소리가 들렸다. 병원으로 의사를 데리러 가는 길이었다.

　　아주머니가 말했다.

　　"네가 집을 나가구 식구들이 얼마나 찾았는지 아니? 이 방 창문에서도 보이지. 어머니가 헐린 집터에 서 계셨었다. 너는 둘째 치구 이번엔 아버지가 어딜 가셨는지 모르게 되었단다. 성남으로 가야 하는데 아버지가 안 계셨어. 길게 얘기해 뭘 하겠니, 아버지는 돌아가셨어. 벽돌 공장 굴뚝을 허는 날 알았단다. 굴뚝 속으로 떨어져 돌아가신 아버지를 철거반 사람들이 발견했어."

　　그런데― 나는 일어날 수가 없었다. 눈을 감은 채 가만히 누워 있었다. 다친 벌레처럼 모로 누워 있었다. 숨을 쉴 수 없었다. 나는 두 손으로 가슴을 쳤다. 헐린 집 앞에 아버지가 서 있었다. 아버지는 키가 작았다. 어머니가 다친 아버지를 업고 골목을 돌아 들어왔다. 아버지의 몸에서 피가 뚝뚝 흘렀다. 내가 큰 소리로 오빠들을 불렀다. 오빠들이 뛰어나왔다. 우리들은 마당에 서서 하늘을 쳐다보았다. 까만 쇠공이 머리 위 하늘을 일직선으로 가르며 날아갔다. 아버지가 벽돌 공장 굴뚝 위에 서서 손을 들어 보였다. 어머니가 나의 손을 잡았다. 아 아아아아아아 하는 울음이 느리게 나의 목을 타고 올라왔다.

"울지 마, 영희야." / 큰오빠가 말했다.

"제발 울지 마, 누가 듣겠어." / 나는 울음을 그칠 수 없었다.

"큰오빠는 화도 안 나?" / "그치라니까."

"아버지를 난쟁이라고 부르는 악당은 죽여 버려."

"그래, 죽여 버릴게." / "꼭 죽여."

"그래, 꼭." / "꼭."

– 조세희, 〈난쟁이가 쏘아 올린 작은 공〉

11

제시된 작품에서는 사회의 구조적 모순으로 인해 가난한 난쟁이 일가(개인)가 쫓겨날 수밖에 없는 상황을 그리고 있다.

11 제시된 글에 나타난 갈등 양상으로 가장 적절한 것은?

① 사회와 사회의 갈등

② 사회와 개인의 갈등

③ 개인과 개인의 갈등

④ 개인과 운명의 갈등

12

아버지가 발견된 곳이 '굴뚝'인 것이지, 그곳에서 일을 하다가 돌아가셨는지는 제시된 글을 통해 알 수 없다.

오답체크

① "어머니가 헐린 집터에 서 계셨었다."를 통해 집이 누군가에 의해 타의로 헐렸음을 추측할 수 있다. (가)에 제시된 '철거 계고장'이 철거원 투입을 유추하는 데 근거가 된다.

② "네가 집을 나가구 식구들이 얼마나 찾았는지 아니?"라는 아주머니의 말을 통해 영희가 꽤 오랜 시간 집을 떠나 있었음을 알 수 있다.

④ 아주머니가 영희에게 집이 헐린 이야기, 아버지가 돌아가신 이야기를 전해주는 것을 통해 짐작할 수 있다.

12 (가)와 (나)를 통해 추론할 수 있는 내용으로 가장 적절하지 않은 것은?

① 영희의 집은 철거반에 의해 헐렸다.

② 영희는 꽤 오랜 시간 집을 떠나 있었다.

③ 아버지는 굴뚝에서 일을 하다가 돌아가셨다.

④ 아주머니는 우리 가족의 사정을 잘 알고 있다.

[정답]

11 ② 12 ③

작자 미상, 〈주몽 신화〉

갈래	건국 신화
성격	신화적, 서사적, 영웅적
제재	주몽의 탄생과 고구려의 건국 경위
주제	주몽의 일생과 고구려의 건국
특징	① '탄생 – 기아 – 구출 – 시련 – 극복'의 영웅의 일대기 구조로 이루어짐. ② 난생(卵生) 화소와 천손 하강형(天孫下降型), 천부 지모형(天父地母型) 화소가 결합됨.
의의	영웅 서사 문학의 기본적인 틀을 잘 갖추고 있어 후대 문학에 영향을 줌.
출전	"삼국유사(三國遺事)"

[01~03] 다음 글을 읽고 물음에 답하시오.

(가) 　시조(始祖) 동명성제(東明聖帝)의 성(姓)은 고씨(高氏)요, 이름은 주몽(朱蒙)이다. 이보다 앞서 북부여(北扶餘)의 왕 해부루(解夫婁)가 이미 동부여(東扶餘)로 피해 가고, 부루가 죽자 금와(金蛙)가 왕위를 이었다. 이때 금와는 태백산(太伯山) 남쪽 우발수(優渤水)에서 여자 하나를 만나서 물으니 그 여자는 말하기를, "나는 하백(河伯)의 딸로서 이름을 유화(柳化)라고 합니다. 여러 동생들과 함께 물 밖으로 나와서 노는데, 남자 하나가 오더니 자기는 천제(天帝)의 아들 해모수(解慕漱)라고 하면서 나를 웅신산(熊神山) 밑 압록강(鴨綠江) 가의 집 속에 유인하여 남몰래 정을 통하고 가더니 돌아오지 않았습니다. 부모는 내가 중매도 없이 혼인한 것을 꾸짖어서, 드디어 이곳으로 귀양 보냈습니다." 했다.

(나) 　금와가 이상히 여겨 그녀를 방 속에 가두어 두었더니 햇빛이 방 속으로 비쳐 오는데, 그녀가 몸을 피하면 햇빛은 다시 쫓아와서 비쳤다. 이로 해서 태기가 있어 알[卵] 하나를 낳으니, 크기가 닷 되들이만 했다. 왕은 그것을 버려서 개와 돼지에게 주게 했으나 모두 먹지 않았다. 다시 길에 내다 버렸더니 소와 말이 그 알을 피해서 가고 들에 내다 버리니 새와 짐승들이 알을 덮어 주었다. 왕이 이것을 쪼개 보려고 했으나 아무리 해도 쪼개지지 않아 그 어머니에게 돌려주었다. 어머니가 이 알을 천으로 싸서 따뜻한 곳에 놓아두었더니 한 아이가 껍질을 깨고 나왔는데, 골격과 외모가 영특하고 기이했다. 나이 겨우 일곱 살에 기골이 뛰어나서 범인(凡人)과 달랐다. 스스로 활과 화살을 만들어 쏘는데 백 번 쏘면 백 번 다 맞히었다. 나라 풍속에 활 잘 쏘는 사람을 주몽이라고 하므로 그 아이를 주몽이라 이름했다.

(다) 　금와에게는 아들 일곱이 있는데 항상 주몽과 함께 놀았으나 재주가 주몽을 따르지 못했다. 장자 대소(帶素)가 왕에게 말했다. "주몽은 사람이 낳은 자식이 아닙니다. 만일 일찍 없애지 않는다면 후환이 있을까 두렵습니다." 왕은 그 말을 듣지 않고 주몽을 시켜 말을 기르게 하니 주몽은 좋은 말을 알아보아 적게 먹여서 여위게 기르고, 둔한 말을 잘 먹여서 살찌게 했다. 이에 왕은 살찐 말은 자기가 타고 여윈 말은 주몽에게 주었다.

(라) 　왕의 여러 아들과 신하들이 주몽을 장차 죽일 계획을 하니, 주몽의 어머니가 이 기미를 알고 말했다. "지금 나라 안 사람들이 너를 해치려고 하는데, 네 재주와 지략(智略)을 가지고 어디를 가면 못 살겠느냐. 빨리 이곳을 떠나도록 해라." 이에 주몽은 오이(烏伊) 등 세 사람을 벗으로 삼아 엄수(淹水)에 이르러 물을

보고 말했다. "나는 천제의 아들이요, 하백의 손자이다. 오늘 도망해 가는데 뒤쫓는 자들이 거의 따라오게 되었으니 어찌하면 좋겠냐." 말을 마치니 물고기와 자라가 다리를 만들어 주어 건너게 하고, 모두 건너자 이내 풀어 버려 뒤쫓아 오던 기병(騎兵)은 건너지 못했다. 이에 주몽은 졸본주에 이르러 도읍을 정했다. 그러나 미처 궁실(宮室)을 세울 겨를이 없어서 비류수(沸流水) 위에 집을 짓고 살면서 국호를 고구려(高句麗)라 하고, 고(高)로 씨(氏)를 삼았다 ─ 본성(本姓)은 해(解)였다. 그러나 지금 천제의 아들을 햇빛을 받아 낳았다 하여 스스로 고로 씨를 삼은 것이다 ─. 이때의 나이 12세로서, 한(漢)나라 효원제(孝元帝) 건소(建昭) 2년 갑신(甲申)에 즉위하여 왕이라 일컬었다.

─ 작자 미상, 〈주몽 신화〉

01 '주몽'에 대한 설명으로 가장 적절한 것은?

① '주몽'은 졸본주에 도읍을 정하고 또 궁실을 세웠다.

② '주몽'이라는 이름은 그의 뛰어난 활쏘기 솜씨와 관련이 있다.

③ '주몽'은 금와와 유화 사이에서 태어난 고귀한 혈통을 가진 인물이다.

④ '주몽'은 뛰어난 지략과 오이 등 세 벗의 도움으로 위기에서 벗어날 수 있었다.

02 〈보기〉는 '영웅 일대기 구조'이다. 밑줄 친 부분과 관련이 있는 부분은?

보기

고귀한 혈통 → 기이한 출생 → 어려서 버림을 받음. → 탁월한 능력 → 시련과 위기 → 시련의 극복 → 위업 성취

① (가), (나) ② (가), (다)

③ (나), (다) ④ (가), (다), (라)

03 제시된 작품에 대한 설명으로 가장 적절하지 않은 것은?

① 고구려의 건국 신화이다.

② 일대기 구조로 이루어져 있다.

③ 〈구지가〉가 신화에 삽입되어 있다.

④ 인물 간의 갈등이 뚜렷이 나타나 있다.

01

(나)의 "나라 풍속에 활 잘 쏘는 사람을 주몽이라고 하므로 그 아이를 주몽이라 이름했다."를 볼 때, '주몽'이라는 이름은 그의 뛰어난 활쏘기 솜씨와 관련이 있음을 알 수 있다.

오답체크

① "주몽은 졸본주에 이르러 도읍을 정했다. 그러나 미처 궁실(宮室)을 세울 겨를이 없어서 비류수(沸流水) 위에 집을 짓고 살면서"를 볼 때, 졸본주에 도읍을 정한 것은 맞다. 그러나 집은 '비류수 위'에 세웠다.

③ '주몽'은 '금와와 유화'가 아니라 '해모수와 유화' 사이에서 태어난 인물이다. 해모수와 유화 모두 신의 자식들이기에 고귀한 혈통인 것은 맞다.

④ '주몽'이 위기에서 벗어날 수 있었던 것은 물고기와 자라가 놓아 준 다리 덕분이다.

02

'탁월한 능력'과 관련이 있는 부분은 (나)와 (다)이다. (나)에서는 활솜씨가 뛰어난 것을, (다)에서는 말을 알아보아 말의 상태에 따라 먹이를 다르게 준 것을 통해 확인할 수 있다.

03

가장 오래된 집단 무요인 〈구지가〉가 삽입되어 있는 신화는 가락국의 건국 신화인 '가락국 신화'이다.

오답체크

①, ② 〈주몽 신화〉는 고구려의 시조인 '주몽'의 탄생에서부터 고구려를 건국하기까지의 일대기를 다룬 고구려의 건국 신화이다.

④ 대부분의 건국 신화에는 시조들이 건국 시 큰 시련을 겪지 않고 인물 간의 갈등도 두드러지지 않는다. 그러나 〈주몽 신화〉는 주몽이 고구려를 건국하기까지 여러 차례 시련을 겪고, 금와왕의 아들들과의 갈등도 뚜렷하게 드러나 있는 점이 특징적이다.

[정답]

01 ② 02 ③ 03 ③

[04~06] 다음 글을 읽고 물음에 답하시오.

(가) 행랑채가 퇴락하여 지탱할 수 없게끔 된 것이 세 칸이었다. 나는 마지못하여 이를 모두 수리하였다. 그런데 그중의 두 칸은 앞서 장마에 비가 샌 지가 오래 되었으나, 나는 그것을 알면서도 이럴까 저럴까 망설이다가 손을 대지 못했던 것이고, 나머지 한 칸은 비를 한 번 맞고 샜던 것이라 서둘러 기와를 갈았던 것이다. 이번에 수리하려고 본즉 비가 샌 지 오래된 것은 그 서까래, 추녀, 기둥, 들보가 모두 썩어서 못 쓰게 되었던 까닭으로 수리비가 엄청나게 들었고, 한 번밖에 비를 맞지 않았던 한 칸의 재목들은 완전하여 다시 쓸 수 있었던 까닭으로 그 비용이 많이 않았다.

(나) 나는 이에 느낀 것이 있었다. 사람의 몸에 있어서도 마찬가지라는 사실을. 잘못을 알고서도 바로 고치지 않으면 곧 그 자신이 나쁘게 되는 것이 마치 나무가 썩어서 못 쓰게 되는 것과 같으며, 잘못을 알고 고치기를 꺼리지 않으면 해(害)를 받지 않고 다시 착한 사람이 될 수 있으니, 저 집의 재목처럼 말끔하게 다시 쓸 수 있는 것이다.

(다) 뿐만 아니라 나라의 정치도 이와 같다. ㉠백성을 좀먹는 무리들을 내버려 두었다가는 백성들이 도탄에 빠지고 나라가 위태롭게 된다. 그런 연후에 급히 바로잡으려 하면 이미 ㉡썩어 버린 재목처럼 때는 늦은 것이다. 어찌 삼가지 않겠는가.

– 이규보, 〈이옥설〉

04 (가)~(다)에 대한 설명으로 가장 적절하지 않은 것은?

① (가)는 사건을 분석적으로 기술하고 있다.

② (나)는 사건의 전말을 과정적으로 설명하고 있다.

③ (다)는 (나)의 의미를 확대 적용한 것이다.

④ (나)와 (다)는 (가)에서 유추적으로 의미를 도출한 것이다.

05 ㉠의 상황과 가장 유사한 것은?

① 가위로 싹둑싹둑 옷 마르느라면
　추운 밤에 손 끝이 호호 불리네.
　시집살이 길옷은 밤낮이건만
　이 내 몸은 해마다 새우잠인가.

　　　　　　　　　　　　　　– 허난설헌, 〈빈녀음(貧女吟)〉

② 비 갠 긴 둑에 풀빛이 고운데,
　남포에서 임 보내며 슬픈 노래 부르네.
　대동강 물이야 언제나 마르려나.
　이별 눈물 해마다 푸른 물결 보태나니.

　　　　　　　　　　　　　　– 정지상, 〈송인(送人)〉

③ 참새야 어디서 오가며 나느냐,
　일 년 농사는 아랑곳하지 않고,
　늙은 홀아비 홀로 갈고 맸는데,
　밭의 벼며 기장을 다 없애다니.

　　　　　　　　　　　　　　– 이제현, 〈사리화(沙里花)〉

④ 가을바람에 이렇게 힘들여 읊고 있건만
　세상 어디에도 알아주는 이 없네.
　창밖엔 깊은 밤 비 내리는데
　등불 앞에선 만 리 밖으로 마음 향하네.

　　　　　　　　　　　　　　– 최치원, 〈추야우중(秋夜雨中)〉

06 ㉡에 대한 설명으로 가장 적절한 것은?

① 역설을 통해 주제를 강조하는 소재
② 현실의 문제를 돌려서 말하기 위한 소재
③ 인간의 일이 모두 무의미함을 보여 주는 소재
④ 인간의 잘못된 심성을 구체적으로 보여 주는 소재

탐관오리가 백성들을 수탈하는 것을, 참새가 백성들이 애써 지은 곡식을 쪼아 먹는 것에 빗대어 풍자한 ③과 상황이 유사하다. '참새'는 백성을 수탈하는 탐관오리를, '늙은 홀아비'는 수탈을 당하는 백성을 의미한다.

오답체크

① 밤낮으로 일을 해도 가난을 면하지 못하는 여인의 탄식이 드러난다. 가난을 면치 못하는 이유를 탐관오리 때문이라고 밝힌 것은 아니기 때문에 ㉠과 상황이 유사하다고 보기 어렵다.
② 대동강에서 임을 보낸 여인의 슬픔이 드러난다. 임과 이별한 이유가 탐관오리 때문이라고 밝힌 것은 아니기 때문에 ㉠과 상황이 유사하다고 보기 어렵다.
④ '자신의 뜻을 펴지 못하는 지식인의 고뇌'와 '고국에 대한 그리움'을 드러낸 작품이다. 고뇌와 그리움의 원인이 탐관오리 때문이라고 밝힌 것은 아니기 때문에 ㉠과 상황이 유사하다고 보기 어렵다.

06

'썩은 재목'이라는 소재를 통하여 '부패한 정치', 현실의 문제점을 돌려서 표현하고 있다.

[정답]

05 ③　06 ②

PART 3

해커스공무원 해원국어 적중 요신의 필수적 문학

임춘, 〈공방전〉

갈래	가전(假傳)
성격	풍자적, 우의적, 교훈적
제재	돈(엽전)
주제	돈(재물)에 대한 인간의 탐욕과 돈을 탐하는 세태에 대한 비판
특징	① '도입 – 전개 – 비평'의 구성임. ② 의인화 기법을 활용한 전기적 구성을 취함. ③ 돈에 대한 작가의 부정적·비판적·풍자적 성격이 강하게 드러남.
출전	"서하선생집(西河先生集)" "동문선(東文選)"

[07~09] 다음 글을 읽고 물음에 답하시오.

공방(孔方)의 자(字)는 관지(貫之)이니, 그 조상이 일찍이 수양산(首陽山)에 숨어 굴속에서 살았기에 세상에 쓰인 적이 없었다. 처음 황제(黃帝) 시절에 조금 쓰이기도 했으나 성질이 굳세어 세상일에 그리 잘 적응하지 못하였다. 임금이 쇠붙이를 맡은 사람을 불러 보이니, 그가 한참 동안 들여다보고 말하기를,

"산과 들처럼 거센 성질이라 쓸 만하지는 못하오나, 만일 폐하가 만물을 조화하는 풀무와 망치 사이에 놓게 하여 때를 긁고 빛을 갈면 그 자질이 마땅히 점점 드러나리이다. 임금 된 이는 무엇이나 쓸모가 있게 하는 분이오니, 원컨대 폐하는 저 단단한 구리와 함께 내버리지 마옵소서."

하였다. 이로 말미암아 세상에 그의 이름이 나타났다. 뒤에 난리를 피하여 강가의 숯화로 거리로 이사하여 거기서 눌러살게 되었다.

그의 아버지 천(泉)은 주(周)나라의 재상으로 나라의 세금 매기는 일을 맡았었다.

㉠ 방의 위인이 밖은 둥글고 안은 모나며, 때에 따라 그에 맞게 변하기를 잘하여 한(漢)나라에서 벼슬하여 홍로경(鴻臚卿)이 되었다. 그때에 오(吳)나라 왕 비(濞)가 교만하고 주제넘어 권세를 부렸는데, 방이 그에게 붙어 많은 이익을 얻었다.

무제(武帝) 때에 천하의 경제가 궁핍하여 나라의 창고가 텅 비었으므로 위에서 걱정하여 방에게 부민후(富民侯)라는 벼슬을 주어 그의 무리 염철승(鹽鐵丞) 근(僅)과 함께 조정에 있었는데, 근이 매양 형님이라 하고 이름을 부르지 않았다.

방의 성질이 욕심 많고 더러워 염치가 없었는데, 이제 재물과 씀씀이를 도맡게 되니 본전과 이자의 경중을 저울질하기 좋아하였다. 나라를 편하게 하는 것이 반드시 질그릇이나 쇠그릇을 만드는 생산의 기술에만 있는 것이 아니라고 하면서 백성과 더불어 사소한 이익조차도 다투었다.

그런가 하면 물건값을 낮추어 곡식을 천하게 만드는 대신 돈을 중하게 만들어 백성으로 하여금 근본인 농사를 버리고 끄트머리인 장사를 좇게 하여 농사를 방해했다. 임금께 아뢰는 사람들이 많이 상소하여 논했으나 위에서 듣지 않았다.

– 임춘, 〈공방전〉

07 제시된 글에 대한 설명으로 적절하지 않은 것은?

① 교훈성을 지니고 있다.

② 사물을 의인화하여 표현하고 있다.

③ 중심 인물의 성격과 행적이 나타나 있다.

④ 인물 간의 대화를 통해 사건을 전개하고 있다.

07

주로 서술자가 직접 사건을 요약(직접 제시)하여 전달하고 있다.

오답체크

① 돈(엽전)은 인간의 필요에 의해 만들어졌지만 그 돈에 대한 인간의 지나친 욕심은 인간을 타락하게 만들 수 있다는 것을 교훈적으로 보여주고 있다.

② 돈(엽전)을 의인화하고 있다.

③ 중심 인물인 공방의 성격과 행적이 나타나 있다.

[정답]

07 ④

08 ①과 관련이 없는 한자 성어는?

① 면종복배(面從腹背)

② 양두구육(羊頭狗肉)

③ 군계일학(群鷄一鶴)

④ 표리부동(表裏不同)

09 <보기>를 참고할 때, 연결이 바르지 않은 것은?

> **보기**
>
> 　　가전체 문학은 사물을 의인화하여 전기(傳記) 형식으로 서술하는 문학 양식을 이른다. 〈공방전〉에서는 '돈(엽전)'을 의인화하였다.

① 저생전((楮生傳) - 종이

② 국선생전(麴先生傳) - 술

③ 죽부인전(竹夫人傳) - 대나무

④ 청강사자현부전(淸江使者玄夫傳) - 호랑이

08

공방의 생김새는 겉은 둥글둥글하지만(긍정적), 속은 모가 나 있다(부정적). 즉 겉과 속이 다른 이중적인 면을 갖고 있는 것이다. 이는 돈이라는 것이 겉으로 볼 때 좋아 보여서 많이 갖고자 욕심을 부리지만, 그 속에는 사악한 것이 있어 인간을 타락시킬 수도 있음을 보여준다. 따라서 겉과 속이 다름을 의미하는 한자 성어 '면종복배(面從腹背)', '양두구육(羊頭狗肉)', '표리부동(表裏不同)'과 어울린다. 한편, '군계일학(群鷄一鶴)'은 무리 가운데 뛰어난 사람과 관련이 있는 말이기 때문에, ①과는 관련이 없다.

09

이규보의 〈청강사자현부전(淸江使者玄夫傳)〉은 '호랑이'가 아니라 '거북'을 의인화한 작품이다.

PART 3

해커스공무원 혜원국어 적중 요산의 필수적 문학

[정답]

08 ③　09 ④

김만중, 〈구운몽〉

갈래	국문 소설, 몽자류(夢字類) 소설, 양반 소설, 염정 소설, 영웅 소설
성격	전기적, 이상적, 불교적
시점	전지적 작가 시점
배경	• 시간: 당나라 때 • 공간: 중국 남악 형산 연화봉 동정호(현실), 당나라 서울과 변방(꿈)
제재	꿈을 통한 성진의 득도(得道) 과정
주제	인생무상(人生無常)의 깨달음을 통한 허무의 극복
특징	① 설화 〈조신의 꿈〉의 영향을 받음. ② '현실 – 꿈 – 현실'의 이원적 환몽 구조를 지닌 일대기 형식을 취함. ③ 유교, 불교, 도교 사상이 나타나며, 그중 불교의 공(空) 사상이 중심을 이룸.

[10~12] 다음 글을 읽고 물음에 답하시오.

(가) "승상이 공을 이미 이루고 부귀 극(極)하여 만인(萬人)이 부뤄하고 천고(千古)에 듣지 못한 배라. 가신(佳辰)을 당하여 풍경을 희롱(戲弄)하며 꽃다운 술은 잔에 가득하며, 사랑하는 사람이 곁에 있으니, 이 또한 인생(人生)의 즐거운 일이어늘, 퉁소 소리 이러하니 오늘 퉁소는 옛날 퉁소가 아니로소이다."

승상이 옥소를 던지고 부인 낭자를 불러 난단(欄端)을 의지하고 손을 들어 두루 가리키며 가로되,

"⊙ 북(北)으로 바라보니 평(平)한 들과 무너진 언덕에 석양이 쇠한 풀에 비치었는 곳은 진시황의 아방궁(阿房宮)이요, 서(西)로 바라보니 슬픈 바람이 찬 수풀에 불고 저문 구름이 빈 뫼에 덮은 데는 한무제(漢武帝)의 무릉(茂陵)이요, 동(東)으로 바라보니…… 이는 현종(玄宗) 황제가 태진비(太眞妃)로 더불어 노시던 화청궁(華淸宮)이라. 사해(四海)로 집을 삼고 억조(億兆)로 신첩(臣妾)을 삼아 호화 부귀 백 년을 짧게 여기더니 이제 다 어디 있나뇨?"

(나) "산야(山野) 사람이 대승상께 뵈나이다."

승상이 이인인 줄 알고 황망히 답례 왈,

"사부는 어디로부터 오신고?"

호승이 웃어 왈,

"평생 고인을 몰라보시니 귀인(貴人)이 잊음 헐타는 말이 옳소이다."

승상이 자세히 보니 과연 낯이 익은 듯하거늘 홀연 깨쳐 능파 낭자를 돌아보며 왈,

"소유가 전일 토번을 정벌할 제 꿈에 동정 용궁에 가 잔치하고 돌아오는 길에 남악에 가 놀았는데, 한 화상이 법좌(法座)에 앉아서 경(經)을 강론하더니 노부가 그 화상이냐?"

호승이 박장대소하고 가로되,

"옳다, 옳다. 비록 옳으나 몽중에 잠깐 본 일은 생각하고 십 년을 동처(同處)하던 일을 알지 못하니 뉘 양 장원을 총명타 하더뇨?"

승상이 망연하여 가로되,

"소유가 십오륙 세 전은 부모 좌하(座下)를 떠나지 않았고 십육 세에 급제하여 연하여 직명이 있었으니, 동으로 연국(燕國)에 봉사하고 서로 토번을 정벌한 밖은 일찍 경사를 떠나지 않았으니 언제 사부로 더불어 십 년을 상종(相從)하였으리오?"

호승이 웃어 왈,

"상공이 오히려 춘몽(春夢)을 깨지 못하였도소이다."

(다)　승상 왈,

　　　"사부가 어찌하면 소유로 하여금 춘몽을 깨게 하리오?"

　　　호승 왈,

　　　"이는 어렵지 아니하니이다."

　　하고, 손 가운데 석장을 들어 석난간을 두어 번 두드리니 홀연 네 녁 산골로 부터 구름이 일어나 대 위에 끼이어 지척(咫尺)을 분변(分辨)치 못하니, 승상 이 정신이 아득하여 마치 취몽(醉夢) 중에 있는 듯하더니 오래되어서야 소리 질러 가로되,

　　　"사부가 어이 정도(正道)로 소유를 인도치 아니하고 환술(幻術)로 서로 희롱하느뇨?"

　　말을 떨구지 못하여서 구름이 걷히니 호승이 간 곳이 없고 좌우를 돌아보니 여덟 낭자 또한 간 곳이 없는지라. 정히 경황(驚惶)하여 하더니, 그런 높은 대와 많은 집이 일시에 없어지고 제 몸이 한 작은 암자 중의 한 포단 위에 앉았으되, 향로에 불이 이미 사라지고, 지는 달이 창에 이미 비치었더라.

(라)　스스로 제 몸을 보니 일백여덟 낱 염주가 손목에 걸렸고 머리를 만지니 갓 깎은 머리털이 가칠가칠하였으니, 완연히 소화상의 몸이요 다시 대승상의 위의(威儀) 아니니, 정신이 황홀하여 오랜 후에 비로소 제 몸이 연화 도량 성진 행자인 줄 알고 생각하니, 처음에 스승에게 수책(受責)하여 풍도(酆都)로 가고 인세에 환도하여 양가의 아들 되어 장원 급제 한림학사하고 출장입상하여 공명신퇴하고 두 공주와 여섯 낭자로 더불어 즐기던 것이 다 하룻밤 꿈이라. 마음에 '이 필연 사부가 나의 염려를 그릇함을 알고 나로 하여금 이 꿈을 꾸어 인간 부귀와 남녀 정욕이 다 허사인 줄 알게 함이로다.'

　　　　　　　　　　　　　　　　　　　　　　　－ 김만중, 〈구운몽〉

10　제시된 작품과 가장 관련이 없는 것은?

　① 환몽 구조를 가지고 있다.

　② 판소리 사설을 바탕으로 한다.

　③ 설화 〈조신의 꿈〉의 영향을 받았다.

　④ 이야기 속에 또 이야기가 포함되어 있다.

10
〈구운몽〉은 판소리 사설과는 전혀 관련이 없다. 판소리 사설과 관련이 있는 작품은 〈춘향전〉, 〈심청전〉 같은 '판소리계 소설'이다.

오답체크
① '현실－꿈－현실'의 환몽 구조를 가지고 있다.
③ 〈조신의 꿈(조신지몽)〉도 '현실－꿈－현실'의 환몽 구조로 깨달음을 얻는 구조이다. 따라서 설화(전설) 〈조신의 꿈〉의 영향을 받았다고 할 수 있다.
④ 일종의 액자 소설로 현실과 꿈이 교차한다. 현실의 공간은 천상이고 꿈속 공간은 지상 세계로 설정되었는데, 현실의 공간인 천상은 불교적 세계를, 꿈의 공간인 지상 세계는 유교적 세계를 그리고 있다.

[정답]
10 ②

11

(나)에서 성진은 '호승(스승)'을 알아보지 못하고 있는 것을 볼 때, 자신이 '성진'이라는 것을 자각하고 있다는 설명은 옳지 않다.

오답체크

① 꿈속에서 '양소유'로서의 삶이 드러난 부분이다. 따라서 꿈속의 지상 세계 공간이다.
③ "정히 경황하여 하더니, ~ 향로에 불이 이미 사라지고, 지는 달이 창에 이미 비치었더라."를 볼 때, 모든 것이 하룻밤 꿈이었으며 성진이 원래 있던 천상의 현실로 돌아왔음을 알 수 있다.
④ "이 필연 사부가 나의 염려를 그릇함을 알고 나로 하여금 이 꿈을 꾸어 인간 부귀와 남녀 정욕이 다 허사인 줄 알게 함이로다."를 볼 때, 성진이 '인생무상(人生無常, 인생이 덧없음)'의 깨달음을 얻었음을 알 수 있다.

12

소유는 ㉠에서 천하를 호령했던 진시황의 아방궁도 지금은 다 간데없음을 말하면서, '무상감(허무함)'을 드러내고 있다. 이와 가장 관련이 깊은 것은 ④이다. ④의 종장에서는 고려 왕조의 융성했던 옛 시절이 한바탕 꿈에 지나지 않는다는 '허무함'을 영탄법을 사용하여 드러내고 있다.

오답체크

① 임을 향한 애타는 그리움을 드러낸 작품이다. ㉠에서 진시황이나 한무제를 그리워하고 있는 것은 아니기 때문에 적절하지 않다.
② 고려 왕조에 대한 절개와 지조를 드러낸 작품이다. ㉠은 절개나 지조와는 전혀 관련이 없기 때문에 적절하지 않다.
③ 자연에 묻혀 사는 소박한 삶을 노래한 작품이다. ㉠은 안빈낙도와는 관련이 없기 때문에 적절하지 않다.

11 (가)~(라)에 대한 설명으로 가장 바르지 못한 것은?

① (가)와 (나)는 꿈속의 공간이다.

② 성진은 (나)에서부터 자신이 꿈을 꾸고 있다는 것을 자각하고 있다.

③ (다)에서 성진은 꿈에서 깨어나 현실로 돌아왔다.

④ (라)에서 성진은 '인생무상(人生無常)'의 깨달음을 얻고 있다.

12 다음 중 ㉠과 가장 관련이 깊은 것은?

① 내 언제 무신(無信)하여 님을 언제 속였관대
　월침삼경(月沈三更)에 온 뜻이 전혀 업네
　추풍(秋風)에 지는 잎 소리야 낸들 어이하리요.

　　　　　　　　　　　　　　　　　　　　　　－ 황진이

② 이 몸이 주거 주거 일백 번(一百番) 고쳐 주거
　백골(白骨)이 진토(塵土)되여 넉시라도 잇고 업고
　님 향(向)흔 일편단심(一片丹心)이야 가실 줄이 이시랴

　　　　　　　　　　　　　　　　　　　　　　－ 정몽주

③ 집 방석(方席) 내지 마라 낙엽(落葉)인들 못 안즈랴.
　솔불 혀지 마라 어졔 진 달 도다 온다.
　아희야 박주산채(薄酒山菜)ㄹ만정 업다 말고 내여라.

　　　　　　　　　　　　　　　　　　　　　　－ 한호

④ 五百年(오백 년) 도읍지를 匹馬(필마)로 도라드니
　山川(산천)은 依舊(의구)ㅎ되 人傑(인걸)은 간듸 업다
　어즈버 太平烟月(태평 연월)이 꿈이런가 ㅎ노라

　　　　　　　　　　　　　　　　　　　　　　－ 길재

PART 4

Day 13 핵심 개념 ④

1 사건

1. 의미: 인물들이 겪거나 벌이는 일

2. 주요 용어

개연성	그럴 법한 것, 그럴 가능성이 있을 법한 것 ★ 문학에서 '개연성'은 '현실에 있을 법한'의 의미이다.
필연성	반드시 그렇게 될 수밖에 없는 것
우연성	어쩌다 보니 뜻하지 않게 그렇게 된 것 ★ '필연'과 '우연'은 반의어이다.
전기성	전하기에 기이한 것, 즉 비현실적인 것 ★ 고전 소설에서 인물이 도술을 부리는 등 비범한 능력을 지녔다면 '전기성'이 나타난다고 볼 수 있다.
암시	앞으로 일어날 일을 미리 알려주는 방법 암시와 복선이 큰 차이를 보이는 것은 아니지만, 암시가 더 큰 범주의 개념으로 '복선'은 암시의 방식 중의 하나임. 예 현진건의 〈운수 좋은 날〉에서 배경은 '비가 추적추적 내리는 날(하강)'인데, 이것은 '아내의 죽음(하강)'을 '암시'한다.
복선	앞으로 일어날 일을 미리 알려주는 암시의 한 가지 방법으로 '암시'는 제시된 장면과 특별한 관련이 없는 반면, '복선'은 확실한 인과 관계를 바탕으로 함. ★ '암시'와 '복선'은 비슷한 의미이지만, '암시'는 '개연성'을, '복선'은 필연성(인과 관계)'을 강조한다. 예 현진건의 〈운수 좋은 날〉에서 아내가 오늘은 자신의 몸이 좋지 않으니 일을 나가지 말라고 남편을 말리는데, 이것은 '아내의 죽음'에 대한 '복선'이라고 볼 수 있다.

01 반드시 일어나는 것은 '우연성'이고 어쩌다 일어나는 것은 '필연성'이다. ⓞ | ✕

01
반드시 일어나는 것은 '필연성'이고 어쩌다 일어나는 것은 '우연성'이다.

02 문학에서 개연성이란 현실 모사(模寫)를 뜻한다. 2019 경찰 2차 ⓞ | ✕

02
'개연성(蓋然性)'은 실제로 일어날 법한 일을 다루는, 문학의 보편성을 가리키는 개념이다. 따라서 현실을 있는 그대로 그리는 '현실 모사' 그 자체와는 다른 개념이다.

03 '구름, 물길'은 정처 없이 유랑하는 나그네의 내적 현실을 암시한다. 2021 군무원 9급

> 차운 산 바위 위에 / 하늘은 멀어
> 산새가 구슬피 / 울음 운다
>
> 구름 흘러가는 / 물길은 칠백 리
>
> 나그네 긴 소매 / 꽃잎에 젖어
> 술 익는 강마을의 / 저녁노을이여
>
> 이 밤 자면 저 마을에 / 꽃은 지리라
>
> 다정하고 한 많음도 / 병인 양하여
> 달빛 아래 고요히 / 흔들리며 가노니……
>
> — 조지훈, 〈완화삼〉

ⓞ | ✕

03
"구름 흘러가는 / 물길은 칠백 리"의 '구름'과 '물길'은 흘러간다는 공통점을 갖고 있다. 흘러간다는 것은 '방랑, 유랑'의 이미지를 가진다. 따라서 '구름'과 '물길'은 정처 없이 유랑하는 화자의 내적 현실을 암시한다.
　제목 '완화삼'은 '꽃을 감상하는 선비의 적삼'이라는 뜻으로 '꽃을 구경하는 선비'를 말한다. 그 선비, 즉 시에 나타난 '나그네'는 '구름, 물길'을 따라 '유랑의 현실'을 살고 있고, 그것은 그의 '내적 현실'이기도 하다.

PART 4

해커스군무원 혜원국어 적중 요약의 필수적 문학

[정답]
01 ✕　02 ✕　03 ⓞ

04 앞으로 펼쳐질 '그'의 인생이 어두울 것이라는 암시가 나타나 있다.

2020 해경 1차

"어렵다고 꼭 외로우란 법은 없어요. 혹 누가 압니까, 당신도 모르는 사이에 당신을 아끼는 어떤 이웃이 당신의 어려움을 덜어 주었을지?"

"개수작 마! 그따위 이웃은 없다는 걸 난 똑똑히 봤어! 난 이제 아무도 안 믿어!"

그는 현관에 벗어 놓은 구두를 신고 있었다. 그 구두를 보기 위해 전등을 켜고 싶은 충동이 불현 듯 일었으나 나는 꾹 눌러 참았다. 현관문을 열고 마당으로 내려선 다음 부주의하게도 그는 식칼을 들고 왔던 자기 본분을 망각하고 엉겁결에 문간방으로 들어가려 했다. 그의 실수를 지적하는 일은 훗날을 위해 나로서는 부득이한 조처였다.

"대문은 저쪽입니다."

문간방 부엌 앞에서 한동안 망연해 있다가 이윽고 그는 대문쪽을 향해 느릿느릿 걷기 시작했다. 비틀비틀 걷기 시작했다. 대문에 다다르자 그는 상체를 뒤틀어 이쪽을 보았다.

"이래 봬도 나 대학까지 나온 사람이오."

누가 뭐라고 그랬나? 느닷없이 그는 자기 학력을 밝히더니만 대문을 열고는 보안등 하나 없는 칠흑의 어둠 저편으로 자진해서 삼켜져 버렸다.

– 윤흥길, 〈아홉 켤레의 구두로 남은 사내〉

O | X

[정답]

04 O

05 자연물에 대한 비유적인 표현을 통해 사건의 비극성을 암시하고 있다. 2020 지역 인재 9급

> 　달밤이었으나 어떻게 해서 그렇게 됐는지 지금 생각해도 도무지 알 수 없었다. 허 생원은 오늘 밤도 또 그 이야기를 끄집어내려는 것이다. 조 선달은 친구가 된 이래 귀에 못이 박히도록 들어 왔다. 그렇다고 싫증을 낼 수도 없었으나 허 생원은 시치미를 떼고 되풀이할 대로는 되풀이하고야 말았다.
> 　"달밤에는 그런 이야기가 격에 맞거든."
> 　조 선달 편을 바라는 보았으나 물론 미안해서가 아니라 달빛에 감동하여서였다. 이지러는졌으나 보름을 가제 지난 달은 부드러운 빛을 흐붓이 흘리고 있다. 대화까지는 칠십 리의 밤길, 고개를 둘이나 넘고 개울을 하나 건너고 벌판과 산길을 걸어야 된다. 달은 지금 긴 산허리에 걸려 있다. 밤중을 지난 무렵인지 죽은 듯이 고요한 속에서 짐승 같은 달의 숨소리가 손에 잡힐 듯이 들리며, 콩 포기와 옥수수 잎새가 한층 달에 푸르게 젖었다. 산허리는 온통 메밀밭이어서 피기 시작한 꽃이 소금을 뿌린 듯이 흐붓한 달빛에 숨이 막힐 지경이다. 붉은 대궁이 향기같이 애잔하고 나귀들의 걸음도 시원하다. 길이 좁은 까닭에 세 사람은 나귀를 타고 외줄로 늘어섰다. 방울 소리가 시원스럽게 딸랑딸랑 메밀밭께로 흘러간다. 앞장선 허 생원의 이야기 소리는 꽁무니에 선 동이에게는 확적히는 안들렸으나, 그는 그대로 개운한 제멋에 적적하지는 않았다.
> 　　　　　　　　　　　　　　　　　　　－이효석, 〈메밀꽃 필 무렵〉

O | X

05

사건의 비극성을 암시한 부분은 없다. 제시된 부분은 '허 생원'이 과거를 추억하고 회상하는 부분으로 메밀꽃이 흐드러지게 핀 달밤에 대한 '배경 묘사'가 '시적(서정적)'으로 나타나고 있다.

06 양생은 우연과 같은 운명에 기대어 살아가는 인물이다. 2020 군무원 7급

> 　남원(南原)에 양생(梁生)이란 사람이 있었다. 어린 나이에 부모를 여의고 만복사(萬福寺) 동쪽에서 혼자 살았다. 방 밖에는 배나무 한 그루가 있었는데, 바야흐로 봄을 맞아 배꽃이 흐드러지게 핀 것이 마치 옥나무에 은이 매달린 듯하였다. 양생은 달이 뜬 밤이면 배나무 아래를 서성이며 낭랑한 목소리로 이런 시를 읊조렸다.
>
> 　　쓸쓸히 한 그루 나무의 배꽃을 짝해
> 　　달 밝은 이 밤 그냥 보내다니 가련도 하지.
> 　　청춘에 홀로 외로이 창가에 누었는데
> 　　어디서 들려오나 고운 님 피리 소리
>
> 　　외로운 비취새 짝없이 날고
> 　　짝 잃은 원앙새 맑은 강에 몸을 씻네.
> 　　내 인연 어딨을까 바둑알로 맞춰 보고
> 　　등불로 점을 치다 시름겨워 창에 기대네
> 　　　　　　　　　　　　　　　　　　　－김시습, 〈만복사저포기〉

O | X

06

자신의 인연을 적극적으로 직접 찾아나서는 게 아니라, 자신의 인연이 어디 있을까 하고 바둑알이나 등불로 점을 쳐본다는 한시의 내용을 볼 때, 양생은 우연과 같은 운명에 기대어 살아가는 인물이라고 볼 수 있다.

[정답]

05 ×　06 ○

07 신둥이의 '새파란 불'은 생의 욕구를 암시한다.

'간난이 할아버지'는 동네 사람들과 함께 '신둥이'를 잡으러 왔다가 '신둥이'의 눈에서 '별나게 새파란 불'을 본다. 그리고 그것이 신둥이의 '뱃속에 든 새끼의 몫까지 합쳐진 것'이라는 것을 감지한다. 그리고 '짐승이라도 새끼 밴 것을 차마?' 죽일 수는 없다고 생각하는 순간(동물적 본능으로 신둥이는 간난이 할아버지의 마음속 갈등을 알았을 것이다.), 간난이 할아버지의 다리 곁으로 '푸른 불꽃'이 빠져나간다. 따라서 제시된 글에 나타난 '새파란 불'은 신둥이의 생에 대한 욕구를 암시한다고 볼 수 있다.

　　동네 사람들이 방앗간의 터진 두 면을 둘러쌌다. 그리고 방앗간 속을 들여다보았다. 과연 어둠 속에 움직이는 게 있었다. 그리고 그게 어둠 속에서도 흰 짐승이라는 걸 알 수 있었다. 분명히 그놈의 신둥이개다. 동네 사람들은 한 걸음 한 걸음 죄어들었다. 점점 뒤로 움직여 쫓기는 짐승의 어느 한 부분에 불이 켜졌다. 저게 산개의 눈이다. 동네 사람들은 몽둥이 잡은 손에 힘을 주었다. 이 속에서 간난이 할아버지도 몽둥이 잡은 손에 힘을 주었다. 한 걸음 더 죄어들었다. 눈앞의 새파란 불이 빠져나갈 틈을 엿보듯이 휙 한 바퀴 돌았다. 별나게 새파란 불이었다. 문득 간난이 할아버지는 이런 새파란 불이란 눈앞에 있는 신둥이개 한 마리의 몸에서 나오는 것이 아니고 여럿의 몸에서 나오는 것이 합쳐진 것이라는 생각이 들었다. 말하자면 지금 이 신둥이개의 뱃속에 든 새끼의 몫까지 합쳐진 것이라는. 그러자 간난이 할아버지의 가슴속을 흘러 지나가는 게 있었다. 짐승이라도 새끼 밴 것을 차마?

　　이때에 누구의 입에선가, 때려라! 하는 고함 소리가 나왔다. 다음 순간 간난이 할아버지의 양옆 사람들이 욱 개를 향해 달려들며 몽둥이를 내리쳤다. 그와 동시에 간난이 할아버지는 푸른 불꽃이 자기 다리 곁을 빠져나가는 것을 느꼈다.

　　뒤이어 누구의 입에선가, 누가 빈틈을 냈어? 하는 흥분에 찬 목소리가 들렸다. 그리고 저마다, 거 누구야? 거 누구야? 하고 못마땅해 하는 말소리 속에 간난이 할아버지 턱밑으로 디미는 얼굴이 있어,

　　"아즈반이웨다레" / 하는 것은 동장네 절가였다.

– 황순원, 〈목넘이 마을의 개〉

O | X

08 사건의 결말을 암시하는 복선이 나타나 있다.

> "남대문 정거장까지 말씀입니까?"
> 하고 김 첨지는 잠깐 주저하였다. 그는 이 우중에 우장도 없이 그 먼 곳을 철벅
> 거리고 가기가 싫었음일까? 처음 것, 둘째 것으로 고만 만족하였음일까? 아니
> 다, 결코 아니다. 이상하게도 꼬리를 맞물고 덤비는 이 행운 앞에 조금 겁이 났
> 음이다. 그리고 집을 나올 제 아내의 부탁이 마음에 켕기었다. — 앞집 마마님
> 한테서 부르러 왔을 제, 병인은 그 뼈만 남은 얼굴에 유일의 생물 같은 유달리
> 크고 움푹한 눈에 애걸하는 빛을 띠우며,
> "오늘은 나가지 말아요. 제발 덕분에 집에 붙어 있어요. 내가 이렇게 아픈
> 데……."
> 라고 모기 소리같이 중얼거리고 숨을 거르렁거르렁하였다. …〈중략〉…
> "이 눈깔! 이 눈깔! 왜 나를 바루 보지 못하고 천정만 보느냐, 응?"
> 하는 말끝엔 목이 메이었다. 그러자, 산 사람의 눈에서 떨어진 닭의 똥 같은 눈
> 물이 죽은 이의 뻣뻣한 얼굴을 어룽어룽 적시인다. 문득 김 첨지는 미친 듯이
> 제 얼굴을 죽은 이의 얼굴에 한데 부벼대며 중얼거렸다.
> "설렁탕을 사다 놓았는데 왜 먹지를 못하니, 왜 먹지를 못하니…… 괴상하게
> 도 오늘은 운수가 좋더니만……."
> — 현진건, 〈운수 좋은 날〉

O | X

08

아내가 김 첨지에게 나가지 말라고 애원한 것은 아내의 죽음을 암시하는 '복선' 역할을 한다.

---

09 '전기성'이 사건 전개에 있어 중요한 역할을 하고 있다.

> 화담은 웃으며 서찰을 내주었다. 우치는 보란 듯이 서찰을 받자마자 해동청
> 보라매가 되어 공중으로 치올랐다. 바다를 얼마쯤 갔을까. 공중에 난데없이 그
> 물이 앞을 막았다. 우치가 날아오르려 하자 그물이 따라 높이 올랐다. 우치가
> 돌아가려 하는데 그물 역시 우치를 따라왔다. 우치는 다시 도술을 써 모기가 되
> 어 그물을 뚫고자 했다. 그런데 그물이 갑자기 거미줄로 변하며 다시 앞을 가로
> 막는 것이 아닌가. 우치는 결국 십여 일을 애쓰다가 가지 못하고 돌아오고 말았
> 다. 화담은 우치가 돌아오는 것을 보고 크게 웃었다.
> "그대는 다시 이곳에서 나가지 못하리라."
> 우치는 속았다는 생각에 황급히 도망쳤다. 우선 해동청 보라매가 되어 달아
> 나니, 화담은 커다란 수리가 되어 쫓았다. 우치가 다시 갈범이 되어 도망치니
> 화담은 커다란 청사자가 되어 마침내 갈범을 물었다.
> "네가 몇 가지 재주를 가지고 옳은 일을 하는 것은 기특하지만 좋지 않은 재
> 주는 결코 옳지 않은 일에 쓰이게 마련이다. 재주 또한 반드시 윗길이 있으니
> 세상을 돌아다니다 보면 반드시 화를 입으리라. 내가 태백산에 들어가 정대
> (正大)한 도리를 구하려 하니 너는 나를 따르는 것이 좋을 것이다."
> — 작자 미상, 〈전우치전〉

O | X

09

〈전우치전〉은 '전기 소설'이다. '전기성'은 '전하기에 기이한 비현실적 특성'으로, 기이한 우치의 도술이 사건 전개에 중요한 역할을 하기 때문에 적절한 설명이다.

[정답]

08 ○   09 ○

10 우연성에 따라 사건이 전개되고 있다.

> 그해 아직 봄이 오기 전, 보는 사람마다 성기의 회춘을 거의 다 단념하곤 하였을 때, 옥화는 이왕 죽고 말 것이라면, 어미의 맘속이나 알고 가라고, 그래, 그 체장수 영감은, 서른여섯 해 전 남사당을 꾸며와 이 '화개장터'에 하룻밤을 놀고 갔다는 자기의 아버지임에 틀림 없다는 것과 계연은 그 왼쪽 귓바퀴 위의 사마귀로 보아 자기의 동생임이 분명하더라는 것을 통정하노라면서, 자기의 왼쪽 귓바퀴 위의 같은 검정 사마귀까지를 그에게 보여 주었다.
>
> "나도 처음부터 영감이 '서른여섯 해 전'이라고 했을 때 가슴이 섬짓하긴 했다. 그렇지만 설마 했지, 그렇게 남의 간을 뒤집어 놀 줄이야 알았나. 하도 아슬해서 이튿날 악양으로 가 명도까지 불러 봤더니, 요것도 남의 속을 빤히 디려다나 보는 드키 재줄대는구나, 차라리 망신을 했지."
>
> 옥화는 잠깐 말을 그쳤다. 성기는 두 눈에 불을 켜듯 한 형형한 광채를 띠고, 그 어머니의 얼굴을 쳐다보고 있었다.
>
> "차라리 몰랐으면 또 모르지만 한 번 알고 나서야 인륜이 있는듸 어쩌겠냐."
>
> 그리고 부디 에미 야속타고나 생각지 말라고 옥화는 아들의 뼈만 남은 손을 눈물로 씻었다.
>
> — 김동리, 〈역마〉

O | X

2 시점

• 종류

1인칭 주인공 시점	주인공인 '나'(작품 속 서술자)가 '나'의 이야기를 하는 시점 예 염상섭의 〈만세전〉 　　스물두셋쯤 된 책상 도련님인 나로서는 이러한 이야기를 듣고 놀라지 않을 수 없었다. 인생이 어떠하니, 인간성이 어떠하니, 사회가 어떠하니 하여야 다만 심심파적으로 하는 탁상의 공론에 불과한 것은 물론이다. 　　('나'가 '나'의 이야기를 하고 있다. → 1인칭 주인공 시점)
1인칭 관찰자 시점	작품 속 주변 인물인 '나'(작품 속 서술자)가 '주인공'을 관찰하여 이야기하는 시점 예 현진건의 〈고향〉 　　대구에서 서울로 올라오는 차중에서 생긴 일이다. 나는 나와 마주 앉은 그를 매우 흥미있게 바라보고 또 바라보았다. 두루마기 격으로 기모노를 둘렀고, 그 안에서 옥양목 저고리가 내어 보이며, 아랫도리엔 중국식 바지를 입었다. 　　('나'가 '그'의 이야기를 하고 있다. → 1인칭 관찰자 시점)
3인칭 관찰자 시점	작품 밖의 서술자가 작품 속 인물들의 '말과 행동'을 관찰하여 이야기하는 시점 ★ '3인칭 관찰자 시점'이 단독으로 나타나는 경우는 적다. 주로 '전지적 작가 시점'과 혼용하여 나타난다.
전지적 작가 시점	작품 밖의 서술자가 작품 속 인물들의 '말과 행동'뿐만 아니라 '심리'까지 이야기하는 시점 예 현진건의 〈술 권하는 사회〉 　　아내에게는 그 말이 너무 어려웠다. 고만 묵묵히 입을 다물었다. 눈에 보이지 않는 무슨 벽이 자기와 남편 사이에 깔리는 듯하였다. 남편의 말이 길어질 때마다 아내는 이런 쓰디쓴 경험을 맛보았다. 이런 일은 한두 번이 아니었다. 이윽고 남편은 기막힌 듯이 웃는다. 　　(작품 밖 서술자가 '아내'의 심리까지 알고 있다. → 전지적 작가 시점)
초점화	전지적 작가 시점이 기본인데, 부분적으로 작품 속 특정 인물의 내면에 집중하여 서술하는 시점 예 염상섭의 〈삼대〉 　　주부가 오니까 병화는 씹던 것을 이제야 삼키고 　　"그 사람 어디 갔소?" 　　하고 묻는다. 　　"예. 지금 막 목욕 갔어요. 곧 오겠지요." 　　하며 중턱에 서서 싱긋 웃고는 시선을 덕기에게 준다. 　　주부의 눈에 비친 덕기는 해꼬무레하고 예쁘장스러운 똑똑한 청년이었다. 이 여자에게는 조선이라는 경멸하는 마음은 그리 없으나 그 해꼬무레하고 예쁘장스러운데다가 학생복이나마 값진 것을 조촐하게 입은 양으로 보아서 어느 부잣집 아기거니 하는 생각이 들어서 약간 알잡아보는 마음이 들었다. 그러나 한편 손님(병화)이 그동안 두어 번 보았어도 허술한 위인은 아니 모양인데 그런 사람하고 추축이 되면 저 청년(덕기)도 그런 부잣집 귀동아기로만 자란 모던 보이 같지 않다는 생각도 들었다. 이 여자는 올 가을에 처음으로 이 장사를 벌인 터이라, 드나드는 손님이 하도 많지만, 이런 장사에 찌들어서 여간 것은 눈에 띄지 않을 만큼 신경이 굳어지지 못한 탓이라 할까, 여하간 여염집 어편네의 호기심으로 처음 보는 남자마다 유난히 호기심을 가지고 인금 나름을 하는 것이다. 　　(서술자가 작품 밖에 있는 전지적 작가 시점이지만, 제시된 부분에서 서술자의 시점이 등장인물 중 '주부'의 시선으로 바뀌어 '초점화'가 이루어지고 있다. 즉 '주부'의 눈에 비친 '덕기'에 대한 인상을 제시하고 앞으로 일어날 사건의 방향성을 암시하고 있는데, 이때의 '주부'는 '초점화자'에 해당한다.)
시점의 혼용	하나의 작품에 두 가지 이상의 시점이 같이 쓰인 것 ★ '전지적 작가 시점'과 '3인칭 관찰자 시점'이 혼용되는 경우가 가장 많다.

해커스공무원 해원국어 적중 요신의 필수적 문학

서술자의 개입	작품 밖에 위치한 서술자가 사건이나 인물이 처한 상황에 대해 직접 이야기하는 것
	
	① 편집자적 논평: 서술자가 작품 속 인물이나 사건에 대해 직접 '평가'하는 것
	
	예
	    사람이 슬픔이 극진하면 도리어 가슴이 막히는 법이라. 심 봉사가 하도 기가 막혀 울음도 아니 나오고 실성을 하는데.
	
	② 감정의 노출: 서술자가 작품 속 인물의 '감정을 직접 전달'해 주는 것
	
	예
	    녹의홍상(綠衣紅裳) 기생들은 백수나삼(白手羅衫) 높이 들어 춤을 추고, 지야자 두덩실 하는 소리 어사 또 마음이 심란하구나.
	
	③ 독자에게 말 걸기: 서술자가 독자에게 직접 말을 걸어 옴.
	
	예
	    이 도령의 거동 보소. 마음이 바쁘고 뜻이 근심이 되고 가슴도 답답하여 저녁상도 허둥지둥 방자 불러 분부하되, "너나 먹고 어서 가자."
	
	④ 이야기(서사)의 흐름 끊기: '차설(=각설)하고, 한편' 등을 사용
	    ※ 차설(且說): 주로 글 따위에서, 화제를 돌려 다른 이야기를 꺼낼 때, 앞서 이야기하던 내용을 그만둔다는 뜻으로 다음 이야기의 첫머리에 쓰는 말. = 각설
	
	⑤ 앞, 뒤 줄거리 요약하기

01 작품 속에 '나'가 등장한다면, 1인칭 주인공 시점이다. ☐O | X☐

01
작품 속에 '나'가 등장하더라도, '나'가 관찰자의 위치라면 '1인칭 관찰자 시점'일 수 있다.

02 작품 속에 '나'가 등장하지 않는다면, 관찰자 시점이다. ☐O | X☐

02
작품 속에 '나'가 등장하는 '1인칭 관찰자 시점'도 있고, '나'가 등장하지 않는 '전지적 작가 시점'도 있다.

03 전지적 작가 시점에서 서술자는 인물의 내면 심리까지 모두 파악하고 있다. ☐O | X☐

03
'전지적 작가 시점'은 작품 밖의 서술자가 작품 속 인물들의 말과 행동뿐만 아니라 심리까지 이야기하는 시점이다.

04 작품 밖의 서술자가 사건이나 상황, 인물에 대해 직접 이야기를 하는 것은 '초점화'라 한다. ☐O | X☐

04
작품 밖의 서술자가 사건이나 상황, 인물에 대해 직접 이야기를 하는 것은 '서술자의 개입', '편집자적 논평'이다.

[정답]
01 × 　02 × 　03 ○ 　04 ×

서술자 '나'의 시선으로 인물의 외양과 시공간에 대한 묘사에 치중하고 있다. 따라서 대상을 객관적 이미지로 형상화하고 있다는 설명은 적절하지 않다.

05 **'나'의 '냉정한 눈'을 통해 대상의 객관적 이미지를 형상화하고 있다.** 2024 국회직 8급

창틀에 동그마니 올라앉은 그는, 등을 한껏 꼬부리고 무릎을 세운 자세 때문에 어린 아이처럼, 혹은 늙은 꼽추처럼 보인다. 어쩌면 표면장력으로 동그랗게 오므라든 한 방울의 수은을 연상시켜 그 자체의 중량으로 도르르 미끄러져 내리지나 않을까하는 아찔한 의구심을 갖게도 한다. 그러나 창에는 철창이 둘려 있기 때문에 나는 마치 렌즈의 핀을 맞출 때처럼 객관적인 거리를 유지하며 냉정한 눈으로 그를 살필 수 있다.

그의 살갗 밑을 흐르는 혈액 속에는 표면장력이 있어 그는 늘 그렇게 자신의 표면적을 최소한으로 줄이려는 염원으로 잔뜩 웅크린 채 조심스럽게 살아가고 있는 것 같다. 미안합니다, 아주 죄송스럽군요, 하는 듯한 웃음을 언제든 필요할 때 즉시 내보낼 수 있도록 입 안쪽 어디쯤에 고여 두고 있는 것 같기도 하다.

허공을 정확히 정육각형으로 조각조각 가르고 있는 창살 너머 잔잔히 깔린 비늘구름에 노을빛이 묻어 불그레하게 빛나고 있다. 나는 때때로, 특히 달 밝은 밤 창 바깥쪽에서 잠자리나 초파리의 수많은 겹눈이 안을 들여다보고 있는 듯한 느낌에 잠에서 깨어나 거의 유아적인 공포에 사로잡히곤 한다.

그는 여전히 웅크린 채 창틀에 앉아 휘익휘익 휘파람을 불고 있다. 바람 때문에 공기의 진동은 내가 있는 곳에 채 닿기도 전에 소리의 형태를 스러뜨리고 사라져버려 나는 그가 어떠한 곡조를 휘파람으로 불고 있는지 알 수 없다.

– 오정희, 〈불의 강〉

O | X

06

등장인물인 '나'가 서술자가 되어 다른 등장인물 '그'의 행동을 진술하고 있다. 따라서 제시된 작품은 '1인칭 관찰자 시점'이다.

　반드시 갚는 조건임을 강조하면서 그는 마치 성경책 위에다 오른손을 얹고 말하듯이 엄숙한 표정을 했다. 하마터면 나는 잊을 뻔했다. 그가 적시에 일깨워 주었기 망정이지 안 그랬더라면 빌려주는 어려움에만 골똘한 나머지 빌려줬다 나중에 돌려받는 어려움이 더 클 거라는 사실은 생각도 못 할 뻔했다. 그렇다. 끼니조차 감당 못 하는 주제에 막벌이 아니면 어쩌다 간간이 얻어걸리는 출판사 싸구려 번역 일 가지고 어느 해가*에 빚을 갚을 것인가. 책임이 따르는 동정은 피하는 게 상책이었다. 그리고 기왕 피할 바엔 저쪽에서 감히 두말을 못 하도록 야멸치게 굴 필요가 있었다.

　"병원 이름이 뭐죠?"

　"원 산부인괍니다."

　"지금 내 형편에 현금은 어렵군요. 원장한테 바로 전화 걸어서 내가 보증을 서마고 약속할 테니까 권 선생도 다시 한번 매달려 보세요. 의사도 사람인데 설마 사람을 생으로 죽게야 하겠습니까. 달리 변통할 구멍이 없으시다면 그렇게 해 보세요."

　내 대답이 지나치게 더디 나올 때 이미 눈치를 챈 모양이었다. 도전적이던 기색이 슬그머니 죽으면서 그의 착하디착한 눈에 다시 수줍음이 돌아왔다. 그는 고개를 좌우로 흔들어 보였다.

　"원장이 어리석은 사람이길 바라고 거기다 희망을 걸기엔 너무 늦었습니다. 그 사람은 나한테서 수술 비용을 받아 내기가 수월치 않다는 걸 입원시키는 그 순간에 벌써 알아차렸어요."

　　　　　　　　　　　　　　　　　　　　　　　　　　– 윤흥길, 〈아홉 켤레의 구두로 남은 사내〉

O | X

PART 4

해커스공무원 해원국어 적중 요신의 필수적 문학

07 전지적 작가 시점이지만, 관찰자 시점의 성격을 지녔다.

백화가 눈 덮인 길의 고랑에 빠져 버렸다. 발이라도 삐었는지 백화는 꼼짝 못하고 주저앉아 신음을 했다. 영달이가 달려들어 싫다고 뿌리치는 백화를 업었다. …〈중략〉…

"무겁죠?" / 영달이는 대꾸하지 않았다. 백화는 어린애처럼 가벼웠다. 등이 불편하지도 않았고 어쩐지 가뿐한 느낌이었다. …〈중략〉…

"어깨가 참 넓으네요. 한 세 사람쯤 업겠어."

"댁이 근수가 모자라서 그렇다구."

그들은 일곱 시쯤에 감천 읍내에 도착했다. 마침 장이 섰었는지 파장된 뒤인데도 읍내 중앙은 흥청대고 있었다. …〈중략〉…

영달이는 이제 백화를 옆에서 부축하고 있었다. 발을 디딜 때마다 여자가 얼굴을 찡그렸다. 정 씨가 백화에게 물었다.

"어느 방향이오?" / "전라선이에요." …〈중략〉…

역으로 가면서 백화가 말했다.

"어차피 갈 곳이 정해지지 않았다면 우리 고향에 함께 가요. 내 일자리를 주선해 드릴게." / "내야 삼포로 가는 길이지만, 그렇게 하지?" / 정 씨도 영달이에게 권유했다. 영달이는 흙이 덕지덕지 달라붙은 신발 끝을 내려다보며 아무말이 없었다. 대합실에서 정 씨가 영달이를 한쪽으로 끌고 가서 속삭였다.

"여비 있소?" / "빠듯이 됩니다. 비상금이 한 천 원쯤 있으니까."

"어디루 가려오?" / "일자리 있는 데면 어디든지……." …〈중략〉…

정 씨는 대합실 나무 의자에 피곤하게 기대어 앉은 백화 쪽을 힐끗 보고 나서 말했다.

"같이 가시지, 내 보기엔 좋은 여자 같군." / "그런 거 같아요."

"또 알우? 인연이 닿아서 말뚝 박구 살게 될지. 이런 때 아주 뜨내기 신셀 청산해야지."

영달이는 시무룩해져서 역사 밖을 내다보았다. 백화가 뭔가 쑤군대고 있는 두 사내를 불안한 듯이 지켜보고 있었다. 영달이가 말했다.

"어디 능력이 있어야죠." / "삼포엘 같이 가실라우?" / "어쨌든……."

…〈중략〉…

영달이는 표를 사고 삼립빵 두 개와 찐 달걀을 샀다 백화에게 그는 말했다.

"우린 뒤차를 탈 텐데……. 잘 가슈." / 영달이가 내민 것들을 받아 쥔 백화의 눈이 붉게 충혈되었다. …〈중략〉…

"정말, 잊어버리지…… 않을게요." / 백화는 개찰구로 가다가 다시 돌아왔다. 돌아온 백화는 눈이 젖은 채로 웃고 있었다.

"내 이름은 백화가 아니에요. 본명은요…… 이점례예요."

– 황석영, 〈삼포 가는 길〉

○ / ×

08 주인공이 자신의 이야기를 하면서 다른 인물의 심리도 함께 서술한다.

> 집에 오니 어머니는 문간에서 기다리고 있다가 나를 안고 들어왔습니다.
>
> "그 꽃은 어디서 났니? 퍽 곱구나."
>
> 하고 어머니가 말씀하셨습니다. 그러나 나는 갑자기 말문이 막혔습니다.
>
> '이걸 엄마 드릴라구 유치원서 가져왔어.'
>
> 하고 말하기가 어째 몹시 부끄러운 생각이 들었습니다.
>
> 그래 잠깐 망설이다가,
>
> "응, 이 꽃! 저, 사랑 아저씨가 엄마 갖다주라구 줘."
>
> 하고 불쑥 말하였습니다. 그런 거짓말이 어디서 그렇게 툭 튀어나왔는지 나도 모르지요.
>
> 꽃을 들고 냄새를 맡고 있던 어머니는 내 말이 끝나기가 무섭게 무엇에 몹시 놀란 사람처럼 화닥닥하였습니다. 그러고는 금시에 어머니 얼굴이 그 꽃보다 더 빨갛게 되었습니다. 그 꽃을 든 어머니 손가락이 파르르 떠는 것을 나는 보았습니다. 어머니는 무슨 무서운 것을 생각하는 듯이 방 안을 휘 한번 둘러보시더니,
>
> "옥희야, 그런 걸 받아 오문 안 돼."
>
> 하고 말하는 목소리는 몹시 떨렸습니다. …〈중략〉…
>
> "옥희야, 너 이 꽃 이 얘기 아무보구두 하지 말아라, 응."
>
> 하고 타일러 주었습니다. 나는, / "응."
>
> 하고 대답하면서 고개를 여러 번 까닥까닥하였습니다.
>
> 어머니가 그 꽃을 곧 내버릴 줄로 나는 생각하였습니다마는 내버리지 않고 꽃병에 꽂아서 풍금 위에 놓아두었습니다. 아마 퍽 여러 밤 자도록 그 꽃은 거기 놓여 있어서 마지막에는 시들었습니다. 꽃이 다 시들자 어머니는 가위로 그 대는 잘라 내버리고 꽃만은 찬송가 갈피에 곱게 끼워 두었습니다.
>
> – 주요섭, 〈사랑손님과 어머니〉

O | X

08

주인공인 '내(옥희)'가 일면 나의 이야기도 하고 있지만, 주된 초점은 '어머니'를 '관찰'한 내용이다. '나'는 '나'의 심리는 정확히 말하고 있지만 ("~ 나는 생각하였습니다마는") 어머니에 대해서는 '말과 행동'을 관찰하여 나타낼 뿐 '심리'를 나타내고 있지 않다. 제시된 작품은 '1인칭 관찰자 시점'에 해당한다.

[정답]

08 ×

09

제시된 작품은 전지적 작가 시점으로, 서술자가 등장인물의 심리와 행동을 드러내고 있다.

09 서술자가 등장인물의 심리와 행동을 드러내고 있다.

2021 소방

"달밤에는 그런 이야기가 격에 맞거든."

조 선달 편을 바라는 보았으나, 물론 미안해서가 아니라 달빛에 감동하여서였다. 이지러는졌으나 보름을 가제 지난 달은 부드러운 빛을 흐붓이 흘리고 있다. 대화까지는 칠십 리의 밤길. 고개를 둘이나 넘고 개울을 하나 건너고 벌판과 산길을 걸어야 된다. 길은 지금 긴 산허리에 걸려 있다. 밤중을 지난 무렵인지 죽은 듯이 고요한 속에서 짐승 같은 달의 숨소리가 손에 잡힐 듯이 들리며, 콩 포기와 옥수수 잎새가 한층 달에 푸르게 젖었다. 산허리는 온통 메밀밭이어서 피기 시작한 꽃이 소금을 뿌린 듯이 흐붓한 달빛에 숨이 막힐 지경이다. 붉은 대궁이 향기같이 애잔하고, 나귀들의 걸음도 시원하다. 길이 좁은 까닭에 세 사람은 나귀를 타고 외줄로 늘어섰다. 방울 소리가 시원스럽게 딸랑딸랑 메밀밭께로 흘러간다. 앞장선 허 생원의 이야기 소리는 꽁무니에 선 동이에게는 확적(確的)히는 안 들렸으나, 그는 그대로 개운한 제멋에 적적하지는 않았다.

– 이효석, 〈메밀꽃 필 무렵〉

O | X

10

제시된 부분에서 편집자적 논평은 확인할 수 없다. 다만, 제시된 부분은 작품 밖의 서술자가 등장한 '덕기'의 눈을 통해 이야기를 전개해 나가고 있기 때문에 '전지적 작가 시점'을 기반으로 특정 인물에 집중하여 서술하는 '초점화'가 나타난다.

10 다음 제시된 부분에는 편집자적 논평을 통한 인물들에 대한 서술자의 태도가 나타나 있다.

2018 지방직 9급

덕기는 분명히 조부의 이런 목소리를 들은 법하다. 꿈이 아니었던가 하며 소스라쳐 깨어 눈을 떠보니 머리맡 창에 볕이 쨍쨍히 비친 것이 어느덧 저녁때가 된 것 같다. 벌써 새로 세시가 넘었다. 아침 먹고 나오는 길로 따뜻한 데 누웠으려니까 잠이 폭폭 왔던 것이다. 어쨌든 머리를 쳐드니, 인제는 거든하고 몸도 풀린 것 같다.

"네 처두 묵으라고 하였다만 모레는 너두 들를 테냐? 들르면 무얼 하느냐마는……."

조부의 못마땅해하는, 어떻게 들으면 말을 만들어 보려고 짓궂이 비꼬는 강강한 어투가 또 들린다.

덕기는 부친이 왔나 보다 하고 가만히 유리 구멍으로 내다보았다. 수달피 깃을 댄 검정 외투를 입은 홀쭉한 뒷모양이 뜰을 격하여 툇마루 앞에 보이고 조부는 창을 열고 내다보고 앉았다. 덕기는 일어서려다가 조부가 문을 닫은 뒤에 나가리라 하고 주저앉았다.

"저야 오지요마는 덕기는 붙드실 게 무엇 있습니까. 공부하는 애는 그보다 더한 일이 있더라도 날짜를 대서 하루바삐 보내야지요……."

이것은 부친의 소리다. 부친은 가냘프고 신경질적인 체격 보아서는 목소리라든지 느리게 하는 어조가 퍽 딴판인 인상을 주는 것이었다.

– 염상섭, 〈삼대〉

O | X

길동이 "형님께서는 염려하지 마시고, 내일 소제(小弟)를 잡아 보내시되, 장교 중에 부모와 처자 없는 자를 가리어 소제를 호송하시면 좋은 묘책이 있습니다."라고 말하였다.

감사가 그 뜻을 알고자 하나 길동이 대답을 아니 하니, 감사가 그 생각을 알지 못해도 호송원을 그 말과 같이 뽑아 길동을 호송해 한양으로 올려 보냈다.

조정에서 길동이 잡혀 온다는 말을 듣고 훈련도감의 포수 수백을 남대문에 매복시키고는, "길동이 문 안에 들어오거든 일시에 총을 쏘아 잡으라." 하고 명했다.

이때에 길동이 풍우같이 잡혀 오지만 어찌 그 기미를 모르리오. 동작 나루를 건너며 '비 우(雨)' 자 셋을 써 공중에 날리고 왔다. 길동이 남대문 안에 드니 좌우의 포수가 일시에 총을 쏘았지만 총구에 물이 가득하여 할 수 없이 계획을 이루지 못했다.

길동이 대궐 문 밖에 다다라 자기를 잡아온 장교를 돌아보면서 말하기를, "너희는 날 호송하여 이곳까지 왔으니 문죄 당해 죽지는 아니하리라." 하고, 수레에서 내려 천천히 걸어갔다. 오군영(五軍營)의 기병들이 말을 달려 길동을 쏘려 했으나 말을 아무리 채찍질해 몬들 길동의 축지하는 법을 어찌 당하랴. 성 안의 모든 백성들이 그 신기한 수단을 헤아릴 수 없더라.

– 허균, 〈홍길동전〉

O | X

11

"이때에 길동이 풍우같이 잡혀 오지만 어찌 그 기미를 모르리오(안다)."나 "말을 아무리 채찍질해 몬들 길동의 축지하는 법을 어찌 당하랴(당할 수 없다)." 등의 부분에서 '서술자의 개입' 중 '편집자적 논평'을 확인할 수 있다.

[정답]

11 O

③ 거리

1. **의미**: 서술자, 인물, 독자 사이의 심리적 가깝고 먼 정도

2. **시점에 따른 거리**

구분	1인칭 주인공 · 전지적 작가 시점	1인칭 · 3인칭 관찰자 시점
서술자-인물	가깝다	멀다
서술자-독자	가깝다	멀다
독자-인물	멀다	가깝다 (독자가 직접 분석해야 하니까)
구조	인물 – 서술자 – 독자	서술자 ─ 인물 | 독자

01 '1인칭 주인공 시점'에서는 서술자와 인물의 거리는 멀다. ☐O ｜ ✕

01
서술자가 자신의 이야기를 하는 것이기 때문에 '1인칭 주인공 시점'에서는 서술자와 인물이 일치하게 되어 거리는 매우 가깝다.

02 '전지적 작가 시점'에서 독자와 인물 사이의 거리는 멀다. ☐O ｜ ✕

02
독자와 인물 사이에 '서술자'가 끼어 있기 때문에, 둘 사이의 거리는 상대적으로 멀다.

03 '관찰자 시점'에서 독자와 인물 사이의 거리는 가깝다. ☐O ｜ ✕

03
서술자가 전달해 준 내용을 독자가 직접 분석해야 하기 때문에 1인칭·3인칭 관찰자 시점은 모두 독자와 인물 사이의 거리가 가깝다.

[정답]
01 ✕ 02 ○ 03 ○

PART 4

해커스공무원 해원국어 적중 요신의 필수적 문학

04
'~입니다', '~습니다' 등의 경어체를 사용하여, 독자와의 거리를 좁히면서 작중 인물에 대한 풍자·조롱을 극대화하고 있다. 따라서 '인물'이 아닌 '독자'와의 심리적 거리를 가깝게 하고 있다고 해야 옳은 진술이다.

04 서술자는 경어체를 사용하여 인물과의 심리적 거리를 가깝게 하고 있다.

2022 지역 인재 9급

[앞부분의 줄거리] 1930년대 서울, 지주이자 구두쇠인 윤 직원 영감은 손자들이 출세하여 가문을 빛내기를 바란다. 하지만 어느 날 일본 유학 중인 손자 종학이 경시청에 체포되었다는 전보를 받는다.

윤 직원 영감은 팔을 부르걷은 주먹으로 방바닥을 땅 치면서 성난 황소가 영각*을 하듯 고함을 지릅니다.

"화적패가 있너냐아? 부랑당 같은 수령(守令)들이 있더냐? …… 재산이 있대야 도적놈의 것이요, 목숨은 파리 목숨 같던 말세넌 다 지나가고오……. 자부아라, 거리거리 순사요, 골골마다 공명한 정사(政事), 오죽이나 좋은 세상이여……. 남은 수십만 명 동병(動兵)*을 히여서, 우리 조선 놈 보호히여 주니, 오죽이나 고마운 세상이여? 으응……? 제 것 지니고 앉아서 편안허게 살 태평 세상, 이걸 태평천하라구 허는 것이여, 태평천하……! 그런디 이런 태평천하에 태어난 부자 놈의 자식이, 더군다나 왜 지가 떵떵거리구 편안허게 살 것이지, 어찌서 지가 세상 망쳐 놀 부랑당 패에 참섭을 헌담 말이여, 으응?"

땅 방바닥을 치면서 벌떡 일어섭니다. 그 몸짓이 어떻게도 요란스럽고 괄괄한지, 방금 발광이 되는가 싶습니다. 아닌 게 아니라 모여 선 가권*들은 방바닥 치는 소리에도 놀랐지만, 이 어른이 혹시 상성*이 되지나 않는가 하는 의구의 빛이 눈에 나타남을 가리지 못합니다.

"…… 착착 깎어 죽일 놈! ……그 놈을 내가 핀지히여서, 백 년 지녁을 살리라구 헐걸! 백 년 지녁 살리라구 헐 테여……. 오냐, 그놈을 삼천 석 거리는 직분[分財]히여 줄라구 히였더니, 오냐, 그놈 삼천 석 거리를 톡톡 팔어서, 경찰서으다가 사회주의 허는 놈 잡어 가두는 경찰서으다가 주어 버릴걸! 으응, 죽일 놈!"

– 채만식, 〈태평천하〉

* 영각: 소가 길게 우는 소리
* 동병: 군사를 일으킴.
* 가권: 식구
* 상성: 본래의 성질을 잃어버리고 전혀 다른 사람처럼 됨.

O | X

05 서술자와 주인공, 서술자와 독자의 거리 모두 멀다.

> 대구에서 서울로 올라오는 차중에서 생긴 일이다. 나는 나와 마주 앉은 그를 매우 흥미 있게 바라보고 또 바라보았다. 두루마기 격으로 기모노를 둘렀고, 그 안에서 옥양목 저고리가 내어 보이며 아랫도리엔 중국식 바지를 입었다. 그것은 그네들이 흔히 입는 유지 모양으로 번질번질한 암갈색 피륙으로 지은 것이었다. 그리고 발은 감발을 하였는데 짚신을 신었고, 고무가리로 깎은 머리엔 모자도 쓰지 않았다. 우연히 이따금 기묘한 모임을 꾸민 것이다. 우리가 자리를 잡은 찻간에는 공교롭게 세 나라 사람이 다 모였으니, 내 옆에는 중국 사람이 기대었다. 그의 옆에는 일본 사람이 앉아 있었다. 그는 동양 삼국의 옷을 한 몸에 감은 보람이 있어 일본말도 곧잘 철철 대이거니와 중국말에도 그리 서툴지 않은 모양이었다.
>
> — 현진건, 〈고향〉

O | X

06 서술자와 독자의 거리는 가깝다.

> 우리가 이 마을에 처음 들어와 집이 없어서 곤란으로 지낼 제 집터를 빌리고 그 위에 집을 또 짓도록 마련해 준 것도 점순네의 호의였다. 그리고 우리 어머니 아버지도 농사 때 양식이 달리면 점순네한테 가서 부지런히 꾸어다 먹으면서 인품 그런 집은 다시 없으리라고 침이 마르도록 칭찬하고 하는 것이다. 그러면서도 열일곱씩이나 된 것들이 수군수군하고 붙어 다니면 동네의 소문이 사납다고 주의를 시켜 준 것도 또 어머니였다. 왜냐하면 내가 점순이하고 일을 저질렀다가는 점순네가 노할 것이고, 그러면 우리는 땅도 떨어지고 집도 내쫓기고 하지 않으면 안 되는 까닭이었다.
>
> — 김유정, 〈동백꽃〉

O | X

05

작품 속에 등장하는 '나'가 '그'를 관찰하는 1인칭 관찰자 시점이므로, 서술자와 주인공(인물), 서술자와 독자의 거리 모두 멀다.

06

'나'가 '나'의 이야기를 하는 '1인칭 주인공 시점'이므로 서술자와 독자의 거리는 가깝다.

[정답]

05 ○   06 ○

07
제시된 부분에 '나'가 명확히 나타나지는 않지만 '외할머니'와 '구렁이'의 모습을 서술자가 관찰하여 제시하고 있다. '관찰자 시점'이므로 서술자와 독자 사이는 멀고, 독자와 인물 사이는 가깝다. 〈장마〉 전체의 시점은 '1인칭 관찰자 시점'이다.

07 서술자와 독자, 독자와 인물 사이가 모두 가깝다.

바로 머리 위에서 불티처럼 박힌 앙증스러운 눈깔을 요모조모로 빛내면서 자꾸 대가리를 숙여 꺼뜩꺼뜩 위협을 주는 커다란 구렁이를 보고도 외할머니는 조금도 두려워하지 않았다. 외할머니는 두 손을 천천히 가슴 앞으로 모아 합장했다.

"에구 이 사람아, 집안일이 못 잊어서 이렇게 먼 질을 찾아왔능가?"

꼭 울어 보채는 아이한테 자장가라도 불러 주는 투로 조용히 속삭이는 그 말을 듣고 누군가 큰 소리로 웃는 사람이 있었다. 그러자 외할머니는 눈이 단박에 세모꼴로 변했다.

"어떤 창사구 빠진 잡놈이 그렇게 히득거리고 섰냐. 누구냐, 어서 이리 썩 나오니라. 주리 댈 놈!"

외할머니의 대갈 호령에 사람들은 쥐 죽은 소리도 못 했다. 외할머니는 몸을 돌려 다시 구렁이를 상대로 했다.

– 윤흥길, 〈장마〉

○ | X

08
'나'가 '그'의 이야기를 전해주는 '1인칭 관찰자 시점'이므로 서술자와 인물 사이는 멀다.

08 서술자와 인물 사이는 멀다.

나는 그의 등을 향해 말했다.

"어렵다고 꼭 외로우란 법은 없어요. 혹 누가 압니까, 당신도 모르는 사이에 당신을 아끼는 어떤 이웃이 당신의 어려움을 덜어 주었을지?"

"개수작 마! 그따위 이웃은 없다는 걸 난 똑똑히 봤어! 난 이제 아무도 안 믿어!"

그는 현관에 벗어 놓은 구두를 신고 있었다. 그 구두를 보기 위해 전등을 켜고 싶은 충동이 불현듯 일었으나 나는 꾹 눌러 참았다. 현관문을 열고 마당으로 내려선 다음 부주의하게도 그는 식칼을 들고 왔던 자기 본분을 망각하고 엉겁결에 문간방으로 들어가려 했다.

그의 실수를 지적하는 일은 훗날을 위해 나로서는 부득이한 조처였다.

"대문은 저쪽입니다."

문간방 부엌 앞에서 한동안 망연해 있다가 이윽고 그는 대문 쪽을 향해 느릿느릿 걷기 시작했다. 비틀비틀 걷기 시작했다. 대문에 다다르자 그는 상체를 뒤틀어 이쪽을 보았다.

"이래 봬도 나 대학까지 나온 사람이오."

– 윤흥길, 〈아홉 켤레의 구두로 남은 사내〉

○ | X

[정답]

07 × | 08 ○

09 서술자와 인물 사이, 서술자와 독자 사이 모두 멀다.

> 역장은 손바닥을 비비며 창가로 다가가더니 유리창 너머로 무심히 시선을 던진다. 건널목 옆 외눈박이 수은등이 껑충하게 서서 홀로 눈을 맞으며 희뿌연 얼굴로 땅바닥을 내려다보고 있다. 송이눈이다. 갓난아이의 주먹만 한 눈송이들은 어둠 저편에 까맣게 숨어 있다가 느닷없이 수은등의 불빛 속에 뛰어들어 오면서 뚱그렇게 놀란 표정을 채 지우지 못한 채 땅바닥으로 곤두박질치고 있다. 굉장한 눈이다. 바람도 그리 없는데 눈발이 비스듬히 비껴 날리고 있다. 늙은 역장은 조금은 근심스러운 기색으로 유리창에 얼굴을 바짝 대어본다. 하지만 콧김이 먼저 재빠르게 유리창에 달라붙어 뿌연 물방울을 만들었기 때문에 소매로 훔쳐 내야 했다. 철길은 아직까지는 이상이 없었다.
>
> – 임철우, 〈사평역〉

☐ O | X

10 서술자와 인물 사이, 서술자와 독자 사이 모두 가깝다.

> 나는 장난기가 동했다. 공연히 기분이 좋은 터라, 조금 까불고 싶은 것이었다. 선생이기는 하지만, 아직 열아홉 살인 터이니, 때로는 까불고 싶은 생각이 들기도 안 하겠는가. 조금 장난을 친다고 해서 뭐 크게 위신이 떨어지지도 않을 것이다.
>
> 나는 살금살금 발소리를 죽여 가며 다가가서, 그 팔의 맨살을 살짝 꼬집었다.
>
> "어마야!"
>
> 깜짝 놀란 여학생은 얼른 창 밖으로 얼굴을 내밀었다.
>
> 몸을 숨기듯 얼른 창문에 딱 붙어서었던 나는 그만 빙글 웃었다. 그런데 그 여학생이 다름 아닌 홍연이었다.
>
> 나와 시선이 마주치자, 홍연이는 놀란 듯 온통 얼굴이 홍당무처럼 빨개지며 히힉 부끄럽게 웃었다. 뜻밖의 일에 당황하면서도 무척 좋은 모양이었다.
>
> – 하근찬, 〈여제자〉

☐ O | X

09

서술자로 '나'가 등장하지 않고 인물 모두의 마음이 제시되는 '전지적 작가 시점'이므로 서술자와 인물 사이, 서술자와 독자 사이 모두 가깝다.

10

서술자 '나'가 '나'의 이야기를 하는 '1인칭 주인공 시점'이므로 서술자와 인물 사이, 서술자와 독자 사이 모두 가깝다.

[정답]
09 × 10 ○

4 미의식

1. 의미: '자아와 세계(대상)의 관계' 속에서 드러나는 정서

2. '자아'와 '세계'의 의미

자아	화자, 시에서의 서술자(= 시적 자아, 서정적 자아)
세계	'자아'를 둘러싸고 있는 외적인 현실

3. 유형

비장미 자아 ≠ 세계	① 슬픔 예 서정주의 〈추천사〉 서(西)로 가는 달같이는 / 나는 아무래도 갈 수가 없다. ('나'의 이상향인 '서(西)'로 갈 수 없기에 좌절, 슬픔 → 비장미) ② 슬픔 + 의지(굴복×) 예 이육사의 〈광야〉 지금 눈 내리고 / 매화 향기 홀로 아득하니 / 내 여기 가난한 노래의 씨를 뿌려라. 다시 천고(千古)의 뒤에 / 백마 타고 오는 초인이 있어 / 이 광야에서 목놓아 부르게 하리라. (지금 현실은 '눈' 내리는 겨울이지만, 미래를 기다리고 있기에 현실 굴복은 아니다. → 비장미)
골계미 세계↓ / 자아	① 웃김 ② 웃김 + 조롱 → 해학(익살), 해학 + 풍자 → 골계미(익살 + 교훈) 예 〈시집살이 노래〉 시아버니 호랑새요 시어머니 꾸중새요 / 동세 하나 할림새요 시누 하나 뾰족새요 시아지비 뾰중새요 남편 하나 미련새요 / 자식 하난 우는 새요 나 하나만 썩는 샐세 (여러 시집 식구와 자기 자신을 새에, 자식들을 오리와 거위에 비유하여 해학적으로 표현 → 골계미) ★ 민요나 민속극에서 주로 나타난다.
우아미 자아 = 세계	① 현실 만족 → 안분지족(安分知足) 예 송순 십 년(十年)을 경영(經營)하여 초려 삼간(草廬三間) 지어 내니 나 혼간 돌 혼간에 청풍(淸風)혼간 맛져 두고 강산(江山)은 들일 듸 업스니 둘러 두고 보리라. (자연과 하나가 되어 풍류를 즐기고 있다. → 우아미) 현대어 풀이 　십년을 살면서 초가삼간 지어 냈으니 　(그 초가삼간에) 나 한 칸, 달 한 칸, 맑은 바람 한 칸을 맡겨 두고 　강산은 들일 곳이 없으니 이대로 둘러 두고 보리라. ※ 주제: 안빈낙도(安貧樂道) ② '아름다움' 자체를 노래
숭고미 세계 / 자아↑	① 예찬(칭찬) ② 예찬 + 숭배(위대한 것, 신(神), 국가 등) + 복종 예 충담사, 〈찬기파랑가〉 낭의 지니시던 / 마음의 끝을 좇누아져. 아아, 잣가지 높아 / 서리 모르시올 화반(花判)이여. ('기파랑'의 인품을 예찬하고 따르고자 하고 있다. → 숭고미)

01 작품에 '세계(대상)'에 좌절로 인한 '슬픔'이 드러난다면, '비장미'와 관련이 있다.

◯ | ✕

01
'슬픔'의 정서가 드러나는 것은 '비장미'가 맞다.

02 작품에서 '세계(대상)'에 대한 조롱이 드러난다면, '우아미'와 관련이 있다. ◯ | ✕

02
'세계(대상)'에 대한 조롱과 관련이 있는 것은 '골계미'이다.

03 작품에서 '세계(대상)'에 대한 예찬이 드러난다면, '숭고미'와 관련이 있다. ◯ | ✕

03
'예찬'의 정서가 드러나는 것은 '숭고미'가 맞다.

04 작품에서 '세계(대상)'에 대한 만족이 드러난다면, '골계미'와 관련이 있다. ◯ | ✕

04
'세계(대상)'에 대한 만족과 관련이 있는 것은 '우아미'이다.

05 판소리계 소설은 해학과 풍자에 의한 골계미가 나타나 있다. 2015 법원직 9급

◯ | ✕

05
해학과 풍자를 바탕으로 한 골계미가 판소리계 소설의 특징이다.

[정답]
01 ◯　02 ✕　03 ◯　04 ✕　05 ◯

06

화자는 현실 속의 공간인 두류산(지리산) 양단수를 이상적인 공간인 무릉도원으로 생각(자아=세계)하고 있으므로 '우아미'가 맞다.

현대어 풀이

지리산의 두 갈래 흐르는 물을 옛날에 듣기만 했는데 이제 와서 보니,
복숭아꽃이 떠내려가는 맑은 물에 산 그림자까지 잠겨 있구나.
아이야, 무릉도원이 어디냐? 나는 여기인가 하노라.
※ 주제: 지리산 양단수의 승경(勝景)을 찬미(讚美)함. 절경에 대한 감탄.

06 <보기>에 나타난 미의식은 '우아미'이다.

> **보기**
>
> 두류산(頭流山) 양단수(兩端水)를 녜 듯고 이제 보니
> 도화(桃花) 쁜 묽은 물에 산영(山影)조차 잠겻셰라.
> 아희야 무릉(武陵)이 어듸오 나는 옌가 ㅎ노라.
>
> — 조식

O | X

07

고려 왕조를 무너뜨리고 새로운 나라인 조선을 세우자는 제안에 대한 거부의 뜻으로 노래한 시조이다. 따라서 '슬픔+의지'의 '비장미'이다.
다만, '임금'에 대한 충정의 노래로 본다면 '숭고미'도 가능하다.

현대어 풀이

이 몸이 죽고 죽어 (비록) 일백 번이나 다시 죽어
백골(白骨)이 흙과 먼지가 되어 넋이야 있건 없건
임금님께 바치는 충성심이야 변할 리가 있으랴?
※ 주제: 임금을 향한 충성심. 일편단심(一片丹心)

07 <보기>에 나타난 미의식은 '골계미'이다.

> **보기**
>
> 이 몸이 주거 주거 일백 번(一百番) 고쳐 주거
> 백골(白骨)이 진토(塵土)되여 넉시라도 잇고 업고
> 님 향(向)훈 일편단심(一片丹心)이야 가실 줄이 이시랴
>
> — 정몽주

O | X

08 <보기>에 나타난 미의식은 '비장미'이다.

> 보기
>
> 열치매
> 나타난 달이
> 흰 구름 좇아 떠 가는 것 아니냐?
> 새파란 나리에
> 기랑(耆郞)의 모습이 있어라.
> 일로 나리 조약에
> 낭의 지니시던
> 마음의 끝을 좇누아져.
> 아아, 잣가지 높아
> 서리 모르시올 화반(花判)이여.
>
> — 충담사, 〈찬기파랑가〉

〔 O | X 〕

08
기파랑의 인품을 예찬(칭찬, 기림, 추모)하고 있기 때문에 '숭고미'이다.

09 궁녀 '운영'과 김 진사의 이룰 수 없는 사랑을 다룬 〈운영전〉에는 '비장미'가 나타난다.

〔 O | X 〕

09
궁녀의 연애 금지라는 사회적 제약 때문에 운영과 김 진사가 사랑을 이루지 못하고 죽음으로 생을 마감하므로 슬픔의 비장미가 나타난다.

10 <보기>에 나타난 미의식은 '골계미'이다.

> 보기
>
> 말뚝이: (가운데쯤에 나와서) 쉬이. (음악과 춤 멈춘다.) 양반 나오신다아! 양반이라고 하니까 노론(老論), 소론(少論), 호조(戶曹), 병조(兵曹), 옥당(玉堂)을 다 지내고 삼정승(三政丞), 육판서(六判書)를 다 지낸 퇴로재상(退老宰相)으로 계신 양반인 줄 아지 마시오. 개잘량이라는 '양' 자에 개다리소반이라는 '반' 자 쓰는 양반이 나오신단 말이오.
> 양반들: 야아, 이놈, 뭐야아!
> 말뚝이: 아, 이 양반들 어찌 듣는지 모르갔소. 노론, 소론, 호조, 병조, 옥당을 다지내고 삼정승, 육판서 다 지내고 퇴로 재상으로 계신 이 생원네 삼형제분이 나오신다고 그리하였소.
> 양반들: (합창) 이 생원이라네. (굿거리장단으로 모두 춤을 춘다. 도령은 때때로 형들의 면상을 치며 논다. 끝까지 그런 행동을 한다.)
>
> — 작자 미상, 〈봉산 탈춤〉

〔 O | X 〕

10
말뚝이가 '언어유희'로 양반들을 조롱하고 있는 것을 볼 때, '골계미(풍자+해학)'가 나타난다.

[정답]

08 × 09 ○ 10 ○

5 비평 방법

1. **의미:** 작품을 감상하는 방법

2. **유형**

(1) 내재적 관점과 외재적 관점

내재적 관점	작품만 보고 감상하는 방법(= 실재론, 실존론, 구조론, 형식론 등) ★ 내용, 형식, 표현 등을 활용
외재적 관점	작품 외적인 요소로 작품을 감상하는 방법 ★ 작가, 시대 배경, 독자 등을 활용
종합적 관점	내재적 관점 + 외재적 관점

(2) 외재적 관점의 종류

표현론적 관점	작품을 창작한 '**작가**'에 초점을 맞춰 감상하는 방법 ★ 작가의 삶, 창작 의도 등
반영론적 관점	작품에 반영된 '**현실**'에 초점을 맞춰 감상하는 방법 ★ 시대적 배경, 사회상
효용론적 관점	작품을 감상하는 '**독자**'에 초점을 맞춰 감상하는 방법 ★ 독자에게 주는 교훈, 감동

01 작품의 형식이나 표현처럼 내적인 요소만으로 작품을 감상하는 방법은 '내재적 관점'이라고 한다.

〇 | ×

02 작품의 내적인 요소와 외적인 요소를 함께 고려해서 작품을 감상하는 방법을 '외재적 관점'이라고 한다.

〇 | ×

03 '반영론적 관점'은 작품을 창작한 '작가'에 초점을 맞춰 작품을 감상하는 방법이다.

〇 | ×

04 '효용론적 관점'은 '작가'와 '독자'에 초점을 맞춰 감상하는 방법이다.

〇 | ×

05 '표현론적 관점'은 작품에 반영된 '현실'에 초점을 맞춰 작품을 감상하는 방법이다.

〇 | ×

01
작품만 보고 감상하는 방법은 '내재적 관점'이 맞다.

02
작품의 내적인 요소와 외적인 요소를 함께 고려해서 작품을 감상하는 방법은 '종합적 관점'이다.

03
'반영론적 관점'은 작품에 반영된 '현실'에 초점을 맞춰 작품을 감상하는 방법이다.

04
'효용론적 관점'은 '독자'에 초점을 맞춰 감상하는 방법이다. '작가'에 초점을 맞춘 것은 '표현론적 관점'이다.

05
'표현론적 관점'은 작품을 창작한 '작가'에 초점을 맞춰 작품을 감상하는 방법이다.

[정답]
01 〇   02 ×   03 ×   04 ×   05 ×

PART 4

해커스공무원 해원국어 작중 요소의 필수적 문학

06
작품의 내적 요소인 '이미지'에 초점을 맞춰
작품을 감상했다는 점에서 '내재적 관점'에
서 감상한 것이다.

06 <보기>는 '내재적 관점'에서 작품을 감상한 것이다.

강나루 건너서
밀밭 길을

구름에 달 가듯이
가는 나그네

길은 외줄기
남도 삼백리

술 익는 마을마다
타는 저녁 놀

구름에 달 가듯이
가는 나그네

– 박목월, 〈나그네〉

보기

해 질 무렵 강가를 거닐며 조망한 풍경의 이미지가 한 폭의 그림을 보는 듯
한 감각을 자아내는군.

O | X

창(窓) 밖에 밤비가 속살거려
육첩방(六疊房)은 남의 나라,
시인(詩人)이란 슬픈 천명(天命)인 줄 알면서도
한 줄 시(詩)를 적어 볼까,

땀내와 사랑내 포근히 품긴
보내주신 학비(學費) 봉투(封套)를 받아
대학(大學) 노ー트를 끼고
늙은 교수(教授)의 강의(講義) 들으러 간다.

생각해 보면 어린때 동무를
하나, 둘, 죄다 잃어 버리고

나는 무얼 바라
나는 다만, 홀로 침전(沈澱)하는 것일까?

인생(人生)은 살기 어렵다는데
시(詩)가 이렇게 쉽게 씌어지는 것은
부끄러운 일이다.

육첩방(六疊房)은 남의 나라
창(窓)밖에 밤비가 속살거리는데,
등불을 밝혀 어둠을 조금 내몰고,
시대(時代)처럼 올 아침을 기다리는 최후(最後)의 나,

나는 나에게 작은 손을 내밀어
눈물과 위안(慰安)으로 잡는 최초(最初)의 악수(握手).

– 윤동주, 〈쉽게 씌어진 시〉

> **보기**
>
> 내면적 자아와 현실적 자아가 갈등하고 화해하기까지의 과정을 순차적으로 보여주면서 시상을 전개하고 있어.

O | X

08

〈무정〉을 읽으면 '나(독자)'의 가슴이 뜨거워지고(첫 문장), 1910년의 '독자들'과 21세기 '독자들'의 마음에도 감동을 준다(마지막 문장)고 말하고 있다.
글쓴이는 '독자'에 초점을 맞춰, 작품을 감상했기 때문에 '효용론적 관점'으로 작품을 감상한 것이다.

08 <보기>는 '표현론적 관점'으로 작품을 감상한 것이다.

> **보기**
>
> 나는 지금도 이광수의 〈무정〉 작품을 읽으면 가슴이 뜨거워지는 것을 느껴. 특히 결말 부분에서 주인공 이형식이 "옳습니다. 우리가 해야지요! 우리가 공부하러 가는 뜻이 여기 있습니다. 우리가 지금 차를 타고 가는 돈이며 가서 공부할 학비를 누가 주나요? 조선이 주는 것입니다. 왜? 가서 힘을 얻어 오라고, 지식을 얻어 오라고, 문명을 얻어 오라고 …… 그리해서 새로운 문명 위에 튼튼한 생활의 기초를 세워 달라고 …… 이러한 뜻이 아닙니까?"라고 부르짖는 부분에 가면 금방 내 가슴도 울렁거려 나도 모르게 "네, 네, 네"라고 대답하고 싶단 말이야. 이 작품은 이 소설이 나왔던 1910년대 독자들의 가슴만이 아니라 아직 강대국에 싸여 있는 21세기 우리 시대 독자들에게도 조국을 생각하는 마음에 큰 감동을 주고 있다고 생각해.

〔O | X〕

09

'정서'와 같은 작품 내적인 요소로만 작품을 감상하고 있기 때문에 '내재적 관점'이다.

09 <보기>는 '표현론적 관점'으로 작품을 감상한 것이다.

> 먼 후일 당신이 찾으시면
> 그때에 내 말이 "잊었노라."
>
> 당신이 속으로 나무라면
> "무척 그리다가 잊었노라."
>
> 그래도 당신이 나무라면
> "믿기지 않아서 잊었노라."
>
> 오늘도 어제도 아니 잊고
> 먼 후일 그때에 "잊었노라."
>
> — 김소월, 〈먼 후일〉

> **보기**
>
> 가정적 상황을 통해 화자의 정서를 드러내고 있다.

〔O | X〕

10 <보기>는 '반영론적 관점'으로 작품을 감상한 것이다.

> 눈은 살아 있다.
> 떨어진 눈은 살아 있다.
> 마당 위에 떨어진 눈은 살아 있다.
>
> 기침을 하자.
> 젊은 시인(詩人)이여, 기침을 하자.
> 눈 위에 대고 기침을 하자.
> 눈더러 보라고 마음 놓고, 마음 놓고
> 기침을 하자.
>
> 눈은 살아 있다.
> 죽음을 잊어버린 영혼(靈魂)과 육체(肉體)를 위하여
> 눈은 새벽이 지나도록 살아 있다.
>
> 기침을 하자.
> 젊은 시인이여, 기침을 하자.
> 눈을 바라보며
> 밤새도록 고인 가슴의 가래라도
> 마음껏 뱉자.
>
> — 김수영, 〈눈〉

보기

4 · 19 혁명 이후, 강렬한 현실 인식에서 나온 작품인 것 같아.

O | X

10

당시 사회적 상황을 반영하고 있으므로 '반영론적 관점'에서 작품을 감상한 것이다.

[정답]

10 O

허균, 〈홍길동전〉

갈래	국문 소설, 사회 소설, 영웅 소설
성격	현실 비판적, 영웅적, 전기적(傳奇的)
시점	전지적 작가 시점
배경	• 시간: 조선 시대 • 공간: 조선국과 율도국
제재	적서 차별
주제	모순된 사회 제도의 개혁과 이상국의 건설
특징	① 사회 제도의 불합리성을 비판함. ② 영웅의 일대기 구조가 드러나며 전기적 요소가 강함.
의의	① 우리나라 최초의 국문 소설임. ② 불합리한 사회 제도에 대한 저항 정신이 반영된 현실 참여 문학임.
연대	조선 광해군 4년(1612)

[01~03] 다음 글을 읽고 물음에 답하시오.

㉠ 길동이 점점 자라 여덟 살이 되자, ⓐ 총명하기가 보통이 넘어 하나를 들으면 백 가지를 알 정도였다. 그래서 공(公)은 길동을 더욱 귀여워하면서도 길동의 출생이 천하여, 길동이 '아버지'나 '형' 하고 부를 때마다 즉시 꾸짖어 그렇게 부르지 못하게 하였다. 길동은 열 살이 넘도록 감히 호부호형(呼父呼兄)하지 못하고 종들로부터 천대받는 것을 뼈에 사무치도록 한탄하면서 마음 둘 바를 몰랐다.

어느 가을 9월 보름께가 되자, 달빛이 밝게 비치고 맑은 바람이 쓸쓸하게 불어 와 사람의 마음을 울적하게 하였다. 길동은 서당에서 글을 읽다가 문득 책상을 밀치고 탄식하기를,

"대장부가 세상에 나서 공맹(孔孟)을 본받지 못할 바에야, 차라리 병법(兵法)이라도 익혀, 대장인(大將印)을 허리춤에 비스듬히 차고 동정서벌(東征西伐)하여 나라에 큰 공을 세우고 이름을 오래도록 빛내는 것이 장부의 통쾌한 일이 아니겠는가! 나는 어찌하여 이 한 몸 적막하여, 아버지와 형이 있는데도 아버지를 '아버지'라 부르지 못하고 형을 '형'이라고 부르지 못하니, 심장이 터질지라. 이 어찌 통탄할 일이 아니겠는가!"

…〈중략〉…

하루는 길동이 ㉡ 어머니의 침소에 가 울면서 아뢰었다.

"소자(小子)가 모친(母親)과 더불어 전생의 연분이 중하여 이번 세상에 모자(母子)가 되었으니 그 은혜가 지극하옵니다. 그러나 소자의 팔자가 사나워서 천한 몸이 되었으니 품은 한이 깊사옵니다. 장부가 세상에 살면서 남의 천대를 받는 것이 불가(不可)한지라, 소자는 자연히 설움을 억제하지 못하여 어머니의 슬하를 떠나려 하오니, 엎드려 바라건대 모친께서는 소자를 염려하지 마시고 귀한 몸 잘 돌보십시오."

길동의 어머니가 듣고, 크게 놀라 말했다.

"재상 집안에 천한 출생이 너뿐이 아닌데, 어찌 마음을 좁게 먹어 어미의 간장을 태우느냐?"

− 허균, 〈홍길동전〉

01 제시된 작품에 대한 설명으로 가장 적절한 것은?

① 중국을 배경으로 이야기가 전개된다.

② 한글로 창작되었고, 글쓴이가 알려져 있지 않다.

③ 역순행적 구성과 영웅 일대기적 구성을 따르고 있다.

④ 불합리한 사회 제도에 대한 저항 정신이 반영되어 있다.

02 ⓐ와 가장 관련이 없는 말은?

① 문일지십(聞一知十)

② 낭중지추(囊中之錐)

③ 군계일학(群鷄一鶴)

④ 장삼이사(張三李四)

03 ㉠과 ㉡의 '현실'에 대한 태도를 바르게 비교한 것은?

	㉠	㉡
①	체념적 태도	성찰적 태도
②	비판적 태도	순응적 태도
③	적극적 태도	낙관적 태도
④	회의적 태도	도피적 태도

01

적서 차별과 신분 제도의 타파, 탐관오리의 응징과 빈민 구제 등 불합리한 사회 제도에 대한 저항 정신이 반영된 현실 비판적 성격의 소설이다.

오답체크

① 대부분의 고전 소설에서 소재와 인물, 배경 등이 중국에서 가져온 것인데 반해, 〈홍길동전〉은 우리나라를 무대로 삼아 이야기를 전개하고 있다.

② 한글로 창작된 것은 맞다. 그러나 글쓴이는 '허균'으로 알려져 있다.

③ 영웅 일대기적 구성을 따르고 있는 것은 맞다. 그러나 역순행적 구성은 아니다.

02

ⓐ를 보아, '길동'은 몹시 총명한, 뛰어난 사람임을 알 수 있다. 따라서 뛰어난 사람을 이르는 '문일지십(聞一知十, 하나를 들으면 열을 앎.)', '낭중지추(囊中之錐, 재능이 있는 사람은 숨어 있어도 저절로 알려짐.)', '군계일학(群鷄一鶴, 닭의 무리 가운데 한 마리의 학)'이 모두 어울린다. 다만, 평범한 사람을 이르는 '장삼이사(張三李四)'는 어울리지 않는다.

03

㉠ 길동의 "대장부가 세상에 나서 공맹(孔孟)을 본받지 못할 바에야, 차라리 병법(兵法)이라도 익혀, 대장인(大將印)을 허리춤에 비스듬히 차고 동정서벌(東征西伐)하여 나라에 큰 공을 세우고 이름을 오래도록 빛내는 것이 장부의 통쾌한 일이 아니겠는가!"와 "장부가 세상에 살면서 남의 천대를 받는 것이 불가(不可)한지라"라는 길동의 말을 볼 때, 길동은 현실에 '적극적 태도', "소자의 팔자가 사나워서 ~ 한이 깊사옵니다."를 '이건 아닌 것 같아요. 이 현실은 받아들일 수 없어요.'로 해석하면 '비판적, 회의적' 태도를 지닌 인물로 볼 수 있다.

㉡ 길동의 말에 길동의 어머니는 "재상 집안에 천한 출생이 너뿐이 아닌데, 어찌 마음을 좁게 먹어 어미의 간장을 태우느냐?"라고 반응하고 있다. 이를 보아, 길동의 어머니는 '현실 순응적 태도'를 지닌 인물임을 알 수 있다.

[정답]

01 ④ 02 ④ 03 ②

갈래	한문 소설, 우화 소설, 풍자 소설
성격	풍자적, 비판적, 우의적
시점	전지적 작가 시점
배경	• 시간: 정(鄭)나라 • 공간: 어느 고을
제재	양반의 허위의식
주제	양반의 위선적인 삶과 인간 사회의 부도덕성 비판
특징	① 우의적 수법을 사용함. ② 인물의 행위를 희화화하여 제시함. ③ 실학사상을 바탕으로 인간의 부정적인 삶을 비판함.
연대	조선 영·정조 때(18세기 후반)
출전	"열하일기(熱河日記)" 중 '관내정사(關內程史)'

[04~06] 다음 글을 읽고 물음에 답하시오.

정(鄭)나라 어느 고을에 벼슬을 탐탁하게 여기지 않는 학자가 살았으니 '북곽 선생(北郭先生)'이었다. 그는 나이 마흔에 손수 교정(校正)해 낸 책이 만 권이었고, 또 육경(六經)의 뜻을 부연해서 다시 저술한 책이 일만 오천 권이었다. 천자(天子)가 그의 행의(行義)를 가상히 여기고 제후(諸侯)가 그 명망을 존경하고 있었다.

그 고장 동쪽에는 ⑦동리자(東里子)라는 미모의 과부가 있었다. 천자가 그 절개를 가상히 여기고 제후가 그 현숙함을 사모하여, 그 마을의 둘레를 봉(封)해서 '동리과부지려(東里寡婦之閭)'라고 정표(旌表)해 주기도 했다. 이처럼 동리자가 수절을 잘하는 부인이라 했는데 실은 슬하의 다섯 아들이 저마다 성(姓)을 달리하고 있었다.

…〈중략〉…

범은 북곽 선생을 보고 오만상을 찌푸리고 구역질을 하며 코를 싸쥐고 외면을 했다.

"어허, 유자(儒者)여! 더럽다."

북곽 선생은 머리를 조아리고 범 앞으로 기어가서 세 번 절하고 꿇어앉아 우러러 아뢴다.

"호랑님의 덕은 지극하시지요. 대인(大人)은 그 변화를 본받고, 제왕(帝王)은 그 걸음을 배우며, 자식된 자는 그 효성을 본받고, 장수는 그 위엄을 취하며, 거룩하신 이름은 신령스러운 용(龍)의 짝이 되는지라, 풍운의 조화를 부리시매 하토(下土)의 천신(賤臣)은 감히 아랫바람에 서옵나이다."

범은 북곽 선생을 여지없이 꾸짖었다.

"내 앞에 가까이 오지마라. 내 듣건대 ⑥유(儒)는 유(諛)라 하더니 과연 그렇구나. 네가 평소에 천하의 악명을 죄다 나에게 덮어씌우더니, 이제 사정이 급해지자 면전에서 아첨을 떠니 누가 곧이듣겠느냐. 천하의 원리는 하나뿐이다. 범의 본성(本性)이 악한 것이라면 인간의 본성도 악할 것이요, 인간의 본성이 선한 것이라면 범의 본성도 선할 것이다. 너희가 떠드는 천 소리 만 소리는 오륜(五倫)에서 벗어난 것이 아니고, 경계하고 권면하는 말은 내내 사강(四綱)에 머물러 있다. 그런데 도회지에 코 베이고, 발꿈치 짤리고, 얼굴에다 자자(刺字)질하고 다니는 것들은 다 오륜을 지키지 못한 자들이 아니냐. 포승줄과 먹실, 도끼, 톱 같은 형구(刑具)를 매일 쓰기에 바빠 겨를이 나지 않는데도 죄악을 중지시키지 못하는구나. 범의 세계에서는 원래 그런 형벌이 없으니 이로 보면 범의 본성이 인간의 본성보다 어질지 않느냐?"

– 박지원, 〈호질〉

04 제시된 글의 특징으로 가장 적절한 것은?

① 해학적 표현으로 웃음을 유발하고 있다.

② 운율을 지닌 운문체와 산문체가 섞여 있다.

③ 대상 간의 속성을 대조하여 문제점을 지적하고 있다.

④ 서민들의 애환과 당대 사회에 대한 비판 의식이 드러나 있다.

05 ㉠에 대한 평가로 가장 적절한 것은?

① 수구초심(首丘初心)의 심정이군.

② 표리부동(表裏不同)한 인물이군.

③ 안빈낙도(安貧樂道)를 추구하고 있군.

④ 일촉즉발(一觸卽發)의 상황에 처해 있군.

06 <보기>를 참고할 때, ㉡의 표현 방법과 관련이 있는 것은?

> **보기**
>
> 언어유희는 말이나 글자를 소재로 하여 말을 재미있게 꾸며 표현하는 방법이다. 언어유희의 종류에는 ⓐ 동음이의어를 이용한 언어유희, ⓑ 유사 음운을 반복하는 언어유희, ⓒ 언어 도치를 이용한 언어유희, ⓓ 발음의 유사성을 이용한 언어유희 등이 있다.

① ⓐ

② ⓑ

③ ⓒ

④ ⓓ

04

인간과 범의 도덕성을 대조하여 인간의 부도덕성을 지적하고 있다.

오답체크

① 제시된 부분에 '언어유희'는 있으나 '해학(웃음)'보다 '풍자(비판)'에 초점이 있다.
② 운문체와 산문체와 섞여 있지 않다. 운문체와 산문체가 섞인 것은 판소리계 소설의 특징이다.
④ 비판 의식이 드러난 작품은 맞다. 그러나 서민들의 애환(슬픔과 기쁨)을 담고 있지는 않다.

05

수절 잘하는 부인으로 소문이 났지만, 실상은 슬하에 다섯 아들의 아버지가 모두 다르다. 이를 볼 때, '열녀'라는 명성과는 달리 방탕한 인물임을 알 수 있다. 따라서 표리부동(表裏不同)한 인물이라는 평가가 가장 적절하다.

오답체크

① 고향을 그리워하는 상황은 아니기 때문에 적절하지 않은 평가이다.
③ 자연에 묻혀 살고 싶어 한다는 내용은 나와 있지 않기에 적절하지 않은 평가이다.
④ 제시된 부분 자체에는 ㉠이 위급한 상황에 놓여 있지 않다. 오히려 호랑이와 마주친 '북곽 선생'에게 어울리는 말이다.

06

'유(儒)'는 선비, 학자를 뜻하고, '유(諛)'는 아첨하는 말을 의미한다. 따라서 '유(儒)'와 '유(諛)'라는 동음이의어를 활용하여 북곽 선생을 풍자(비판)하고 있으므로 <보기> 중 ⓐ와 관련이 있다.

[정답]

갈래	판소리계 소설, 염정 소설
성격	해학적, 풍자적, 평민적
시점	전지적 작가 시점
배경	• 시간: 조선 숙종 때 • 공간: 전라도 남원
제재	춘향의 정절
주제	① 신분을 초월한 남녀 간의 사랑 ② 불의한 지배 계층에 대한 서민의 항거 ③ 신분적 갈등의 극복을 통한 인간 해방
특징	① 해학과 풍자에 의한 골계미가 나타남. ② 서술자의 편집자적 논평이 자주 드러남. ③ 판소리의 영향으로 운문체와 산문체가 혼합됨.

[07~09] 다음 글을 읽고 물음에 답하시오.

㉠ 어사또 들어가 단좌(端坐)하여 좌우를 살펴보니, 당상(堂上)의 모든 수령 다담을 앞에 놓고 진양조 양양(洋洋)할 제 어사또 상을 보니 어찌 아니 통분하랴. 모 떨어진 개상판에 닥채 저붐, 콩나물, 깍두기, 막걸리 한 사발 놓았구나. 상을 발길로 탁 차 던지며 ⓐ 운봉의 갈비를 직신, / "갈비 한 대 먹고 지고."

"다라도 잡수시오." / 하고 운봉이 하는 말이

"이러한 잔치에 풍류로만 놀아서는 맛이 적사오니 차운(次韻) 한 수씩 하여 보면 어떠하오?"

"그 말이 옳다." / 하니 ㉡ 운봉이 운(韻)을 낼 제, 높을 고(高) 자, 기름 고(膏) 자 두 자를 내어놓고 차례로 운을 달제, 어사또 하는 말이

"걸인도 어려서 추구권(抽句卷)이나 읽었더니, 좋은 잔치 당하여서 주효를 포식하고 그저 가기 무렴(無廉)하니 차운 한 수 하사이다."

운봉이 반겨 듣고 필연(筆硯)을 내어 주니 좌중(座中)이 다 못하여 글 두 귀(句)를 지었으되, 민정(民情)을 생각하고 본관의 정체(政體)를 생각하여 지었것다.

"금준미주(金樽美酒)는 천인혈(千人血)이요, 옥반가효(玉盤佳肴)는 만성고(萬姓膏)라. 촉루락시(燭淚落時) 민루락(民淚落)이요, 가성고처(歌聲高處) 원성고(怨聲高)라."

이 글 뜻은, '금동이의 아름다운 술은 일만 백성의 피요, 옥소반의 아름다운 안주는 일만 백성의 기름이라. 촛불 눈물 떨어질 때 백성 눈물 떨어지고, 노랫소리 높은 곳에 원망 소리 높았더라.'

이렇듯이 지었으되, 본관은 몰라보고 운봉이 이 글을 보며 속마음에

'아뿔싸, 일이 났다.'

㉢ 이때, 어사또 하직하고 간 연후에 공형(公兄) 불러 분부하되,

"야야, 일이 났다."

공방(工房) 불러 포진(鋪陳) 단속, 병방(兵房) 불러 역마(驛馬) 단속, 관청색 불러 다담 단속, 옥 형리(刑吏) 불러 죄인 단속, 집사 불러 형구(刑具) 단속, 형방(刑房) 불러 문부(文簿) 단속, 사령 불러 합번(合番) 단속, 한참 이리 요란할 제 물색없는 저 본관이

"여보, 운봉은 어디를 다니시오?"

"소피(所避)하고 들어오오."

본관이 분부하되,

"춘향을 급히 올리라."고 주광(酒狂)이 난다.

이때에 어사또 군호(軍號)할 제, 서리(胥吏) 보고 눈을 주니 서리, 중방 거동 보소. 역졸 불러 단속할 제 이리 가며 수군, 저리 가며 수군수군, 서리 역졸 거동 보소. 외올 망건, 공단 쌔기 새 평립(平笠) 눌러 쓰고 석 자 감발 새 짚신에 한삼(汗衫), 고의(袴衣) 산뜻 입고 육모방치 녹피(鹿皮) 끈을 손목에 걸어 쥐고 예서 번뜻 제서 번뜻, 남원읍이 우꾼우꾼, 청파 역졸 거동 보소. 달 같은 마패(馬牌)를 햇빛같이 번뜻 들어

"암행 어사 출도(出道)야!"

외는 소리, ㉣ 강산이 무너지고 천지가 뒤눕는 듯, 초목 금수(草木禽獸)인들 아니 떨랴.

– 작자 미상, 〈춘향전〉

07 제시된 작품에 대한 설명으로 가장 적절한 것은?

① 산문체와 운문체의 문장을 함께 사용하여 변화를 주고 있다.

② 서술자는 사건과 인물에 대하여 객관적인 거리를 유지하고 있다.

③ 공간의 이동으로 대립하는 인물들의 상황을 효과적으로 보여주고 있다.

④ 내용의 반전을 통해 피할 수 없는 인간의 운명을 극적으로 형상화하고 있다.

08 ⓐ와 표현 방식이 가장 유사한 것은?

① 그만 정신없다 보니 말이 빠져서 이가 헛 나와 버렸네.

② 개잘량이라는 '양' 자에 개다리소반이라는 '반' 자 쓰는 양반이 나오신단 말이오.

③ 어리고 성긴 가지 너를 믿지 아녓더니 눈 기약 능히 지켜 두세 송이 피었구나

④ 남여(藍輿)를 빗야 타고 솔 아릭 구분 길로 오며 가며 ᄒᆞᄂᆞᆫ 적의 녹양(綠楊)의 우ᄂᆞᆫ 황앵(黃鶯) 교태(嬌態) 겨워 ᄒᆞᄂᆞᆫ괴야.

09 ㉠~㉣ 중 〈보기〉와 관련이 있는 것만 골라 묶은 것은?

> **보기**
>
> '편집자적 논평'이란 흔히 고전 소설에서 서술자가 개입하여 전개되는 사건에 대해 자신의 견해를 직접 드러내는 것을 말한다.

① ㉠, ㉢   ② ㉠, ㉣

③ ㉡, ㉢   ④ ㉡, ㉣

07

전체적으로 '산문체'이기는 하지만, [공방(工房) 불러 / 포진(鋪陳) 단속. / 병방(兵房) 불러 / 역마(驛馬) 단속. / 관청색 불러 / 다담 단속. / 옥형리(刑吏) 불러 / 죄인 단속. / 집사 불러 / 형구(刑具) 단속. / 형방(刑房) 불러 / 문부(文簿) 단속. / 사령 불러 / 합번(合番) 단속.] "이때 어사또 군호(軍號)할 제, [서리(胥吏) 보고 / 눈을 주니 / 서리, 중방 / 거동 보소. / 역졸 불러 / 단속할 제 / 이리 가며 수군, / 저리 가며 수군수군, / 서리 역졸 / 거동 보소.] 등에서 4음보 운문체 문장을 사용하고 있는 판소리계 소설이다.

오답체크

② 전지적 작가 시점이기 때문에, 객관적인 거리를 유지하고 있다고 보기 어렵다. 서술자가 사건과 인물에 대하여 객관적인 거리를 유지하는 것은 '관찰자 시점'이다.

③ 공간은 '잔치가 벌어지는 곳'으로 변화가 없다.

④ 어사또의 출두로 내용이 반전되고는 있다. 그러나 피할 수 없는 인간의 운명을 극적으로 형상화하고 있지는 않다.

08

ⓐ는 사람의 '갈비'와 소의 '갈비'라는 동음이의어를 이용한 언어유희이다. ② 역시 '양반'을 '개잘량'이라는 '양' 자에 개다리소반이라는 '반' 자 쓴다고 하는 동음이의어를 통한 언어유희가 나타나 있다.

오답체크

① 언어유희는 맞다. 그러나 동음이의어를 이용한 언어유희가 아니라, 언어 도치를 이용한 언어유희이다.

③ 의인법이 나타난다.

④ 화자의 흥취를 '황앵(꾀꼬리)'에 이입하였다. 따라서 '감정 이입'이 나타난다.

09

㉠~㉣ 중 〈보기〉에서 설명하고 있는 '편집자적 논평'이 나타난 것은 ㉠과 ㉣이다. ㉠의 "어찌 아니 통분하랴."와 ㉣의 "초목 금수(草木禽獸)인들 아니 떨랴."에서 확인할 수 있다.

[정답]

07 ①   08 ②   09 ②

[10~12] 다음 글을 읽고 물음에 답하시오.

이른바 규중 칠우(閨中七友)는 부인네 방 가온데 일곱 벗이니 글하는 선배는 필묵(筆墨)과 조희 벼루로 문방사우(文房四友)를 삼았나니 규중 녀쟨들 홀로 어찌 벗이 없으리오.

이러므로 침선(針線)의 돕는 유를 각각 명호를 정하여 벗을 삼을새, 바늘로 세요 각시(細腰閣氏)라 하고, 침척을 척 부인(尺夫人)이라 하고, 가위로 교두 각시(交頭閣氏)라 하고, 인도로 인화 부인(引火夫人)이라 하고, 달우리로 울 랑자(熨娘子)라 하고, 실로 청홍 흑백각시(靑紅黑白閣氏)라 하며, 골모로 감토 할미라 하여, 칠우를 삼아 규중 부인네 아침 소세를 마치매 칠위 일제히 모혀 종시하기를 한가지로 의논하여 각각 소임을 일워 내는지라.

…〈중략〉…

감토 할미 웃고 이르되,

"각시님네, 위연만 자랑 마소. 이 늙은이 수말 적기로 아가시네 손부리 아프지 아니하게 바느질 도와드리나니 고어에 운(云), 닭의 입이 될지언정 소 뒤는 되지 말라 하였으니, 청홍각시는 세요의 뒤를 따라다니며 무삼 말 하시나뇨. 실로 얼골이 아까왜라. 나는 매양 세요의 귀에 질리었으되 낯가족이 두꺼워 견딜 만하고 아모 말도 아니하노라."

– 작자 미상, 〈규중칠우쟁론기〉

10 제시된 글에 대한 설명으로 적절한 것은?

① 자문자답의 형식으로 전개하고 있다.

② 가계와 생애를 전기 형식으로 전개하고 있다.

③ 의인화된 사물들이 대화하는 방식을 취하고 있다.

④ 일상적 소재로 인물의 복잡한 심리를 드러내고 있다.

11 사물의 별명과 그 근거가 바르지 않은 것은?

① 자 – 척 부인 — 쓰임새

② 실 – 청홍 각시 — 색깔

③ 가위 – 교두 각시 — 생김새

④ 인두 – 인화 부인 — 쓰임새

12 제시된 작품의 성격과 가장 거리가 먼 것은?

① 우의적(寓意的)

② 허구적(虛構的)

③ 풍자적(諷刺的)

④ 관조적(觀照的)

11

'척 부인'은 '자'의 한자 발음 '尺(자 척)'에서 따온 것이다.

오답체크
② '실'의 색깔에서 따와 '청홍 각시'로 이름을 지었다.
③ '가위'의 생김새에서 따와 '교두 각시'로 이름을 지었다.
④ '인두'의 쓰임새에서 따와 '인화 부인'으로 이름을 지었다.

12

제시된 작품에서 '관조적 성격'을 찾아보기는 어렵다. 오히려 "내가 제일이야"라고 모두 말하고 있으므로 '욕망과 집착'에 더 가깝다.

오답체크
① 규방 부인이 바느질에 사용하는 '자, 바늘, 가위, 실, 골무, 인두, 다리미'를 의인화했다는 점에서 '우의적(寓意的): 빗대어 비유함)'이다.
② 실제 이야기가 아니기 때문에 '허구적(虛構的): 상상으로 꾸며 만듦)'이다.
③ 인간 심리의 변화, 이해관계에 따라 변하는 세태를 풍자했다는 점에서 '풍자적(諷刺的): 부정적인 면모를 비웃음)'이다.

PART 4

해커스공무원 해원국어 적중 요신의 필수적 문학

[정답]

11 ①   12 ④

최승호, 〈북어〉

갈래	자유시, 서정시
성격	상징적, 비판적, 반성적
주제	생기 없이 위축되어 있는 현대인의 소시민적 삶을 비판
특징	① 비판의 주체가 비판의 대상으로 반전되는 상황적 아이러니가 나타남. ② 시적 대상을 생생히 묘사함으로써 추상적 주제를 시각적 이미지로 형상화함.

01 화자가 자신에 대해 보이는 태도로 가장 적절한 것은?

> 밤의 식료품 가게
> 케케묵은 먼지 속에
> 죽어서 하루 더 손때 묻고
> 터무니없이 하루 더 기다리는
> 북어들,
> 북어들의 일 개 분대가
> 나란히 꼬챙이에 꿰어져 있었다.
> 나는 죽음이 꿰뚫은 대가리를 말한 셈이다.
> 한 쾌의 혀가
> 자갈처럼 죄다 딱딱했다.
> 나는 말의 변비증을 앓는 사람들과
> 무덤 속의 벙어리를 말한 셈이다.
> 말라붙고 짜부라진 눈,
> 북어들의 빳빳한 지느러미.
> 막대기 같은 생각
> 빛나지 않는 막대기 같은 사람들이
> 가슴에 싱싱한 지느러미를 달고
> 헤엄쳐 갈 데 없는 사람들이
> 불쌍하다고 생각하는 순간,
> 느닷없이
> 북어들이 커다랗게 입을 벌리고
> 거봐, 너도 북어지 너도 북어지 너도 북어지
> 귀가 먹먹하도록 부르짖고 있었다.
>
> — 최승호, 〈북어〉

① 긍정적 태도

② 해학적 태도

③ 비판적 태도

④ 관조적 태도

01

화자는 혀가 딱딱하게 굳은 '말라빠진 북어'를 통해 '진실을 말하지 못하는 사람'을 비판하고 있다. 그런데 마지막 "거봐, 너도 북어지 너도 북어지 너도 북어지 / 귀가 먹먹하도록 부르짖고 있었다." 부분을 보면 비판의 대상을 화자 자신임을 알 수 있다. 따라서 화자가 자신에 대해 보이는 태도는 '비판적'이다.

[정답]

01 ③

파란 녹이 낀 구리거울 속에
내 얼굴이 남아 있는 것은
어느 왕조(王朝)의 유물(遺物)이기에
이다지도 욕될까.

나는 나의 참회(懺悔)의 글을 한 줄에 줄이자.
— 만 이십사 년 일 개월을
무슨 기쁨을 바라 살아왔던가.

내일이나 모레나 그 어느 즐거운 날에
나는 또 한 줄의 참회록(懺悔錄)을 써야 한다.
— 그때 그 젊은 나이에
왜 그런 부끄런 고백(告白)을 했던가.

밤이면 밤마다 나의 ㉠ 거울을
손바닥으로 발바닥으로 닦아 보자.

그러면 어느 운석(隕石) 밑으로 홀로 걸어가는
슬픈 사람의 뒷모양이
거울 속에 나타나 온다.

— 윤동주, 〈참회록〉

윤동주, 〈참회록〉

갈래	자유시, 서정시
성격	자기 성찰적, 고백적, 상징적
제재	구리거울, 부끄러운 자기 삶의 참회
주제	자기 성찰을 통한 순결성 추구, 현실 극복 의지
특징	① 시간의 흐름에 따라 시상을 전개함. ② 구리거울을 매개로 치열한 자기 성찰의 모습을 보여 줌.
출전	"하늘과 바람과 별과 시"(1948)

02 제시된 작품에 대한 적절한 설명으로만 골라 묶은 것은?

> **보기**
>
> (가) 시간의 흐름에 따라 시상을 전개하고 있다.
> (나) 화자의 정서를 고백적 어조로 드러내고 있다.
> (다) 수미상관의 구성으로 시적 안정감을 얻고 있다.
> (라) 우리 민족의 보편적 정서인 '한(恨)'이 나타난다.

① (가), (나)　　　　　② (가), (다)

③ (나), (라)　　　　　④ (다), (라)

02

(가) 제시된 작품은 과거 역사에 대한 참회, 지나온 삶에 대한 현재의 참회, 그리고 현재의 참회에 대한 미래의 참회로 이어지는 시간의 흐름에 따른 시상 전개 과정을 보여 주고 있다.

(나) 1연의 "이다지도 욕될까", 2연의 "살아 왔던가", 3연의 "왜 그런 부끄런 고백(告白)을 했던가."를 볼 때, 화자의 고백적 어조가 드러난다.

오답체크

(다) 수미상관의 구성은 아니다.

(라) '한(恨)'이 우리 민족 보편적 정서는 맞지만, 제시된 작품과는 관련이 없다.

[정답]

02 ①

03

제시된 글에서 '거울'은 자기 자신을 되돌아 보고 자신의 삶을 성찰하는 매개체이다. 이 와 가장 유사한 의미를 지닌 것은 '우물'이 다. 〈보기〉의 '우물'은 내 모습이나 생활을 성찰하는 매개체이다.

오답체크

② '하늘'은 자연의 아름답고 순수한 모습 을 의미한다.
③ '사나이'는 화자의 눈에 비친 자신의 모 습을 의미한다.
④ '가을'은 우물 속의 아름다운 배경이다.

03 ㉠과 의미가 가장 유사한 것은?

> **보기**
>
> 산모퉁이를 돌아 논가 외딴 ⓐ <u>우물</u>을 홀로 찾아가선
> 가만히 들여다봅니다.
>
> 우물 속에는 달이 밝고 구름이 흐르고 ⓑ <u>하늘</u>이
> 펼치고 파아란 바람이 불고 가을이 있습니다.
>
> 그리고 한 ⓒ <u>사나이</u>가 있습니다.
> 어쩐지 그 사나이가 미워져 돌아갑니다.
>
> 돌아가다 생각하니 그 사나이가 가엾어집니다.
> 도로 가 들여다보니 사나이는 그대로 있습니다.
>
> 다시 그 사나이가 미워져 돌아갑니다.
> 돌아가다 생각하니 그 사나이가 그리워집니다.
>
> 우물 속에는 달이 밝고 구름이 흐르고
> 하늘이 펼치고 파아란 바람이 불고 ⓓ <u>가을</u>이 있고
> 추억처럼 사나이가 있습니다.
>
> — 윤동주, 〈자화상〉

① ⓐ   ② ⓑ   ③ ⓒ   ④ ⓓ

[정답]
03 ①

(가) 식볼 불기 두래
  밤 드리 노니다가
  드러사자리 보곤
  가루리 네히어라.
  둘흔 내해엇고
  둘흔 뉘해언고.
  본딕 내해다마룬
  ㉠아사늘 엇디ᄒᆞ릿고.

  – 처용, 〈처용가(處容歌)〉

(나) 첩첩 바위 사이를 미친 듯 달려 겹겹 봉우리 울리니,
  지척에서 하는 말소리도 분간키 어려워라.
  늘 시비하는 소리 귀에 들릴세라,
  ㉡짐짓 흐르는 물로 온 산을 둘러 버렸다네.

  – 최치원, 〈제가야산독서당(題伽倻山讀書堂)〉

04 ㉠과 ㉡에 나타난 화자의 태도가 바르게 짝 지어진 것은?

	㉠	㉡
①	비관적 태도	염세적 태도
②	체념적 태도	의지적 태도
③	낙관적 태도	탈속적 태도
④	관용적 태도	애상적 태도

05 (나)에 대한 설명으로 가장 적절한 것은?

① 선경후정의 시상 전개 방식을 보이고 있다.

② 작품의 시간적, 공간적 배경이 나타나 있다.

③ 자연의 소리와 인간의 소리를 대비하고 있다.

④ 산속에 살며 자연친화적인 인식을 드러내고 있다.

(가) 처용, 〈처용가(處容歌)〉

갈래	8구체 향가
성격	주술적, 무가(巫歌)
제재	아내를 범한 역신(질병을 일으키는 신)
주제	아내를 범한 역신을 물러나게 함.
의의	① 향가 해독의 시금석 역할을 함. ② 고려 가요 〈처용가〉의 모태가 됨. ③ 현재 전해지는 신라 향가의 마지막 작품임.
연대	신라 49대 헌강왕(9세기 후반)
출전	『삼국유사』 권 2 '처용랑 망해사'

현대어 풀이

(가) 서울 밝은 달밤에 / 밤 늦도록 놀고 지내다가
  들어와 잠자리를 보니 / 다리가 넷이로구나.
  둘은 내 것이지만 / 둘은 누구의 것인고?
  본디 내 것이다마는 / 빼앗긴 것을 어찌하리오.

(나) 최치원, 〈제가야산독서당(題伽倻山讀書堂)〉

갈래	한시, 7언 절구
성격	서정적, 상징적
제재	물소리
주제	세상과 단절하고 산속에 은거하고 싶은 마음
특징	① 대조를 통해 주제를 형상화함. ② 물의 이미지를 사용하여 시상을 전개함.
연대	통일 신라 말기(9세기)
출전	『동문선(東文選)』 권 19

04
㉠ 아내를 다른 사람에게 빼앗기고도 어찌할 수 없다고 노래한다는 점에서 '체념적, 관용적 태도'를 확인할 수 있다.
㉡ 세상의 시비하는 소리가 귀에 들리는 것이 싫어 자신이 있는 곳과 세상을 단절하기 위해 물로 온 산을 둘러 버렸다는 점에서 '의지적, 염세적, 탈속적 태도'를 확인할 수 있다.

05
(나)에서는 자연의 소리(물소리)와 인간의 소리(말소리)를 대비해 옳고 그름을 따지는 세상의 시끄러운 소리들이 들리지 않기를 바라는 화자의 심정을 표출하고 있다.

오답체크
① (나)는 한시로, 기승전결의 시상 전개 방식이 나타나 있다.
② 작품의 시간적, 공간적 배경이 나타나 있는 것은 (나)가 아니라 (가)이다. '식볼 불기 두래'를 볼 때, (가)의 시간적 배경은 '달밤'이고, 공간적 배경은 '서라벌'이다. (나)에는 공간적 배경은 나타나 있으나(산속), 시간적 배경이 모호하다.
④ 세상을 떠나 산속에 붙어 살겠다는 은둔의 의지는 나타난다. 그러나 자연친화적인 인식을 드러내고 있지는 않다.

[정답]
04 ② 05 ③

김천택, 〈전원(田園)에 나믄 흥(興)을〉

갈래	평시조, 서정시
성격	전원적, 풍류적, 한정가
제재	전원의 흥취
주제	전원에서 즐기는 풍류
특징	중의법을 사용하여, 자연 속에서 여유 있게 풍류를 누리는 시적 화자의 정서를 효과적으로 드러냄.
출전	"청구영언"

현대어 풀이

전원에서 남은 흥을 (다리를 저는) 나귀에 모두 싣고
계곡을 낀 산의 익숙한 길로 흥겨워하며 돌아와서
아이야, 거문고와 책을 준비하여라, (그것으로) 남은 해를 보내리라.

06

제시된 작품에서는 '흥'이라는 추상적인 개념을 나귀의 등에 실을 수 있는 구체적인 사물로 표현하고 있다. 이처럼 추상적인 개념을 구체적인 사물처럼 표현한 것은 ④이다. ④도 '늙음, 세월의 흐름'이라는 추상적인 개념을 가시로 막을 수 있는 구체적인 사물처럼 표현하고 있다.

오답체크

① 압축과 생략을 통해 경쾌하게 서술하였으며, 우리말을 자유자재로 멋스럽게 구사하고 있다. 그러나 추상적인 개념을 구체적인 사물처럼 표현하지는 않았다.
② 간신 신돈(구름)과 왕(광명한 날빛)의 관계를 우의적으로 표현하고 있다. 그러나 추상적인 개념을 구체적인 사물처럼 표현하지는 않았다.
③ 착각을 일으키는 소재로 '낙엽 지는 소리와 바람 부는 소리'를 설정하여 임을 기다리는 애타는 심정을 형상화하였다. 그러나 추상적인 개념을 구체적인 사물처럼 표현하지는 않았다.

06 제시된 작품과 발상이나 표현이 가장 유사한 것은?

> 전원(田園)에 나믄 흥(興)을 전나귀에 모도 싯고
> 계산(溪山) 니근 길로 흥치며 도라와셔
> 아히 금서(琴書)를 다스려라 나믄 히를 보내리라.
>
> – 김천택

① 재 너머 셩권롱(成勸農) 집에 술 익닷 말 어제 듣고
　누은 소 발로 박차 언치 놓아 지즐 타고
　아이야 네 권롱(勸農) 계시냐 정좌수 왔다 하여라.

– 정철

② 구룸이 무심(無心)튼 말이 아마도 허랑(虛浪)ᄒ다.
　중천(中天)에 써이셔 임의(任意)로 든니면셔
　구틱야 광명(光明)ᄒ 날빗츨 싸라가며 덥ᄂ니.

– 이존오

③ 마음이 어린 후(後)니 하는 일이 다 어리다
　만중운산(萬重雲山)에 어느 님 오리마는
　지는 잎 부는 바람에 행여 근가 하노라.

– 서경덕

④ ᄒ 손에 막딕 잡고 ᄯ ᄒ 손에 가싀 쥐고
　늙는 길 가싀로 막고 오는 백발(白髮) 막딕로 치려터니
　백발(白髮)이 제 몬져 알고 즈럼길노 오더라

– 우탁

김 일등병은 전에 치열한 싸움터에서는 오히려 잊게 마련이었던 죽음이라는 것을 몸 가까이 느꼈다. 내일쯤은 까마귀가 자기네 눈알도 파먹으리라. 그러자 그는 옆에 누워 있는 주 대위가 먼저 죽어 까마귀에 눈알을 파 먹히는 걸 보느니보다는 차라리 자기편이 먼저 죽어 모든 것을 모르고 지나기를 바랐다.

그는 문득 울고 싶어졌다. 그러나 그럴 기운조차 지금 그에겐 없었다.

저도 모르게 혼곤히 잠 속에 끌려 들어갔던 김 일등병은 주 대위가 무어라 부르는 소리에 눈을 떴다. 하늘에 별이 총총 나 있었다.

"저 소릴 좀 듣게."

주 대위가 누운 채 쇠진한 목 안의 소리로,

"㉠ 폿소릴세."

김 일등병은 정신이 번쩍 들어 상반신을 일으키며 귀를 기울였다. 과연 먼 우렛소리 같은 포성이 은은히 들려오는 것이다.

"어느 편 폽니까?"

"아군의 포야. 백오십오 밀리의……."

이 주 대위의 감별이면 틀림없는 것이다. 그래 얼마나 먼 거리냐고 물으려는데 주 대위 편에서,

"그렇지만 너무 멀어, 사십 리는 실히 되겠어."

그렇다면 아무리 아군의 포라 해도 소용이 없다.

김 일등병은 도로 자리에 누워 버렸다.

주 대위는 지금 자기는 각각으로 죽어 가고 있다고 느꼈다. 이상스레 맑은 정신으로 그게 느껴졌다. 그러다가 그는 드디어 지금까지 피해 오던 어떤 상념과 정면으로 부딪쳤다. 그것은 권총을 사용해야 한다는 생각이었다. 아무래도 죽을 자기가 진작 자결을 했던들 모든 문제는 해결됐을 게 아닌가. 첫째, 현 중위가 밤길을 서두르다가 벼랑에 떨어져 죽지 않았을는지 모른다. 아무튼 이제라도 자결을 해 버려야 한다. 그러면 아무리 지친 김 일등병이라 하더라도 혼잣몸이니 어떻게든 아군 진지까지 도달할 가망이 전혀 없는 것도 아니다.

그는 김 일등병을 향해,

"폿소리 나는 방향은 동남쪽이다. 바로 우리가 누워 있는 발 쪽 벼랑은 왼쪽으로 돌아 내려가면 된다!"

있는 힘을 다해 명령조로 말했다. 그리고 무거운 손을 움직여 허리에서 권총을 슬그머니 빼었다.

그때, 바로 그때 주 대위의 귀에 은은한 폿소리 사이로 또 다른 하나의 소리가 들려온 것이었다.

처음에는 그도 의심스러운 듯이 귀를 기울이고 있다가,

"저 소리가 무슨 소리지?"

김 일등병이 고개만을 들고 잠시 귀를 기울이듯 하더니,

황순원, 〈너와 나만의 시간〉

갈래	단편 소설, 전쟁 소설
성격	실존적, 휴머니즘적
배경	• 시간: 6 · 25 전쟁 중 • 공간: 인적이 없는 깊은 산속
시점	전지적 작가 시점
주제	전쟁의 극한 상황 속에서 발휘되는 삶의 의지
특징	① 전쟁을 다루지만 이념 갈등보다는 인간 존재의 의미를 성찰하고 있음. ② 등장인물이 겪는 사건과 심리를 간결한 문장과 사실적 묘사로 그려냄.
출전	『현대문학』(1958)

"무슨 소리 말입니까?"

"지금은 안 들리는군."

거기에 그쳤던 소리가 바람을 탄 듯이 다시 들려왔다.

"저 소리 말야. 이 머리 쪽에서 들려오는……."

그래도 김 일등병의 귀에는 아무것도 들리지 않았다.

"ⓛ 개 짖는 소리 같애."

개 짖는 소리라는 말에 김 일등병은 지친 몸을 벌떡 일으켜 머리 쪽으로 무릎걸음을 쳐 나갔다. 개 짖는 소리가 들린다면 그리 멀지 않은 곳에 인가가 있음에 틀림없었다.

"그 등성이를 넘어가면 된다!"

그러나 김 일등병의 귀에는 여전히 아무것도 들리지 않았다. 그는 누웠던 자리로 도로 뒷걸음질을 쳤다.

주 대위는 김 일등병에게 무엇인가 주고 싶었다. 그리고 그것을 자기 자신도 받고 싶었다.

김 일등병이 드러누우며 혼잣소리로,

"내일쯤은 까마귀 떼가 더 많이 몰려들겠지. 눈알이 붙어 있는 것두 오늘 밤뿐야."

이 말이 채 끝나기도 전에 갑자기 권총 소리가 그의 귓전을 때렸다.

깜짝 놀라 돌아다보니 어둠 속에 주 대위가 권총을 이리 겨눈 채 목 속에 잠긴 음성치고는 또렷하게,

"날 업어!" / 하는 것이다.

– 황순원, 〈너와 나만의 시간〉

07 제시된 글에 대한 설명으로 가장 적절한 것은?

① 여러 장면을 병렬적으로 제시하고 있다.

② 서술자의 논평이 직접적으로 드러나고 있다.

③ 의식의 흐름을 통해 사건을 요약적으로 서술하고 있다.

④ 인물의 심리와 행동을 서술하며 사건의 긴박감을 높이고 있다.

08 ⓐ과 ⓛ의 공통점으로 가장 적절한 것은?

① 인물의 긴장감을 고조시킨다.

② 인물의 과거 경험을 환기시킨다.

③ 인물이 지향하는 세계를 드러낸다.

④ 인물 간 갈등이 심화될 것을 암시한다.

09 다음의 ㉠~㉢을 사건이 일어난 순서대로 배열한 것은?

㉠ 점순네 수탉(은 대강이가 크고 똑 오소리같이 실팍하게 생긴 놈)이 덩저리 작은 우리 수탉을 함부로 해내는 것이다. 그것도 그냥 해내는 것이 아니라 푸드덕하고 면두를 쪼고 물러섰다가 좀 사이를 두고 또 푸드득하고 모가지를 쪼았다. 이렇게 멋을 부려 가며 여지없이 닦아 놓는다. 그러면 이 못생긴 것은 쪼일 적마다 주둥이로 땅을 받으며 그 비명이 킥, 킥 할 뿐이다. 물론 미처 아물지도 않은 면두를 또 쪼이어 붉은 선혈은 뚝뚝 떨어진다. …〈중략〉…

이번에도 ㉡ 점순이가 싸움을 붙여 났을 것이다. 바짝바짝 내 기를 올리느라고 그랬음에 틀림없을 것이다.

고놈의 계집애가 요새로 들어서서 왜 나를 못 먹겠다고 고렇게 아르렁거리는지 모른다.

나흘 전 감자 쪼간만 하더라도 나는 저에게 조금도 잘못한 것은 없다. 계집애가 나물을 캐러 가면 갔지 남 울타리 엮는데 쌩이질을 하는 것은 다 뭐냐. 그것도 발소리를 죽여 가지고 등 뒤로 살며시 와서

"얘! 너 혼자만 일하니?" / 하고 긴치 않은 수작을 하는 것이다.

어제까지도 저와 나는 이야기도 잘 않고 서로 만나도 본척만척하고 이렇게 점잖게 지내던 터이련만 오늘로 갑작스레 대견해졌음은 웬일인가. 항차 망아지만 한 계집애가 남 일하는 놈보고……

"그럼 혼자 하지 떼루 하디?" / 내가 이렇게 내뱉는 소리를 하니까

"너 일하기 좋니?" / 또는

"한여름이나 되거든 하지 벌써 울타리를 하니?"

잔소리를 두루 늘어놓다가 남이 들을까 봐 손으로 입을 틀어막고는 그 속에서 깔깔댄다. 별로 우스울 것도 없는데 날씨가 풀리더니 이놈의 계집애가 미쳤나 하고 의심하였다. 게다가 조금 뒤에는 제 집께를 할금할금 돌아다보더니 행주치마의 속으로 꼈던 바른손을 뽑아서 나의 턱 밑으로 불쑥 내미는 것이다. 언제 구웠는지 아직도 더운 김이 홱 끼치는 굵은 감자 세 개가 손에 뿌듯이 쥐었다.

"느 집엔 이거 없지?" / 하고 생색 있는 큰 소리를 하고는 제가 준 것을 남이 알면 큰일 날 테니 여기서 얼른 먹어 버리란다. 그리고 또 하는 소리가

"너 봄 감자가 맛있단다." / "난 감자 안 먹는다, 니나 먹어라."

㉢ 나는 고개도 돌리려 하지 않고 일하던 손으로 그 감자를 도로 어깨 너머로 쑥 밀어 버렸다.

그랬더니 그래도 가는 기색이 없고, 뿐만 아니라 쌔근쌔근하고 심상치 않게 숨소리가 점점 거칠어진다.

설혹 주는 감자를 안 받아먹은 것이 실례라 하면, 주면 그냥 주었지 "느 집엔 이거 없지."는 다 뭐냐. 그렇잖아도 저희는 마름이고 우리는 그 손에서 배재를 얻어 땅을 부치므로 일상 굽실거린다.

김유정, 〈동백꽃〉

갈래	단편 소설, 농촌 소설
성격	해학적, 토속적
배경	• 시간: 1930년대 어느 봄 • 공간: 강원도 산골 마을
시점	1인칭 주인공 시점
주제	사춘기 시골 남녀의 순박한 사랑
특징	① 현재 → 과거 → 현재의 역순행적 구성으로 전개됨. ② 우스꽝스런 인물의 행동으로 해학적인 분위기를 조성함. ③ 토속적 어휘, 사투리, 비속어, 의성어와 의태어 등을 사용함.
출전	"조광"(1936)

PART 4

해커스공무원 혜원국어 적중 요신의 필수적 문학

ⓔ 우리가 이 마을에 처음 들어와 집이 없어서 곤란으로 지낼 제 집터를 빌리고 그 위에 집을 또 짓도록 마련해 준 것도 점순네의 호의이었다. 그리고 우리 어머니 아버지도 농사 때 양식이 달리면 점순네한테 가서 부지런히 꾸어다 먹으면서 인품 그런 집은 다시 없으리라고 침이 마르도록 칭찬하고 하는 것이다. 그러면서도 열일곱씩이나 된 것들이 수군수군하고 붙어 다니면 동네의 소문이 사납다고 주의를 시켜 준 것도 또 어머니였다. 왜냐하면 내가 점순이하고 일을 저질렀다가는 점순네가 노할 것이고, 그러면 우리는 땅도 떨어지고 집도 내쫓기고 하지 않으면 안 되는 까닭이었다.

– 김유정, 〈동백꽃〉

09

ⓔ '나'의 식구들이 점순이가 사는 마을에 들어온 사건이 시간적으로 가장 앞선다.
ⓒ 점순이가 준 '감자'를 내가 거절한 사건이 그 다음이다.
ⓛ '나'의 감자 거절로 속이 상한 점순이가 닭들의 싸움을 붙여 놓은 게 그 뒤를 잇는다.
ⓖ 닭이 싸우는 걸 내가 본 시점이 '현재'이기 때문에 가장 나중이다.
따라서 사건이 일어난 순서대로 배열하면 'ⓔ – ⓒ – ⓛ – ⓖ'이다.

① ㉠ – ㉡ – ㉢ – ㉣
② ㉢ – ㉣ – ㉡ – ㉠
③ ㉣ – ㉢ – ㉠ – ㉡
④ ㉣ – ㉢ – ㉡ – ㉠

작자 미상, 〈단군 신화〉

갈래	건국 신화
성격	신화적, 서사적, 민족적
제재	단군의 탄생과 고조선의 건국
주제	홍익인간의 이념과 단일 민족의 역사성
특징	① '환인 – 환웅 – 단군'의 삼대기(三代記)적 구성임. ② 천손 하강형(天孫下降型), 천부 지모형(天父地母型)의 화소가 나타남.
의의	① 홍익인간의 건국 이념이 제시됨. ② 우리 민족이 천손의 혈통이라는 민족적 자부심을 고취함.
출전	"삼국유사(三國遺事)"

[10~11] 다음 글을 읽고 물음에 답하시오.

(가)   "고기(古記)"에는 이렇게 전한다.

　옛날에 환인(桓因) ― 제석(帝釋)을 이른다. ― 의 서자(庶子) 환웅(桓雄)이 항상 천하(天下)에 뜻을 두고 세상을 몹시 바랐다. 아버지가 아들의 뜻을 알고, 삼위태백(三危太伯)을 내려다보니, 인간 세계를 널리 이롭게 할 만했다. 이에 천부인(天符印) 세 개를 주어 인간의 세계를 다스리게 했다.

(나)　환웅은 무리 3천 명을 거느리고 태백산(太伯山) ― 지금의 묘향산 ― 꼭대기의 신단수(神壇樹) 아래로 내려왔다. 이곳을 신시(神市)라 불렀다. 이분을 환웅천왕(桓雄天王)이라 한다. 그는 풍백(風伯)·우사(雨師)·운사(雲師)를 거느리고, 곡식·수명·질병·형벌·선악 등을 주관하고, 모든 인간의 삼백예순여 가지 일을 주관하여 인간 세계를 다스리고 교화(教化)했다.

(다)　이때, 곰 한 마리와 범 한 마리가 같은 굴에서 살고 있었는데, 그들은 항상 환웅에게 사람이 되기를 빌었다. 그러자 환웅이 신령한 쑥 한 심지와 마늘 스무 개를 주면서 말했다.

　"너희들이 이것을 먹고 백 일 동안 햇빛을 보지 않으면 곧 사람이 될 것이다."

　곰과 범이 이것을 받아서 먹고 조심한 지 삼칠일(21일) 만에 곰은 여자의 몸이 되었으나, 범은 조심을 잘못해서 사람이 되지 못했다. 웅녀(熊女)는 혼인할 상대가 없었으므로 항상 단수(壇樹) 밑에서 아이 배기를 축원했다. 환웅이 이에 임시로 변하여 그녀와 혼인했더니 이내 잉태해서 아들을 낳았다. 이름을 단군왕검(壇君王儉)이라 하였다.

(라) 단군왕검은 중국 요(堯)임금이 즉위한 지 50년인 경인년(庚寅年) ― 요(堯)가 즉위한 원년(元年)은 무진년(戊辰年)이니 50년은 정사(丁巳)이지, 경인(庚寅)이 아니다. 아마 잘못된 부분이 있는 듯하다. ― 에 평양성(平壤城) ― 지금의 서경(西京) ― 에 도읍하고 비로소 조선(朝鮮)이라고 불렀다. 또 도읍을 백악산(白岳山) 아사달(阿斯達)로 옮기니 그곳을 궁홀산(弓忽山) ― 일명 방홀산(方忽山) ― 이라고도 하고 금미달(今彌達)이라고도 한다. 그는 1천5백 년 동안 여기에서 나라를 다스렸다. 주(周)나라 호왕(虎王)이 즉위한 기묘년(己卯年)에 기자(箕子)를 조선에 봉하니, 단군은 장당경(藏唐京)으로 옮겼다가 뒤에 돌아와서 아사달(阿斯達)에 숨어서 산신(山神)이 되니, 나이는 1천9백8세였다고 한다.

― 작자 미상, 〈단군 신화〉

10 제시된 작품에 대한 설명으로 가장 적절하지 않은 것은?

① 영웅 일대기 구조가 나타난다.

② 홍익인간의 건국 이념이 제시되어 있다.

③ '환인-환웅-단군'으로 이어지는 삼대기 구조이다.

④ 당시 농경을 중시했던 사회였음을 보여주는 내용이 등장한다.

11 (가)~(라) 중 〈보기〉의 특징이 가장 두드러진 부분은?

> **보기**
>
> 이 작품은 우리 민족 최초의 국가인 고조선의 건국 신화로, 우리 민족의 정체성과 유구한 역사성이 담겨 있다.

① (가)　　　　　　　　　② (나)

③ (다)　　　　　　　　　④ (라)

10

영웅 일대기 구조는 '고귀한 혈통 → 비정상적 출생 → 어려서 버려짐 → 탁월한 능력 → 시련을 겪음 → 조력자를 만남 → 시련을 극복하고 승리함.'이다. 그런데 〈단군 신화〉에는 '시련 ― 극복 ― 승리'의 과정이 빠져 있다.

오답체크

② "인간 세계를 널리 이롭게 할 만했다."에서 홍익인간의 건국 이념을 확인할 수 있다.

③ '환인'의 아들 '환웅', '환웅'의 아들 '단군'으로 이어지는 3대의 이야기이다.

④ '풍백(바람)', '우사(비)', '운사(구름)'를 데리고 내려왔다는 점을 볼 때, 그것들을 중요시했던 농경 사회였음을 짐작할 수 있다.

11

〈보기〉는 〈단군신화〉가 고조선의 건국신화라는 내용이다. '건국 신화'는 나라를 세운 이야기이다. (가) ~ (라) 중 '고조선'이라는 나라를 세운 이야기는 (라)에 집중되어 있다. 따라서 〈보기〉의 특징이 가장 두드러진 것은 (라)이다.

[정답]

10 ①　11 ④

작자 미상, 〈수궁가(水宮歌)〉

갈래	판소리 사설
성격	우화적, 해학적, 풍자적, 교훈적
배경	• 시간: 원나라 순제 • 공간: 수궁(水宮)과 산중(山中)
제재	토끼의 간
주제	① 토끼의 기지와 자라의 충성심 ② 무능한 집권층에 대한 비판과 풍자
특징	① 우화적 수법으로 인간 사회를 풍자함. ② 등장인물의 행동과 언어를 통한 해학성이 드러남. ③ 지배층의 언어인 고사성어, 한문투의 문장과 서민들의 일상적인 어투가 혼재된 적층 문학의 성격을 보임.

12

토끼는 속으로는 용왕을 죽일 마음이 있으나, 겉으로는 호의적으로 말하고 있다. 따라서 ㉠에 나타난 토끼의 태도는 '구밀복검(口蜜腹劍: 입에는 꿀이 있고 배 속에는 칼이 있음. 겉과 속이 다름.)'이다.

오답체크
① 만시지탄(晩時之歎): 시기에는 늦어 기회를 놓쳤음을 안타까워하는 탄식
 ≒후시지탄
② 안분지족(安分知足): 편안한 마음으로 제 분수를 지키며 만족할 줄 앎
③ 오매불망(寤寐不忘): 자나 깨나 잊지 못함

---

12 ㉠에 나타난 토끼의 태도로 가장 적절한 것은?

> [아니리] 어떻게 이놈이 말을 잘해 났던지 용왕이 벌렁 넘어갔던가 보더라. 제신(諸臣)들을 돌아보며,
> "이 일을 어찌 할꼬?"
> 제신들이 아뢰어 말하기를,
> "대체 간 유무는 알 수가 없습내다."
> "어, 그러하면 토끼의 결박을 풀어라."
> 토끼의 결박을 풀어 전상에 올려 앉히고, 용왕이 토끼를 도루는듸 이치에 꼭 닿게 도루것다.
> "토공 들게, 내가 인제 곧 잠시 허던 일은, 토공이 전쟁을 당하여 시석(矢石) 중에 가 들면 사생(死生)을 불피(不避)헐까 아니헐까 그 담기(膽氣) 보난 일이니, 부대 노여 생각지 말게 잉."
> 토끼란 놈, ㉠속으로 용왕 배 딸 마음이 있으되 겉으로는, "그럴 일이요, 고마운 말씀이요."

> – 작자 미상, 〈수궁가(水宮歌)〉

① 만시지탄(晩時之歎)

② 안분지족(安分知足)

③ 오매불망(寤寐不忘)

④ 구밀복검(口蜜腹劍)

김소월, 〈나의 집〉

갈래	자유시, 서정시
성격	감각적, 시각적, 의지적
주제	그대에 대한 간절한 기다림
특징	① 도치법이 사용되었다. ② '하이얀', '그대인가고' 등에서처럼 운율을 살리기 위해 음절수를 조절하고 있다. ③ 반복법을 통해 화자의 간절함을 드러내고 있다.

01

제시된 작품에 '토속적 방언'은 찾아볼 수 없다. '메 기슭'의 '메'는 '산'의 옛말로 향토적인 정감은 줄 수 있으나, 이는 방언이 아니다.

오답체크

① 3행 "나는 지으리, 나의 집을."에서 문장을 도치시켜 의미를 강조하고 있다.
② 화자가 '그대'를 기다리는 새벽녘의 이미지를 '희게'와 같은 색채어로 작품의 분위기를 형성하고 있다.
③ 마지막 행에서 "그대인가고, 그대인가고."를 반복하여 화자의 간절함을 강조하고 있다.

01 다음 작품에 대한 이해로 적절하지 않은 것은?

들가에 떨어져 나가 앉은 메 기슭의
넓은 바다의 물가 뒤에,
나는 지으리, 나의 집을,
다시금 큰길을 앞에다 두고.
길로 지나가는 그 사람들은
제각금 떨어져서 혼자 가는 길.
하이얀 여울턱에 날은 저물 때.
나는 문간에 서서 기다리리
새벽 새가 울며 지새는 그늘로
세상은 희게, 또는 고요하게,
번쩍이며 오는 아침부터,
지나가는 길손을 눈여겨 보며,
그대인가고, 그대인가고.

– 김소월, 〈나의 집〉

① 도치법을 통해 의미를 강조하고 있다.

② 작품의 분위기를 색채어로 조성하고 있다.

③ 동일한 시어를 반복하여 정서를 심화하고 있다.

④ 토속적 방언을 활용하여 향토적 정서를 환기하고 있다.

[정답]

01 ④

겨우내
햇볕 한 모금 들지 않던
뒤꼍 추녀 밑 마늘광 위으로
봄비는 나리어

얼굴에 까만 먼지 쓰고
눈감고 누워 세월 모르고 살아온
저 잔설(殘雪)을 일깨운다.

㉠ 잔설은 투덜거리며 일어나
때묻은 이불 개켜 옆구리에 끼더니
슬쩍 어디론가 사라진다.

잔설이 떠나고 없는
추녀 밑 깨진 기왓장 틈으로
종일 빗물이 스민다.

– 이동순, 〈봄비〉

이동순, 〈봄비〉

갈래	자유시, 서정시
성격	감각적, 개성적
제재	봄비
주제	① 봄날의 활기찬 모습 ② 생동감 넘치는 봄날의 풍경
특징	① 시간의 흐름에 따라 시상을 전개함. ② 사물을 의인화하여 표현 효과를 살림. ③ 이른 봄의 한 장면을 언어로 묘사하여 보여줌. ④ 화자의 감정을 절제하고 객관적 사실만을 제시함.

02 제시된 글의 시상 전개 방식으로 가장 적절한 것은?

① 수미상관　　② 선경후정　　③ 공간의 이동　　④ 시간의 흐름

02

1연은 봄비가 내리는 장면이고, 2연과 3연은 봄비를 맞고 눈이 녹는 장면이다. 4연은 눈이 녹고 난 후에도 비가 계속 내리는 장면이다. 따라서 제시된 작품은 '시간의 흐름'에 따라 시상이 전개되고 있다.

03 ㉠의 표현법이 쓰이지 않은 것은?

① 외로운 마을이
　　나른나른 오수(午睡)에 조을고
　　　　　　　　　　　　　　　　　　– 박남수, 〈마을〉

② 산이 날 에워싸고 / 씨나 뿌리며 살아라 한다
　　밭이나 갈며 살아라 한다
　　　　　　　　　　　　　　　　– 박목월, 〈산이 날 에워싸고〉

③ 고맙게 잘 자란 보리밭아 / 간밤 자정이 넘어 내리던 고운 비로
　　너는 삼단 같은 머리를 감았구나 내 머리조차 가뿐하다.
　　　　　　　　　　　　　– 이상화, 〈빼앗긴 들에도 봄은 오는가〉

④ 낙엽은 폴―란드 망명 정부의 지폐
　　포화(砲火)에 이즈러진 / 도룬 시의 가을 하늘을 생각케 한다.
　　　　　　　　　　　　　　　　– 김광균, 〈추일 서정(秋日抒情)〉

03

투덜거리며 일어나 이불을 개고 슬쩍 어디에 사라지는 것은 '사람'이 하는 행위이다. 그런데 주체는 사람이 아니라 '잔설', 즉 '눈'이다. 즉 사람이 아닌 '눈'을 사람처럼 표현했다는 점에서 ㉠에는 '의인법'이 쓰였다. 그런데 ④에서는 '낙엽'을 '폴―란드 망명 정부의 지폐'에 빗대어 표현하고 있다는 점에서 '은유법'이 쓰였다.

오답체크
① 사람이 아닌 '마을'이 사람처럼 외롭고, 낮잠을 잔다고 표현하고 있다.
② 사람이 아닌 '산'이 사람처럼 화자에게 말을 건네는 것처럼 표현하고 있다.
③ '보리밭'이 사람인 듯 말을 걸어, 사람이 아닌 '보리밭'이 사람처럼 삼단 같은 머리를 감았다고 표현하고 있다.

[정답]

02 ④　　03 ④

04

짝을 이루어 노는 '꾀꼬리'와 혼자 있는 화자가 대비되고 있다. 즉 '꾀꼬리'는 화자의 외로운 감정을 불러일으키는 역할을 하는 '객관적 상관물'이다. 한편, ③을 제외한 나머지는 모두 화자의 감정이 이입된 대상이다. 따라서 밑줄 친 시어의 역할이 다른 하나는 ③이다.

오답체크
① 자연물인 '물'에 화자의 슬픈 감정을 이입하여 '물'이 흐르면서 '운다'고 표현하고 있다.
② 무생물인 '촛불'에 감정을 이입하여 속 타는 줄 모른다고 표현하고 있다.
④ 자연물인 '접동새'에 감정을 이입하여 임이 그리워서 운다고 표현하고 있다.

04 밑줄 친 시어의 역할이 다른 하나는?

① 천만 리(千萬里) 머나먼 길히 고은 님 여희읍고
　　내 무음 둘 듸 업서 냇구에 안쟈시니,
　　져 믈도 내 운 굿호여 우러 밤길 녜놋다.

　　　　　　　　　　　　　　　　　　　　　　　　　– 왕방연

② 방(房) 안에 혓는 촛(燭)불 눌과 이별(離別)ᄒ엿관듸
　　것츠로 눈물 디고 속 타는 줄 모로는고
　　뎌 촛불 날과 갓트여 속 타는 줄 모로도다

　　　　　　　　　　　　　　　　　　　　　　　　　– 이개

③ 펄펄 나는 저 꾀꼬리 / 암수 서로 다정한데
　　외로울사 이내 몸은 / 그 누구와 함께 돌아갈꼬.

　　　　　　　　　　　　　　　　　　　　　– 유리왕, 〈황조가〉

④ 내 님믈 그리ᄉ와 우니다니 / 산(山) 졉동새 난 이슷ᄒ요이다.
　　아니시며 거츠르신 둘 아으 / 잔월효성(殘月曉星)이 아ᄅ시리이다.

　　　　　　　　　　　　　　　　　　　　　– 정서, 〈정과정〉

작자 미상, 〈해가(海歌)〉

갈래	고대 가요, 한역 시가
성격	주술적, 집단적
제재	수로 부인의 납치
주제	수로 부인의 귀환을 요구함.
의의	〈구지가〉가 후대로 계승되었음을 보여 주는 주술 시가
연대	신라 33대 성덕왕(8세기)
출전	"삼국유사(三國遺事)"

[05~06] 다음 글을 읽고 물음에 답하시오.

> 거북아 거북아, 수로를 내놓아라. / 남의 부녀를 약탈했으니 그 죄가 얼마나 큰가.
> 네 만약 거역하고 내어 바치지 않으면 / 그물을 넣어 사로잡아 구워서 먹으리라.
> 　　　　　　　　　　　　　　　　　　　– 작자 미상, 〈해가(海歌)〉

05
'호칭(호명, 환기)·명령(1구), 가정(3구), 위협(4구)'의 방식으로 전개하고 있다.

06
〈보기〉의 〈구지가〉는 국왕의 강림을 기원하는 노래라는 점에서 공적인 목적의 노래라 볼 수 있다. 그러나 〈해가〉는 개인인 수로 부인의 귀환을 요구하고 있다는 점에서 공적인 목적의 노래라고 보기 어렵다.

오답체크
② 〈해가〉는 '수로 부인이 납치된 설화', 〈보기〉는 '가락국 설화'와 함께 전한다.
③ 〈해가〉는 '수로 부인'을, 〈보기〉는 '머리(우두머리, 임금)'를 내놓으라는 소망이 표현되어 있다.
④ 두 작품 모두 내놓으라고 하고, 내놓지 않으면 구워서 먹겠다는 명령과 위협의 어조가 나타난다.

05 제시된 시가의 전개 방식으로 옳은 것은?

① 명령 – 위협 – 호칭 – 가정　　　② 호칭 – 가정 – 명령 – 위협
③ 위협 – 가정 – 호칭 – 명령　　　④ 호칭 – 명령 – 가정 – 위협

06 제시된 작품과 <보기>의 공통점이 아닌 것은?

보기

> 거북아, 거북아. / 머리를 내어라. / 내밀지 않으면, / 구워서 먹으리.
> 　　　　　　　　　　– 구간(九干) 등, 〈구지가(龜旨歌)〉

① 공적인 목적의 노래이다.　　　② 배경 설화가 함께 전한다.
③ 화자의 소망이 표현되어 있다.　　　④ 명령과 위협의 어조가 드러난다.

[정답]
04 ③　05 ④　06 ①

곱단이는 범강장달이 같은 아들을 내리 넷이나 둔 집의 막내이자 고명딸이었다. 부지런한 농사꾼의 아버지와 착실한 아들들은 가을이면 우리 마을에서 제일 먼저 이엉을 이었다. 다섯 장정이 휘딱 해치울 일이건만 제일 먼저 곱단이네 지붕에 올라 앉아 부산을 떠는 건 만득이였다. 만득이는 우리 동네의 유일한 읍네 중학생이라 품앗이 일에서는 저절로 제외되곤 했건만, 곱단이네가 일손이 모자라는 집도 아닌데 제일 먼저 달려들곤 했다. 곱단이 작은오빠하고 만득이는 친구 사이였다. 그래도 마을 사람들은 만득이가 곱단이네 집 일이라면 발 벗고 나서고 싶어 하는 게 친구네 집이라서가 아니라 그 여자, 곱단이네 집이기 때문이라는 걸 알고 있었다. 부엌에서 더운 점심을 짓느라 연기가 곧게 올라가는 따뜻한 가을날, 곱단이네 지붕에 제일 먼저 뛰어올라 깃발처럼 으스대는 만득이를 보고 동네 노인들은 제 색시가 고우면 처갓집 말뚝에도 절을 한다더니만, 하고 혀를 찼지만 그건 곧 만득이가 곱단이 신랑이 되리라는 걸 온 동네가 다 공공연하게 인정하고 있다는 증거였다.

둘 사이는 그들보다 어린 우리 또래들 사이에도 선망의 대상이었다. 우리들은 그들 사이를 연애를 건다고 말하면서 야릇하게 마음 설레곤 했다. 40년대의 보수적인 시골 마을에서도 젊은 남녀가 부모 몰래 사랑을 나누는 일이 아주 없었던 건 아니었나 보다. 누가 누구하고 바람이 났다던가, 눈이 맞았다던가, 심지어는 배가 맞았다는 소문까지 날 적이 있었다. 그건 부모가 얼굴을 못 들고 다닐 만한 스캔들이었고, 그 뒤끝도 거의 다 너절하거나 께적지근한 것이었다.

— 박완서, 〈그 여자네 집〉

07 제시된 글의 등장인물에 대한 이해로 적절한 것은?

① 곱단이는 무남독녀의 외동딸이었다.

② 곱단이의 아버지는 부지런한 농사꾼이었다.

③ 만득이와 곱단이의 작은오빠는 같은 중학교에 다녔다.

④ 곱단이와 만득이 사이는 또래 아이들의 시샘의 대상이었다.

08 제시된 글의 서술자에 대한 설명으로 가장 적절한 것은?

① 작품 밖의 전지적 서술자가 일어난 사건의 전말을 전달하고 있다.

② 작품 속에 등장하는 인물이 다른 인물을 관찰하며 평가하고 있다.

③ 작품 밖에 있는 서술자가 관찰자가 되어 등장인물의 행동을 묘사하고 있다.

④ 작품 속의 서술자가 작품 밖의 서술자와 교차하며 사건을 입체적으로 서술하고 있다.

박완서, 〈그 여자네 집〉

갈래	단편 소설, 액자 소설
성격	회상적, 서정적, 체험적
배경	• 시간: 일제 강점기, 현대 • 공간: 행촌리, 서울
시점	1인칭 관찰자 시점 (부분적으로 전지적 작가 시점)
주제	민족의 비극적 역사 속에서 상처받고 고통을 당한 우리 민족의 비극적인 삶
특징	① '현재 – 과거 – 현재'의 역순행적 구성임. ② 극적인 반전을 통해 주제 의식을 드러냄.
출전	"너무도 쓸쓸한 당신"(1998)

PART 4

해커스군무원 해원국어 적중 요인의 필수적 문학

07

"곱단이는 ~ 부지런한 농사꾼의 아버지와"를 볼 때, 곱단이의 아버지가 부지런한 농사꾼이었다는 이해는 옳다.

오답체크

① "곱단이는 범강장달이 같은 아들을 내리 넷이나 둔 집의 막내이자 고명딸이었다."를 볼 때, 무남독녀 외동딸이라는 이해는 적절하지 않다.

③ "곱단이 작은오빠하고 만득이는 친구 사이였다."를 볼 때, 만득이와 곱단이의 작은오빠가 친구 사이인 것은 알 수 있다. 그러나 "만득이는 우리 동네의 유일한 읍네 중학생이라"를 볼 때, 만득이와 곱단이의 작은오빠가 같은 중학교에 다녔다는 이해는 적절하지 않다.

④ "둘 사이는 그들보다 어린 우리 또래들 사이에도 선망(부러워하며 바람)의 대상이었다."를 볼 때, 질투를 한다는 의미인 시샘의 대상이라는 이해는 적절하지 않다.

08

제시된 부분에 '나(1인칭)'는 없지만, '우리(1인칭)'는 있다. 이를 볼 때, 제시된 작품은 작품 속의 인물인 '나'가 주인공인 곱단이와 만득이를 관찰하는 '1인칭 관찰자 시점'임을 추측할 수 있다.

[정답]

07 ② 08 ②

09 제시된 작품에 나타난 주된 갈등 양상은?

최명길은 더욱 낮은 목소리로 말했다.

"예판의 말은 말로써 옳으나 그 헤아림이 얕사옵니다. 화친을 형식으로 내세우면서 적이 성을 서둘러 취하지 않음은 성을 말려서 뿌리 뽑으려는 뜻이온데, 앉아서 말라 죽을 날을 기다릴 수는 없사옵니다. 안이 피폐하면 내실을 도모할 수 없고, 내실이 없으면 어찌 나아가 싸울 수 있겠사옵니까? 싸울 자리에서 싸우고, 지킬 자리에서 지키고, 물러설 자리에서 물러서는 것이 사리일진대 여기가 대체 어느 자리이겠습니까. 더구나……."

김상헌이 최명길의 말을 끊었다.

"이거 보시오, 이판. 싸울 수 없는 자리에서 싸우는 것이 전이고, 지킬 수 없는 자리에서 지키는 것이 수이며, 화해할 수 없는 때 화해하는 것은 화가 아니라 항(降)이오. 아시겠소? 여기가 대체 어느 자리요?"

최명길은 김상헌의 말에 대답하지 않고 임금을 향해 말했다.

"예판이 화해할 수 있는 때와 화해할 수 없는 때를 말하고 또 성의 내실을 말하나, 아직 내실이 남아 있을 때가 화친의 때이옵니다. 성안이 다 마르고 시들면 어느 적이 스스로 무너질 상대와 화친을 도모하겠나이까."

김상헌이 다시 손바닥으로 마루를 때렸다.

"이판의 말은 몽매하여 본말이 뒤집힌 것이옵니다. 전이 본(本)이고 화가 말(末)이며 수는 실(實)이옵니다. 그러므로 전이 화를 이끌어 내는 것이지 그 반대가 아니옵니다. 더구나 천도가 전하께 부응하고, 전하께서 실덕(失德)하신 일이 없으시며 또 이만한 성에 의지하고 있으니 반드시 싸우고 지켜서 회복할 길이 있을 것이옵니다."

최명길의 목소리는 더욱 가라앉았다. 최명길은 천천히 말했다.

"상헌의 말은 지극히 의로우나 그것은 말일 뿐입니다. 상헌은 말을 중히 여기고 생을 가벼이 여기는 자이옵니다. 갇힌 성안에서 어찌 말의 길을 따라가오리까."

– 김훈, 〈남한산성〉

① 개인 내면의 갈등

② 개인과 운명의 갈등

③ 개인과 개인의 갈등

④ 개인과 사회의 갈등

09

제시된 부분에 청에 대해 화친을 주장하는 '최명길'과 전쟁을 주장하는 '김상헌'이 대립하고 있다. 등장인물 간 갈등이 나타난다는 점에서, 제시된 작품에 나타난 주된 갈등은 '개인과 개인의 갈등'이다.

[정답]

09 ③

이윽고 신축년(辛丑年)에 홍건적(紅巾賊)이 서울을 점령하매 임금은 복주(福州)로 피란 갔다. 적들은 집을 불태우고 사람과 가축을 죽이고 잡아먹으니, 그의 가족과 친척들은 능히 서로 보호하지 못하고 동서(東西)로 달아나 숨어서 제각기 살기를 꾀했다.

이생은 가족을 데리고 궁벽한 산골에 숨어 있었는데 한 도적이 칼을 빼어 들고 쫓아왔다. 이생은 겨우 달아났는데 여인은 도적에게 사로잡힌 몸이 되었다. 적은 여인의 정조를 겁탈하고자 했으나, 여인은 크게 꾸짖어 욕을 퍼부었다.

"이 호랑이 창귀(倀鬼) 같은 놈아! 나를 죽여 씹어 먹어라. 내 차라리 이리의 밥이 될지언정 어찌 개·돼지의 배필이 되어 내 정조를 더럽히겠느냐?"

도적은 노하여 여인을 한칼에 죽이고 살을 도려 흩었다.

한편 이생은 황폐한 들에 숨어서 목숨을 보전하다가 도적의 무리가 떠났다는 소식을 듣고 부모님이 살던 옛집을 찾아갔다. 그러나 집은 이미 병화(兵火)에 타 버리고 없었다. 다시 아내의 집에 가 보니 행랑채는 쓸쓸하고 집 안에는 쥐들이 우글거리고 새들만 지저귈 뿐이었다. ㉠그는 슬픔을 이기지 못해, 작은 누각에 올라가서 눈물을 거두고 길게 한숨을 쉬며 날이 저물도록 앉아서 지난날의 즐겁던 일들을 생각해 보니, 완연히 한바탕 꿈만 같았다. 밤중이 거의 되자 희미한 달빛이 들보를 비춰 주는데, 낭하(廊下)에서 발소리가 들려왔다. 그 소리는 먼 데서 차차 가까이 다가온다. 살펴보니 사랑하는 아내가 거기 있었다. 이생은 그녀가 이미 이승에 없는 사람임을 알고 있었으나, 너무나 사랑하는 마음에 반가움이 앞서 의심도 하지 않고 말했다.

– 김시습, 〈이생규장전(李生窺墻傳)〉

10 제시된 작품에 대한 설명으로 가장 적절하지 않은 것은?

① 전기적인 요소가 등장한다.

② 구체적인 역사적 사실을 배경으로 한다.

③ 풍자적인 어조로 비극성을 드러내고 있다.

④ 작품 밖의 서술자가 인물의 심리까지 파악하고 있다.

김시습, 〈이생규장전(李生窺墻傳)〉

갈래	한문 소설, 전기(傳奇) 소설, 명혼(冥婚) 소설
성격	전기적(傳奇的), 낭만적, 비극적
시점	전지적 작가 시점
배경	· 시간: 고려 공민왕 때 · 공간: 송도(개성)
제재	남녀 간의 사랑
주제	죽음을 초월한 남녀 간의 애절한 사랑
특징	① 유(儒)·불(佛)·선(仙) 사상이 혼재함. ② '만남-이별'을 반복하는 구조로 이루어짐. ③ 시를 삽입하여 인물의 심리를 효과적으로 전달함.
연대	조선 세조 때
출전	"금오신화(金鰲新話)"

10

난리를 당해 가족을 잃은 상황이므로 '비극적'인 상황은 맞다. 그러나 풍자적인 어조는 드러나지 않는다. 내용을 볼 때 오히려, 애상적(슬프고 가슴 아픈) 어조가 드러난다고 볼 수 있다.

오답체크

① "사랑하는 아내가 거기 있었다. 이생은 그녀가 이미 이승에 없는 사람임을 알고 있었으나, 너무나 사랑하는 마음에 반가움이 앞서 의심도 하지 않고 말했다."를 볼 때, 죽은 사람이 돌아왔다는 점에서 전기적(전하기에 기이한 면이 있음.)이다.

② "신축년(辛丑年)에 홍건적(紅巾賊)이 서울을 점령하매"를 볼 때, '홍건적의 난'이라는 구체적인 역사적 사실을 배경으로 함을 알 수 있다.

④ 전지적 작가 시점으로, 작품 밖의 서술자는 작중 인물들의 내면심리까지 모두 파악하고 있다.

[정답]

10 ③

11

도적의 무리가 떠났다는 소식을 듣고 집으로 돌아왔지만, 난리를 당해 모두 죽고 없는 상황이다. 그 상황에서 ⊙의 '이생'은 슬픔에 겨워하고 있다. 이러한 상황이나 정서와 가장 관련이 깊은 것은 ③이다. ③의 화자 역시 임과 이별하여 몹시 슬퍼하고 있다.

오답체크

① 겉과 속이 다른 '백로'를 비판한 내용이다. 임과의 이별을 노래하지 않았다.
② 노래로 시름을 풀어보려는 소망을 드러낸 작품이다. 시름의 원인이 임과의 이별 때문인지는 알 수 없기 때문에 ⊙과는 관련이 없다.
④ 임과의 이별로 인한 슬픔보다는 망한 고려의 옛 도읍지를 바라보면서 느끼는 감정이 담겨 있다.

현대어 풀이

① 까마귀가 검다고 백로야 웃지 마라 / 겉이 검다고 속조차 검은 줄 아느냐 / 겉은 희고 속은 검은 것은 너뿐인가 하노라

② 노래로 만든 사람 시름이 많기도 많구나. / 말로 하려 하나 다 못하여 풀었던가. / 진정 풀릴 것 같으면 나도 불러 보리라.

③ 빈 산에 우는 접동새야, 너는 어찌하여 울부짖고 있느냐? / 너도 나와 같이 무슨 이별을 하였느냐? / 아무리 피나게 운다 한들 대답이나 하더냐?

④ 오백 년 이어 온 고려의 옛 서울에 한 필의 말을 타고 들어가니, / 산천의 모습은 예나 다름이 없지만 인걸은 간 데 없다. / 아아, 고려의 태평했던 시절이 한낱 꿈처럼 허무하도다.

11 ⊙의 상황이나 정서와 가장 관련이 깊은 것은?

① 가마귀 검다ᄒ고 백로(白鷺)야 웃지 마라 / 겻치 거믄들 속조차 거믈소냐

　아마도 겻 희고 속 거믈손 너뿐인가 ᄒ노라

　　　　　　　　　　　　　　　　　　　　　　　　　　　－ 이직

② 노래 삼긴 사룸 시름도 하도 할샤. / 닐러 다 못 닐러 불러나 푸돗든가.

　진실로 풀릴 거시면 나도 불러 보리라.

　　　　　　　　　　　　　　　　　　　　　　　　　　　－ 신흠

③ 공산(空山)에 우난 접동, 너난 어이 우짓난다.

　너도 날과 같이 무음 이별하였나냐.

　아모리 피나게 운들 대답이나 하더냐.

　　　　　　　　　　　　　　　　　　　　　　　　　　　－ 박효관

④ 오백 년(五百年) 도읍지(都邑地)를 필마(匹馬)로 도라드니,

　산천(山川)은 의구(依舊)ᄒ되 인걸(人傑)은 간 되 업다.

　어즈버, 태평연월(太平烟月)이 ᄭᅮᆷ이런가 ᄒ노라.

　　　　　　　　　　　　　　　　　　　　　　　　　　　－ 길재

[정답]

11 ③

12 밑줄 친 부분과 뜻이 가장 잘 통하는 한자 성어는?

> 이때 베옷을 입고, 허리에는 가죽띠를 두르고, 손에는 지팡이, 머리는 백발을 한 장부 하나가 둔중한 걸음으로 나와 공손히 허리를 굽히며 말했다.
> "이 몸은 서울 밖 한길 옆에 사는 백두옹(白頭翁)입니다. 아래로는 창망한 들판을 내려다보고, 위로는 우뚝 솟은 산 경치에 의지하고 있습니다. 가만히 보옵건대, 좌우에서 보살피는 신하는 고량(膏粱)과 향기로운 차와 술로 수라상을 받들어 임금님의 식성을 흡족하게 하고 정신을 맑게 해 드리고 있사옵니다. 또 고리짝에 저장해 둔 양약(良藥)으로 임금님의 기운을 돕고, 금석(金石)의 극약(劇藥)으로써 임금님의 몸에 있는 독을 제거해 줄 것입니다. 그래서 이르기를, '비록 사마(絲麻)가 있어도 군자 된 자는 관괴(菅蒯)라고 해서 버리는 일이 없고, 부족에 대비하지 않음이 없다.'라고 하였습니다. 임금님께서도 이러한 뜻을 가지고 계신지 모르겠습니다."
>
> — 설총, 〈화왕계〉

① 囊中之錐

② 刻舟求劍

③ 有備無患

④ 風前燈火

설총, 〈화왕계〉

갈래	창작 설화, 우화
성격	우의적, 풍자적, 유교적, 교훈적
주제	제왕의 도리에 대한 충언(忠言)
특징	① 우의적 기법을 통해 교훈을 제시함. ② 고사(古事)를 인용하여 교훈적 의도를 효과적으로 드러냄.

12

'사마'는 값비싼 명주실과 삼실로 '최선의 것'을 의미한다. 또 '관괴'는 보통 구할 수 있는 풀로 '차선의 것'을 의미한다. 즉 최선의 것이 있어도 차선의 것을 버리지 않는다는 것은 유사시에 대비한다는 의미이다. 따라서 뜻이 가장 잘 통하는 한자 성어는 '미리 준비가 되어 있으면 걱정할 것이 없음.'을 의미하는 '유비무환(有備無患)'이다.

오답체크

① 낭중지추(囊中之錐): 주머니 속의 송곳이라는 뜻으로, 재능이 뛰어난 사람은 숨어 있어도 저절로 사람들에게 알려짐을 이르는 말
② 각주구검(刻舟求劍): 융통성 없이 현실에 맞지 않는 낡은 생각을 고집하는 어리석음을 이르는 말
④ 풍전등화(風前燈火): 바람 앞의 등불이라는 뜻으로, 사물이 매우 위태로운 처지에 놓여 있음을 비유적으로 이르는 말

[정답]

12 ③

공무원 시험 전문 해커스공무원
gosi.Hackers.com

PART 5

① 고전 운문

• 갈래

고대가요	향가 이전에 불린 노래 [대표작]	
	〈구지가〉	★ '호명(환기) – 명령(요구) – 가정(조건) – 위협'의 구조
	〈공무도하가〉	★ '물'의 의미: '사랑 → 이별 → 죽음'
	〈황조가〉	★ 객관적 상관물: 꾀꼬리
향가	향찰로 기록된 노래 • 종류: 4구체, 8구체, 10구체 ★ 10구체는 낙구의 첫머리에 감탄사가 온다. [대표작] 월명사의 〈제망매가〉 – 10구체 향가	
	시구	★ **시구의 의미**
	어느 가을 이른 바람	누이의 요절
	이에 저에 떨어질 잎	누이의 죽음
	한 가지	한 부모
고려가요	고려 시대에 평민들의 노래 • 형식적 특징: 3음보, 분연체, 후렴구 [대표작]	
	〈가시리〉	• '여성적 정조(이별의 한)'의 원조 • 정지상의 〈송인〉 → 김소월의 〈진달래꽃〉으로 계승
	〈서경별곡〉	• 사랑을 따르는 적극적인 여성 • 임에 대한 원망을 사공에게 돌림.
경기체가	고려 시대(13C) 신흥 사대부들의 노래 [대표작]	
	〈한림별곡〉	• 최초의 경기체가 • 풍류적, 향락적, 귀족적(8장만 우리말의 아름다움을 살림.)

한시	한문시
	★ 기승전결의 구성
	[대표작]

한시	⟨송인⟩	· '雨歇長堤草色多(우헐장제초색다)'로 시작 · 인간과 자연사를 대조함. · 도치법, 과장법, 설의법

악장	궁중에서 조선 왕조의 개국과 번영을 축하했던 노래 [대표작] ⟨용비어천가⟩, ⟨월인천강지곡⟩, 정도전의 ⟨신도가⟩

시조	3장 6구 45자 내외 · 종류: 평시조, 사설시조, 연시조 ★ 4음보, 종장의 첫 음보는 3음절로 고정됨.	☒/☒/☒/☒ 초장 ┐ ☒/☒/☒/☒ 중장 ├ 3장 6구 3 / 5 / 4 / 3 종장 ┘

가사	4음보 연속체 [대표작] 송순의 ⟨면앙정가⟩, 정극인의 ⟨상춘곡⟩, 정철의 ⟨관동별곡⟩, ⟨사미인곡⟩, ⟨속미인곡⟩ 등 ★ ⟨사미인곡⟩과 ⟨속미인곡⟩은 '임금 : 신하' 관계를 '남자 : 여자'에 빗대어 표현함.

민요	민중들 사이에서 불리던 노래 ★ 구전(입에서 입으로 전달)되어 전승

고전읽기 TIP

⟨고전⟩에 대한 문제는 '해석'이 가장 중요하다. 따라서 낯선 ⟨고전⟩을 현대어로 바꿔 읽는 연습이 중요하다.

고전 작품을 읽을 때

1. 'ㆍ(아래 아)'는 첫째 음절에서는 'ㅏ', 둘째 음절 이하에서는 'ㅡ'로 읽자.

   예 ᄀᆞᄂᆞᆫ>가는, ᄀᆞᄐᆞ니>같으니, 무ᄉᆞ(無事)ᄒᆞ다>무사하다, 첫ᄌᆞᆷ>첫잠, 빅발(白髮)>백발, 기심딕>개심대

2. 'ㄷ, ㅌ → ㅈ, ㅊ'로 읽자.

   예 디다>지다, 듕국>중국, 둏다>죻다>좋다, 뎌고리>저고리, ᄉᆞᄆᆞᆺ디>ᄉᆞᄆᆞᆺ지

3. 'ㄹ, ㄴ → ㄴ, ㅇ'으로 읽자.

   예 락원(樂園)>낙원, 루각(樓閣)>누각, 니름>이름, 녀름>여름, 녯>옛

4. 'ㅄ → [ㄸ]'처럼 합용 병서는 초성의 뒤 자음 된소리로 읽자.

   예 ᄭᅩᆺ>꽃, ᄲᅮᆷᄂᆞᆫ>뿜는, ᄲᆞᆯ리다>빠르다, ᄢᅢ>때, ᄯᅩ>또

5. 'ㅁ, ㅂ, ㅍ → 무, 부, 푸'로 읽자.

   예 믈>물, 블>불, 플>풀, 브텨>부처, 허믈>허물, 므지개>무지개

6. 'ㅅ, ㅈ, ㅊ → 시, 지, 치'로 읽자.

   예 즐다>질다, 오즉>오직, 즌흙>진흙, 기츰>기침, 즛>줏>짓(모습), 슱다>싫다,
   어즈러이>어지러이, 거츨다>거칠다, 즈레>지레(미리), 즁싱>즘생>즘승>짐승

7. 'ㅑ, ㅕ, ㅛ, ㅠ → ㅏ, ㅓ, ㅗ, ㅜ'로 읽자.

   예 春춘風풍 玉옥笛뎍聲셩의 첫ᄌᆞᆷ을 ᄭᅢ돗던디(춘풍 옥적성에 첫잠을 깨었던지)
   五오月월 長댱天텬의 白빅雪셜은 므스 일고(오월 장천 백설은 무슨 일고)
   毗비盧로峰봉 上샹上上頭두의 올라 보니(비로봉 상상두에 올라 보니)

01

'환기(호명) – 요구(명령) – 조건(가정) – 위협'의 구조로 전개된다.

02

"이 내 임을 어찌할꼬"에는 '체념'의 정서가 드러난다. 〈보기〉의 "지금은 어쩔 수가 없다고"에서도 화자의 '체념'의 정서를 확인할 수 있다.

---

01 <보기>는 '요구 - 위협 - 환기 - 조건'의 방식으로 전개된다.　　　　2017 국가직 9급

> 보기
>
> 거북아, 거북아.
> 머리를 내어라.
> 내밀지 않으면,
> 구워서 먹으리.
>
> 　　　　　　　　　　　　　　　　　　　　 – 구간 등, 〈구지가(龜旨歌)〉

$\boxed{O \mid \times}$

02 <보기>는 ㉠과 정서가 유사하다.　　　　2023 법원직 9급

> 임이여 강을 건너지 마오　　　　公無渡河
> 임은 마침내 강을 건너는구료　　公竟渡河
> 물에 빠져 죽으니　　　　　　　　墮河而死
> ㉠이 내 임을 어이할꼬　　　　　當奈公何
>
> 　　　　　　　　　　　　　　 – 작자 미상, 〈공무도하가〉

> 보기
>
> 혹시나 하고 나는 밖을 기웃거린다
> 나는 풀이 죽는다
> 빗발은 한 치 앞을 못 보게 한다
> 왠지 느닷없이 그렇게 퍼붓는다
> 지금은 어쩔 수가 없다고
>
> 　　　　　　　　　　　　　　　　　 – 김춘수, 〈강우〉

$\boxed{O \mid \times}$

[정답]

01 × 　02 ○

03 10구체 향가로서 내용상 세 부분으로 구성되어 있다.

> 흐느끼며 바라보매
> 이슬 밝힌 달이
> 흰 구름 따라 떠간 언저리에
> 모래 가른 물가에
> 기랑(耆郎)의 모습이올시 수풀이여.
> 일오(逸鳥)내 자갈 벌에서
> 낭(郎)이 지니시던
> 마음의 갓을 좇고 있노라.
> 아아, 잣나무 가지가 높아
> 눈이라도 덮지 못할 고깔이여.
>
> – 충담사, 〈찬기파랑가〉

O | X

04 <보기>와 정서가 유사한 작품은 김소월의 <진달래꽃>이다.

보기

> 가시리 가시리잇고 나는
> ᄇ리고 가시리잇고 나는
> 위 증즐가 대평셩디(大平盛代)
>
> 날러는 엇디 살라 ᄒ고
> ᄇ리고 가시리잇고 나는
> 위 증즐가 대평셩디(大平盛代)
>
> 잡ᄉ와 두어리마ᄂᆞᆫ
> 선ᄒ면 아니 올셰라
> 위 증즐가 대평셩디(大平盛代)
>
> 셜온 님 보내ᄋᆞᆸ노니 나는
> 가시ᄂᆞᆫ 듯 도셔 오쇼셔 나는
> 위 증즐가 대평셩디(大平盛代)
>
> – 작자 미상, 〈가시리〉

O | X

03

10구체 향가로, 내용상 세 부분으로 나뉘어 있다.

1구~5구	기파랑의 부재에 대한 안타까움
6구~8구	기파랑의 고매한 인품을 따르고 싶은 마음
9구~10구	기파랑의 고고한 절개 예찬

04

〈보기〉는 이별의 한을 노래한다는 점에서 김소월의 시 〈진달래꽃〉과 정서가 유사하다.

PART 5

해커스공무원 혜원국어 적중 요산의 필수적 문학

[정답]

03 ○ 04 ○

'귀족 계층'이 향유한, 다소 향유층의 한계성을 지닌 작품으로 귀족적 성격을 지닌다. 그러나 소박한 생활 감정을 노래하고 있지는 않다. 오히려 무신 집권하 문인들의 득의에 찬 향락적, 유흥적 감정이 잘 나타나 있다. 제시된 부분은 〈한림별곡〉 전 8장 중 2장에 해당하는 부분으로 당시 문인들이 읽었던 책을 죽 나열하고, "그 경(景)과 역람(歷覽)의 경(景)이 어떠한가(책과 책을 읽고 있는 경치가 멋지지 아니한가?)"라고 노래하고 있다.

05 귀족 계층의 소박한 생활 감정이 드러나고 있다.

> 당한셔(唐漢書) 장로즈(莊老子) 한류문집(韓柳文集)
> 니두집(李杜集) 난딕집(蘭臺集) 빅락텬집(白樂天集)
> 모시샹셔(毛詩尙書) 주역츈츄(周易春秋) 주딕례긔(周戴禮記)
> 위 주(註)조쳐 내 외옺景(경) 긔 엇더ᄒ니잇고.
> 엽(葉) 대평광긔(大平廣記) 스빅여 권(四百餘卷) 대평광긔(大平廣記) 스빅여 권(四百餘卷)
> 위 歷覽(력남)ㅅ 경(景) 긔 엇더ᄒ니잇고.
>
> — 한림 제유, 〈한림별곡(翰林別曲)〉

⊙ | X

"대동강 물이야 언제나 마르려나. / 이별 눈물 해마다 푸른 물결 보태나니."에서 과장법과 도치법은 확인할 수 있다. 그러나 풍유법(속담, 격언)은 확인할 수 없다.

06 과장법과 풍유법을 확인할 수 있다.

> 비 갠 긴 둑에 풀빛이 고운데,
> 남포에서 임 보내며 슬픈 노래 부르네.
> 대동강 물이야 언제나 마르려나.
> 이별 눈물 해마다 푸른 물결 보태나니.
>
> — 정지상, 〈송인〉

⊙ | X

경기체가 형태의 악장도 있다. 그러나 〈한림별곡〉은 '경기체가' 작품이다.

07 '악장'의 대표적인 작품으로는 〈용비어천가〉, 〈월인천강지곡〉, 〈한림별곡〉이 있다.

⊙ | X

[정답]

05 × 06 × 07 ×

08 후렴구를 제외하면 전형적인 3장 6구의 시조 형식을 갖추고 있다. 2019 서울시 9급(2월)

> 우는 거시 벅구기가 프른 거시 버들숩가.
> 이어라 이어라
> 漁어村촌 두어 집이 닛 속의 나락들락.
> 至지匊국悤총 至지匊국悤총 於어思ᄉ臥와
> 말가흔 기픈 소희 온간 고기 쮜노ᄂ다.
>
> 년닙희 밥 싸 두고 반찬으란 쟝만 마라.
> 닫 드러라 닫 드러라
> 靑청蒻약笠립은 써 잇노라, 綠녹蓑사衣의 가져오나.
> 至지匊국悤총 至지匊국悤총 於어思ᄉ臥와
> 無무心심혼 白백鷗구는 내 좃는가 제 좃는가.
>
> ― 윤선도, 〈어부사시사(漁父四時詞)〉

O | X

08

연시조(평시조의 연속체)로, 후렴구를 제외하면 평시조(3장 6구 45자 내외)의 형식을 갖추고 있다.

현대어 풀이

우는 것이 빼꾸기인가 푸른 것이 버들숲인가 / 노를 저어라 노를 저어라
어촌 두어 집이 안개 속에 나왔다 들어갔다(한다).
맑고 깊은 연못에 온갖 고기가 뛰노는구나.
※ 주제: 배 위에서 바라본 평화로운 자연 풍경 (춘사)

연잎에 밥 싸두고 반찬일랑 장만하지 마라. / 닻 들어라 닻 들어라
대삿갓은 써 있노라, 도롱이는 가져오느냐?
무심한 백구는 나를 쫓는가? 내가 저를 쫓는가?(물아일체)
※ 주제: 배 위에서의 여유로운 풍취(하사)

09 동일한 어휘를 연쇄적으로 나열하여 감정의 기복을 표현하고 있다. 2023 국가직 9급

> 어이 못 오던가 무슴 일로 못 오던가
> 너 오는 길 위에 무쇠로 성(城)을 ᄡᅡ고 성안에 담 ᄡᅡ고 담 안에란 집을 짓고 집 안에란 뒤주 노코 뒤주 안에 궤를 노코 궤 안에 너를 결박(結縛)ᄒ여 너코 쌍(雙)비목 외걸쇠에 용(龍)거북 ᄌᆞᆷ을쇠로 수기수기 ᄌᆞᆷ갓더냐 네 어이 그리 아니 오던가
> 흔 둘이 서른 날이여니 날 보라 올 하루 업스랴
>
> ― 작자 미상

O | X

09

일관되게 '너(임)'에 대한 섭섭한 감정을 표현하고 있기 때문에, 감정의 기복을 표현하고 있다는 감상은 적절하지 않다.

현대어 풀이

어이 못 오던가, 무슨 일로 못 오던가?
너 오는 길에 무쇠 〈성을 쌓고, 성 안에〉 〈담 쌓고, 담 안에〉 〈집을 짓고, 집 안에〉 〈뒤주 놓고, 뒤주 안에〉 궤를 짜고, 그 안에 너를 결박하여 넣고, 쌍배목 외걸쇠 금거북 자물쇠로 꼭꼭 잠가 두었더냐? 네 어이 그리 아니 오던가?
한 해 열두 달이고, 한 달 서른 날인데 보러 올 하루가 없으랴?
※ 주제: 임을 기다리는 안타까운 마음(연쇄법, 과장법, 열거법, 점강법) / 사설시조

임금을 그리워하는 정을 두 여인의 대화 형식으로 읊은 연군가사이다. 임과 이별한 '여인'을 화자로 설정하여 '임'을 그리워하는 애절한 마음을 드러내고 있다.

현대어 풀이

잠깐 사이에 힘이 다하여(잠시 몸이 지쳐) 풋잠을 잠간 드니,
정성이 지극하여 꿈에 임을 보니
옥과 같이 곱던 모습이 반 넘어 늙었구나.
마음속에 품은 생각을 실컷 아뢰려고 하였더니
눈물이 쏟아지니 말인들 어찌하며
정회도 다 못 풀어 목마저 메니
방정맞은 닭소리에 잠은 어찌 깨버렸는가?
아 허황한 일이로다. 이 임이 어디 갔는가?
즉시 일어나 앉아 창문을 열고 밖을 바라보니,
가엾은 그림자만이 나를 따르고 있을 뿐이로다.
차라리 사라져서(죽어서) 지는 달이나 되어
임이 계신 창문 안에 환하게 비치리라.

각시님, 달은커녕 궂은비나 되십시오.

---

10 **여성 화자의 목소리를 통해 애절한 마음을 드러내고 있다.**

> 져근덧 역진(力盡)ㅎ야 풋줌을 잠간 드니
> 정성(精誠)이 지극ㅎ야 꿈의 님을 보니
> 옥(玉) ▽튼 얼구리 반(半)이나마 늘거셰라.
> ᄆᆞ음의 머근 말ᄉᆞᆷ 슬ᄏᆞ장 숣쟈 ᄒᆞ니
> 눈믈이 바라 나니 말ᄉᆞᆷ인들 어이ᄒᆞ며
> 정(情)을 못다ᄒᆞ야 목이조차 몌여ᄒᆞ니
> 오뎐된 계성(鷄聲)의 줌은 엇디 ᄭᅢ돗던고.
> 어와, 허ᄉᆞ(虛事)로다. 이 님이 어듸 간고.
> 결의 니러 안자 창(窓)을 열고 ᄇᆞ라보니
> 어엿븐 그림재 날 조출 ᄯᅡ룬이로다.
> 출하리 싀여디여 낙월(落月)이나 되야이셔
> 님 겨신 창(窓) 안히 번드시 비최리라.
>
> 각시님 ᄃᆞᆯ이야ᄏᆞ니와 구즌 비나 되쇼셔.
>
> — 정철, 〈속미인곡〉

O | X

---

② 고전 산문

• 갈래

설화	'신화 + 전설 + 민담'을 통틀어 이르는 말 • 전설은 '구체적인 증거물'이 특징 ★ '설화(신화 + 전설 + 민담)'의 경우 최근에는 이론보다는 지문 이해를 묻는 형태로 출제되고 있다.
가전체	사물을 의인화하여 '가계-행적-논평'의 형식으로 서술한 글 ★ 작품과 의인화된 사물 {표: 아래}
전기(傳奇) 소설	비현실적인 이야기를 다룬 소설 [대표작] 김시습의 <이생규장전>, 조위한의 <최척전>, 작자 미상의 <전우치전> ※ 전기(傳記) 소설: 한 사람의 생애와 행적을 중심으로 쓴 소설.
몽유 소설	꿈속에서의 이야기를 다룬 소설 [대표작] 작자 미상의 <운영전>, 김만중의 <구운몽> ★ <구운몽>을 비롯한 환몽형 소설의 주제와 관련된 말: 인생무상(人生無常), 남가일몽(南柯一夢), 일장춘몽(一場春夢)
군담 소설	전쟁 이야기를 다룬 소설 {표: 아래} ★ 실제 역사를 다룬 군담 소설의 경우, 실제 역사와는 달리 우리나라가 이기는 설정으로 나옴.
염정 소설	사랑 이야기를 다룬 소설 [대표작] 작자 미상의 <채봉감별곡>, 남영로의 <옥루몽>
판소리계 소설	판소리 사설을 바탕으로 한 소설 [대표작] 작자 미상의 <춘향가-춘향전>, <심청가-심청전>, <흥보가-흥부전>, <수궁가-토끼전>, <변강쇠타령-변강쇠전>, <적벽가-화용도> 등 ★ 판소리에서 시작되었기 때문에 '운문 + 산문'의 요소를 모두 갖추고 있다.
민속극	민간의 '가면극 + 인형극' • 특징: 풍자적, 서민적 [대표작] 작사 미상의 <봉산 탈춤>, 작자 미상의 <양주 별산대 놀이>

가전체 표:

작품	의인화된 사물
이첨의 <저생전>	종이
이곡의 <죽부인전>	대나무
이규보의 <국선생전>	술(긍정적)
임춘의 <국순전>	술(부정적)
임춘의 <공방전>	엽전(돈)
이규보의 <청강사자현부전>	거북

군담 소설 표:

창작 군담 소설	① 중국을 배경으로 ② 가공의 전쟁과 ③ 가공의 인물이 주인공으로 등장함. 예 <소대성전>, <유충렬전>, <조웅전>, <홍계월전> 등
역사 군담 소설	① 우리나라를 배경으로 ② 실제 전쟁과 ③ 실존한 역사적 인물이 주인공으로 등장함. 예 <임진록>-임진왜란 / <임경업전>, <박씨전>-병자호란

01
〈주몽 신화〉는 고구려 건국 '신화'이다. '증거물을 근거로 진실성을 드러내는 이야기'는 '전설'이다.

01 증거물을 근거로 진실성을 드러내는 이야기이다.　　　　2011 서울시 9급

> 금와는 이상하게 여겨 그녀를 방 속에 가두어 두었더니 햇빛이 방 속을 비쳤다. 그녀가 몸을 피하자 햇빛은 다시 쫓아와 비쳤다. 이로 인해서 태기가 있어 알 하나를 낳으니 그 크기가 닷되들이 말[斗]만 했다. 왕은 그것을 버려 개와 돼지에게 주니 모두 먹지 않고 또 길에 버리니 소와 말이 그것을 피해 가고, 들에 내다 버리니 새와 짐승들이 오히려 알을 보호해 주었다.
>
> – 작자 미상, 〈주몽 신화〉

$\boxed{O \mid X}$

02
어떤 사물을 역사적 인물처럼 의인화하여 그 가계와 생애 및 개인적 성품, 공과(功過)를 기록하는 전기(傳記) 형식의 글은 '가전(假傳)'이다.

02 어떤 사물을 역사적 인물처럼 의인화하여 그 가계와 생애 및 개인적 성품, 공과(功過)를 기록하는 전기(傳記) 형식의 글을 '평전(評傳)'이라고 한다.　　2016 국가직 7급

$\boxed{O \mid X}$

03
임춘의 〈공방전〉은 대표적인 가전체 문학으로, 사물인 '엽전(돈)'을 의인화하여 '가계 – 행적 – 논평'의 형식으로 서술했다.

03 임춘의 <공방전>은 사물을 의인화하여 '가계 – 행적 – 논평'의 형식으로 기록한 가전체 문학이다.　　2015 경찰 2차

$\boxed{O \mid X}$

[정답]

01 × 　02 × 　03 ○

04 최 씨는 죽었다가 환생하여 인간 세상에 머물게 되었다.

> 이생은 깜짝 놀라서 물었다.
> "무슨 일로 그러시오?"
> 최 씨가 대답하였다.
> "저승길의 운수는 피할 수가 없답니다. 하느님께서 저와 당신의 연분이 아직 끝나지 않았고 또 저희가 아무런 죄악도 저지르지 않았음을 아시고 이 몸을 환생시켜 당신과 지내며 잠시 시름을 잊게 해 주신 것이었어요. 그러나 인간 세상에 오랫동안 머물면서 산 사람을 미혹시킬 수는 없답니다."
> 최 씨는 시녀를 시켜 술을 올리게 하고는 '옥루춘'에 맞추어 노래를 부르면 서 이생에게 술을 권하였다.
>
> – 김시습, 〈이생규장전〉

O | X

05 유영이 꿈속에서 운영과 김 진사를 만났다가 꿈을 깨는 몽유 구조를 사용하고 있다.

> 유영은 차고 온 술병을 풀어 술을 모두 마시고는 취하여 돌을 베개 삼아 바위 한 켠에 누웠다. 얼마 뒤 술이 깨어 눈을 들어 보니 놀던 사람들이 다 흩어지고 없었다. 산은 달을 토하고 안개는 버들잎을 감싸고 바람은 꽃잎에 살랑 불었다. 그때 한 줄기 가녀린 목소리가 바람을 타고 들려왔다. 유영이 이상하게 여겨 일어나 보니 소년 한 사람이 젊은 미인과 정답게 마주 앉아 있었다.
>
> …〈중략〉…
>
> 유영이 취하여 깜빡 잠이 들었다. 잠시 뒤 산새 울음소리에 깨어 보니, 안개가 땅에 가득하고 새벽빛이 어둑어둑하며 사방에는 아무도 보이지 않는데 다만 김 진사가 기록한 책 한 권이 남아 있을 뿐이었다. 유영은 서글프고 하릴없어 책을 소매에 넣고 집으로 돌아왔다. 유영은 책을 상자 속에 간직해 두고 때때로 열어 보며 망연자실하더니 침식을 모두 폐하기에 이르렀다. 그 후 명산을 두루 유람하였는데, 그 뒤로 어찌 되었는지는 알 수 없다.
>
> – 작자 미상, 〈운영전〉

O | X

04

"하느님께서 저와 당신의 연분이 아직 끝나지 않았고 또 저희가 아무런 죄악도 저지르지 않았음을 아시고 이 몸을 환생시켜 당신과 지내며 잠시 시름을 잊게 해 주신 것이었어요."에서 최 씨가 환생하여 인간 세상에 머물게 된 것을 확인할 수 있다. 이를 볼 때, 전기 소설이다.

05

유영이 수성궁에 갔다가 꿈속에서 운영과 김 진사를 만나고, 다시 꿈을 깬다는 점에서 '현실-꿈-현실'의 몽유 구조(=환몽(형) 구조)를 사용하고 있는 '몽유 소설(꿈속에서 일어난 사건을 주된 내용으로 하는 소설)'이다.

[정답]

04 ○ 05 ○

06

〈구운몽〉의 주제는 인간 세상의 부귀영화가 덧없다는 것이다. 따라서 '인생무상'과 관련이 있다.

06 김만중의 〈구운몽〉의 주제는 '인생무상(人生無常)'이다.

☐O┃X☐

07

〈채봉감별곡〉과 〈옥루몽〉은 사랑 이야기를 다룬 염정 소설이 맞다. 그러나 〈전우치전〉(탐관오리를 괴롭히고 빈민구제)은 염정 소설이 아닌 전기 소설이다.

07 〈채봉감별곡〉, 〈옥루몽〉, 〈전우치전〉은 염정 소설이다.

☐O┃X☐

08

판소리계 소설은 판소리에 기원을 두고 있기 때문에 '운문'의 성격도 드러난다. 따라서 산문과 운문이 혼용되어 있다는 설명은 적절하다.

08 판소리계 소설은 산문과 운문이 혼용되어 있다. 2015 법원직 9급

☐O┃X☐

09

〈춘향전〉과 〈심청전〉은 판소리계 소설이 맞다. 그러나 〈구운몽〉은 판소리계 소설이 아니다.

09 〈춘향전〉, 〈심청전〉, 〈구운몽〉은 판소리계 소설이다. 2021 경찰 1차

☐O┃X☐

10

〈보기〉는 '민속극(가면극)'으로, 풍자적 성격(주로 양반을 비판함)을 가지는 것이 특징이다.

10 〈보기〉의 갈래는 풍자의 특성으로 인해 서민들의 인기를 모았다. 2010 서울시 7급

> **보기**
>
> 생　원: 말뚝아.
>
> 말뚝이: 예에.
>
> 생　원: 나랏돈 노랑돈 칠 푼 잘라먹은 놈, 상통이 무르익은 대초빛 같고, 울룩줄룩 배미 잔등 같은 놈을 잡아들여라.
>
> 말뚝이: 그놈의 심(힘)이 무량대각이요, 날램이 비호 같은데, 샌님의 전령이나 있으면 잡아올는지, 거저는 잡아올 수 없습니다.
>
> 생　원: 오오, 그리하여라. 옛다, 여기 전령 가지고 가거라.
>
> (종이에 무엇을 써서 준다.)
>
> – 작자 미상, 〈봉산 탈춤〉

☐O┃X☐

3 판소리

1. 의미: 고수와 광대가 협동하여 이야기를 노래로 부르는 양식

고수	북을 치는 사람
	※ 1고수 2명창: 고수의 중요성에 대한 표현
광대	노래를 부르는 사람

2. 구성 요소

창(소리)	노래
아니리	창과 창 사이에 하는 대사
	→ 사설
발림(너름새)	몸짓, 동작(부채 같은 도구를 사용)
추임새	흥을 돋우려는 고수와 관객의 말
	예 얼씨구, 지화자 등
더늠	장기로 부르는 노래 대목
	※ 부분의 독재성: 판소리 전곡은 매우 길기 때문에 '더늠'의 독자성을 인정함.

3. 장단

진양조	가장 느림
중모리	
중중모리	
자진모리	
엇모리	
휘모리	가장 빠름

4. 특성

(1) 문체의 이중성

판소리는 서민이 먼저 즐기고, 이후에 양반층이 가세하여 함께 향유한 예술이기 때문에 문체 역시 양반들이 쓰는 한문 어구나 고사성어 등과 평민들이 쓰는 일상 언어와 고유어가 함께 존재하는 양상을 보인다.

(2) 주제의 이중성(주제의 양면성)

평민이 좋아하는 주제와 양반이 좋아하는 주제를 모두 지니는 특징을 보인다. 이러한 점은 결과적으로 봉건적 가치관을 옹호(양반이 좋아하는 주제)하는 한편 봉건적 제도 자체를 부정하는(평민이 좋아하는 주제) 결과를 낳게 되었다.

예 〈춘향가〉: 표면적 주제는 '남녀 간의 사랑, 춘향의 정절(열녀불경이부)', 이면적 주제는 '신분 해방, 탐관오리 축출'

[01~04] ㉠~㉣에 해당하는 판소리 용어가 바르면 ○, 바르지 않으면 × 하라.

2018 서울시 7급(6월)

> 문화센터에서 무료로 〈춘향가〉를 공연한다고 하여 아이들과 함께 방문하였다. 갓을 쓰고 도포를 입은 광대가 서서 노래를 부르고 옆에 앉은 고수는 북으로 장단을 맞추며 이따금 ㉠"얼씨구" 하며 분위기를 돋우었다. 이몽룡이 춘향이를 업고 ㉡ 사랑을 속삭이는 노래를 부르는 장면에서는 절로 흥이 일었고 암행어사가 된 이몽룡이 거지로 변장하여 ㉢ 월매와 말을 주고받는 장면에서는 웃음이 터져 나왔다. 암행어사 출두 장면에서 잔치에 모인 벼슬아치들이 ㉣ 허둥지둥 도망치는 모습을 몸짓으로 흉내 내는 것을 보니, 노래뿐만 아니라 연기도 잘해야 판소리 공연을 제대로 할 수 있겠다는 생각이 들었다.

01
판소리에서, 고수가 창 사이사이에 흥을 돋우기 위하여 삽입하는 '얼씨구' 등의 소리를 '추임새'라고 한다.

01 ㉠은 '추임새'이다. ○ | ×

02
판소리에서, 노래를 부르는 것을 '소리'를 한다고 한다.

02 ㉡은 '소리'이다. ○ | ×

03
판소리에서, 창을 하는 사이사이에 가락을 붙이지 않고 이야기하듯 엮어나가는 사설은 '아니리'라고 한다.

03 ㉢은 '발림'이다. ○ | ×

04
판소리에서, 소리의 극적인 전개를 돕기 위하여 몸짓이나 손짓으로 하는 동작은 '발림'이라고 한다.

04 ㉣은 '아니리'이다. ○ | ×

05
'진양조 장단'은 가장 느린 장단을 일컫는다. 가장 빠른 장단은 '휘모리 장단'이다.

05 '진양조'는 잔치에 어울리는 비교적 빠른 장단을 일컫는다.

2017 경찰 1차

○ | ×

[정답]

01 ○ 02 ○ 03 × 04 × 05 ×

(가) [중모리] 그 때여 승상 부인은 심 소저를 이별허시고 애석함을 못 이기어, 글 지어 쓴 심 소저의 ㉠ 화상 족자를 침상으 걸어두고 때때로 증험허시더니, 일일은 족자 빛이 홀연히 검어지며 귀에 물이 흐르거늘, 승상 부인 기가 맥혀, "아이고, 이것 죽었구나! 아이고, 이를 어쩔끄나?" 이렇듯이 탄식헐 적, 이윽고 족자 빛이 완연히 새로우니, "뉘라서 건져내어 목숨이나 살았느냐? 그러허나 창해 먼 먼 길의 소식이나 알겠느냐?"

— 작자 미상, 〈심청가〉

(나) [중중모리] 화공 불러들여 토끼 ㉡ 화상을 그린다. …(중략)… 거북 연적 오징어로 먹 갈아, 천하 명산 승지간의 경개 보든 눈 그리고, 난초 지초 왼갖 향초 꽃 따먹던 입 그리고, 두견 앵무 지지 울 제 소리 듣던 귀 그리고, 봉래방장 운무 중에 내 잘 맡던 코 그리고, 만화방창 화림 중 뛰어가던 발 그리고, 대한 엄동 설한풍 어한허든 털 그리고, 신농씨 상백초 이슬 떨던 꼬리라. 두 눈은 도리도리, 두 귀는 쫑긋, 허리 늘씬허고, 꽁지 묘똑허여. …(중략)… "아나, 옛다. 별주부야. 네가 가지고 나가거라."

— 작자 미상, 〈수궁가〉

06 ㉠은 분노의 정서를 유발하는 반면, ㉡은 유쾌한 정서를 유발한다. ○ | ×

07 ㉠은 대상이 처한 상황을 암시하며, ㉡은 대상의 외양을 드러낸다. ○ | ×

08 ㉠과 ㉡은 현실 공간을 배경으로 일상적인 사건을 전개해 나간다. ○ | ×

06
㉠의 빛이 밝아지자 승상 부인이 심 소저가 살았음에 잠시 안도한다는 점에서 ㉠이 '분노의 정서'를 유발한다고 보기는 어렵다. ㉡은 토끼를 찾으러 가기 위해 토끼의 화상을 그린 후, 그 화상을 별주부에게 주는 상황이다. 상황을 고려할 때, 유쾌한 정서를 유발한다는 이해는 적절하지 않다. 앞뒤 상황을 모른다고 하더라도, "아나, 옛다."라는 말을 볼 때, '유쾌한 정서'와는 거리가 멀다는 것을 짐작할 수 있다.

07
㉠ 족자 빛이 홀연히 검어지며 귀에 물이 흐르는 것을 보고, 승상 부인은 심 소저가 죽었다고 생각한다. 또 이어서 족자 빛이 완연히 새로워진 것을 보고는, 심 소저가 살았다고 생각한다. 이를 볼 때 '화상' 족자는 대상, 즉 '심 소저'가 처한 상황을 암시한다.
㉡ '화상'에는 "두 눈은 도리도리, 두 귀는 쫑긋, 허리 늘씬하고, 꽁지 묘똑허여"라고 하였다. 이를 볼 때 '화상'에는 대상, 즉 '토끼'의 외양을 드러내고 있다.

08
(가)는 현실적인 공간에서 벌어지는 일로 볼 수는 있다. 그러나 족자의 빛이 변한다는 것은 일상적인 사건으로 보기 어렵다. (나)는 용궁을 배경으로 한다는 점에서, 비현실적인 공간이다.

[정답]
06 × 07 ○ 08 ×

4 선택지에 자주 나오는 어휘

1. 어휘

형성하다	2022 국가직 9급 · 시어들의 상징적인 의미를 통해 주제를 **형성하고** 있다. 　　　　　　　　　　　　　　　└ 만들고 있다.
타개하다	2022 지방직 9급 · ⊙이 갈등 상황을 **타개하는** 데 적극적인 반면, ⓒ은 소극적이다. 　　　　　└ 갈등 상황을 해결하는
반추하다	2021 국가직 9급 · 문답법을 통해 과거의 삶을 **반추하고** 있다. 　　　　　　　　　└ 과거의 삶을 되돌아보고 있다.
순응하다	2020 지방직 7급 · 운명에 **순응하여** 힘든 결혼 생활을 견뎌 온 것에 대해 자부심을 가지고 있다. 　　　└ 운명을 거스르지 않고(운명에 따라)
조소하다	2021 지방직 7급 · 화자의 말을 통해 대상을 **조소하고** 있다. 　　　　　　　└ 대상을 비웃고(업신여기고) 있다.
조롱하다	2020 지방직 9급 · 양반들이 자신들을 **조롱하는** 말뚝이에게 야단쳤군. 　　　　　　└ 자신들을 비웃으며 놀리는
의탁하다	2020 지방직 7급 · 자신이 처한 상황과 그 심정을 자연물에 **의탁해서** 드러내고 있다. 　　　　　　　　　└ 자연물에 기대어(자연물을 통해, 자연물에 빗대어)
초월하다	2022 국가직 9급 · 현실을 **초월한** 순수 자연의 세계를 노래하고 있다. 　　　└ 현실을 뛰어넘는(벗어난)
대변하다	2022 지방직 9급 · ⓔ은 시적 화자가 지닌 분노의 정서를 **대변한다**. 　　　　　　　　└ 정서를 대신해서 드러낸다(표현한다).
투사되다	2021 국가직 9급 · 대상의 행위를 통해 글쓴이의 심리가 **투사되고** 있다. 　　　　　　　└ 심리가 반영되고(표현되고) 있다.
호의적	2022 지방직 9급 · ⊙이 주변으로부터 **호의적인** 반응을 얻은 반면, ⓒ은 적대적인 반응을 얻는다. 　　　　└ 좋은(긍정적) 반응[↔ 적대적(부정적)]
관조적	2021 지방직 7급 · 인생의 덧없음을 **관조적**으로 표현하고 있다. 　　　　　　　└ 조용히(가만히) 살피며 표현하고 있다. * '관조적'의 두 번째 의미는 '무관심(수수방관)'이다. 　예 젊은이가 인생에 대하여 그렇게 관조적이어서야 되겠느냐? 　　　　　　　　　└ 그렇게 무관심해서야

토속적	2020 국가직 7급 · **토속적**인 시어를 사용하여 현장감을 높이고 있다. 　　　└▸ 사투리, 지방색이 있는 시어 [비교] **향토적** 시어 　　　　　└▸ 시골 느낌이 나는 시어 ★ '토속적'과 '향토적'이라는 말이 나온다면, 도시보다는 시골 느낌!
우회적	2020 국가직 7급 · 어린 딸아이의 죽음을 **우회적**으로 표현하고 있다. 　　　　　　　└▸ 돌려서(간접적으로) 표현하고 있다. 　　　　　　　　　　↔ 직접적
연군	2020 국가직 7급 · (다)에서 임을 향한 뜻을 밤낮 흐르는 시냇물에 비유한 것으로 보아 화자가 지닌 변함없는 **연군**의 심정을 느 낄 수 있군.　　　　　　　　　임금님을 그리워하는 심정 ↵
매개	2020 지방직 9급 · '샘'을 **매개**로 공동체의 삶을 표현했다. 　　　└▸ '샘'을 통해
음성 상징어	2021 지방직 9급 · ⓒ: **음성 상징어**를 사용하여 춘향의 그네 타는 모습을 시각적으로 서술하고 있다. 　　　　└▸ 의성어(소리를 흉내 낸 말)나 의태어(모양을 흉내 낸 말)를 사용하여

2. 한자 성어

(1) 평범한 사람과 뛰어난 사람

평범한 사람	갑남을녀(甲男乙女), 선남선녀(善男善女), 장삼이사(張三李四), 필부필부(匹夫匹婦)
뛰어난 사람	낭중지추(囊中之錐), 군계일학(群鷄一鶴), 백미(白眉)

(2) 그리움

잠을 못 이루는 그리움	전전반측(輾轉反側), 전전불매(輾轉不寐), 오매불망(寤寐不忘)
고향에 대한 그리움	수구초심(首丘初心)

(3) 가난하고 위태로운 상황

가난한 상황	괴로움	삼순구식(三旬九食)
	즐거움	안빈낙도(安貧樂道), 안분지족(安分知足)
위태로운 상황		누란지세(累卵之勢), 백척간두(百尺竿頭), 일촉즉발(一觸卽發), 사면초가(四面楚歌), 풍전등화(風前燈火), 초미지급(焦眉之急)

(4) 사람의 성격

무식한 사람	목불식정(目不識丁), 일자무식(一字無識), 어로불변(魚魯不辨)
융통성이 없는 사람	각주구검(刻舟求劍), 수주대토(守株待兔)
겉과 속이 다른 사람	표리부동(表裏不同), 양두구육(羊頭狗肉), 면종복배(面從腹背), 구밀복검(口蜜腹劍)

01

'군계일학'은 뛰어난 사람을 이르는 말이 맞다. 그러나 '필부필부(匹夫匹婦)'는 평범한 사람을 이르는 말이다.

01 '군계일학(群鷄一鶴)'과 '필부필부(匹夫匹婦)'는 모두 뛰어난 사람을 이르는 말이다.

〔O | X〕

02

'전전불매(輾轉不寐)(=전전반측)'는 '누워서 몸을 이리저리 뒤척이며 잠을 이루지 못함'이라는 뜻으로, 잠을 못 이룰 정도로 그리운 상황에 쓸 수 있다.

02 임이 그리워 밤새도록 잠을 자지 못하는 상황에 '전전불매(輾轉不寐)'를 쓸 수 있다.

〔O | X〕

03

가난함 속에서도 만족하면서 사는 즐거움을 나타내는 한자 성어는 '안빈낙도(安貧樂道)', '안분지족(安分知足)'이다.
'삼순구식(三旬九食)'은 30일 동안 90끼니가 마땅한데 아홉 끼니밖에 못 먹는다는 뜻으로 '매우 가난함'을 의미한다.

03 가난함 속에서도 만족하면서 사는 즐거움을 '삼순구식(三旬九食)'이라고 한다.

〔O | X〕

04

'백척간두(百尺竿頭)'와 '풍전등화(風前燈火)'는 몹시 위태로운 상황에 어울리는 말이다. 그러나 '각주구검(刻舟求劍)'은 융통성이 없는 사람에게 어울리는 말이다.

04 '백척간두(百尺竿頭)', '풍전등화(風前燈火)', '각주구검(刻舟求劍)'은 모두 몹시 위태로운 상황에 어울리는 말이다.

〔O | X〕

05

겉과 속이 다르다는 의미를 가진 '양두구육(羊頭狗肉)', '면종복배(面從腹背)'가 어울린다.

05 겉과 속이 다른 사람에게는 '양두구육(羊頭狗肉)', '면종복배(面從腹背)'가 어울린다.

〔O | X〕

[정답]

01 × 　02 ○ 　03 × 　04 × 　05 ○

06 ⑤에는 '오매불망(寤寐不忘)'이 어울린다.

"집안 내력을 알고 보믄 동기간이나 진배없고, 성환이도 이자는 대학생이 됐으니께 상의도 오빠겉이 그렇게 알아라."

하고 장씨 아저씨는 말하는 것이었다. 그러나 상의는 처음 만났을 때도 그랬지만 두 번째도 거부감을 느꼈다. 사람한테 거부감을 느꼈기보다 제복에 거부감을 느꼈는지 모른다. 학교 규칙이나 사회의 눈이 두려웠는지 모른다. 어쨌거나 그들은 청춘남녀였으니까. 호야 할매 입에서도 성환의 이름이 나오기론 이번이 처음이 아니었다.

"(⑤), 손주 때문에 눈물로 세월을 보내더니, 이자는 성환이도 대학생이 되었으니 할매가 원풀이 한풀이를 다했을 긴데 아프기는 와 아프는고, 옛말 하고 살아야 하는 긴데."

– 박경리, 〈토지〉

O | X

06
문맥상 손주 걱정에 눈물로 세월을 보냈는데, 그렇게 걱정했던 손주(성환이)가 이제는 대학생이 되어 한풀이를 할 수 있게 되었는데 왜 아프냐는 내용이다. 따라서 '자나 깨나 잊지 못하여'라는 의미를 가진 '오매불망(寤寐不忘)'이 들어가는 것이 가장 적절하다.
⑤ 뒤의 "손주 때문에 눈물로 세월을 보내더니"가 힌트이다.

07 화자는 '목불식정(目不識丁)'의 상태이다.

미인이 잠에서 깨어 새 단장을 하는데
향기로운 비단, 보배 띠에 원앙이 수놓였네
겹발을 비스듬히 걷으니 비취새가 보이는데
게으르게 은 아쟁을 안고 봉황곡을 연주하네
금 재갈, 꾸민 안장은 어디로 떠났는가?
다정한 앵무새는 창가에서 지저귀네
풀섶에 놀던 나비는 뜰 밖으로 사라지고
꽃잎에 가리운 거미줄은 난간 너머에서 춤추네
뉘 집의 연못가에서 풍악 소리 울리는가?
달빛은 금 술잔에 담긴 좋은 술을 비추네
시름겨운 이는 외로운 밤에 잠 못 이루는데
새벽에 일어나니 비단 수건에 눈물이 흥건하네

– 허난설헌, 〈사시사(四時詞)〉

O | X

07
화자의 정서는 "시름겨운 이는 외로운 밤에 잠 못 이루는데"에 직접 표현되어 있다. 즉 화자는 임을 그리워하는 마음에 잠을 못 이루고 있다. 따라서 화자는 '전전반측(輾轉反側), 전전불매(輾轉不寐), 오매불망(寤寐不忘)'의 상태이다.
'목불식정(目不識丁)'은 '매우 무식함'을 의미한다.

[정답]
06 O 07 ×

PART 5

해커스공무원 혜원국어 적중 요신의 필수적 문학

08 **주제 의식과 관련된 사자성어는 '안빈낙도(安貧樂道)'이다.**

2019 소방

> 십년(十年)을 경영(經營)ᄒ여 초려삼간(草廬三間) 지여 내니
> 나 ᄒ 간 ᄃᆞᆯ ᄒ 간에 청풍(淸風) ᄒ 간 맛져 두고
> 강산(江山)은 들일 ᄃᆡ 업스니 둘러 두고 보리라

Ｏ | Ｘ

09 **㉠의 특징을 가장 잘 표현한 사자성어는 '표리부동(表裏不同)'이다.**

2019 경찰 2차

> 정(鄭)나라 어느 고을에 벼슬을 탐탁하게 여기지 않는 학자가 살았으니 '북곽 선생(北郭先生)'이었다. 그는 나이 마흔에 손수 교정(校正)해 낸 책이 만 권이었고, 또 육경(六經)의 뜻을 부연해서 다시 저술한 책이 일만 오천 권이었다. 천자(天子)가 그의 행의(行義)를 가상히 여기고 제후(諸侯)가 그 명망을 존경하고 있었다.
> 그 고장 동쪽에는 ㉠동리자(東里子)라는 미모의 과부가 있었다. 천자가 그 절개를 가상히 여기고 제후가 그 현숙함을 사모하여, 그 마을의 둘레를 봉(封)해서 '동리과부지려(東里寡婦之閭)'라고 정표(旌表)해 주기도 했다. 이처럼 동리자가 수절을 잘하는 부인이라 했는데 실은 슬하의 다섯 아들이 저마다 성(姓)을 달리하고 있었다.
>
> – 박지원, 〈호질(虎叱)〉

Ｏ | Ｘ

10 **아이들이 싸울 때 상대방을 광문에 빗대어 욕하는 것은 아이들이 광문을 '낭중지추(囊中之錐)'로 보고 있기 때문이다.**

2018 교육행정직 9급

> 광문은 외모가 극히 추악하고, 말솜씨도 남을 감동시킬 만하지 못하며, 입은 커서 두 주먹이 들락날락하고, 만석희를 잘하고 철괴무를 잘 추었다. 우리나라 아이들이 서로 욕을 할 때면,
> "네 형은 달문(達文)이다."라고 놀려 댔는데, 달문은 광문의 또 다른 이름이었다.
>
> – 박지원, 〈광문자전(廣文者傳)〉

Ｏ | Ｘ

5 선택지에 자주 나오는 시구

1. 정서나 태도

(1) 이별 후의 슬픔과 그리움

① 정지상, 〈송인〉

비 갠 긴 둑에 풀빛 더욱 짙어졌는데	雨歇長堤草色多	우헐장제초색다
남포(南浦)에서 임 보내니 슬픈 노래 울린다.	送君南浦動悲歌	송군남포동비가
대동강 물은 언제나 다할 것인고?	大同江水何時盡	대동강수하시진
해마다 흘린 이별의 눈물이 푸른 물결에 더해지니.	別淚年年添綠波	별루년년첨록파

② 황진이

어져 내 일이야 그릴 줄을 모로드냐 이시라 호 더면 가랴마는 제 구틱 야 보내고 그리는 정(情)은 나도 몰라 호노라.	**현대어 풀이** 　아! 내가 한 일이 후회스럽구나. (막상 보내 놓고) 이렇게도 사무치게 그리울 줄을 미처 몰랐더냐? 　(가지말고 내 곁에 있으라고 말렸더라면) 있으라 했더라면 임이 굳이 떠나시려 했겠느냐마는 [혹은 (내가) 굳이, 중의적] 　보내놓고는 이제 와서 새삼 그리워하는 마음을 나 자신도 모르겠구나 　※ 주제: 임을 그리워하는 마음, 이별의 한

(2) 지조와 절개

① 성삼문

㉠ 수양산(首陽山) 보라보며 이제(夷齊)를 한(恨)호노라. 　주려 주글진들 채미(採薇)도 호는 것가. 　비록애 푸새앳 거신들 긔 뉘 싸혜 낫드니.	**현대어 풀이** 　수양산(백이, 숙제가 은둔한 중국의 산, 여기서는 수양대군을 가리키기도 함, 중의적)을 바라보면서, (남들이 모두 절개가 굳은 선비의 표상이라고 말하는) 백이과 숙제를 오히려 (지조(志操)가 굳지 못하다고 나는 꾸짖으며) 한탄한다. 　차라리 굶주려 죽을지언정 고사리를 뜯어 먹어서야 되겠는가? 　비록 산에 자라는 풀이라 하더라도 그것이 누구의 땅에서 났는가? 　※ 주제: 지조와 절개
㉡ 이 몸이 죽어가서 무엇이 될꼬 하니 　봉래산(蓬萊山) 제일봉(第一峰)에 낙락장송(落落長松) 되어 있어 　백설(白雪)이 만건곤(滿乾坤)할 제 독야청청(獨也靑靑)하리라.	**현대어 풀이** 　이 몸이 죽어서 무엇이 될 것인가 하니, 　봉래산 가장 높은 봉우리에 우뚝 솟은 소나무가 되었다가, 　흰 눈이 온 누리에 가득 찼을 때[수양대군의 득세] 홀로 푸르고 푸르리라. 　※ 주제: 꿋꿋한 절개

② 송순

풍상(風霜)이 섯거 친 날에 굿 픠온 황국화(黃菊花)를 금분(金盆)에 ᄀ득 담아 옥당(玉堂)에 보뇌오니, 도리(桃李)야, 곳이온 양 마라, 님의 쯧을 알괘라.	**현대어 풀이** 　바람 불고 서리가 내리는 추운 날에 갓 피어난 노란 국화를 (임금께서) 좋은 화분에 가득 담아 (내가 일하고 있는) 옥당(홍문관)에 보내주시니 　복숭아꽃 자두꽃[봄에 피었다가 짐], 너희들은 꽃인 양 하지마라. 임(임금)께서 이 꽃을 보내주신 뜻[다른 꽃이 질 때도 절개를 지킬 것]을 알겠구나. 　※ 주제: 고고한 절개, 임금님에 대한 충성의 맹세

2. 역설법과 반어법

(1) 역설법(모순)

① 이육사, 〈절정〉

<u>겨울</u>은 강철로 된 <u>무지갠가</u> 보다.	겨울(고통, 절망)≠무지개(희망)

② 조지훈, 〈승무〉

두 볼에 흐르는 빛이 / 정작으로 <u>고와서 서러워라</u>	곱다≠서럽다

③ 한용운, 〈님의 침묵〉

아아 <u>님은 갔지만</u> <u>나는 님을 보내지 아니하였습니다</u>	가다≠안 가다

④ 김영랑, 〈모란이 피기까지는〉

나는 아직 기다리고 있을 테요 <u>찬란한 슬픔의 봄을</u>	찬란하다≠슬프다

⑤ 유치환, 〈깃발〉

이것은 <u>소리 없는 아우성</u>	소리가 없다≠소리가 있다(아우성이다)

⑥ 이형기, 〈낙화〉

<u>결별</u>이 이룩하는 <u>축복</u>에 싸여	결별≠축복

⑦ 김수영, 〈파밭가에서〉

<u>얻는다는 것은 곧 잃는 것이다</u>	얻다≠잃다

⑧ 서정주, 〈견우의 노래〉

우리들의 <u>사랑</u>을 위하여서는 / <u>이별</u>이, 이별이 있어야 하네.	사랑≠이별

(2) 반어법('겉뜻'과 '속뜻'이 반대, 대개의 경우 '속뜻'이 생략되어 제시됨.)

① 김소월, 〈진달래꽃〉

나 보기가 역겨워 / 가실 때에는
죽어도 아니 눈물 흘리우리다

┌ 겉뜻: 안 슬프다.(안 울 것이다.)
└ 속뜻: 슬프다.

② 김소월, 〈먼 훗날〉

먼 훗날 당신이 찾으시면 그때에 내 말이 잊었노라.

┌ 겉뜻: 잊었다.
└ 속뜻: 안 잊었다.

③ 김명수, 〈하급반 교과서〉

외우기도 좋아라 하급반 교과서 / 활자도 커다랗고 읽기에도 좋아라 / 목소리도 하나도 흐트러지지 않고
한 아이가 읽는 대로 따라 읽는다. //
이 봄날 쓸쓸한 우리들의 책 읽기여 / 우리 나라 아이들의 목청들이여.

┌ 겉뜻: 좋다.
└ 속뜻: 안 좋다.

④ 황동규, 〈즐거운 편지〉

내 그대를 생각함은 항상 그대가 앉아 있는 배경에서 해가 지고 바람이 부는 일처럼 사소한 일일 것이나

┌ 겉뜻: 사소하다.
└ 속뜻: 사소하지 않다.(매일 그대를 생각한다.)

3. 추상적 대상의 구체화와 공감각적 심상

(1) 추상적 대상의 구체화

① 황진이

冬至ㅅ들 기나긴 바믈 한허리를 버혀 내여
추상적 '밤'을 구체적 사물화(베어 냄)

春風 니블 아래 서리서리 너헛다가
어론님 오신 날 밤이여든 구뷔구뷔 펴리라.

현대어 풀이
동짓달 기나긴 밤의 한가운데를 베어 내어
봄바람처럼 따뜻한 이불 속에다 서리서리 넣어 두었다가
['시간(밤)'의 공간화(이불 속)]
정든 임이 오시는 날 밤이면 굽이굽이 펴리라.
(그 밤을 임과 함께 오래오래 보내겠습니다.)
※ 주제: 임을 향한 그리움과 사랑

② 정철

내 무움 버혀 내여 별 돌을 밍글고져
추상적 '마음'을 구체적 대상처럼 '베다'로 표현하여 물리적 사물처럼 표현.

구만 리 당텬의 번드시 걸려 이셔
고은 님 계신 고딕 가 비최여나 보리라

현대어 풀이
내 마음을 베어서 별 달을 만들고 싶구나.
아득히 넓고 먼 하늘에 번듯이 떠 있으면서
임금님이 계신 곳을 훤하게 비추어 보고 싶구나.
※ 주제: 임금(선조)에 대한 변함없는 충정

③ 김천택

> 전원(田園)에 나믄 흥(興)을 젼나귀에 모도 싯고
> <small>추상적 '흥'을 구체적 사물처럼 '나귀에 싣다.'로 표현</small>
>
> 계산(溪山) 니근 길로 흥치며 도라와셔
>
> 아희야 금서(琴書)를 다스려라 나믄 히를 보내리라.

<small>현대어 풀이</small>

> 전원을 (완상하고) 남은 흥을 (다리를 저는) 나귀에 모두 싣고
> 계곡을 낀 산속 익숙한 길로 흥겨워하며 돌아와서
> 아이야 거문고와 책을 다스려라(준비해라). 남은 시간(중의적,
> ① 하루의 남은 시간, ② 여생)을 흥겹게 보내리라.
> ※ 주제: 전원에서의 흥취

④ 황동규, 〈조그만 사랑 노래〉

> 어제를 동여맨 편지를 받았다.
> (추상적 시간인 '어제'를 사물처럼 '(꽁꽁) 동여매다.'로 표현)

(2) 공감각적 심상

① 정지용, 〈향수〉

> 해설피 금빛 게으른 **울음**을 우는 곳
> ⇨ 청각의 시각화

② 이용악, 〈풀벌레 소리 가득 차 있었다〉

> 아버지의 침상 없는 최후의 밤은 / **풀벌레 소리** 가득 차 있었다.
> ⇨ 청각의 시각화

③ 김기림, 〈바다와 나비〉

> 나비 허리에 새파란 **초승달**이 시리다.
> ⇨ 시각의 촉각화

④ 김선우, 〈감자 먹는 사람들〉

> 어느 집 담장을 넘어 달겨드는 / 이것은, / 치명적인 **냄새**
> ⇨ 후각의 시각화

⑤ 김선우, 〈단단한 고요〉

> 멍석 위에 나란히 잠든 반들거리는 몸 위로 살짝살짝 늦가을 **햇볕** 발 디디는 **소리**
> ⇨ 시각의 청각화

⑥ 전봉건, 〈피아노〉

> **피아노**에 앉은 / 여자의 두 손에서는 / 끊임없이
> 열 마리씩 / 스무 마리씩 / 신선한 **물고기가** / 튀는 빛의 꼬리를 물고 / 쏟아진다
> ⇨ 청각의 시각화

01 (가)와 (나)의 정서는 유사하다.

> (가) 비 갠 긴 둑에 풀빛 더욱 짙어졌는데
>
> 　　남포(南浦)에서 임 보내니 슬픈 노래 울린다.
>
> 　　대동강 물은 언제나 다할 것인고?
>
> 　　해마다 흘린 이별의 눈물이 푸른 물결에 더해지니.
>
> (나) 어져 내 일이야 그릴 줄을 모로ᄃ냐
>
> 　　이시라 ᄒ더면 가랴마ᄂ 제 구틔야
>
> 　　보내고 그리ᄂ 정(情)은 나도 몰라 ᄒ노라.

○｜✕

01

(가)와 (나) 모두 임과의 이별 후의 슬픔을 드러내고 있다.

02 (가)와 (나)의 정서는 유사하다.

> (가) 수양산(首陽山) ᄇ라보며 이제(夷齊)를 한(恨)ᄒ노라.
>
> 　　주려 주글진들 채미(採薇)도 ᄒᄂ 것가.
>
> 　　비록애 푸새앳 거신들 긔 뉘 싸헤 낫ᄃ니.
>
> (나) 이 몸이 죽어가서 무엇이 될꼬 하니
>
> 　　봉래산(蓬萊山) 제일봉(第一峰)에 낙락장송(落落長松) 되어 있어
>
> 　　백설(白雪)이 만건곤(滿乾坤)할 제 독야청청(獨也靑靑)하리라.

○｜✕

02

(가)와 (나) 모두 지조와 절개를 드러내고 있다.

03 (가)와 (나)에 사용된 표현법은 유사하다.

> (가) 겨울은 강철로 된 무지갠가 보다.
>
> (나) 아아 님은 갔지만 나는 님을 보내지 아니하였습니다

○｜✕

03

(가)와 (나) 모두 역설법이 쓰였다.

[정답]

01 ○　02 ○　03 ○

04

(가)와 (나) 모두 역설법이 쓰였다.

04 (가)와 (나)에 사용된 표현법은 유사하다. 2020 소방, 2009 국회직 8급

> (가) 나는 아직 기다리고 있을 테요 찬란한 슬픔의 봄을
>
> (나) 우리들의 사랑을 위하여서는 / 이별이, 이별이 있어야 하네.

○ | ×

05

(가)에는 '직유법'과 '의인법'이, (나)에는 '반어법'이 쓰였다.

05 (가)와 (나)에 사용된 표현법은 유사하다. 2020 서울시 9급

> (가) 돌담에 속삭이는 햇발같이 / 풀 아래 웃음 짓는 샘물같이
>
> (나) 나 보기가 역겨워 / 가실 때에는 / 죽어도 아니 눈물 흘리우리다

○ | ×

06

(가)와 (나) 모두 반어법이 쓰였다.

06 (가)와 (나)에 사용된 표현법은 유사하다. 2009 국회직 8급

> (가) 먼 훗날 당신이 찾으시면 그때에 내 말이 잊었노라.
>
> (나) 내 그대를 생각함은 항상 그대가 앉아 있는 배경에서 해가 지고 바람이 부는 일처럼 사소한 일일 것이나

○ | ×

07

(가)와 (나) 모두 추상적 대상을 구체적인 사물로 표현하고 있다.

07 (가)와 (나)의 발상은 유사하다. 2015 법원직 9급

> (가) 어제를 동여맨 편지를 받았다.
>
> (나) 冬至ㅅ돌 기나긴 바믈 한허리를 버혀 내여
>
> 春風 니블 아래 서리서리 너헛다가
>
> 어론님 오신 날 밤이여든 구뷔구뷔 펴리라.

○ | ×

[정답]

04 ○ 05 × 06 ○ 07 ○

08 (가)와 (나) 모두 공감각적 심상이 나타난다.

2017 사회복지직 9급

> (가) 해설피 금빛 게으른 울음을 우는 곳
>
> (나) 나는 한 마리 어린 짐승, / 젊은 아버지의 서느런 옷자락에
>   열(熱)로 상기한 볼을 말없이 부비는 것이었다.

○ | ✕

08

공감각적 심상은 (가)에만 나타난다.

---

09 (가)와 (나) 모두 공감각적 심상 중 '시각의 촉각화'가 나타난다.

2017 사회복지직 9급

> (가) 나비 허리에 새파란 초승달이 시리다.
>
> (나) 어느 집 담장을 넘어 달겨드는 / 이것은, / 치명적인 냄새

○ | ✕

09

모두 공감각적 심상이 나타난다. 다만, (가)는 '시각의 촉각화'가 맞다. 그러나 (나)는 '후각의 시각화'이다.

---

10 (가)와 (나) 모두 공감각적 심상 중 '청각의 시각화'가 나타난다.

2017 사회복지직 9급, 2015 기상직 9급

> (가) 아버지의 침상 없는 최후의 밤은 / 풀벌레 소리 가득 차 있었다.
>
> (나) 피아노에 앉은 / 여자의 두 손에서는 / 끊임없이
>   열 마리씩 / 스무 마리씩 / 신선한 물고기가
>   튀는 빛의 꼬리를 물고 / 쏟아진다

○ | ✕

10

(가)와 (나) 모두 공감각적 심상으로 '소리'인 '청각'을 시각적으로 표현하고 있다.

[정답]

08 ✕   09 ✕   10 ○

김영랑, 〈모란이 피기까지는〉

갈래	자유시, 서정시
성격	유미적, 낭만적, 탐미적
제재	모란의 개화와 낙화
주제	소망이 이루어지기를 기다림.
특징	① 역설적 표현(모순 형용)을 사용함. ② 수미상관 구성을 통해 주제를 강조함. ③ 섬세하고 아름답게 다듬은 시어를 사용함.
출전	"문학"(1934)

01

ⓒ의 '비로소'는 모란이 떨어지는 순간에 느끼는 정서, 즉 봄을 여읜 설움의 깊이가 매우 깊다는 것을 강조하기 위해 사용한 시어이다. 따라서 ⓒ이 모란의 낙화로 인한 슬픔을 극복하겠다는 의지의 표출이라는 이해는 적절하지 않다.

01 ㉠~㉣을 이해한 내용으로 적절하지 않은 것은?

> 모란이 피기까지는,
> 나는 아직 나의 봄을 기다리고 있을 테요.
> 모란이 ㉠ 뚝뚝 떨어져 버린 날,
> 나는 ㉡ 비로소 봄을 여읜 설움에 잠길 테요.
> 오월 어느 날, 그 하루 무덥던 날,
> 떨어져 누운 꽃잎마저 시들어 버리고는
> 천지에 모란은 자취도 없어지고,
> 뻗쳐 오르던 내 보람 서운케 무너졌으니,
> 모란이 지고 말면 그뿐, 내 한 해는 ㉢ 다 가고 말아,
> 삼백예순 날 하냥 섭섭해 우옵내다.
> 모란이 피기까지는,
> 나는 ㉣ 아직 기다리고 있을 테요, 찬란한 슬픔의 봄을.
>
> – 김영랑, 〈모란이 피기까지는〉

① ㉠: 모란의 낙화로 인한 화자의 절망감을 표현한 것이다.

② ㉡: 모란의 낙화로 인한 슬픔을 극복하겠다는 의지를 표출하고 있다.

③ ㉢: 모란이 지니는 가치가 화자에게 절대적임을 드러내고 있다.

④ ㉣: 모란의 개화를 여전히 기다리겠다는 화자의 간절한 마음을 나타내고 있다.

[정답]

01 ②

네가 오기로 한 그 자리에
내가 미리 가 너를 기다리는 동안
다가오는 모든 발자국은
내 가슴에 쿵쿵거린다.
㉠ 바스락거리는 나뭇잎 하나도 다 내게 온다.
기다려 본 적이 있는 사람은 안다.
세상에서 기다리는 일처럼 가슴 애리는 일 있을까
네가 오기로 한 그 자리, 내가 미리 와 있는 이 곳에서
문을 열고 들어오는 모든 사람이
너였다가
너였다가, 너일 것이었다가
㉡ 다시 문이 닫힌다.
사랑하는 이여
오지 않는 너를 기다리며
마침내 나는 너에게 간다.
아주 먼 데서 나는 너에게 가고
아주 오랜 세월을 다하여 너는 지금 오고 있다.
아주 먼 데서 지금도 천천히 오고 있는 너를
너를 기다리는 동안 나도 가고 있다.
남들이 열고 들어오는 문을 통해
내 가슴에 쿵쿵거리는 모든 발자국 따라
너를 기다리는 동안 나는 너에게 가고 있다.

– 황지우, 〈너를 기다리는 동안〉

02 제시된 작품에 대한 설명으로 가장 적절한 것은?

① 공간이 이동함에 따라 화자의 정서가 바뀌고 있다.

② 공감각적 심상으로 주제를 효과적으로 드러내고 있다.

③ 어둠과 밝음의 대조를 통해 긍정적 미래를 전망하고 있다.

④ 대상에게 말을 건네는 방식으로 화자의 정서를 드러내고 있다.

03 ㉠과 ㉡의 공통점으로 가장 적절한 것은?

① 대상의 한계를 다양한 감각으로 표현하고 있다.

② 화자의 고민을 반어적인 표현을 통해 드러내고 있다.

③ 사물을 통해 화자의 정서를 간접적으로 드러내고 있다.

④ 대상의 내면적 특징을 외적인 속성을 통해 드러내고 있다.

황지우, 〈너를 기다리는 동안〉

갈래	자유시, 서정시
성격	감각적, 고백적, 희망적
제재	기다림
주제	기다림의 절실함과 안타까움
특징	① 절실하고 안타까운 어조로 임에 대한 기다림을 형상화함. ② 기다림의 과정 속에서 재회에 대한 희망과 의지를 드러냄.
출전	"게눈 속의 연꽃"(1990)

02
화자는 현재 부재한 대상인 '너'에게 말을 건네는 방식을 통해 대상에 대한 그리움, 간절함 등을 표현하고 있다.

오답체크
① 실제 공간 이동은 없다. 따라서 공간의 이동에 따라 화자의 정서 변화를 나타내고 있지 않다.
② 시각, 청각 등 다양한 감각이 제시되어 있으나 공감각적 심상이 활용되고 있지는 않다.
③ 화자가 너와의 재회를 위해 나아갈 것을 표현하고 있으나 이를 어둠과 밝음의 대조를 통해 실현하고 있다고 볼 수 없다.

03
㉠ 대상을 기다리는 상황에 놓인 화자가, 주변 사물에서 비롯되는 청각적 자극에 극도의 주의를 기울이고 있음을 통해 대상에 대한 기다림(설렘)을 표현한 것이라 할 수 있다.
㉡ 문의 개폐에 주목하고 있는 화자를 드러냄으로 써 대상에 대한 간절한 기다림(그리고 동시에 절망감)을 표현한 것이라 할 수 있다.
따라서 ㉠과 ㉡은 모두 사물을 활용하여 화자의 정서를 간접적으로 드러낸 것이라 할 수 있다.

[정답]
02 ④ 03 ③

계랑, 〈이화우(梨花雨) 흩뿌릴 제〉

갈래	평시조, 서정시
성격	애상적, 감상적, 연정가
주제	이별의 슬픔과 임에 대한 그리움
특징	① 시간의 흐름과 하강의 이미지를 통해 시적 화자의 정서를 심화시킴. ② 임과 헤어진 뒤의 시간적 거리감과 임과 떨어져 있는 공간적 거리감이 조화를 이룸.

04

ㄱ. 이별하여 홀로 있는 상황에서 임을 그리워하고 있다.
ㄹ. 초장의 '이화우(梨花雨) 흩뿌릴 제'와 중장의 '추풍(秋風) 낙엽'에서 하강(떨어짐)의 이미지를 통해 이별의 상황과 그 슬픔을 효과적으로 표현하고 있다.

오답체크
ㄴ. 감정 이입의 대상은 확인할 수 없다.
ㄷ. 도치법은 쓰이지 않았다.

현대어 풀이

(가) 논매기(논의 김을 매는 것, 논의 잡초를 뽑아버리는 일) 노래
잘하고 자로[잘, 또는 자주] 하네 에히요 산이가 자로[사니, 광대나 재주꾼, 여기서는 '선소리꾼'가 자로하네. [후렴으로 계속 반복, 운율을 형성함]
이봐라 농부야 내 말 듣소 이봐라 일꾼들 내 말 듣소. [선창자의 선창 부분, 이 노래가 농사 짓는 일과 관련되어 있음을 알 수 있음]
잘하고 자로 하네 에히요 산이가 자로 하네. [나머지 일꾼들이 뒷소리를 받는 부분]
하늘님이 주신 보배 편편옥토(片片沃土, 어느 논밭이나 비옥함)가 이 아닌가. [하늘이 준 땅을 경작한다는 농부들의 자부심, 농자지천 하대본]
잘하고 자로 하네 에히요 산이가 자로 하네.

(나) 일 년의 계획은 봄에 하는 것이니 모든 일을 미리 하라.
만약 봄에 때를 놓치면 해를 마칠 때까지 일이 낭패하게 되네.
농지를 다스리고 농우(소)를 살펴 먹여 재거름 썩혀 놓고 한쪽으로 실어 내어 보리밭에 오줌(비료) 주기를 새해가 되기 전보다 힘써 하라.
늙으니 기운이 없어서 힘든 일은 못하여도
낮이면 이엉을 엮고 밤이면 새끼를 꼬아 때 맞춰 집 엮으니 큰 근심 덜었도다.
과일 나무 보굿을 벗겨 내고 가지 사이에 돌끼우기('나무 시집 보내기'라는 세시 풍속)
정월 초하룻날에 날이 밝기 전에 시험 삼아하여 보소.
며느리는 잊지 말고 송국주(혹은 소국주, 찹쌀 막걸리)를 걸러라.
온갖 꽃이 만발한 봄에 화전을 안주 삼아 한번 취해 보자.   〈1월령〉

[정답]
04 ②

---

04 제시된 작품에 대한 바른 설명만 골라 묶은 것은?

> 이화우(梨花雨) 흩뿌릴 제 울며 잡고 이별한 임
> 추풍(秋風) 낙엽에 저도 날 생각하는가
> 천리(千里)에 외로운 꿈만 오락가락 하노매라
>
> — 계랑, 〈이화우(梨花雨) 흩뿌릴 제〉

보기

> ㄱ. 임을 그리워하는 마음을 드러내고 있다.
> ㄴ. 감정 이입을 통해 화자의 정서를 표현하고 있다.
> ㄷ. 도치법을 통해 임을 보낸 화자의 쓸쓸함을 부각하고 있다.
> ㄹ. 하강의 이미지를 통해 화자의 정서를 효과적으로 보이고 있다.

① ㄱ, ㄴ   ② ㄱ, ㄹ
③ ㄴ, ㄷ   ④ ㄷ, ㄹ

[05~06] 다음 글을 읽고 물음에 답하시오.

(가) 잘하고 자로 하네 에히요 산이가 자로 하네.

이봐라 농부야 내 말 듣소 이봐라 일꾼들 내 말 듣소.
잘하고 자로 하네 에히요 산이가 자로 하네.

하늘님이 주신 보배 편편옥토가 이 아닌가.
잘하고 자로 하네 에히요 산이가 자로 하네.

— 작자 미상, 〈논매기 노래〉

(나) 일년지계(一年之計) 재춘(在春)ᄒ니 범사(凡事)를 미리 ᄒ라.
봄에 만일 실시(失時)ᄒ면 종년(終年) 일이 낭패되네.
농지(農地)를 다스리고 농우(農牛)를 살펴 먹여,
지거름 직와 노고 일변(一邊)으로 시러 너여,
맥전(麥田)의 오좀듀기 세젼(歲前)보다 힘써 ᄒ소.
늙으니 근력(筋力) 업고 힘든 일은 못 ᄒ야도,
낮이면 이영 녁고 밤의는 식기 쏘아, / 씩 맛쳐 집 니우니 큰 근심 더럿도다.
실과(實果) 나모 벗곳 짜고 가지 스이 돌 끼오기
정조(正朝)날 미명시(未明時)의 시험(試驗)죠로 ᄒ야 보소.
며나리 닛디 말고 송국주(松菊酒) 밋ᄒ여라.
삼춘(三春) 백화시(百花時)의 화전 일취(花煎一醉) ᄒ야 보즈.

— 정학유, 〈농가월령가(農家月令歌)〉

05 (가)와 (나)를 비교한 내용으로 적절하지 않은 것은?

① (가)와 (나) 모두 청자는 농민으로 설정하고 있다.

② (가)와 (나) 모두 현학적인 말투를 사용하고 있다.

③ (가)와 달리 (나)는 유교 사상이 바탕이 되어 있다.

④ (나)와 달리 (가)는 후렴구를 통해 운율을 형성하고 있다.

06 (나)와 어조가 가장 유사한 것은?

① 셜온 님 보내옵노니 나는

　가시는 듯 도셔 오쇼셔 나는

　위 증즐가 대평셩디(大平盛大)

　　　　　　　　　　　　　　　　　　– 작자 미상, 〈가시리〉

② 어버이 사라신 제 셤길 일란 다ᄒᆞ여라.

　디나간 후(後) ㅣ면 애ᄃᆞᆲ다 엇디ᄒᆞ리.

　평싱애 고텨 못홀 이리 이ᄲᅮᆫ인가 ᄒᆞ노라.

　　　　　　　　　　　　　　　　　　– 정철, 〈훈민가(訓民歌)〉

③ 배꽃 같은 요내 얼굴 호박꽃이 다 되었네.

　삼단 같던 요내 머리 비사리춤이 다 되었네.

　백옥 같던 요내 손길 오리발이 다 되었네.

　열새 무명 반물 치마 눈물 씻기 다 젖었네.

　　　　　　　　　　　　　　　　　　– 작자 미상, 〈시집살이 노래〉

④ 어리석고 세상 물절을 모르기는 이내 위에 더한 이 없다.

　길흉화복을 하늘에게 맡겨 두고

　누추한 거리 깊은 곳에 초가를 지어 놓고

　고르지 못한 날씨에 썩은 짚이 땔감이 되어

　세 홉의 밥과 다섯 홉의 죽을 만드는 데 연기도 많기도 많구나.　　– 박인로, 〈누항사〉

05

(가)는 민요로 거의 순수 우리말이 쓰였고, (나)는 한자어가 많이 쓰였다. 따라서 순수 우리말을 많이 사용한 (가)가 현학적(학식을 자랑하는)인 말투라는 설명은 적절하지 않다.

오답체크

① (가)는 농사일을 위한 노동요이므로, 청자가 '농민'이 맞다. 또 (나)는 농가의 다양한 농사일과 명절에 행할 세시 풍속, 농촌 풍속 등을 자세하게 소개한 가사이므로, 청자가 '농민'이 맞다.

③ (나)의 화자는 농사일을 권하는 데에 훈계와 덕목을 중시한다는 점에서 유교적인 명분을 중시하고 있지만, (가)는 그렇지 않다.

④ (가)는 '잘하고 자로 하네 에히요 산이가 자로 하네.'라는 후렴구를 반복하여 운율을 형성하고 있다. 그러나 (나)에는 후렴구가 없다.

06

(나)는 상대방을 교훈하고 가르치려는 의도를 가지고 명령, 청유형 어조(미리 하라, 힘써 하소, 하여 보자 등)를 사용하고 있다. 이처럼 명령형 어조를 사용하고 있는 것은 ②이다. ②에서 부모에게 효도하라고 명령형 어조로 말하고 있다.

오답체크

① 여성적 어조가 드러난다.

③ 여성적 어조와 함께 원망과 슬픔의 어조가 드러난다.

④ 자신의 처지를 한탄하는 어조가 드러난다.

현대어 풀이

① 서러운 임을 보내 드리오니

　가시자마자 곧 (떠날 때와 같이) 돌아서서 오소서.

② 부모님께서 살아 계실 동안에 섬기는 일을 다하여라.

　돌아가신 뒤에는 애달파한들 무슨 소용 있겠는가.

　평생에 다시 못할 일은 이뿐인가 하노라.

[정답]

05 ②　06 ②

PART 5

해커스공무원 해원국어 적중 요신의 필수적 문학

갈래	단편 소설, 풍자 소설
성격	비판적, 풍자적
배경	• 시간: 1940년대 일제 강점기 말 ~1950년대 • 공간: 남한과 북한
시점	전지적 작가 시점
주제	① 시류에 따라 변절하면서 순응해 가는 기회주의자의 삶에 대한 비판 ② 출세 지향적 삶과 왜곡된 현대사에 대한 비판
특징	① '현재 – 과거 – 현재'의 입체적 구성 방식으로 전개됨. ② 역사적 전환기마다 변신하는 주인공의 행동을 '회중시계'라는 소재와 연관 지어 나타냄.
출전	"사상계"(1962)

[07~08] 다음 글을 읽고 물음에 답하시오.

자동차 속에서 ㉠ 이인국 박사는 들고 나온 석간을 펼쳤다.

일면의 제목을 대강 훑고 난 그는 신문을 뒤집어 꺾어 삼면으로 눈을 흘겼다.

'북한 소련 유학생 서독(西獨)으로 탈출.'

바둑돌 같은 굵은 활자의 제목. 왼편 전단을 차지한 외신 기사. 손바닥만한 사진까지 곁들여 있다.

그는 코허리에 내려온 안경을 올리면서 눈을 부릅떴다.

그의 시각은 활자 속을 헤치고, 머릿속에는 아들의 환상이 뒤엉켜 들이차왔다. 아들을 모스크바로 유학시킨 것은 자기의 억지에서였던 것만 같았다.

출신 계급, 성분, 어디 하나나 부합될 조건이 있었단 말인가. 고급 중학을 졸업하고 의과 대학에 입학된 바로 그 해다.

이인국 박사는 그때나 지금이나 자기의 처세 방법에 대하여 절대적인 자신을 가지고 있다.

"얘, 너 그 노어 공부를 열심히 해라."

"왜요?"

아들은 갑자기 튀어나오는 아버지의 말에 의아를 느끼면서 반문했다.

"야, 원식아, 별 수 없다. 왜정 때는 그래도 일본 말이 출세를 하게 했고 이제는 노어가 또 판을 치지 않니. 고기가 물을 떠나서 살 수 없는 바에야 그 물속에서 살 방도를 궁리해야지. 아무튼 그 노서아 말 꾸준히 해라."

아들은 아버지 말에 새삼스러이 자극을 받는 것 같진 않았다.

"내 나이로도 인제 이만큼 뜨내기 회화쯤은 할 수 있는데, 새파란 너희 나쎄로야 그걸 못하겠니."

"염려 마세요, 아버지……"

아들의 대답이 그에게는 믿음직스럽게 여겨졌다. …〈중략〉…

그는 신문을 포개어 되는대로 말아 쥐었다.

'개천에서 용마가 난다는데 이건 제 애비만도 못한 자식이야……'

그는 혀를 찍찍 갈겼다.

'어쩌면 가족이 월남한 것조차 모르고 주저하고 있는 것이나 아닐까. 아니 이제는 그쪽에도 소식이 가서 제게도 무언중의 압력이 퍼져 갈 터인데…… 역시 고지식한 놈이 아무래도 모자라……'

그는 자동차에서 내리자 건 가래침을 내뱉었다.

'독또르 리, 내가 책임지고 보장하겠소. 아들을 우리 조국 소련에 유학시키시오.'

스텐코프의 목소리가 고막에 와 부딪는 것만 같았다.

– 전광용, 〈꺼삐딴 리〉

07 다음 글에 대한 설명으로 가장 적절한 것은?

① 과거와 현재를 교차하고 있다.

② 이야기 속에 이야기를 삽입한 액자식 구성이다.

③ 등장인물의 외양 묘사를 통해 성격을 제시하고 있다.

④ 작중 인물이 객관적 입장에서 인물의 행동을 관찰하고 있다.

08 ㉠에 대한 평가로 가장 적절한 것은?

① 우유부단한 인물이다.

② 기회주의적 인물이다.

③ 실속이 없는 인물이다.

④ 융통성이 없는 인물이다.

09 제시된 ㉠의 의미로 가장 적절한 것은?

> 아들은, 의사인 아들은, 마치 환자에게 치료 방법을 이르듯이, 냉정히 차분
> 차분히 이야기를 시작하였다. 외아들인 자기가 부모님을 진작 모시지 못한 것
> 이 잘못인 것, 한집에 모이려면 자기가 병원을 버리기보다는 부모님이 농토를
> 버리시고 서울로 오시는 것이 순리인 것, 병원은 나날이 환자가 늘어 가나 입원
> 실이 부족되어 오는 환자의 삼분지일밖에 수용 못하는 것, 지금 시국에 큰 건물
> 을 새로 짓기란 거의 불가능의 일인 것, 마침 교통 편한 자리에 삼층 양옥이 하
> 나 난 것, 〈중략〉… 시골에 땅을 둔대야 일 년에 고작 삼천 원의 실리가 떨어
> 질지 말지 하지만 땅을 팔아다 병원만 확장해 놓으면, 적어도 일 년에 만 원 하
> 나씩은 이익을 뽑을 자신이 있는 것, 돈만 있으면 땅은 이담에라도, 서울 가까
> 이라도 얼마든지 좋은 것으로 살 수 있는 것……
>
> 아버지는 아들의 의견을 끝까지 잠잠히 들었다.
>
> 그리고,
>
> ㉠"점심이나 먹어라. 나두 좀 생각해 봐야 대답하겠다."
>
> 하고는 다시 개울로 나갔고, 떨어졌던 다릿돌을 올려 놓고야 들어와 그도 점
> 심상을 받았다.
>
> — 이태준, 〈돌다리〉

① 아들의 제의를 거절한다.

② 아들의 제의에 대해 분노한다.

③ 아들의 제의를 전적으로 동의한다.

④ 아들의 제의에 대한 결정을 유보한다.

07

제시된 글은 분단 시대에 남한에서 살고 있는 이인국 박사가 자신의 과거를 회상하는 방식으로 이야기를 서술하고 있다. 맨 앞에는 '현재'가, 아들과의 대화에서는 '과거'가, 다시 '중략' 이후로는 '현재'의 이야기가 전개되고 있다.

오답체크

② 액자식 구성이란 이야기 속에 이야기가 있는 구조를 말한다. 제시된 글은 과거와 현재를 교차 서술하며 이인국 박사의 일생이라는 하나의 이야기를 서술하고 있으므로 액자식 구성이라고 할 수 없다.

③ 등장인물의 외양을 묘사한 부분은 찾아볼 수 없다.

④ 작품 밖의 서술자가 이인국 박사에 대한 서술자의 주관적 견해(전지적 작가 시점)를 통해 인물을 서술하고 있으므로 적절하지 않은 설명이다.

08

"야, 원식아, 별 수 없다. 왜정 때는 그래도 일본 말이 출세를 하게 했고 이제는 노어가 또 판을 치지 않니. 고기가 물을 떠나서 살 수 없는 바에야 그 물속에서 살 방도를 궁리해야지. 아무튼 그 노서아 말 꾸준히 해라."라는 말을 아들에게 하는 것을 볼 때, 이인국 박사 그때그때의 정세에 따라 이로운 쪽으로 행동하는 '기회주의적 인물'임을 알 수 있다.

이태준, 〈돌다리〉

갈래	단편 소설
성격	사실적, 교훈적, 비판적
배경	• 시간: 일제 말기 초겨울 • 공간: 농촌 마을
시점	전지적 작가 시점
주제	땅의 가치에 대한 인식과 물질 만능주의 사회에 대한 비판
특징	① 인물 간의 대화와 서술자의 요약적 제시로 주제를 형상화함. ② 작가가 보존하고자 하는 긍정적인 가치를 '돌다리'라는 소재를 통해 상징적으로 드러냄.
출전	"국민문학"(1943)

09

아들은 여러 근거를 들어서 땅을 팔 것을 아버지에게 권유하였고, 아버지는 ㉠과 같이 답하였다. 생각을 해 본다는 것을 보아, 제의에 대한 결정을 유보(나중으로 미룸.)한다는 의미이다.

오답체크

① 완곡한 거절의 표현으로 볼 수도 있지만, '생각해 본다'는 것에 초점을 맞추면 판단의 유보로 보는 것이 더 적절하다.

② 분노의 감정은 느껴지지 않는다.

③ 동의하고 있음을 암시하는 내용은 나와 있지 않다.

[정답]

07 ① 08 ② 09 ④

(가) 임춘, 〈국순전(麴醇傳)〉

갈래	가전(假傳)
성격	풍자적, 우의적, 교훈적
제재	술(누룩)
주제	간사한 벼슬아치에 대한 풍자
특징	① '도입-전개-비평'의 구성임. ② 일대기 형식의 순차적 구성임. ③ 의인화 기법을 활용한 전기적 구성임.
의의	① 현전하는 가전 문학의 효시임. ② 이규보의 〈국선생전〉에 영향을 줌.
출전	"서하선생집(西河先生集)", "동문선(東文選)"

(나) 이규보, 〈국선생전(麴先生傳)〉

갈래	가전(假傳)
성격	서사적, 우의적, 교훈적
제재	술(누룩)
주제	위국충절의 교훈과 군자의 처신 경계(警戒)
특징	① 임춘의 〈국순전〉의 영향을 받음. ② '도입-전개-비평'의 구성 방식을 취함. ③ 사물을 의인화하여 일대기 형식으로 서술함.
출전	"동문선(東文選)"

[10~11] 다음 글을 읽고 물음에 답하시오.

(가)   사신(史臣)이 말하기를,

"국씨(麴氏)의 조상이 백성에게 공(功)이 있었고, 청백(淸白)을 자손에게 끼쳐 창(鬯)이 주(周)나라에 있는 것과 같아 향기로운 덕(德)이 하느님에까지 이르렀으니, 가히 제 할아버지의 풍이 있다 하겠다. 순이 설병(挈瓶)의 지혜로 독 들창에서 일어나서, 일찍 금구(金甌)의 뽑힘을 만나 술 단지와 도마에 서서 담론하면서도 옳고 그름을 변론하지 못하고, 왕실(王室)이 미란(迷亂)하여 엎어져도 붙들지 못하여 마침내 천하의 웃음거리가 되었으니, 거원(巨源)의 말이 족히 믿을 것이 있도다." 라고 하였다.

– 임춘, 〈국순전(麴醇傳)〉

(나)   사신(史臣)은 말한다.

국씨는 원래 대대로 내려오면서 농가 사람들이었다. 성이 유독 넉넉한 덕이 있고 맑은 재주가 있어서 당시 임금의 심복이 되어 국가의 정사에까지 참여하고, 임금의 마음을 깨우쳐 주어, 태평스러운 푸짐한 공을 이루었으니 장한 일이다. 그러나 임금의 사랑이 극도에 달하자 마침내 국가의 기강을 어지럽히고 화가 그 아들에게까지 미쳤다. 하지만 이런 일은 실상 그에게는 유감이 될 것이 없다 하겠다. 그는 만절(晚節)이 넉넉한 것을 알고 자기 스스로 물러나 마침내 천수를 다하였다. "주역"에 '기미를 보아서 일을 해 나간다[見機而作].'라고 한 말이 있는데 성이야말로 거의 여기에 가깝다 하겠다.

– 이규보, 〈국선생전(麴先生傳)〉

10   (가)와 (나)를 비교한 내용으로 가장 적절한 것은?

① (가)는 '술'을 직설적으로, (나)는 우의적으로 다루었다.

② (가)는 '술'의 일반적 보편성을, (나)는 고유한 특성을 강조한다.

③ (가)는 '술'에 대해 부정적 태도를, (나)는 긍정적 태도를 보인다.

④ (가)는 '술'에 대한 주관적인 태도를, (나)는 객관적인 태도를 취한다.

11   (가)와 (나)의 갈래에 대한 바른 설명만 골라 묶은 것은?

> 보기
>
> ㉠ 고려 초기 일부 문인들에 의해 창작된 특수한 갈래이다. ㉡ 어떤 사물을 의인화하여 그 ㉢ 인물의 가계와 생애 및 개인적 성품, 공과(功過)와 사신의 평을 기록하는 ㉣ 일기체 형식이다.

① ㉠, ㉡   ② ㉠, ㉣

③ ㉡, ㉢   ④ ㉠, ㉡, ㉢

12 ⑦, ⓒ과 뜻이 통하는 시어는?

조선 초에 송경(松京) 숭인문(崇仁門) 안에 한 선비가 있었으니 성은 전(田)이요, 이름은 우치(禹治)라 했다. 일찍이 높은 스승을 좇아 신선의 도를 배우되, 본래 재질이 표일(飄逸)하고 겸하여 정성이 지극하므로 마침내 오묘한 이치를 통하고 신기한 재주를 얻었으나, 소리를 숨기고 자취를 감추어 지내므로 비록 가까이 노는 이도 알 리 없었다.

이때 남방 해변 여러 고을이 여러 해 ⑦ 해적의 노략질을 당한 뒤에 엎친 데 덮쳐 무서운 흉년을 만나니, 그곳 백성의 참혹한 형상은 이루 붓으로 그리지 못했다.

그러나 ⓒ 조정에 벼슬하는 이들은 권세를 다투기에만 눈이 붉고 가슴이 탈 뿐이요 백성의 고통은 모르는 듯이 버려두니, 뜻있는 이는 통분함을 이를 길 없더니, 우치 또한 참다못하여 그윽이 뜻을 결단하고, 짐을 버리며 세간을 흩어 천하로써 집을 삼고 백성으로써 몸을 삼으려 하였다.

– 작자 미상, 〈전우치전(田禹治傳)〉

보기

ⓐ 제비 한 마리 처음 날아와 / 지지배배 그 소리 그치지 않네.
말하는 뜻 분명히 알 수 없지만 / 집 없는 서러움을 호소하는 듯
"ⓑ 느릅나무 홰나무 묵어 구멍 많은데 / 어찌하여 그 곳에 깃들지 않니?"
제비 다시 지저귀며 / 사람에게 말하는 듯
"느릅나무 구멍은 ⓒ 황새가 쪼고 / 홰나무 구멍은 ⓓ 뱀이 와서 뒤진다오."

– 정약용, 〈고시(古詩) 8〉

① ⓐ, ⓑ
② ⓑ, ⓒ
③ ⓒ, ⓓ
④ ⓐ, ⓒ, ⓓ

작자 미상, 〈전우치전(田禹治傳)〉

갈래	영웅 소설, 군담 소설, 사회 소설
성격	전기적, 영웅적, 비판적
제재	전우치의 의로운 행적
주제	전우치의 빈민 구제와 의로운 행동
특징	① 실존 인물의 생애를 소재로 쓴 전기 소설이자 영웅 소설임. ② 문헌 설화를 바탕으로 하여 사회 현실의 모순된 상황을 반영함.
작품 해제	① 〈전우치전〉은 조선 시대의 소설로, 담양(潭陽)에 실존하였던 전우치를 주인공으로 하고 있으며. 도술을 배운 전우치가 탐관오리를 괴롭히고 빈민을 구제하다가 서경덕에게 혼난 후 그의 제자가 되어 태백산에 들어갔다는 내용의 전기 소설임. ② 작자와 연대는 알 수 없음.

12
⑦의 '해적'과 ⓒ의 '조정에 벼슬하는 이들'은 모두 백성들을 괴롭히는 존재들이다. 〈보기〉 중 백성들을 괴롭히는 무리를 상징하는 것은 ⓒ의 '황새'와 ⓓ의 '뱀'이다.

오답체크
ⓐ '제비'는 수탈당하는 백성을 의미한다.
ⓑ '느릅나무'는 '홰나무'와 함께 백성들의 삶의 터전을 의미한다.

김기택, 〈바퀴벌레는 진화 중〉

갈래	산문시, 서정시
성격	비판적, 상징적, 반어적
제재	바퀴벌레
주제	현대 물질문명이 초래한 환경 문제의 심각성
특징	① 반어적 표현을 통해 주제를 효과적으로 드러냄. ② 도치법, 영탄법 등을 사용하여 화자의 심리와 정서를 효과적으로 표현함.
출전	"태아의 잠"(1991)

01

⊙의 "아직은 암회색 스모그가 ~ 너무 깨끗한 까닭에"에서는 '반어법'을 활용하여, 환경오염의 심각성을 경고하고 있다. 이처럼 '반어법'이 쓰인 것은 ④이다. "한 줄의 시는커녕 / 단 한 권의 소설도 읽은 바" 없는 '그'가 '훌륭한 비석'을 남겼다고 말하고 있다. 즉 화자가 비꼬아서 "훌륭하다"고 표현했다는 점에서 반어법이 쓰였다.

오답체크

① '겨울은 강철로 된 무지갠가 보다.'에는 역설법과 은유법이 나타난다.
② 복종이 자유보다 달콤하다는 것은 '역설법'이다.
③ '위태로움 속에 아름다움이 스며 있다는 것'에 는 역설법이 나타난다.

[정답]

01 ④

01 ⊙과 유사한 발상이나 표현 방식이 나타난 것은?

믿을 수 없다. 저것들도 먼지와 수분으로 된 사람 같은 생물이란 것을. 그렇지 않고서야 어찌 시멘트와 살충제 속에서만 살면서도 저렇게 비대해질 수 있단 말인가. 살덩이를 녹이는 살충제를 어떻게 가는 혈관으로 흘려보내며 딱딱하고 거친 시멘트를 똥으로 바꿀 수 있단 말인가. 입을 벌릴 수밖엔 없다. 쇳덩이의 근육에서나 보이는 저 고감도의 민첩성과 기동력 앞에서는.

사람들이 최초로 시멘트를 만들어 집을 짓고 살기 전, 많은 벌레들을 씨까지 일시에 죽이는 독약을 만들어 뿌리기 전, 저것들은 어디에 살고 있었을까. 흙과 나무, 내와 강, 그 어디에 숨어서 흙이 시멘트가 되고 다시 집이 되기를, 물이 살충제가 되고 다시 먹이가 되기를 기다리고 있었을까. 빙하기, 그 세월의 두꺼운 얼음 속 어디에 수만 년 썩지 않을 금속의 씨를 감추어 가지고 있었을까.

로봇처럼, 정말로 철판을 온몸에 두른 벌레들이 나올지 몰라. 금속과 금속 사이를 뚫고 들어가 살면서 철판을 왕성하게 소화시키고 수억 톤의 중금속 폐기물을 배설하면서 불쑥불쑥 자라는 잘 진화된 신형 바퀴벌레가 나올지 몰라. 보이지 않는 빙하기, 그 두껍고 차가운 강철의 살결 속에 씨를 감추어 둔 채 때가 이르기를 기다리고 있을지 몰라. ⊙ 아직은 암회색 스모그가 그래도 맑고 희고, 폐수가 너무 깨끗한 까닭에 숨을 쉴 수가 없어 움직이지 못하고 눈만 뜬 채 잠들어 있는지 몰라.

– 김기택, 〈바퀴벌레는 진화 중〉

① 이러매 눈 감아 생각해 볼밖에 / 겨울은 강철로 된 무지갠가 보다.　　– 이육사, 〈절정〉

② 남들은 자유를 사랑한다지마는, 나는 복종을 좋아하여요.
　자유를 모르는 것은 아니지만, 당신에게는 복종만 하고 싶어요.
　복종하고 싶은데 복종하는 것은 아름다운 자유보다도 달콤합니다.　– 한용운, 〈복종〉

③ 위태로움 속에 아름다움이 스며 있다는 것이
　땅끝은 늘 젖어 있다는 것이
　그걸 보려고 / 또 몇 번은 여기에 이르리라는 것이　　– 나희덕, 〈땅끝〉

④ 한 줄의 시는커녕 / 단 한 권의 소설도 읽은 바 없이
　그는 한평생을 행복하게 살며 / 많은 돈을 벌었고
　높은 자리에 올라 / 이처럼 훌륭한 비석을 남겼다.　　– 김광규, 〈묘비명〉

㉠ 어느 먼—곳의 그리운 소식이기에
이 한밤 소리 없이 흩날리느뇨.

처마 끝에 호롱불 여위어 가며
서글픈 옛 자취인 양 흰 눈이 내려

하이얀 입김 절로 가슴에 메어
㉡ 마음 허공에 등불을 켜고
내 홀로 밤 깊어 뜰에 내리면

㉢ 먼—곳에 여인의 옷 벗는 소리

희미한 눈발
이는 어느 잃어진 추억의 조각이기에
싸늘한 추회(追悔) 이리 가쁘게 설레이느뇨.

한 줄기 빛도 향기도 없이
㉣ 호올로 차단한 의상(衣裳)을 하고
흰 눈은 내려 내려서 쌓여
내 슬픔 그 위에 고이 서리다.

– 김광균, 〈설야〉

02 제시된 작품에 대한 설명으로 가장 적절하지 않은 것은?

① 슬픔과 그리움의 정서가 드러난다.
② '눈'을 여러 대상에 빗대어 표현하였다.
③ 현실에 대한 적극적 대결 의지가 드러난다.
④ 눈 내리는 밤의 정경을 애상적으로 표현하였다.

03 ㉠~㉣ 중 추상적 관념을 시각화한 것은?

① ㉠   ② ㉡
③ ㉢   ④ ㉣

김광균, 〈설야〉

갈래	자유시, 서정시
성격	시각적(회화적), 애상적, 감각적
제재	눈
주제	눈 내리는 밤의 추억과 애상감
특징	① 다양한 비유를 통해 눈을 형상화함. ② 여러 가지 심상(시각적, 청각적, 공감각적)을 통해 애상적 정서를 드러냄.
출전	"와사등"(1939)

02
제시된 작품에는 시인이 살아가는 현실이 반영되어 있지 않다. 따라서 적극적인 대결 의지가 드러난다는 설명은 적절하지 않다.

오답체크
① 2연과 6연에서는 '슬픔'의 정서가, 1연과 3~5연에서는 '그리움'의 정서가 드러난다.
② '눈'을 '그리운 소식', '서글픈 옛 자취', '여인의 옷 벗는 소리', '잃어버린 추억의 조각', '차단한 의상' 등 여러 대상에 빗대어 표현하고 있다.
④ 제시된 작품은 눈이 오는 밤의 정경을 슬픔과 그리움의 정서로 표현하고 있다.

03
'마음'이라는 추상적인 관념을 구체적인 '공간'처럼 표현해서, 마치 그곳에 등불을 켤 수 있는 것처럼 시각화하고 있다.

[정답]
02 ③   03 ②

(가) 작자 미상, 〈정석가(鄭石歌)〉

갈래	고려 가요
성격	서정적, 민요적
제재	임에 대한 사랑
주제	태평성대 기원, 임에 대한 영원한 사랑
특징	① 대부분의 고려 가요가 이별이나 향락의 정서를 노래한 데 반해, 이 작품은 임에 대한 영원한 사랑을 노래함. ② 불가능한 상황을 전제하는 역설적 표현으로 임과의 영원한 사랑을 소망하는 시적 화자의 정서가 효과적으로 드러남. ③ 반어적 시구를 반복하여 리듬감을 살리면서 상황과 정서를 강조함.
출전	"악장가사", "시용향악보"

현대어 풀이

무쇠로 황소를 만들어다가 / 무쇠로 황소를 만들어다가
쇠나무가 있는 산에 놓습니다. (불가능한 상황 설정) /
그 소가 쇠풀을 먹어야 / 그 소가 쇠풀을 먹어야
유덕하신 님 여의고 싶습니다. (헤어지지 않겠다는 의미)

구슬이 바위에 떨어진들 / 구슬이 바위에 떨어진들
끈이야 끊어지겠습니까. / 천 년을 외따로이 살아간들
천 년을 외따로이 살아간들 / 믿음이야 끊어지겠습니까.

(나) 작자 미상, 〈서경별곡(西京別曲)〉

갈래	고려 가요
성격	서정적, 애상적
제재	임과의 이별
주제	이별의 정한(情恨)
특징	① 상징적 시어의 사용으로 화자가 처한 이별의 상황을 드러냄. ② 설의법을 사용하여 임과의 사랑을 맹세하는 화자의 정서가 드러남.
의의	고려 가요 〈가시리〉와 함께 이별의 정한을 노래한 작품
출전	"악장가사", "시용향악보"

현대어 풀이

구슬이 바위 위에 떨어진들
끈이야 끊어지겠습니까?
(임과 헤어져) 천 년을 홀로 살아간들
사랑하는 임을 믿는 마음이야 끊기고 변할 리가 있겠습니까?

대동강이 대동강이 넓은 줄을 몰라서
배를 내어 놓았으냐 사공아.
네 아내가 놀아난 줄도 모르고
가는 배에 다니는 배에 (우리 임을) 실었느냐 사공아.
(나의 임은) 대동강 건너편 꽃을
배를 타고 건너편에 배를 타고 건너편에 들어가면 (그 꽃을, 즉 '다른 여자'를 의미) 꺾을 것입니다.

[04~05] 다음 글을 읽고 물음에 답하시오.

(가) 므쇠로 한쇼를 디여다가
　　 므쇠로 한쇼를 디여다가
　　 텰슈산(鐵樹山)애 노호이다.
　　 그 쇠 텰초(鐵草)를 머거아
　　 그 쇠 텰초(鐵草)를 머거아
　　 유덕(有德)ㅎ신 님 여히ㅇ와지이다.

　　 ㉠구스리 바회예 디신들
　　 구스리 바회예 디신들
　　 긴힛돈 그츠리잇가.
　　 즈믄 히룰 외오곰 녀신들
　　 즈믄 히룰 외오곰 녀신들
　　 신(信)잇든 그츠리잇가.

　　　　　　 – 작자 미상, 〈정석가(鄭石歌)〉

(나) ㉡구스리 아즐가 구스리 바회예 디신들
　　 위 두어렁셩 두어렁셩 다링디리
　　 긴히쫀 아즐가 긴힛쫀 그츠리잇가 나는
　　 위 두어렁셩 두어렁셩 다링디리
　　 즈믄 히룰 아즐가 즈믄 히룰 외오곰 녀신들
　　 위 두어렁셩 두어렁셩 다링디리
　　 신(信)잇둔 아즐가 신잇둔 그츠리잇가 나는
　　 위 두어렁셩 두어렁셩 다링디리

　　 대동강(大同江) 아즐가 대동강 너븐디 몰라셔
　　 위 두어렁셩 두어렁셩 다링디리
　　 빈내여 아즐가 빈내여 노흔다 ㉢샤공아
　　 위 두어렁셩 두어렁셩 다링디리
　　 네 가시 아즐가 네 가시 럼난디 몰라셔
　　 위 두어렁셩 두어렁셩 다링디리
　　 녈 빈예 아즐가 녈 빈예 연즌다 샤공아
　　 위 두어렁셩 두어렁셩 다링디리
　　 대동강 아즐가 대동강 건너편 고즐여
　　 위 두어렁셩 두어렁셩 다링디리
　　 빈 타 들면 아즐가 빈타 들면 것고리이다 나는
　　 위 두어렁셩 두어렁셩 다링디리

　　　　　　 – 작자 미상, 〈서경별곡(西京別曲)〉

04 ㉠과 ㉡의 공통점이 아닌 것은?

① 외로움의 정서가 나타나 있다.

② 임과의 이별 상황을 가정하고 있다.

③ 화자의 의지적인 태도가 드러나 있다.

④ 임에 대한 변함없는 마음을 노래하고 있다.

05 밑줄 친 부분이 ㉢에 대한 화자의 태도와 가장 유사한 것은?

① 두터비 프리를 물고 두험 우희 치드라 안자

것넌 산(山) 브라보니 백송골(白松骨)이 써 잇거늘 가슴이 금즉ᄒ여 풀떡 뛰여 내듯다가 두험 아래 잣바지거고

모쳐라 늘낸 낼식만졍 에헐질 번ᄒ괘라.

– 작자 미상

② 개를 여라믄이나 기르되 요 개ᄀᆺ치 얄믜오랴.

뮈온 님 오며는 소리를 홰홰 치며 쒸락 ᄂᆞ리 쒸락 반겨서 내닷고 고온 님 오며는 뒷발을 버동버동 므르락 나으락 캉캉 즈져서 도라가게 ᄒᆞ다.

쉰밥이 그릇 그릇 난들 너 머길 줄이 이시랴.

– 작자 미상

③ 귀쏘리 져 귀쏘리 어엿부다 져 귀쏘리

어인 귀쏘리 지ᄂᆞᆫ 둘 새ᄂᆞᆫ 밤의 긴 소리 쟈른 소리 절절(節節)이 슬픈 소리

제 혼자 우러 녜어 사창(紗窓) 여읜 줌을 슬쓰리도 깨오ᄂᆞᆫ고야.

두어라, 제 비록 미물(微物)이나 무인동방(無人洞房)에 내 뜻 알리는 너뿐인가 ᄒᆞ노라.

– 작자 미상

④ 생사(生死) 길은 / 예 있으매 머뭇거리고,

나는 간다는 말도 / 못다 이르고 어찌 갑니까.

어느 가을 이른 바람에 / 이에 저에 떨어질 잎처럼,

한 가지에 나고 / 가는 곳 모르온저.

아아, 미타찰(彌陀刹)에 만날 나

도(道) 닦아 기다리겠노라.

– 월명사, 〈제망매가(祭亡妹歌)〉

04

㉠과 ㉡ 모두 임과의 이별 상황을 가정하고는 있지만, '외로움'의 정서는 드러나지 않는다.

오답체크

② ㉠의 '즈믄 히롤 외오곰 녀신둘(천 년을 홀로 살아간들)'과 ㉡의 '즈믄 히를 아즐가 즈믄 히를 외오곰 녀신둘'에서 이별의 상황을 가정하고 있다.

③, ④ ㉠의 "신(信)인둔 그츠리잇가."와 ㉡의 "신(信)인둔 아즐가 신잇둔 그츠리잇가 나ᄂᆞᆫ"에서 '믿음이 끊어지지 않는다'고 말하고 있다. 즉 자신의 마음이 절대로 변하지 않을 것이라는 의지적 태도를 드러내고 있다.

05

'사공'은 임을 물 건너로 가게 해 준 사람이다. 나를 떠난 건 '임'이지만, 화자는 '임' 대신 '임'을 건너편으로 건너가 해 준 '사공'을 원망하고 있다. 이처럼 원망의 태도를 다른 대상에게 전가하고 있는 것은 ②이다. ②의 화자 역시 오지 않는 임에 대한 미움의 마음을, '개'에게 전가하여 표현하고 있다.

오답체크

① 강자에게는 약하고 약자에게는 강한 집권층을 상징하는 것으로 풍자의 대상이다.

③ 감정 이입의 대상으로, 고독한 화자와 동일시되는 대상이다.

④ '나'는 죽은 '누이'이다. 화자는 요절한 누이에 대해 안타까움의 태도를 드러내고 있다.

[정답]

04 ① 05 ②

PART 5

해커스공무원 해원국어 적중 890제 필수적 문학

이색

갈래	평시조, 서정시
성격	비유적, 풍자적, 우의적, 우국적
주제	고려의 국운 쇠퇴에 대한 한탄과 우국충정
특징	나라를 걱정하는 마음을 상징적으로 드러냄.

06

고전 문학 작품에서 '눈'이 '시련'의 의미로 자주 쓰인다. 그러나 제시된 작품에서 '백설'은 신흥 세력인 '구름'과 대비되는 것으로 점점 사라지고 있는 '고려의 유신'을 의미한다.

06 <보기>를 참고하여, ㉠~㉣을 이해한 내용으로 적절하지 않은 것은?

> ㉠ 백설(白雪)이 ㅈ자진 골에 ㉡ 구루미 머흐레라.
> 반가온 ㉢ 매화(梅花)는 어늬 곳에 픠엿는고.
> ㉣ 석양(夕陽)에 홀로 셔 이셔 갈 곳 몰라 ㅎ노라.
>
> – 이색

보기

> 이 작품은 고려의 유신(遺臣)으로서 조선 왕조를 세우려는 신흥 세력에 협력하지 않고 자연에 은거하게 된 화자의 심정을 담고 있다. 화자는 고려가 기울어 가고 새로운 왕조가 일어서려고 하는 시대 현실을 안타까운 심정으로 바라보고 있다.

① ㉠은 고려 유신들에게 가해지는 시련을 의미한다.
② ㉡은 새로운 왕조를 세우려는 신흥 세력들을 의미한다.
③ ㉢은 고려 왕조를 다시 일으켜 세울 우국지사를 의미한다.
④ ㉣은 기울어져 가는 고려 왕조를 상징적으로 표현한 것이다.

[07~08] 다음 글을 읽고 물음에 답하시오.

> "……그런 쳐 죽일 놈, 깎어 죽여두 아깝잖을 놈이! 그놈이 경찰서장 허라닝개루, 생판 사회주의 허다가 뎁다 경찰서에 잽혀? 으응?…… 오사육시를 헐 놈이, 그놈이 그게 어디 당헌 것이라구 지가 사회주의를 히여? 부자 놈의 자식이 무엇이 대껴서 부랑당 패에 들어?"
>
> ㉠ 아무도 숨도 크게 쉬지 못하고, 고개를 떨어뜨리고 섰기 아니면 앉았을 뿐, 윤 직원 영감이 잠깐 말을 끊자 방 안은 물을 친 듯이 조용합니다.
>
> "…… 오죽이나 좋은 세상이여? 오죽이나……."
>
> ㉡ 윤 직원 영감은 팔을 부르걷은 주먹으로 방바닥을 땅 치면서 성난 황소가 영각을 하듯 고함을 지릅니다.
>
> "화적패가 있너냐아? 부랑당 같은 수령(守令)들이 있너냐?…… 재산이 있대야 도적놈의 것이요, 목숨은 파리 목숨 같던 말세(末世)년 다 지내 가고오……. 자 부아라, 거리거리 순사요, 골골마다 공명헌 정사(政事), 오죽이나 좋은 세상이여……. 남은 수십만 명 동병(動兵)을 히여서, 우리 조선 놈 보호하여 주니, 오죽이나 고마운 세상이여? 으응……? 제 것 지니고 앉어서 편안허게 살 태평 세상, 이걸 태평천하라구 허는 것이여, 태평천하!…… 그런디 이런 태평천하에 태어난 부자 놈의 자식이, 더군다나 왜지 가 떵떵거리구 편안허게 살 것이지, 어찌서 지가 세상 망쳐 놀 부랑당 패에 참섭을 헌담 말이여, 으응?"
>
> …〈중략〉…

[정답]

06 ①

"······ 착착 깎어 죽일 놈!······ 그놈을 내가 핀지히여서, 백년 지녁을 살리라구 헐 걸! 백년 지녁 살리라구 헐 테여······. 오냐, 그놈을 삼천 석 거리는 직분[分財]히여 줄라구 히였더니, 오냐, 그놈 삼천 석 거리를 톡톡 팔어서, 경찰서으다가 사회주의 허는 놈 잡어 가두는 경찰서으다가 주어 버릴 걸! 으응, 죽일 놈!"

ⓒ 마지막의 으응 죽일 놈 소리는 차라리 울음소리에 가깝습니다.

"······ 이 태평천하에! 이 태평천하에······."

ⓓ 연해 부르짖는 죽일 놈 소리가 차차로 사랑께로 멀리 사라집니다. 그러나 몹시 사나운 그 포효가 뒤에 처져 있는 가권들의 귀에는 어쩐지 암담한 여운이 스며들어, 가뜩이나 어둔 얼굴들을 면면상고, 말할 바를 잊고, 몸 둘 곳을 둘러보게 합니다. 마치 장수의 죽음을 만난 군졸들처럼······.

– 채만식, 〈태평천하〉

07 제시된 글에 대한 설명으로 가장 적절한 것은?

① 독자와 인물의 거리는 가깝다.

② 서술자와 인물의 거리는 멀다.

③ 서술자와 독자의 거리는 가깝다.

④ 독자는 인물, 서술자와 모두 거리가 멀다.

08 ⓐ~ⓓ 중 <보기>와 가장 관련이 깊은 것은?

> **보기**
>
> 서술자가 작품 속에 개입해서 자신의 견해나 느낌을 서술하는 목소리를 '서술자의 개입' 또는 '편집자적 논평'이라고 한다.

① ⓐ   ② ⓑ

③ ⓒ   ④ ⓓ

채만식, 〈태평천하〉

갈래	중편 소설, 풍자 소설
성격	풍자적, 반어적
배경	• 시간: 1930년대 후반 • 공간: 서울의 어느 대지주 집안
시점	전지적 작가 시점
주제	일제 강점기 한 지주 집안의 세대 간 갈등과 이로 인한 가족의 붕괴
특징	① 경어체를 사용하여 판소리 창자(唱者)와 같은 효과를 냄. ② 일제 강점기를 태평천하로 믿는 윤 직원을 통해 당시의 현실을 풍자함. ③ 비유, 과장, 반어, 희화화 등을 통해 대상을 격하하고 독자의 웃음을 유발함.
출전	"조광"(1938)

07

작품 밖의 서술자가 등장인물의 심리까지 다 꿰뚫고 있다는 점에서 제시된 작품은 '전지적 작가 시점'에 해당한다. 따라서 '서술자와 인물', '서술자와 독자'의 거리는 가깝다. 한편, '독자와 인물'의 거리는 상대적으로 멀다. 따라서 설명이 적절한 것은 ③이다.

독자 – 서술자 – 인물

08

"차라리 울음소리에 가깝습니다."에서 서술자의 개입이 나타난다.

해커스공무원 혜원국어 적중 요신의 필수적 문학

09

강 건너의 청국 땅(대안 지방)의 토질이 비옥하다는 것을 강조하기 위하여 과장된 표현(씨를 뿌리기만 하면 자란다.)을 한 것이다. 따라서 표현법은 '과장법'이다.

오답체크

①, ② '쑥쑥 소리라도 들릴 듯이'에서 직유법이 쓰이기는 했다. 그러나 그 의미의 연결이 적절하지 않다.

④ 과장법은 쓰였지만, 우리나라 토질 개선의 필요성을 드러내기 위해 사용한 것은 아니다.

[정답]

09 ③

09 밑줄 친 부분에 쓰인 표현법과 그 의미를 바르게 짝 지은 것은?

> 이상한 일이었다. 같은 백두산에서 발원(發源)하는 강물인 두만강을 사이에 두고, 이쪽과 저쪽의 토질이 어쩌면 그렇게도 다를까? 이쪽이 박토인 데 반해 대안 지방은 시꺼먼 땅이 기름지기 그대로 옥토였다.
>
> 그러나 그럴 밖에 없는 일이었다. …〈중략〉…
>
> 어찌 기름진 옥토가 아닐 수 있을 것인가?
>
> 쟁기나 보습, 괭이로 파 뒤집으면 시꺼먼 흙이 농부의 목구멍에 침이 꿀꺽하고 삼켜지게 했다. ㉠ 씨를 뿌리기만 하면 곡초가 저절로 쑥쑥 소리라도 들릴 듯이 자라 올라갔다. 거름이 필요 있을 까닭이 없었다. 한두 번 기음만 매어 주면 다듬잇방망이만큼 탐스러운 조이삭이 머리를 수그렸다. 옥수수 한 자루가 왜무같이 컸다. 감자가 물씬한 흙 속에서 사탕무처럼 마음 놓고 살이쪘다. 수수, 콩…….
>
> – 안수길, 〈북간도〉

① 직유법 – 우리나라의 곡식이 부족함을 드러냄.

② 직유법 – 청국의 토질 개선이 필요함을 드러냄.

③ 과장법 – 청국 땅의 토질이 비옥함을 드러냄.

④ 과장법 – 우리나라 토질 개선의 필요성을 드러냄.

[10~11] 다음 글을 읽고 물음에 답하시오.

> 광문은 나이 마흔이 넘어서도 머리를 땋고 다녔다. 남들이 장가가라고 권하면, 하는 말이,
>
> "㉠ 잘생긴 얼굴은 누구나 좋아하는 법이다. 그러나 사내만 그런 것이 아니라 비록 여자라도 역시 마찬가지다. 그러기에 나는 본래 못생겨서 아예 용모를 꾸밀 생각을 하지 않는다." / 하였다. 남들이 집을 가지라고 권하면,
>
> "㉡ 나는 부모도 형제도 처자도 없는데 집을 가져 무엇하리. 더구나 나는 아침이면 소리 높여 노래를 부르며 저자에 들어갔다가, 저물면 부귀한 집 문간에서 자는게 보통인데, 서울 안에 집 호수가 자그만치 팔만 호다. 내가 날마다 자리를 바꾼다 해도 내 평생에는 다 못 자게 된다." / 고 사양하였다.
>
> 서울 안에 명기(名妓)들이 아무리 곱고 아름다워도, 광문이 성원해 주지 않으면 그 값이 한 푼어치도 못 나갔다.
>
> 예전에 궁중의 우림아(羽林兒), 각 전(殿)의 별감(別監), 부마도위(駙馬都尉)의 청지기들이 옷소매를 늘어뜨리고 운심(雲心)의 집을 찾아간 적이 있다. 운심은 유명한 기생이었다.
>
> ㉢ 대청에서 술자리를 벌이고 거문고를 타면서 운심더러 춤을 추라고 재촉해도, 운심은 일부러 늑장을 부리며 선뜻 추지를 않았다. 광문이 밤에 그 집으로 가서 대

청 아래에서 어슬렁거리다가, 마침내 자리에 들어가 스스로 상좌(上坐)에 앉았다. 광문이 비록 해진 옷을 입었으나 행동에는 조금의 거리낌도 없이 의기가 양양하였다. 눈가는 짓무르고 눈꼽이 끼었으며 취한 척 구역질을 해 대고, 헝클어진 머리로 북상투[北髻]를 튼 채였다. 온 좌상이 실색하여 광문에게 눈짓을 하며 쫓아내려고 하였다. ⓔ 광문이 더욱 앞으로 나아가 무릎을 치며 곡조에 맞춰 높으락낮으락 콧노래를 부르자, 운심이 곧바로 일어나 옷을 바꿔 입고 광문을 위하여 칼춤을 한바탕 추었다. 그리하여 온 좌상이 모두 즐겁게 놀았을 뿐 아니라, 또한 광문과 벗을 맺고 헤어졌다.

– 박지원, 〈광문자전〉

10 ⊙~ⓔ에 대한 반응으로 가장 적절하지 않은 것은?

① ⊙을 볼 때, 광문은 유교적 사고를 가진 인물이군.

② ⓒ을 볼 때, 광문은 욕심이 없는 인물이군.

③ ⓒ을 볼 때, 운심은 자존심이 강한 인물이군.

④ ⓔ을 볼 때, 광문이 운심의 마음을 움직였군.

11 '광문'과 관련이 있는 말로만 묶인 것은?

보기

ⓐ 혈혈단신(孑孑單身)　　　ⓑ 표리부동(表裏不同)

ⓒ 역지사지(易地思之)　　　ⓓ 가렴주구(苛斂誅求)

① ⓐ, ⓑ　　　② ⓐ, ⓒ　　　③ ⓑ, ⓓ　　　④ ⓒ, ⓓ

12 <보기>에 나타난 작품 감상의 관점으로 가장 옳은 것은?

보기

　　작자 미상의 〈옹고집전〉에는 진짜와 가짜를 구별할 능력이 누구에게도 없다. 이는 사물과 사건을 판단하는 준거 틀이 붕괴되었음을 의미한다. 어떤 행동에 대한 평가가 올바로 내려졌는지를 알 수 없다면 그 사회의 기강은 단번에 무너지고 만다. 이처럼 삶의 준거 틀이 붕괴되었다는 것은 조선 후기의 사회상이 올바른 질서가 없이 헝클어질 대로 헝클어졌음을 의미한다.

① 내재적 관점　　　　　　② 효용론적 관점

③ 표현론적 관점　　　　　④ 반영론적 관점

신경림, 〈목계 장터〉

갈래	자유시, 서정시
성격	서정적, 향토적, 비유적
제재	떠돌이(민중)의 삶
주제	떠돌이 민중의 삶의 애환
특징	① 4음보의 민요적 율격임. ② 향토성 짙은 시어들을 사용함. ③ 1인칭 화자의 독백적 진술 형태를 취함. ④ 대립적 심상의 시어들을 통해 시상을 전개함.
출전	"농무"(1973)

01

'하늘은 / 날더러 / 구름이 / 되라 하고'를 볼 때, 제시된 작품은 4음보의 율격이 나타난다. 이처럼 4음보의 율격이 나타나는 것은 ④이다. ④는 '시조'로, 대부분의 시조는 4음보의 율격을 가진다. 송순의 시조 '[십 년(十年)을 / 경영(經營)ᄒ여 / 초려 삼간(草廬三間) / 지여 내니]'를 볼 때, 4음보의 율격을 가진다.

오답체크

① '[저 산(山)에도 / 까마귀, / 들에 까마귀, / [서산(西山)에는 / 해 진다고 / 지저 귑니다.]'를 볼 때, 3음보(7·5조)의 율격이 나타난다.
② '[강나루 / 건너서 / 밀밭 길을], [구름에 / 달 가듯이 / 가는 나그네]'를 볼 때, 3음 보(7·5조)의 율격이 나타난다.
③ '[우렁탸게 / 토하난 / 긔뎍(汽笛) 소리 에], [남대문(南大門)을 / 등디고 / 써나 나가서], [쌜니 부난 / 바람의 / 형셰 갓 흐니], [날개 가딘 / 새라도 / 못 짜르 겟네.]'를 볼 때, 3음보(7·5조)의 율격 이 나타난다.

Tip 최남선의 〈경부 뎔도 노래〉는 1908년 의 창가이다.

01 제시된 작품과 율격이 가장 유사한 것은?

> 하늘은 날더러 구름이 되라 하고 / 땅은 날더러 바람이 되라 하네.
> 청룡(靑龍) 흑룡(黑龍) 흩어져 비 개인 나루
> 잡초나 일깨우는 잔바람이 되라네.
> 뱃길이라 서울 사흘 목계 나루에 / 아흐레 나흘 찾아 박가분 파는
> 가을볕도 서러운 방물장수 되라네.
> 산은 날더러 들꽃이 되라 하고 / 강은 날더러 잔돌이 되라 하네.
> 산 서리 맵차거든 풀 속에 얼굴 묻고 / 물 여울 모질거든 바위 뒤에 붙으라네.
> 민물 새우 끓어 넘는 토방 툇마루 / 석삼년에 한 이레쯤 천치(天癡)로 변해
> 짐 부리고 앉아 있는 떠돌이가 되라네.
> 하늘은 날더러 바람이 되라 하고 / 산은 날더러 잔돌이 되라 하네.
>
> – 신경림, 〈목계 장터〉

① 저 산(山)에도 까마귀, 들에 까마귀, / 서산(西山)에는 해 진다고
　지저귑니다.

　　　　　　　　　　　　　　　　　　– 김소월, 〈가는 길〉

② 강나루 건너서 / 밀밭 길을 //
　구름에 달 가듯이 / 가는 나그네.

　　　　　　　　　　　　　　　　　　– 박목월, 〈나그네〉

③ 우렁탸게 토하난 긔뎍(汽笛) 소리에
　남대문(南大門)을 등디고 써나 나가서
　쌜니 부난 바람의 형셰 갓흐니
　날개 가딘 새라도 못 짜르겟네.

　　　　　　　　　　　　　　　　　　– 최남선, 〈경부 뎔도 노래〉

④ 십 년(十年)을 경영(經營)ᄒ여 초려 삼간(草廬三間) 지여 내니
　나 ᄒ 간 들 ᄒ 간에 청풍(淸風) ᄒ 간 맛져 두고
　강산(江山)은 들일 듸 업스니 둘러 두고 보리라.

　　　　　　　　　　　　　　　　　　– 송순

[정답]

01 ④

[02~03] 다음 글을 읽고 물음에 답하시오.

> 흐르는 것이 물뿐이랴.
> 우리가 저와 같아서
> 강변에 나가 삽을 씻으며
> 거기 슬픔도 퍼다 버린다.
> 일이 끝나 저물어
> 스스로 깊어 가는 강을 보며
> 쭈그려 앉아 담배나 피우고
> 나는 돌아갈 뿐이다.
> 삽자루에 맡긴 한 생애가
> 이렇게 저물고, 저물어서
> 샛강 바닥 썩은 물에
> 달이 뜨는구나.
> 우리가 저와 같아서
> 흐르는 물에 삽을 씻고
> 먹을 것 없는 사람들의 마을로
> 다시 어두워 돌아가야 한다.
>
> — 정희성, 〈저문 강에 삽을 씻고〉

정희성, 〈저문 강에 삽을 씻고〉

갈래	자유시, 서정시
성격	성찰적, 회고적
제재	강물
주제	가난한 노동자의 삶의 비애
특징	① 연의 구분이 없는 단연시임. ② 구체적인 삶의 경험을 자연물의 이미지와 결합시킴. ③ 시간의 흐름과 화자의 내면 변화에 따라 시상을 전개함.
출전	"저문 강에 삽을 씻고"(1978)

02 제시된 작품에 대한 설명으로 가장 적절한 것은?

① 수미상관의 구조로 화자의 정서를 심화하고 있다.

② 차분하고 고백적 어조로 고향을 그리워하고 있다.

③ 시간의 흐름에 따라 화자의 심리 변화를 그리고 있다.

④ 화자의 신분을 단적으로 보여주는 시어는 나타나 있지 않다.

03 화자의 태도 변화를 바르게 제시한 것은?

① 기대감 → 절망감

② 이기적 → 이타적

③ 좌절감 → 대결 의지

④ 무력감 → 체념적 수용

02

제시된 작품은 시간의 흐름에 따른 화자의 심리 변화를 그리고 있다. 강변에서 삽을 씻으며 삶의 슬픔을 씻어 내리던 화자는 담배를 피우며 무기력한 모습을 보인다. 다시 상념에 잠겨 자신의 지난 삶을 돌아보던 화자는 달이 뜨는 것을 보고 이런 비참한 삶을 바꿀 수 없음을 느끼며 체념(단념)의 태도를 보이고 있다.

오답체크

① 첫 연과 끝 연이 대응하는 수미상관의 구조는 나타나지 않는다.

② 차분하고 고백적인 어조가 나타나는 것은 맞다. 그러나 고향을 그리워하고 있지는 않다.

④ '삽'이나 '삽자루'를 볼 때, 화자가 도시 노동자임을 짐작할 수 있다.

03

작품의 전반부에서 화자는 주어진 삶에 대한 '무력감("돌아갈 뿐이다.")'을 표현하고 있다.

그러다가 후반부에서는 힘들긴 하지만, 받아들일 수밖에 없는 심정을 표현하고 있다는 점에서 '체념적 수용("돌아가야 한다.")'의 태도가 드러난다.

[정답]

02 ③   03 ④

[04~05] 다음 글을 읽고 물음에 답하시오.

(가) 노래 삼긴 사름 시름도 하도 할샤.

　　닐러 다 못 닐러 불러나 푸돗둔가.

　　진실로 플릴 거시면은 나도 불러 보리라.

　　　　　　　　　　　　　　　　－ 신흠, 〈노래 삼긴 사름〉

(나) 나모도 바히 돌도 업슨 뫼헤 매게 쏙친 가토리 안과

　　대천(大川) 바다 한가온대 일천 석(一天石) 시른 빅에 노도 일코 닷도 일코 농총도 근코 돗대도 것고 치도 빠지고 브람 부러 물결치고 안개 뒤섯계 주자진 날에 갈 길은 천리만리(千里萬里) 나믄듸 사면(四面)이 거머어득 천지(天地) 적막(寂寞) 가치 노을 썻ᄂᆞᆫ듸 수적(水賊) 만난 ㉠도사공(都沙工)의 안과

　　엇그제 님 여흰 내 안히야 엇다가 ᄀᆞ을ᄒᆞ리오.

　　　　　　　　　　　　　　　　－ 작자 미상, 〈나모도 바히 돌도 업슨〉

현대어 풀이

(가) 노래를 처음으로 만든 이는 시름도 많기도 많았겠구나. / 말로 다 표현하지 못해 노래를 불러 풀었단 말인가. / 진실로 이렇게 하여 풀릴 것이라면 나도 불러 보리라.

(나) 나무도 돌도 전혀 없는 산에서 매한테 쫓기는 까투리의 마음과 / 대천 바다 한가운데 일천 석 실은 배에 노도 잃고, 닻도 잃고, 용총(돛대의 줄)도 끊어지고, 돛대도 꺾이고, 키도 빠지고, 바람 불어 물결 치고, 안개 뒤섞여 잦아진 날에 갈 길은 천리 만 리 남았는데 사면은 검어 어둑하고, 천지적막 사나운 파도 치는데 해적 만난 도사공의 마음과 / 엊그제 임 여읜 내 마음이야 어디에다 비교하리요?

04 (가)와 (나)의 화자의 공통점으로 가장 적절한 것은?

① 임과의 이별을 슬퍼하고 있다.

② 근심을 해결하고자 노력하고 있다.

③ 자신의 처지를 부정적으로 인식하고 있다.

④ 현재 상황이 나아질 것이라는 희망을 갖고 있다.

05 (나)의 ㉠이 처한 상황과 관련이 없는 말은?

① 설상가상(雪上加霜)

② 풍전등화(風前燈火)

③ 목불식정(目不識丁)

④ 사면초가(四面楚歌)

06 다음 글에 대한 설명으로 가장 적절하지 않은 것은?

> 한기 태심(旱旣太甚)호야 시절(時節)이 다 느즌 졔,
> 서주(西疇) 놉흔 논애 잠깐 긴 녈비예,
> 도상(道上) 무원수(無源水)를 반만깐 듸혀 두고,
> 쇼 호 적 듀마 ᄒ고 엄섬이 ᄒ는 말삼,
> 친절(親切)호라 너긴 집의 달 업슨 황혼(黃昏)의 허위허위 다라가셔,
> 구디 다둔 문(門) 밧긔 어득히 혼자 셔셔,
> 큰 기춤 아함이를 양구(良久)토록 ᄒ온 후(後)에
> 어와 긔 뉘신고 염치(廉恥) 업산 닉옵노라.
> 초경(初更)도 거읜듸 긔 엇지 와 겨신고.
> 연년(年年)에 이러ᄒ기 구차(苟且)호 줄 알건만는
> 쇼 업슨 궁가(窮家)애 혜염 만하 왓삽노라.
> 공ᄒ나 갑시나 주엄 즉도 ᄒ다마는,
> 다만 어제밤의 거넨 집 져 사름이
> 목 불근 수기치(雉)을 옥지읍(玉脂泣)게 꾸어 닉고
> 간 이근 삼해주(三亥酒)을 취(醉)토록 권(勸)ᄒ거든
> 이러한 은혜(恩惠)을 어이 아니 갑흘넌고.
> 내일(來日)로 주마 ᄒ고 큰 언약(言約) ᄒ야거든,
> 실약(失約)이 미편(未便)ᄒ니 사설이 어려왜라.
> 실위(實爲) 그러ᄒ면 혈마 어이홀고.
> 헌 먼덕 수기 스고 측 업슨 집신에 설피설피 물너 오니
> 풍채(風採) 저근 형용(形容)애 기 즈칠 쑨이로다.
>   …〈중략〉…
> 닉 빈천(貧賤) 슬히 너겨 손을 헤다 물너가며
> 남의 부귀(富貴) 불리 너겨 손을 치다 나아오랴.
> 인간(人間) 어늬 일이 명(命) 밧긔 삼겨시리.
> 빈이 무원(貧而無怨)을 어렵다 ᄒ건마는
> 닉 생애(生涯) 이러호듸 설온 쯧은 업노왜라.
> 단사표음(簞食瓢飮)을 이도 족(足)히 너기로라.
> 평생(平生) 호 쯧이 온포(溫飽)애는 업노왜라.
> 태평천하(太平天下)애 충효(忠孝)를 일을 삼아
> 화형제(和兄弟) 신붕우(信朋友) 외다 ᄒ리 뉘 이시리.
> 그 밧긔 남은 일이야 삼긴 듸로 살렷노라.
>   – 박인로, 〈누항사(陋巷詞)〉

① 서민적인 가치관이 내재되어 있다.

② 대화체를 통해 시상을 전개하고 있다.

③ 개인의 체험을 사실적으로 그리고 있다.

④ 4음보의 규칙적인 운율을 사용하고 있다.

박인로, 〈누항사〉

갈래	가사
성격	전원적, 사색적, 사실적
제재	안분지족(安分知足)의 생활
주제	① 자연을 벗삼아 안빈낙도(安貧樂道)하고자 하는 선비의 궁핍한 생활상 ② 빈이 무원(貧而無怨)하며, 충효, 우애, 신의를 나누는 삶의 추구
특징	① 일상생활에 대한 생생한 묘사를 보여 줌. ② 감정을 현실적인 언어로 직접적으로 드러냄.
의의	조선 후기 가사의 새로운 주제와 방향을 제시함.
연대	조선 광해군 3년(1611년)
출전	「노계집」

현대어 풀이

가뭄이 몹시 심하여 농사철이 다 늦은 때에
서쪽 두둑 높은 논에 잠깐 갠 지나가는 비에
길 위에 흐르는 물을 반쯤 대어놓고는
소 한 번 빌려 주마 하고 엉성하게 하는 말(또는
탐탁지 않게 하는 말)을 듣고
친절하다고 여긴 집에 달이 없는 저녁에
허우적허우적(허둥지둥) 달려가서
굳게 닫은 문 밖에 우두커니 혼자 서서
"에헴," 하는 인기척을 꽤 오래도록 한 후에
"어, 거기 누구신가?" 문기에 "염치없는 저올시다."
"초경도 거의 지났는데 그대 무슨 일로 계신가?"
"해마다 이러기가 구차한 줄 알지마는
소 없는 가난한 집에 걱정이 많아 왔소이다."
"공것이거나 값을 치거나 간에 주었으면 좋겠지만
다만 어젯밤에 건넛집 사는 사람이
목이 붉은 수꿩을 구슬 같은 기름에 구어 내고
갓 익은 좋은 술을 취하도록 권하였는데
이러한 고마움(은혜)을 어떻게 갚지 않겠는가
(어찌 아니 갚겠는가)?
내일 소를 빌려 주마 하고 굳게 약속을 하였기에
약속을 어기기가 편하지 못하니 말씀하기가 어렵구료."
정말로(사실이) 그렇다면 설마 어찌 하겠는가
헌 모자를 숙여 쓰고 축 없는 짚신을 신고 맥없
이 물러오니
풍채 적은 내 모습에 개가 짖을 뿐이로구나.
                        …〈중략〉…
나의 빈천을 싫게 여겨 손을 헤친다고(젓는다
고) 물러가며
남의 부귀를 부럽게 여겨 손짓한다고 나아오랴?
인간 세상의 어느 일이 운명 밖에 생겼겠는가?
가난하면서도 원망하지 않음이 어렵다고 하건마는
내 생활이 이러하되 서러운 뜻은 없노라.
하나의 대(나무) 광주리의 밥을 먹고 한 표주박
의 물을 마시는
어려운 생활을 이것도 만족하게 여기노라.
평생의 한 뜻이 따뜻이 입고, 배불리 먹는 데
는 없노라.
태평한 세상에 충성과 효도를 일을 삼아,
형제간에 화목하고 벗끼리 신의 있게 사귀는 일
을 그르다고 할 사람이 누가 있겠는가?
그 밖의 나머지 일이야 태어난 대로 살아가려
하노라.

06
'중략' 이후 화자는 안빈낙도의 삶의 태도를 드러내고 있다. 이를 볼 때, 제시된 작품에는 '유교적 가치관'이 내재되어 있다고 봐야 한다.

오답체크
②, ③ '중략' 앞에서 화자가 소를 빌리러 가서 겪은 일을 대화체 형식으로 노래하고 있다.
④ 제시된 작품의 갈래는 '가사'로, 4음보의 규칙적인 운율을 사용하는 것이 특징이다.

[정답]
06 ①

이근삼, 〈원고지〉

갈래	단막극, 희극(喜劇), 부조리극
성격	반사실적, 서사적, 풍자적, 실험적
배경	• 시간: 현대 • 공간: 어느 중년 교수의 가정
제재	어느 중년 교수의 일상
주제	현대인의 기계적인 삶에 대한 풍자
특징	① 특별한 사건 전개나 뚜렷한 갈등 없이 극중 상황만을 전개함. ② 무대 장치, 소품, 인물의 분장, 대사, 행동 등을 희극적으로 과장함.
출전	"사상계"(1960)

[07~08] 다음 글을 읽고 물음에 답하시오.

(졸음이 오는 지루한 음악과 더불어 철문 도어가 무겁게 열리며 교수 등장. ㉠ 아래 위 양복이 원고지를 덧붙여 만든 것처럼 이것도 원고지 칸 투성이다. 손에는 큼직한 낡은 가방을 들고 있다. 허리에 쇠사슬을 두르고 있는데, 허리를 돌고 남은 줄이 마루에 줄줄 끌려 다닌다. ㉡ 쇠사슬이 도어 밖으로 나가 있어 끝이 없다. 도어를 닫고 소파에 힘들게 앉는다. 여전히 쇠사슬을 끌고 다니면서, 가방은 자기 옆에 놓고 처음으로 전면을 바라본다. 중년에 퍽 마른 얼굴, 이마에는 주름살이 가고, 찌푸린 얼굴은 돌 모양 변화가 없다. 잠시 후, 피곤하다는 듯이 두 손을 옆으로 뻗치면서 크게 기지개를 한다. ㉢ '아아' 하고 토하는 큰 하품은 무엇에 두드려 맞아 죽는 비명같이 비참하게 들려 오히려 관객들을 놀라게 한다. 장녀가 플랫폼에 나타난다.)

장녀: 저의 아버지랍니다. 밖에서 돌아오시면 늘 이렇게 달콤한 하품을 하신답니다. (교수는 머리를 기대고 잠을 자고 있다. 코를 고는데, 흡사 고양이 우는 소리다.) 인제 어머님이 들어오셔요. 어머님은 늘 아버님의 건강을 염려하세요. (적당한 곳에서 처가 나타난다. 과거에는 살도 쪘지만, 현재는 몸이 거의 헝클어져 있다. 퇴색한 옷을 입고 있다. 소리를 안 내고 들어와, 잠자는 교수의 주머니를 샅샅이 턴다. 돈을 한 주먹 쥐고, 이어 교수의 가방을 턴다. 돈 부스러기를 몇 장 찾아내고 그 액수가 적음에 실망을 한다. 잠시 후 교수를 흔들어 깨운다.)

장녀: 제 말이 맞았지요? (플랫폼 방 불이 서서히 꺼진다.)

처: 여보, 여기서 그냥 주무시면 어떡해요? 옷도 안 갈아입으시고.

교수: 깜빡 잠이 들었군. (교수 일어선다.)

처: 어서 옷을 갈아입으세요.
(처는 교수 허리에 칭칭 감긴 철쇠를 풀어헤치고 소파 뒤의 긴 막대기에 감겨 있는 또 하나의 굵은 줄을 풀어 교수 허리에 다시 감아 준다.)
옷을 갈아입으시니 한결 시원하지 않아요.

교수: 난 잘 모르겠어.

처: 김씨 만나 봤어요?

교수: 아니, 원체 바빠서.

처: 그렇지만 김씨 만나는 일이 제일 바쁘지 않아요? 내일까지 내야 하는데 전 어떡해요?

교수: 내일 만나, 내일 만나.

처: 내일 누구가 누구를 만난단 말이요?

교수: 내가 그 이씨를 만난다니까.

처: 이씨는 또 누구요?

교수: 당신이 만나라는 출판사 주인 말이야.

처: 그 주인이 왜 이씨예요? 김씨지.

교수: 그래, 김씨랬어.

처: 이름도 못 외고 어떻게 해요?

교수: (화를 내며) ㉣ 김씨면 어떻고 이씨면 어때? 박씨면 또 어때? 아닌 게 아니라 누가 누군지 분간을 못 하겠어. 누굴 만난다고 찾아가다가 보면 영 딴 사람한테 가게 된단 말이야.

– 이근삼, 〈원고지〉

07 제시된 글에 대한 설명으로 가장 적절한 것은?

① 극중의 인물이 해설자의 역할을 맡고 있다.

② 극의 전개는 독백과 방백으로 이루어지고 있다.

③ 인물 사이의 갈등이 시간이 흐르며 해소되고 있다.

④ 과거와 현재를 교차하여 사건에 입체감을 주고 있다.

08 ㉠~㉣에 대한 이해로 적절하지 않은 것은?

① ㉠: 등장인물의 직업이나 처한 상황을 암시한다.

② ㉡: 집 안팎에서 이어지는 과중한 업무를 드러낸다.

③ ㉢: 교수의 삶이 힘겹다는 것을 청각적으로 표현한다.

④ ㉣: 현대사회에서의 이기적인 사회 풍조를 의미한다.

09 ㉠과 의미가 통하는 한자 성어는?

오빠의 시신은 처음엔 무악재 고개 너머 벌판의 밭머리에 가매장했다. 행려병자 취급하듯이 형식과 절차 없는 매장이었지만 무정부 상태의 텅 빈 도시에서 ㉠ 우리 모녀의 가냘픈 힘만으로 그것 이상은 가능한 일이 아니었다.

서울이 수복되고 화장장이 정상화되자마자 어머니는 오빠를 화장할 것을 의논해 왔다. 그때 우리와 합하게 된 올케는 아비 없는 아들들에게 무덤이라도 남겨 줘야 한다고 공동묘지로라도 이장할 것을 주장했다. 어머니는 오빠를 죽게 한 것이 자기 죄처럼, 젊어 과부 된 며느리한테 기가 죽어지냈는데 그때만은 조금도 양보할 기세가 아니었다.

– 박완서, 〈엄마의 말뚝〉

① 풍수지탄(風樹之嘆)　　　　② 맥수지탄(麥秀之嘆)

③ 만시지탄(晩時之歎)　　　　④ 망양지탄(望洋之嘆)

07

제시된 작품에서는 극중 인물인 '장녀'가 해설자의 역할을 하고 있다.

오답체크

② 극은 장녀의 방백으로 시작하지만, 대화가 주를 이루고 있다.

③ '처'와 '교수' 사이의 갈등이 드러난다고 볼 수 있다. 그러나 그 갈등의 해소는 확인할 수 없다.

④ 과거의 사건이 나오지 않는다. 모두 현재의 사건만 나타난다.

08

㉣은 현대사회에서의 피상적인 인간관계, 단절된 인간관계를 나타낸 것으로, 이기적(자신의 이익만 꾀하는)인 사회 풍조와는 거리가 있다.

오답체크

① ㉠의 원고지로 된 양복을 입고 있는 모습은 등장인물이 글을 쓰는 것과 관련된 직업에 종사한다는 것과 원고지를 몸에 달고 살아야 할 만큼 원고 쓰는 일을 계속해야 하는 등장인물의 상황을 암시한다.

② ㉡의 쇠사슬이 문 밖까지 이어진 것은 과중한 업무가 집 안팎에서 계속되고 있음을 드러낸다.

③ ㉢의 큰 하품이 비명같이 들리게 하는 것은 편안한 하품조차 어렵게 해야 하는 교수의 힘겨운 삶을 청각적으로 표현한 것이다.

09

모녀의 힘으로는 도저히 어찌할 수 없었다는 의미이다. 따라서 어떤 일에 자기 자신의 힘이 미치지 못할 때에 하는 탄식을 이르는 말인 '망양지탄(望洋之嘆)'이 어울린다.

오답체크

① '풍수지탄(風樹之嘆)'은 어버이가 돌아가신 뒤에 하는 탄식이다. 아들이 죽은 상황이므로 적절하지 않다.

② '맥수지탄(麥秀之嘆)'은 자신의 나라가 망한 것에 대한 탄식이므로, 상황과 어울리지 않는다.

③ '만시지탄(晩時之歎)'은 시기를 놓쳐 기회를 놓쳤을 때 하는 탄식이므로, 상황과 어울리지 않는다.

[정답]

07 ①　08 ④　09 ④

작자 미상, 〈조신(調信) 설화〉

갈래	전설, 사찰 연기(寺刹緣起) 설화, 환몽 설화
성격	불교적, 환몽적, 서사적, 교훈적
제재	조신의 꿈
주제	인간의 욕망과 집착의 무상함
특징	① '현실 – 꿈 – 현실'의 환몽 구조임. ② '외화 – 내화'로 이루어진 액자식 구성을 취함. ③ 구체적인 지역과 증거물 등 전설로서의 특징이 나타남.
의의	몽자류 소설의 근원이 되는 설화임.
출전	"삼국유사(三國遺事)"

[10~11] 다음 글을 읽고 물음에 답하시오.

[앞부분 줄거리] 스님이었던 조신은 태수(太守) 김흔(金昕)의 딸을 흠모해 관음보살 앞에 가서 그 여인과 살게 해 달라고 빌었다. 결국 둘은 꿈에서 결혼을 하게 되었고, 함께 고향으로 돌아갔다. 조신은 김씨 낭자와 40년을 함께 살며 자녀 다섯을 두었으나, 거지가 되어 10년간 구걸하며 생활한다. 열 살 된 딸이 밥을 구걸하다가 개에게 물려 죽게 되자 둘은 헤어지기로 한다.

　이리하여 서로 작별하고 길을 떠나려 하다가 ⊙꿈에서 깨었다.
　타다 남은 ⊙등잔불은 깜박거리고 밤도 이제 새려고 한다. 아침이 되었다. 수염과 머리털은 모두 희어졌고 망연히 세상일에 뜻이 없다. 괴롭게 살아가는 것도 이미 싫어졌고 마치 한평생의 고생을 다 겪고 난 것과 같아 재물을 탐하는 마음도 얼음 녹듯이 깨끗이 없어졌다. 이에 ⓒ관음보살의 상(像)을 대하기가 부끄러워지고 잘못을 뉘우치는 마음을 참을 길이 없다. 돌아와서 꿈에 아이를 묻은 해현에서 땅을 파 보니 돌미륵이 나왔다. 물로 씻어서 근처에 있는 절에 모시고 서울로 돌아가 장원을 맡은 책임을 내놓고 사재(私財)를 내서 ⓔ정토사(淨土寺)를 세워 부지런히 착한 일을 했다. 그 후에 어디서 세상을 마쳤는지 알 수가 없다.

　　　　　　　　　　　　– 작자 미상, 〈조신(調信) 설화〉

10 ⊙에 대한 이해로 적절하지 않은 것은?

① 주인공의 태도가 바뀌는 계기를 마련한다.
② 인물의 내면적 고뇌를 심화시키는 매체이다.
③ 세속적 욕망의 덧없음을 보여주는 장치이다.
④ 현실적 절망감을 일시적으로 보상받는 공간이다.

11 ⊙~ⓔ 중 <보기>와 가장 관련이 깊은 것은?

보기

　전설은 일반적으로 이야기의 진실성을 뒷받침하기 위해 구체적인 증거물을 제시하는 경우가 많다.

① ⊙　　　　　　　　　　　　② ⊙
③ ⓒ　　　　　　　　　　　　④ ⓔ

10
'꿈'을 통해 사랑이 이루어지고 인생무상을 깨닫는다는 내용이다. 따라서 ⊙의 '꿈'이 인물의 내적 고뇌를 심화시키는 매체라는 이해는 적절하지 않다.

오답체크
① 조신은 꿈을 통해 세속적 욕망에 대한 집착을 버리고 있다.
③ '꿈'을 일장춘몽(一場春夢)을 의미한다.
　※ 일장춘몽(一場春夢): 한바탕의 봄꿈 이라는 뜻으로, 헛된 영화나 덧없는 일을 비유적으로 이르는 말
④ 현실에서 불가능한 연모하는 여인과의 결혼을 성취하는 공간이다.

11
제시된 글에서 이야기의 진실성을 뒷받침하기 위한 구체적인 증거물은 '돌미륵'으로, 그 '돌미륵'을 모신 ⓔ의 '정토사'도 구체적인 증거물이 된다.

오답체크
① '환몽 구조'임을 보여주는 장치일 뿐, <보기>와는 관련이 없다.
② 시간의 흐름을 보여주는 장치일 뿐, <보기>와는 관련이 없다.
③ <보기>에서 설명한 진실성을 뒷받침하는 구체적인 증거물은 아니다.

[정답]
10 ②　　11 ④

12 다음의 글과 가장 어울리는 판소리 장단은?

> "가난이야, 가난이야, 원수년으 가난이야. 잘살고 못살기는 묘 쓰기으 매였
> 는가? 북두칠성 님이 집자리으 떨어칠 적에 명과 수복을 점지허는거나? 어
> 떤 사람 팔자 좋아 고대광실 높은 집에 호가사(好家舍)로 잘사는듸, 이년의
> 신세는 어찌허여 밤낮으로 벌었어도 삼순구식(三旬九食)을 헐 수가 없고, 가
> 장은 부황이 나고, 자식들은 아사지경(餓死之境)이 되니, 이것이 모두 다 웬
> 일이냐? 차라리 내가 죽을라네."
> 이렇닷이 울음을 우니 자식들도 모두 따라서 우는구나.
>
> — 작자 미상, 〈흥보가(興甫歌)〉

① 휘모리 장단   ② 진양조 장단

③ 자진모리 장단   ④ 중중모리 장단

작자 미상, 〈흥보가(興甫歌)〉

갈래	판소리 사설
성격	풍자적, 해학적, 교훈적, 서민적
배경	• 시간: 조선 후기(조선 고종 때) • 공간: 전라도 운봉과 경상도 함양 부근
주제	① 빈부 간의 갈등 ② 형제간의 우애(友愛)와 인과응보에 따른 권선징악
특징	① 3·4조, 4·4조의 운문과 산문이 혼합됨. ② 양반층의 한자어와 평민의 비속어가 같이 쓰임. ③ 일상적 구어와 현재형 시제를 사용하여 사실적으로 표현함. ④ 서민 취향이 강한 작품으로 조선 후기 농민층의 분화를 보여 줌.

12
"울음을 우니 자식들도 모두 따라서 우는
구나."를 볼 때, 애절하고 애틋한 내용이다.
이러한 내용에는 판소리 장단 중 가장 느린
'진양조 장단'이 어울린다.